Der amerikanische Traum

Der amerikanische Traum

Mit GreenCard oder Visum in die USA

Aktuelle Informationen zu
GreenCard
Arbeitsvisa
Besuchervisa
Studium
Praktikum
Jobsuche
Umzug
Alltag
Formalitäten
Firmengründung

6. komplett überarbeitete Auflage

THE AMERICAN DREAM®

DER AMERIKANISCHE TRAUM –
Mit GreenCard oder Visum in die USA

Herausgeber: Holger Zimmermann, Diana Bohlinth, Alexander Kos

ACHTUNG!

Dieses Buch enthält keine Rechtsberatung. Es ist auch kein Ersatz für professionelle Rechtsberatung. Die Haftung für Personen-, Sach- und Vermögensschäden ist in jeder Hinsicht ausgeschlossen.

Die Informationen in diesem Buch wurden sorgfältig geprüft, um aktuelle und genaue Informationen zu den einzelnen Themen zu geben. Es liegt jedoch in der Natur der Materie, dass sich einige Umstände ändern können. Das US-amerikanische Einwanderungsrecht ist sehr dynamisch, und insbesondere Regelungen zu Formularen, Gebühren und Reisevorschriften können regelmäßig angepasst werden.

Nutzen Sie für die aktuellsten Informationen die in diesem Buch hinterlegten QR-Codes und holen Sie sich bei kritischen Entscheidungen stets fachlichen Rat auch außerhalb dieser Ratgeberlektüre.

6. Auflage 2024 Redline Wirtschaft
ISBN Print 978-3-86881-972-4
ISBN E-Book (PDF) 978-3-96267-602-5
ISBN E-Book (EPUB, Mobi) 978-3-96267-603-2

Danckelmannstr. 9, 14059 Berlin, Tel.: 030-511 0 511
E-Mail: *info@americandream.de*
www.americandream.de

Titelgestaltung: The American Dream – US GreenCard Service GmbH, Berlin
Lektorat: Bianka Schönbrunn

Printed in Germany

Alle Angaben ohne Gewähr!

Inhalt

Einführung

Die USA sind seit jeher das Auswanderungsland Nr. 1. Pro Jahrzehnt erhalten rund 10 Millionen Menschen aus aller Welt eine dauerhafte Aufenthaltsgenehmigung (GreenCard). Auch für viele Deutsche ist ein längerer Aufenthalt in den USA nach wie vor der größte Traum.

Nach Angaben des Statistischen Bundesamtes haben sich allein im Jahr 2022 insgesamt 1,2 Millionen Menschen aus Deutschland für eine Auswanderung entschieden. Das dritthäufigste Ziel deutscher Auswanderer sind die USA. Platz 1 und 2 belegen unsere Nachbarländer Österreich und die Schweiz. Im Zuge der medialen Berichterstattung über die Auswanderung in die USA hat sich jedoch leider eine verzerrte und problematische Darstellung des Themas verbreitet. In den beliebten Auswanderer-Soaps wird meist entweder ein allzu rosiges und unkritisches Bild gezeichnet, oder es muss unter vielen Tränen einfach alles schiefgehen. Das Fernsehen scheint eine tiefere und seriöse Auseinandersetzung mit dem Thema nicht zuzulassen und das wirklich wichtige Thema »Visum« wird zu allem Unglück meist ausgeblendet.

Was auch immer den Einzelnen zur Auswanderung in die USA bewegen mag: Mit diesem Ratgeber möchten wir Sie optimal auf Ihren »American Dream« vorbereiten und Ihnen aufzeigen, wie Sie Ihren eigenen Weg gehen können. Dabei möchten wir Ihr Augenmerk auf einige der wichtigsten Bausteine lenken, die in den meisten Fachbüchern nur unzureichend dargestellt werden: Die Visa- und Arbeitserlaubnisverfahren sowie der Umgang mit den zuständigen US-Behörden. Denn ohne Visum und Arbeitserlaubnis können Sie in den USA maximal Urlaub machen.

Dieses Buch hilft:

- Personalabteilungen und Unternehmensberatungen, die den Auslandsaufenthalt ihrer Mitarbeiter vorbereiten wollen
- qualifizierten Arbeitskräften mit dem Ziel USA
- Familien, die gemeinsam auswandern wollen
- Firmengründern und Solo-Selbstständigen, die sich in den USA etablieren wollen
- Menschen, die von den Chancen in der GreenCard-Lotterie profitieren wollen

Auch das Thema Steuerrecht haben wir für Sie ausführlich aufbereitet, damit rund um Ihren Auslandsaufenthalt keine Frage offenbleibt. Wir geben Ihnen außerdem einen Blick hinter die Kulissen der US-Behörden in diesen turbulenten Zeiten, wo der psychologische Druck, keine Fehlentscheidungen zu treffen, mehr denn je auf den Grenzbeamten und Konsulaten lastet. Wir schaffen so Verständnis für die »andere Seite« und helfen Ihnen, die besonderen Herausforderungen bei der Beantragung Ihres Visums, Ihrer ESTA-Genehmigung für visumfreies Reisen oder Ihrer GreenCard zu berücksichtigen. In jedem Fall erwarten und hoffen wir, dass Sie aus der Lektüre den größtmöglichen Nutzen ziehen, unabhängig davon, in welchem Stadium Ihrer Planung Sie sich gerade befinden.

Für die vorliegende sechste Auflage wurden alle Kapitel gründlich überarbeitet und aktualisiert, sodass Ihnen das komprimierte Wissen aus fast 30 Jahren Erfahrung im US-Einwanderungsrecht hochaktuell zur Verfügung steht.

The American Dream beschäftigt staatlich zugelassene Auswandererberater für die USA, §1 AuswSG.

Hinweis zur Gendersprache

Aus Gründen der besseren Lesbarkeit wird in diesem Leitfaden in der Regel das generische Maskulinum verwendet. Die Personenbezeichnungen beziehen sich jedoch – sofern nicht anders angegeben – auf alle Geschlechter.

Weiterführende Informationen

Abonnieren Sie unseren Newsletter

GreenCard über die GreenCard-Lotterie

US-Visa für Unternehmen

TEIL I: BASISINFORMATIONEN

1 Allgemeines über die USA

1.1 Bestimmungsort USA

Kaum ein anderes Land ist in unserem Leben so präsent wie die Vereinigten Staaten von Amerika. Täglich kommen wir mit dem amerikanischen Lebensstil (oder dem, was wir dafür halten) in Berührung. Wir kaufen amerikanische Produkte, wir sehen amerikanische Filme und Serien im Fernsehen, wir hören amerikanische Musik im Radio, und wenn wir ins Kino gehen, sehen wir meistens Hollywood-Produktionen. Selbst in unsere Sprache ist eine Flut von Anglizismen und Amerikanismen eingedrungen, die wir augenzwinkernd als »neudeutsch« bezeichnen.

Amerika ist ein unsterblicher Mythos, der bis heute nichts von seiner Anziehungskraft auf Aussteiger, Abenteurer oder Menschen, die den politischen oder wirtschaftlichen Zwängen ihrer Heimat entfliehen wollen, verloren hat. Dabei ist das Land gerade heute voller Widersprüche. Die hohen Ideale von Freiheit und Gleichheit jedes Einzelnen kollidieren oft mit unseren Vorstellungen und in den letzten Jahren allzu oft mit der Realität, denn die Einwanderungsgesetze der USA gehören zu den härtesten der Welt. Dennoch gibt es Jahr für Jahr eine enorme Zahl von Menschen, denen der Neuanfang gelingt, die sich hocharbeiten und ihren Weg machen. Für sie wird der amerikanische Traum wahr.

Während die Amerikaner mit Europa vor allem geschichtsträchtige Orte, ein reiches kulturelles Erbe und manchmal auch überholte Traditionen verbinden, die sie belächeln, um die sie uns aber auch beneiden, verbinden die Europäer mit Amerika vor allem Flexibilität, Bewegung, Veränderung und Anpassung. Keine andere Nation hat in so kurzer Zeit das Gesicht eines Kontinents und der ganzen Welt so stark geprägt. Amerika ist ein Land der Superlative. Es ist das viertgrößte Land der Erde und zweifellos das mächtigste. Es ist das Land mit den neuesten Produkten auf dem Markt und der Inbegriff für alles Moderne und Innovative. Hier werden Trends gemacht und neue Entwicklungsrichtungen zuerst eingeschlagen.

Man bräuchte Jahre, um auch nur annähernd behaupten zu können, Land und Leute zu verstehen. Die Fläche Amerikas ist um ein Vielfaches größer als europäische Nationen, das Klima weist stärkere Gegensätze auf und es gibt viele weitere Kontraste, die in einer verallgemeinernden Darstellung niemals Platz finden würden. Jeder einzelne Bundesstaat ist ein Land für sich, so wie Deutschland, Italien oder Frankreich. Kalifornien allein ist größer als Deutschland, Texas größer als Frankreich. Maine kann für einen Texaner so fremd und anders sein wie Finnland für einen Spanier. Das Leben im Süden der USA mit seinen subtropischen Wäldern unterscheidet sich drastisch vom Leben im Norden, wo die Winter härter sind als irgendwo in Europa. El Paso ist genauso amerikanisch wie Boston oder New York. Es gibt keinen typisch amerikanischen Ort und keinen typisch amerikanischen Menschen.

Die Vielfalt der Bevölkerung der Vereinigten Staaten ist immens und Amerika ist atemberaubend schön. Auf seinem riesigen Territorium gibt es fast alle physikalischen Bedingungen, die der Mensch kennt: Hitze und Kälte, arktische Schneewüsten und tropische Sümpfe, tiefe Wälder, majestätische Gebirge, endlose Ebenen, karge Sandwüsten und das größte Flusssystem der Welt. Wo sonst gibt es diese scheinbar endlosen Straßen, die sich irgendwo am Horizont ins Nichts auflösen? Wo sonst gibt es so riesige Nationalparks, in denen man tagelang wandern kann, ohne einer Menschenseele zu begegnen? So vielfältig die Bevölkerung des Landes ist, so vielfältig ist auch seine Natur und Tierwelt. Amerika ist nie zu flach oder zu gebirgig, seine Menschen nie zu gleichgültig oder zu neugierig. Das Land gleicht einem riesigen, bunten Mosaik. Für jeden Geschmack ist etwas dabei. Die Amerikaner selbst fühlen sich stolz und privilegiert, in einem so faszinierenden Land leben zu dürfen. Sie sind berühmt für ihre lockere und freundliche Art, die von manchem zurückhaltenden Europäer gern als Oberflächlichkeit abgetan wird, aber nichts anderes ist als der Ausdruck dieses besonderen Lebensgefühls.

1.2 Besiedlungsgeschichte

Amerikanische Geschichte?

Ein bekanntes Vorurteil besagt, Amerika hätte keine Geschichte. Doch will man das moderne Amerika verstehen, muss man dieses Vorurteil beiseitelegen. Zugegeben, die amerikanische Geschichte kennt keine endlosen Annalen von Herrscherhäusern, die mit ihren Machtspielen und ihrem Interagieren den Geschichtsverlauf prägten. Amerika kann auch mit keinen legendären Geschichtsgrößen wie einer Johanna von Orléans oder einem Richard Löwenherz aufwarten. Es hat also keine Geschichte nach europäischer Definition, aber es hat eine – und zwar eine ziemlich beeindruckende. Die Herausbildung der neuen Nation erfolgte nämlich in atemberaubender Geschwindigkeit. Wenn einige also behaupten, die Amerikaner hätten keine Geschichte, dann beziehen sie sich vor allem auf die zeitliche Dimension.

Die Geschichte der Vereinigten Staaten besteht insbesondere aus dem Prozess, in dem zunächst einige wenige Hundert, dann Tausende und dann Millionen in ein ihnen unbekanntes Land kamen und entsprechend ihren Idealen eine neue Gesellschaft errichteten. Die Hauptprotagonisten sind dabei überwiegend ganz einfache Leute. Sie machten sich die natürlichen Ressourcen des Landes nutzbar und schufen in einer atemberaubenden Geschwindigkeit eine der ältesten noch bestehenden Demokratien der Welt. All die vielen Menschen, die aufbrachen, um den politischen, sozialen oder wirtschaftlichen Schwierigkeiten in ihren Ländern zu entfliehen, die einfach nur Abenteuer suchten oder neue Geschäftsmöglichkeiten, trugen ein winziges Stück zu dieser Entwicklung bei. Die amerikanische Geschichte war also seit jeher das Streben nach der Verwirklichung des individuellen »American Dream« – ein Destillat aus den Träumen von Millionen.

Die Kolonialperiode

Um 1500 entsandten Spanien, Frankreich und England die ersten Expeditionen nach Übersee, doch diese Besiedlungsversuche scheiterten zunächst. Der deutsche Kartograf Martin Waldseemüller prägte 1507 erstmals den Begriff »America« auf einer Weltkarte. Er würdigte damit den Florentiner Amerigo Vespucci, der im späten 15. Jahrhundert unter spanischer Flagge vor allem den südamerikanischen Teil erkundete. Denn während Kolumbus zeitlebens dachte, er sei in Indien gelandet, sprach Vespucci in seinen Reiseberichten gleich von der Entdeckung eines neuen Kontinents – einer »neuen Welt«.

Während des 16. Jahrhunderts, im Zuge der kolonialen Expansion in den USA, entwickelten sich mit den südlichen Kolonien, den Neuengland-Kolonien und den Mittelatlantik-Kolonien drei unterschiedliche Geschichten. Jede Region war durch ihre eigenen einzigartigen Merkmale geprägt, die von den Zeitpunkten ihrer Gründung, den unterstützenden Königshäusern, dem Klima und den Menschen, die dorthin kamen, bestimmt wurden. In jeder dieser Kolonien hinterließen Männer und Frauen ihren eigenen unverwechselbaren Einfluss, der die Geschichte der USA für immer prägen sollte. Ihre Geschichten sind ein faszinierendes Kapitel in der Saga der Kolonialisierung und ein Erbe, das bis heute weiterlebt.

Die südlichen Kolonien

Die südlichen Kolonien zeichneten sich durch ihre fruchtbaren Böden und das warme Klima aus, das sich ideal für den Anbau von Tabak eignete. 1607 wurde mit Jamestown in Virginia die erste erfolgreiche dauerhafte englische Siedlung gegründet. Captain John Smith nahm dabei bedeutenden Einfluss auf die Entwicklung der südlichen Kolonien. Als Anführer von Jamestown spielte er eine entscheidende Rolle bei der Sicherung der Kolonie während ihrer schwierigen Anfangsjahre. Sein Geschick im Handel mit den *Native Americans* und seine Fähigkeit, die Kolonisten zu motivieren, trugen wesentlich zum Überleben der Siedlung bei. Smiths Vision einer wohlhabenden Gemeinschaft, die auf Landwirtschaft und Handel basierte, prägte die Zukunft von Virginia und inspirierte viele, seinem Beispiel zu folgen.

Die politische und gesellschaftliche Macht konzentrierte sich im Süden vor allem auf die Plantagenbesitzer, aus denen eine Eliteschicht, die sogenannte *Virginia aristocracy*, entstand. Die Monokultur des Tabakanbaus ließ die Böden bald unfruchtbar werden. Viele Plantagenbesitzer dehnten daraufhin die Anbaufläche aus und/oder kauften neues Land. Als Alternative sahen viele Farmer und Pflanzer in Maryland und Virginia schließlich den Getreideanbau. Reis, Indigo und Baumwolle gediehen hier ebenfalls. Durch den wachsenden Arbeitskräftemangel setzte sich schließlich das institutionell verankerte System der Sklaverei durch. Es begann eines der dunkelsten Kapitel der amerikanischen Geschichte. Kurz vor Ausbruch des Unabhängigkeitskrieges gab es durch diese neue Entwicklung schon einen deutlichen strukturellen Unterschied zwischen dem sogenannten *Upper South* (Delaware, Maryland, Virginia), in dem die Sklaverei ihre Bedeutung nach und nach verlor, und dem *Lower South* (die »*Carolinas*« und Georgia), der den Sklavenkolonien der Karibik ähnelte. Die südlichen Kolonien waren wirtschaftlich fest an das Mutterland und die europäischen Märkte gebunden. Am Vorabend des Unabhängigkeitskrieges lebte rund die Hälfte der Bevölkerung der neuen Kolonien im Süden. Städte und größere Ortschaften blieben jedoch in der von Plantagen- und Farmwirtschaft geprägten Region die Ausnahme.

Die Neuengland-Kolonien

Während die südlichen Kolonien von wirtschaftlichen Interessen geprägt waren, waren die Neuengland-Kolonien vor allem ein Zufluchtsort für Dissidenten, die vor religiöser Verfolgung in Europa flohen. Die Anfänge Amerikas werden dabei oft mit den *Pilgrim Fathers* in Verbindung gebracht, strenggläubigen Calvinisten, die in Opposition zur englischen Staatskirche standen und 1620 an Bord der Mayflower nach Nordamerika kamen. Sie gründeten die Kolonie Plymouth in der Nähe des heutigen Boston und unterzeichneten vor der Landung den *Mayflower Compact*, der die Selbstbestimmung und religiöse Autonomie betonte.

Ein weiterer bedeutender Einwandererstrom kam 1628 mit den Puritanern, einer gemäßigten calvinistischen Gruppe, die von der Massachusetts Bay Company unterstützt wurde. Unter Führung von John Winthrop ließen sie sich in Salem und Boston nieder und dehnten ihre Besiedlung auf weitere Gebiete aus, darunter Connecticut, Rhode Island und New Haven. Die Puritaner, überwiegend Farmer und Handwerker, strebten nach wirtschaftlichem Erfolg als göttliche Bestätigung und schufen eine strikte Gesellschaftsordnung. Im Jahr 1640 gab es eine erste größere Einwanderungswelle, in der über 20.000 Puritaner in die neue Kolonie kamen. Danach dehnte sich ihr Siedlungsgebiet rasch bis zum Connecticut River, nach Maine und New Hampshire aus.

Eine herausragende Figur dieser Zeit war Anne Hutchinson, die mit kontroversen religiösen Ansichten hervortrat. In einer Ära, in der Frauen eine untergeordnete Rolle spielten, lehrte Hutchinson, dass Gläubige direkten Zugang zu Gott haben könnten. Sie wird oft als Vorreiterin der Frauenrechte betrachtet, da sie Frauen in religiösen Angelegenheiten befähigte und traditionelle Geschlechterrollen in Frage stellte. Konflikte mit der puritanischen Führung führten zu ihrer Verurteilung wegen Ketzerei und ihrem anschließenden Exil aus der Massachusetts Bay Colony. Hutchinsons Geschichte verdeutlicht, dass bei der Flucht vor religiöser Verfolgung und dem Streben nach Freiheit stets religiöse Intoleranz als blinder Passagier mitreiste und unkonventionelle theologische Ansichten somit auch in der kolonialen Geschichte Nordamerikas eine Herausforderung darstellten.

Die Mittelatlantik-Kolonien

Die Mittelatlantik-Kolonien, darunter New York, New Jersey, Pennsylvania und Delaware, entstanden später als die südlichen und Neuengland-Kolonien. Das Gebiet wurde im 17. Jahrhundert zunächst von Niederländern und Skandinaviern besiedelt, ging jedoch Mitte des Jahrhunderts in englischen Besitz über. Die Niederländer gründeten New Netherland, mit der Stadt New Amsterdam auf der Insel Manhattan. 1664 fiel die Kolonie an England und wurde als New York bekannt.

Pennsylvania, gegründet 1682 von William Penn und den Quäkern, wurde mit Philadelphia zum geistigen Zentrum der Kolonien. Die Quäker lehnten Kirche, Rituale und Klerus ab und setzten sich für soziale Reformen ein. Wirtschaftlich gediehen die Mittelatlantik-Kolonien dank fruchtbarer Böden rasch, wobei New York City und Pennsylvania herausragten.

Die Mittelatlantik-Kolonien waren ein Schmelztiegel verschiedener Ethnien, Religionen und Kulturen. Während der Anteil der Engländer nach der ersten Volkszählung bei 81 % lag, waren es in New York nur 52% und in Pennsylvania sogar nur 35%. New York und New Jersey wiesen einen hohen Anteil an Holländern auf (17,5% und 16,6%). Außerdem lebten hier auch viele Skandinavier, insbesondere Schweden. New York hatte zudem einen hohen Sklavenanteil (rund 16.000). Aber auch in New Jersey, Pennsylvania und Delaware gab es einige tausend Sklaven.

Pennsylvania hatte den höchsten Anteil an Deutschen, der bis zum Unabhängigkeitskrieg auf ein Drittel anstieg. Insgesamt lebten in allen 13 Kolonien rund 10% Deutsche. Iren, Schotten, Iro-Schotten sowie französische Hugenotten siedelten vor allem im Hinterland von New York und Pennsylvania.

Die Hudson Bay Company und der *French and Indian War* prägten die territorialen Auseinandersetzungen zwischen den Engländern und Franzosen bis zum Frieden von Paris 1763, der den Franzosen ihr gesamtes Kolonialgebiet in Nordamerika außer zwei Inseln im St.-Lorenz-Golf abtrat. Dies ermöglichte den englischen Siedlern die Ausdehnung westlich der Appalachen. Der Unabhängigkeitskrieg von 1775 bis 1783 markierte den Höhepunkt der Konflikte zwischen den 13 atlantischen Kolonien und dem britischen Mutterland.

Unabhängigkeit

Im Jahr 1776 erklärten die dreizehn Kolonien, nachdem sie sich im Unabhängigkeitskrieg gegen die britische Kolonialmacht durchgesetzt hatten, ihre Unabhängigkeit, während die Gebiete im heutigen Kanada weiterhin unter britischer Herrschaft verblieben.

Die ersten Niederlassungen der *Pilgrim Fathers* wie auch der anderen Siedler sind ein wichtiger Schlüssel zum Verständnis des amerikanischen Mythos. Der protestantische Unternehmergeist, die Ideale von Freiheit und Selbstverwirklichung, der Mut und die Zähigkeit dieser ersten Pioniere wurden zum Idealbild stilisiert. Es ist ein Bild, das den Amerikanern noch heute als Symbol für den ursprünglichen Sinn und Zweck der Gründung der Vereinigten Staaten von Amerika dient.

Die ersten Siedler waren höchst religiöse Menschen, wenn auch religiöse Gründe nicht die alleinige Inspirationsquelle für ihre Unternehmungen waren. Bei den meisten von ihnen handelte es sich um Protestanten, die nicht bereit waren, die Doktrin und religiösen Praktiken der anglikanischen Staatskirche zu akzeptieren. In England wurden sie wegen ihrer Überzeugungen verfolgt. Ihr Individualismus richtete sich jedoch auch gegen soziale und ökonomische Zwänge. Sie waren die gefährlichsten Kritiker des damaligen Musters der englischen Gesellschaft. Die Idee, nach Amerika überzusiedeln, war in vielen Fällen für diese Menschen die einzige Alternative. Dorthin brachten sie den Willen zur Errichtung einer neuen Gesellschaft, frei von den alten Zwängen, während sie gleichzeitig die guten Aspekte bewahren wollten.

Die ersten Gemeinden bestanden aus tief religiösen und hart arbeitenden Menschen. Sie suchten nach einer neuen Freiheit und ließen bei ihrer Suche gleichzeitig ihre eigenen Forderungen an Konformität mit einfließen. Auch sie konnten, wie die Geschichte zeigte, sehr intolerant gegenüber Andersdenkenden sein. Dennoch, ihr Unternehmergeist und ihre Ideale sind noch heute für die Amerikaner stetige Inspirationsquelle.

NH = New Hampshire
MA = Massachusetts
NY = New York
RI = Rhode Island
CT = Connecticut
PA = Pennsylvania
NJ = New Jersey
DE = Delaware
MD = Maryland
VA = Virginia
NC = North Carolina
SC = South Carolina
GA = Georgia

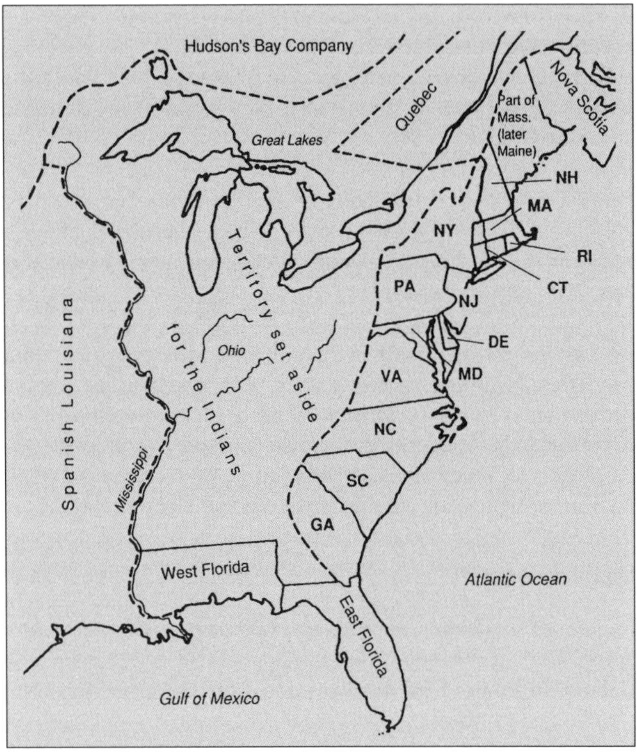

Die großen Besiedlungswellen 1820–1920

Die Besiedlungswellen von 1820 bis 1920 waren geprägt von der Expansion der USA und einem enormen Zustrom von Einwanderern. Nach der Unabhängigkeitserklärung 1789 blieb die Einwanderung zunächst gering. Im Zeitraum zwischen 1789 und 1820 haben sich wahrscheinlich nur ca. 150.000 Menschen in den USA niedergelassen, was einer Zahl von ca. 5.000 Neuankömmlingen pro Jahr entsprechen würde.

Mit der Eroberung des Westens stieg die Zahl der Einwanderer jedoch rapide an. Kleinere Siedlergruppen hatten sich bereits vorher westlich der Appalachen niedergelassen. Der *Louisiana Purchase* von 1803 erweiterte das Territorium erheblich und öffnete die Tore für eine verstärkte Besiedlung. Durch Kriege und Verträge erweiterten die USA ihr Gebiet weiter, was die Einwanderung zusätzlich förderte.

Der Goldrausch von 1848 in Kalifornien zog Einwanderer aus aller Welt an, darunter erstmals auch aus China. Neue Staaten wurden in die Union aufgenommen und die Bevölkerung wuchs exponentiell. Die industrielle Revolution und der Bau der transkontinentalen Eisenbahn verstärkten diesen Trend weiter. Die Sklaverei spielte eine entscheidende Rolle in den Spannungen zwischen den Nord- und Südstaaten, was schließlich zum Bürgerkrieg führte. Die Emanzipationsproklamation von 1862 und das *Homestead*-Gesetz ebneten den Weg für weitere Veränderungen in der Bevölkerungsbewegung.

Nach dem Bürgerkrieg setzte eine massive Siedlungsbewegung in den Westen ein, begleitet von der Erschließung neuer Gebiete. Zahlreiche Bundesstaaten wurden gegründet, und die Einwanderung aus Europa erreichte ihren Höhepunkt. Zwischen 1840 und 1880 kamen fast 10 Millionen Immigranten in die USA, hauptsächlich aus West-, Mittel- und Nordeuropa. Später übertrafen Einwanderer aus Osteuropa und Italien die Zahlen aus anderen Regionen. Insbesondere verfolgte Juden aus Russland und Polen strömten zu Millionen ins Land. Insgesamt führten territoriale Expansion, wirtschaftliche Entwicklungen und politische Ereignisse zu einem enormen Bevölkerungswachstum und einer vielfältigen Einwanderungsgeschichte in den USA zwischen 1820 und 1920.

Einwanderung seit 1920

Nach dem Ersten Weltkrieg gab es einen drastischen Einbruch der Einwanderungszahlen aus Europa. Grund waren neue, im Jahre 1921 verabschiedete Quotengesetze, die eigentlich zunächst nur als Übergangsregelung gedacht waren und auf die Drosselung der nach Kriegsende rapide anwachsenden Einwanderungsströme aus Europa abzielten. Mit 115.431 deutschen Migranten erreichte die deutsche Auswanderung trotzdem im Jahr 1923 ihren absoluten Höhepunkt. Doch bereits im Jahre 1924 folgte mit dem *Johnson-Reed Act* eine neue Quotenregelung, die alle Länder Süd- und Osteuropas eindeutig zugunsten der Länder Mittel- und Nordeuropas benachteiligte. Der Zustrom aus mittel- und nordeuropäischen Ländern wurde daher erst durch den Ausbruch der Weltwirtschaftskrise gestoppt. So durften z.B. in diesem Zeitraum nur 6.000 Italiener pro Jahr in die USA einreisen, gegenüber 60.000 Briten.

Auf dem Höhepunkt der Depression 1933 erreichte die Einwanderungszahl aus allen europäischen Ländern erstmalig einen absoluten Tiefststand, als nur rund ein Zehntel der Einwanderungsrate von 1907 erreicht wurde. In den Jahren 1931 bis 1940 sank die Einwanderungsrate auf den niedrigsten jemals in den USA gemessenen Stand.

***Nationality Act of 1940:* Einbürgerung nach fünf Jahren**

Als Reaktion auf den Beginn des Zweiten Weltkrieges wurde in den 1940er Jahren eine komplette Überarbeitung der Staatsangehörigkeitsgesetze der USA veranlasst. Heutzutage können Menschen, die fünf Jahre lang legal (mit der GreenCard) in den USA gelebt haben, bei Erfüllen aller Voraussetzungen die amerikanische Staatsbürgerschaft beantragen. Bei Ehepartnern von US-Bürgern verkürzt sich diese Frist sogar auf drei Jahre.

Seit Hitlers Machtübernahme in Deutschland, insbesondere aber nach dem Anschluss Österreichs, wurden in den USA vermehrt Stimmen laut, die eine Lockerung der Quoten für jüdische Flüchtlinge und andere Verfolgte des Naziregimes forderten. Die Geschichte hat gezeigt, dass die damalige US-Regierung dieser Forderung nicht nachkam, sondern an dem 1924 eingeschlagenen Kurs festhielt. Das änderte sich erst im Jahr 1948 und auch nur aufgrund des von der UNO ausgeübten Drucks mit dem unter Präsident Truman erlassenen *Displaced Persons Act*, in welchem die Aufnahme von 410.000 Vertriebenen im Laufe von vier Jahren beschlossen wurde. Für etliche Verfolgte des Naziregimes kam dieses Gesetz viel zu spät.

Im Jahr 1952 wurde in der Phase der antikommunistischen Hysterie der McCarthy-Ära der sogenannte *McCarran-Walter Act* (auch: *The Immigration and Nationality Act of 1952*) erlassen. Dies gilt als ein weiterer trauriger Meilenstein in der US-amerikanischen Einwanderungspolitik, denn neben den rassistischen Vorurteilen des bereits existierenden *Johnson-Reed*-Quotengesetzes enthielt dieses neue Gesetz detaillierte Regelungen und Kriterien zur Feststellung der politischen Unbedenklichkeit potentieller Einwanderer. Ausländer, die bereits in den USA lebten und als »subversiv« eingestuft wurden, konnten nun wieder deportiert werden. Zusätzlich enthielt das Gesetz eine Subquotenregelung für europäische Kolonien der westlichen Hemisphäre, mittels derer vor allem nichtweiße Personen aus den britischen Kolonien im Karibikraum von der Einwanderung ferngehalten werden sollten.

Ein Jahr später wurde der sogenannte *Refugee Relief Act* erlassen. In diesem Gesetz sind erstmalig die noch heute gültigen politischen Richtlinien bei der Flüchtlingsbehandlung deutlich geworden. Damaligen Flüchtlingen des Ungarn-Aufstands von 1956 und kubanischen Flüchtlingen der 1960er-Jahre wurde vorübergehend auf dem Gnadenweg der Exekutive *(presidential pardon)* die Einreise erlaubt. Danach wurde ihnen ein spezieller Bewährungsstatus *(parole)* zugesprochen. Der Kongress entschied dann, ob die jeweilige Gruppe zu aufenthaltsberechtigten Ausländern *(residential aliens)* zu erklären und ihnen damit die Chance zur Einbürgerung zu geben sei.

Erst 1965 wurde unter Präsident Johnson erstmalig ein liberales Einwanderungsgesetz erlassen. Die bis dato immer noch eine nordische Abstammung favorisierenden Einwanderungsbestimmungen waren politisch einfach nicht mehr länger tragbar. Außerdem hatten die bisherigen Regelungen sich negativ auf Amerikas Wirtschaft ausgewirkt, denn durch sie wurde auch der Zuzug hochqualifizierter Arbeitskräfte gebremst. Die Quotenregelung wurde aufgehoben und an ihre Stelle trat ein Präferenzsystem. Maßgebliche Kriterien waren nun nicht mehr die Herkunft des Bewerbers, sondern dessen Verwandtschaftsbeziehungen zu US-Bürgern bzw. seine berufliche Qualifikation. Darin wurde eine Maximaleinwanderungszahl von 170.000 pro Jahr für Personen aus der östlichen Hemisphäre (Europa und Asien) und eine unterschiedslos für alle dortigen Staaten gültige Begrenzung von je 20.000 festgesetzt. Im Jahr 1976 wurde ein Maximum von 120.000 Personen für die Gesamteinwanderung aus der westlichen Hemisphäre (Kanada, Karibik, Mittel- und Südamerika) gesetzlich verankert.

Einwanderung in die USA nach Herkunftsland 1820–1930 / in Millionen

Deutschland	7,1
Italien	5,3
Großbritannien	5,2
Irland	4,8
Österreich	2,7
Ehemalige UdSSR	3,6
Alle Länder	60,7
Gesamt Europa	37,5
Gesamt Latein-Amerika	15,1
Gesamt Asien	7,2

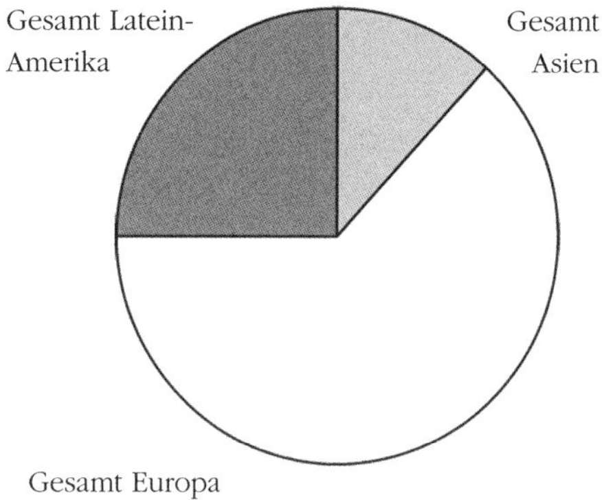

Einwanderung seit 1965

Unmittelbar nach der Gesetzesreform von 1965 stiegen die Einwanderungszahlen aus asiatischen Ländern sprunghaft an. So verzehnfachte sich die Zahl der Einwanderer aus den Philippinen im Zeitraum 1965 bis 1970, und nur fünf Jahre später erreichten die Zahlen für Korea eine ähnliche Wachstumsrate. Bei den Ländern Lateinamerikas, insbesondere Mexiko, gab es förmlich eine Einwanderungsexplosion. Bekanntlich kamen und kommen heute noch viele Menschen aus diesen Ländern illegal über die Grenze, d.h., viele von ihnen werden gar nicht statistisch erfasst. Die (offizielle) Einwanderungszahl für Kolumbien und die Dominikanische Republik verdoppelte sich zwischen 1967 und 1976. Bei den jüngeren Einwanderungswellen handelte es sich vornehmlich um Zuströme aus mittelamerikanischen Ländern wie El Salvador, Guatemala, Nicaragua und Honduras. Nun kamen aber auch Einwanderer aus bis dahin kaum an der Einwanderung beteiligten Ländern wie z.B. aus dem arabischen Raum.

Seit der ersten statistischen Erfassung im Jahr 1820 kamen bis heute über 80 Millionen Menschen in die USA.* Offiziellen Zahlen zufolge kamen in den 1980er Jahren ca. eine halbe Million Einwanderer pro Jahr – doppelt so viele wie in den 1950er-Jahren, aber nur halb so viele wie am Anfang des Jahrhunderts. 1987 wurde eine neue indirekte Form der Einwanderungskontrolle eingeführt. Für amerikanische Arbeitgeber war es fortan strafbar, Personen ohne gültige Papiere einzustellen.

Einwanderungsstatistik 2010-2023

Im Fiskaljahr 2022 wurden insgesamt 1.018.349 neue GreenCards ausgestellt, d.h. ebenso vielen Personen wurde die legale Niederlassung in den USA ermöglicht. Zum Vergleich: Im Jahr 2010 waren es 1.042.625 neue GreenCards und im Jahr 2015 wurden 1.051.031 GreenCards ausgegeben. In den Jahren 2020 und 2021 sanken die Zahlen auf 707.362 bzw. 740.002. Grund dafür war der Corona bedingte Einreisestopp in die USA. Die neuen Einwanderer im Fiskaljahr 2022 kamen aus den folgenden Gruppen:

- nahe Verwandte von US-Bürgern: 428.268
- andere Familienangehörige: 166.041
- Flüchtlinge/Asylbewerber: 83.082
- GreenCard durch die Arbeitsstelle: 270.284
- GreenCard-Lotterie: 43.233
- andere Einwanderer: 27.441

Die Anzahl der aufgrund einer Arbeitsstelle vergebenen GreenCards ist im Vergleich zu 2010 (151.596) um 78% gestiegen.

Ganze 38% der neuen GreenCard-Inhaber kamen im Fiskaljahr 2022 aus den sechs stärksten Zuwandererländern Mexiko (138.772), Indien (127.012), China (67.950), der Dominikanischen Republik (40.152), Kuba (36.642) und von den Philippinen (35.998).

---

* Quelle: *www.dhs.gov*

Die US-Staatsbürgerschaft wurde im gleichen Zeitraum insgesamt 969.380 Personen zugesprochen. Nur in den Jahren 1996 und 2008 war diese Zahl unter erwachsenen Einwanderern höher, nämlich 1.040.991 bzw. 1.046.539). Im Jahr 2023 sank die Zahl derer, die den Eid auf die US-Verfassung geleistet hatten, wieder auf 878.500 Personen*.

Entwicklung der Einwanderung bis 2023

Von 2014 bis 2023 erlebten die USA eine vielschichtige Entwicklung in Bezug auf Einwanderungsmuster, gesetzliche Bestimmungen und demografische Trends. Diese Periode war von politischen Debatten, gesetzgeberischen Maßnahmen und gesellschaftlichen Veränderungen geprägt, die direkte Auswirkungen auf die Einwanderung hatten. Insbesondere während der Amtszeit von Präsident Barack Obama wurde die Notwendigkeit einer umfassenden Einwanderungsreform hervorgehoben und sowohl 2013 als auch 2014 jeweils ein Reformversuch unternommen. Der Schwerpunkt lag dabei auf der Einführung eines Weges zur Legalisierung für Millionen von Einwanderern ohne Papiere, der Stärkung der Grenzsicherheit und der Reform des Einwanderungssystems insgesamt. Trotz einiger Bemühungen im Kongress blieben größere Reformen jedoch größtenteils aus.

Unter der Trump-Administration ab 2017 wurden Einwanderungsfragen stark politisiert. Maßnahmen wie das Einreiseverbot für Bürger muslimischer Länder, die Verschärfung der Einwanderungspolitik und verstärkte Abschiebungen führten zu Kontroversen und rechtlichen Auseinandersetzungen. Die »Null-Toleranz-Politik« an der Grenze zu Mexiko und die Trennung von Familien sorgten international für große Empörung.

Während der Biden-Administration ab 2021 wurden Schritte unternommen, um viele der durch Donald Trump eingeführten restriktiven Einwanderungsmaßnahmen rückgängig zu machen. Dies beinhaltete die Wiederherstellung des *DACA-Programms (Deferred Action for Childhood Arrivals),* die Aufhebung des Einreiseverbots aus muslimischen Ländern und die Rückkehr zu einer Politik der Familienzusammenführung an der Grenze.

Die Einwanderungsmuster in den USA von 2014 bis 2023 zeigten damit sowohl Kontinuität als auch Veränderungen. Während die Zahl der Einwanderer aus Mexiko sank, stieg der Zuzug aus Asien, Afrika und dem Nahen Osten. Besonders bemerkenswert war die Zunahme hochqualifizierter Fachkräfte aus Ländern wie Indien und China, was der Tech-Industrie zugutekam. Die Einwanderung von Flüchtlingen und Asylsuchenden aufgrund von Konflikten in Ländern wie Syrien und Venezuela setzte sich weiter fort, was zu einem Anstieg der Asylanträge und humanitären Herausforderungen führte.

Politische, wirtschaftliche und gesellschaftliche Faktoren beeinflussen bis heute Einwanderungsmuster, gesetzliche Bestimmungen und Integrationsprozesse in den USA. Trotz aller Herausforderungen bleibt die Einwanderung ein wesentlicher Bestandteil der amerikanischen Identität und wird somit auch weiterhin eine Schlüsselrolle in der Gestaltung der Gesellschaft und der Wirtschaft des Landes spielen.

---

* Quelle: *www.dhs.gov*

1.3 Das politische System

Die amerikanische Verfassung

Die Verfassung der Vereinigten Staaten von Amerika ist die älteste noch immer gültige Verfassung der Welt. Schon seit über 200 Jahren ist sie ohne größere Veränderungen in Kraft. Viele andere Länder haben sich an ihr orientiert und ihre Verfassungen nach diesem Modell gestaltet. Sie ist ein Symbol für politische Stabilität und Kontinuität und eine Quelle des Patriotismus in einem Land, dessen Bewohner aus fast allen Nationen dieser Welt stammen. Was alle Amerikaner miteinander vereint, ist ihr Glaube an die Freiheit und die Gleichheit eines jeden Individuums, wie er in der Verfassung verankert ist.

Im Jahr 1787 entworfen, ersetzte die amerikanische Verfassung die sogenannten *Articles of Confederation* von 1781. Dieses allgemeine Vertragswerk hatte der neuen Zentralregierung der USA zu wenig Macht über die einzelnen Regierungen der Bundesstaaten gegeben und sich als wenig effektiv erwiesen. Die Ratifizierung der amerikanischen Verfassung erfolgte zwischen 1787 und 1790 durch die 13 Gründerstaaten Delaware, Pennsylvania, New Jersey, Georgia, Connecticut, Massachusetts, Maryland, South Carolina, New Hampshire, Virginia, New York, North Carolina und Rhode Island.

In der amerikanischen Verfassung sind die Einflüsse des englischen Parlamentarsystems mit zwei Kammern und dem englischen *common law* sehr deutlich erkennbar. Ursprünglich bestand sie aus einer Präambel und 7 Artikeln, wurde aber im Laufe der Jahre durch insgesamt 27 Zusatzartikel ergänzt.

Verfassungszusätze

Zusatzartikel zur amerikanischen Verfassung *(amendments)* können entweder vom Kongress durch eine Zweidrittelmehrheit in beiden Häusern oder durch die Legislative von zwei Dritteln aller US-Bundesstaaten eingeleitet werden. Sie werden durch die Zustimmung von drei Vierteln aller Bundesstaaten wirksam. Die ersten zehn *amendments* wurden 1791 hinzugefügt und sind als *Bill of Rights* bekannt. Es handelt sich um einen Grundrechtskatalog zum Schutz der einzelnen Bürger gegen einen Machtmissbrauch seitens der Regierung. Dieser Katalog entstand teilweise aufgrund konkreter Erfahrungen mit Regierungsorganen in der Kolonialzeit. Zu den bekanntesten Grundrechtsgarantien gehören die im 1. Zusatzartikel aufgezählten Rechte auf Religions-, Rede-, Presse- und Versammlungsfreiheit. Spätere Verfassungszusätze betrafen z. B. das Verbot der Sklaverei (13. Zusatzartikel, 1865), das Wahlrecht für Frauen (19. Zusatzartikel, 1920) oder das Herabsetzen des Wahlalters auf 18 Jahre (26. Zusatzartikel, 1971).

Verfassungsziele

Die amerikanische Verfassung wurde entworfen, um eine effektive Zentralregierung für das gesamte Land zu schaffen. Sie legt fest, wie sich die zentralen Institutionen organisieren, wie Regierungsoffizielle bestimmt werden und welche Rechte die Zentralregierung den Bürgern garantieren muss. Damit wurden die Vereinigten Staaten zu einer repräsentativen Demokratie. Das bedeutet, dass die Repräsentanten vom Volk gewählt werden, um im Sinne des Volkes zu regieren. Außerdem kommt in der amerikanischen Verfassung der Glaube an die Grundrechte der Menschen zum Ausdruck.

Die Verfassungsgründer glaubten an das Herrschaftsrecht der Mehrheit, doch sie wollten ebenso die Rechte von Minderheiten wahren. Dies sollte durch Gewaltenteilung und Mächtegleichgewicht innerhalb der Regierung erreicht werden. Neu war das durch die Verfassung etablierte föderale System. Hierbei erfolgte eine Gewaltentrennung zwischen nationaler und bundesstaatlicher Regierung, wodurch alle Bundesstaaten gleichgestellt wurden und die Zentralregierung keiner bundesstaatlichen Regierung spezielle Privilegien einräumen durfte.

Durch die Verfassung wurde außerdem eine Gewaltenteilung innerhalb der Zentralregierung festgelegt. Diese besteht aus den drei Regierungszweigen Exekutive (Präsident), Legislative (Kongressmitglieder) und Judikative (Bundesrichter) und wird auch als *checks and balances* bezeichnet.

Verfassungen der Einzelstaaten

Die Einzelstaaten haben nur die Macht, die ihnen von der amerikanischen Verfassung gewährt bzw. nicht verwehrt wird. Es gibt daher eine Gewaltenteilung zwischen der Zentralregierung und den Regierungen der Einzelstaaten. Jeder US-Bundesstaat hat einen Kongress, einen *Supreme Court* und einen Gouverneur, dessen Rolle der des US-Präsidenten ähnelt.

Zudem ist jeder einzelne Bundesstaat berechtigt, seine eigenen Steuern zu erheben und eigene Gesetze zu erlassen, wobei diese nicht mit der Bundesgesetzgebung kollidieren dürfen. Jedoch dürfen einzelne US-Bundesstaaten keine Verträge mit anderen Staaten außerhalb der USA abschließen und kein eigenes Geld drucken bzw. prägen.

Die Bundeslegislative – der Kongress

Der Kongress der Vereinigten Staaten besteht aus zwei Kammern, dem Repräsentanten- oder Abgeordnetenhaus *(House of Representatives)* und dem Senat *(Senate)*. Die Abgeordneten des Repräsentantenhauses werden auf zwei Jahre und die Senatoren auf sechs Jahre gewählt, wobei alle zwei Jahre ein Drittel aller Senatoren neu gewählt wird.

Insgesamt zählt das Repräsentantenhaus 435 Abgeordnete. Die Einwohnerzahl eines Bundesstaates bestimmt, wie viele Abgeordnete er entsenden darf. So hat das bevölkerungsreiche Texas derzeit zum Beispiel 38 Abgeordnete im Repräsentantenhaus und das dünn besiedelte Montana nur zwei. Der Senat setzt sich dagegen aus zwei Senatoren pro Bundesstaat, also insgesamt 100 Senatoren, zusammen. Für Abgeordnete des Repräsentantenhauses gilt ein Mindestalter von 25 Jahren und Senatoren müssen mindestens 30 Jahre alt sein. Zudem müssen sie seit mindestens sieben Jahren (Repräsentantenhaus) bzw. neun Jahren (Senat) US-Bürger sein und in dem Bundesstaat leben, den sie vertreten. Die Mitglieder beider Kammern können sich beliebig oft zur Wiederwahl stellen.

Die wichtigsten Gesetzgebungskompetenzen des Kongresses sind:

- Kriege erklären und Frieden schließen
- Regulierung des Handels mit anderen Staaten und zwischen den einzelnen Bundesstaaten
- Mobilisierung der Armee zur Verteidigung der Nation, um Bundesgesetze durchzusetzen und Aufstände zu unterdrücken,
- Erheben von Steuern und Zöllen
- Verabschiedung von Einwanderungsgesetzen
- Verabschiedung aller Gesetze, die zur Umsetzung der erwähnten Ermächtigungen notwendig und angebracht *(necessary and proper)* sind

Jede Gesetzesvorlage bedarf der Zustimmung einer Zweidrittelmehrheit in beiden Kammern. Der Senat hat zudem einige zusätzliche Kompetenzen, die nicht in den legislativen Bereich fallen. Alle Verträge bedürfen der Zustimmung von zwei Dritteln der anwesenden Senatoren. Auch die Ernennung von Botschaftern, Bundesrichtern und fast allen Mitgliedern der Exekutive ist nur mit der Zustimmung einer Mehrheit im Senat möglich. In einem Ausnahmefall übernimmt der Kongress auch Aufgaben der Judikative, und zwar bei Amtsenthebungsverfahren *(impeachment)*. Dabei wird eine per Mehrheitsbeschluss verabschiedete Liste von Anklagepunkten *(articles of impeachment)* an den Senat weitergeleitet, der dann die Gerichtsbarkeit übernimmt. Für eine Verurteilung ist eine Zweidrittelmehrheit der anwesenden Senatoren notwendig. Die Gründe für eine mögliche Amtsenthebung sind in der Verfassung festgelegt, z. B. Hochverrat, Bestechung oder andere Verbrechen und Vergehen *(felonies and misdemeanors)*.

Der Kongress etabliert außerdem die Ministerien *(departments)* und Behörden *(administration, authorities, agencies)*, definiert ihre Aufgaben und Organisationsstrukturen und bewilligt Gelder, die für die Durchführung ihrer Aufgaben erforderlich sind. Er kann exekutive Strukturen auch neu organisieren. Ein Beispiel dafür ist das nach den Anschlägen vom 11. September 2001 eingerichtete Ministerium für Heimatschutz *(U.S. Department of Homeland Security)*.

Die Exekutive – der Präsident

Der Präsident der Vereinigten Staaten führt die Exekutive. Für eine festgelegte Amtszeit von vier Jahren ist er zugleich Staatsoberhaupt, Regierungschef und Oberbefehlshaber der Streitkräfte. Bei seiner Amtsausübung ist er von der Legislative unabhängig, d.h., er muss nicht zwingend das Vertrauen einer Mehrheit im Kongress besitzen.

Dem Prinzip der Gewaltenteilung steht das Prinzip der Gewaltenverschränkung gegenüber. Das bedeutet, dass getrennte Institutionen gemeinsame Aufgaben durchführen. Ersichtlich wird das bei der Teilnahme *(advice and consent)* des Senats an Personalentscheidungen, der erforderlichen Zustimmung zu Verträgen sowie durch bestimmte Eingriffsrechte des Präsidenten in die Legislative. So hat er z. B. ein eingeschränktes Vetorecht gegenüber allen Gesetzen. Dieses kann aber wiederum mit Zwei-Drittel-Mehrheiten beider Häuser überwunden werden. Nur im Ausnahmefall des sogenannten Taschenvetos *(pocket veto)*, wenn der Präsident kurz vor Ende der Sitzungsperiode ein Gesetz nicht unterschreibt, kann der Kongress nichts mehr dagegen tun. Der Präsident kann allerdings nur gegen ein ganzes Gesetz sein Veto einlegen und nicht gegen einzelne Punkte.

Der US-Präsident darf formal keine Gesetze im Kongress einbringen. Als Chef der Exekutive ist er ausschließlich für die Implementierung der Gesetze verantwortlich. Doch laut Verfassung hat er die Pflicht, den Kongress über den Zustand der Nation *(state of the union)* zu unterrichten und Verbesserungsvorschläge zur Behebung von Missständen zu unterbreiten. Zudem hat der Präsident das Recht, Verträge zu verhandeln, Botschafter zu ernennen und auch Botschafter anderer Staaten zu empfangen. Mit Zustimmung des Senats ernennt er die Mitglieder seiner Administration und entlässt sie wieder.

Die Judikative

Die Judikative besteht aus einem Bundesgerichtssystem und einem Staatsgerichtssystem. Laut Verfassung wird nur dem Obersten Gerichtshof *(Supreme Court)* die richterliche Gewalt zugewiesen. Alle Bundesgerichte werden durch den Kongress eingerichtet.

Der Supreme Court

Der Oberste Gerichtshof der Vereinigten Staaten setzt sich aus neun Richtern zusammen, einem *chief justice* und acht *associate justices*. Sie werden vom Präsidenten ernannt und müssen die Zustimmung einer Zweidrittelmehrheit des Senats erhalten. Da sich US-Präsidenten in der Regel für *Supreme Court*-Richter entscheiden, die ihrer eigenen politischen Gesinnung nahekommen, ist die Bestimmung eines neuen Richters stets von höchster politischer Brisanz. Richter des *Supreme Court* werden auf Lebenszeit ernannt, eine Amtsenthebung ist nur durch ein *impeachment*-Verfahren möglich.

Der *Supreme Court* hat eine Doppelfunktion: Zum einen ist er die höchste gerichtliche Instanz des Landes, zum anderen hat er die Autorität, vom Kongress erlassene Gesetze als verfassungswidrig *(unconstitutional)* zu erklären. Seine Hauptaufgabe liegt demzufolge in der Bewahrung und Interpretation der Verfassung. Die Entscheidungen bedürfen einer einfachen Mehrheit. Im Normalfall ist der *Supreme Court* ein Berufungsgericht für alle Fälle, die unter Rechtsprechung des Bundes fallen, d.h. in denen es um die Verfassung, Bundesgesetze und Verträge geht. Nur in Ausnahmefällen hat er eine Funktion als Gericht der ersten Instanz *(original jurisdiction)*, z.B. in Verfahren zwischen einzelnen Staaten oder Verfahren, die ausländische hohe Beamte involvieren. Alle anderen Fälle werden zuvor von unteren Bundesgerichten bzw. von den obersten Gerichten der Bundesstaaten verhandelt.

Rechtsprechung in den Bundesstaaten

Die föderale Struktur der USA hat auch ihr Rechtssystem entscheidend beeinflusst. Die 13 Gründerstaaten beharrten von Beginn an darauf, innerhalb ihrer Grenzen eigene Gesetze erlassen zu können, die nur für ihre Bürger bestimmt waren. Deshalb musste die Beschreibung der Bundesgesetzgebung allgemeiner gehalten werden. So blieb noch genügend Spielraum für eine Gesetzgebung innerhalb der einzelnen Staaten.

Das Rechtssystem auf Ebene der Bundesstaaten bearbeitet alle Fälle, die nicht unter die in der Verfassung festgelegten Kompetenzbereiche des Bundes fallen. Das gilt vor allem für die sogenannte *police power*. Die Aufgabe, für öffentliche Ordnung, Gesundheit und Moral zu sorgen, ist den Organen der Einzelstaaten vorbehalten.

Laut Verfassung müssen die einzelnen Bundesstaaten ihre Gesetze, Verordnungen und richterlichen Entscheidungen bei aller Unterschiedlichkeit gegenseitig anerkennen. Unterschiede gibt es z.B. beim Heiratsalter, bei den Altersgrenzen für den Kauf und Genuss von Alkohol und Tabak oder auch beim Besitz und Konsum von Cannabis. Der auffälligste Unterschied besteht jedoch in der Tatsache, dass einige Bundesstaaten noch die Todesstrafe verhängen, während sie in vielen anderen Landesteilen abgeschafft worden ist.

Das Parteiensystem in den USA

Amerika hat ein Zwei-Parteien-System. Die Demokratische Partei gründete sich bereits im Jahr 1828 und ist damit die älteste noch bestehende Partei der Welt. Die Republikanische Partei (auch bekannt als *GOP* für *Grand Old Party*) entstand 1854 um ihren ersten Präsidenten Abraham Lincoln. Beide Parteien sind keine klassischen Mitglieder- oder Programmparteien. Es handelt sich bei ihnen vielmehr um Dachverbände, innerhalb derer organisierte Fraktionen der Rechten und Linken konkurrieren. Die beiden großen Parteien verfügen über keinen hauptamtlichen Verwaltungsapparat und werden überwiegend durch Spenden (nicht durch Steuergelder) finanziert.

Es gibt viel weniger ideologische Gegensätze zwischen den beiden großen Parteien als man für gewöhnlich annimmt. Ein rechtsgerichteter Demokrat könnte durchaus mit einem links gerichteten Republikaner verwechselt werden. Ebenso ist es nichts Ungewöhnliches, dass Parteimitglieder die Parteien wechseln oder dass bestimmte Gesetze mit Stimmen der Opposition durchgebracht werden. Aufgrund des föderalen Charakters der Parteien ist eine jede Partei in den einzelnen Bundesstaaten autonom. Es gibt keinen Parteiführer und keine Interessens- oder Glaubensidentität. Zudem besteht keine Parteiloyalität: Kongressmitglieder können frei nach ihren Interessen entscheiden, selbst wenn sie damit gegen ihre offizielle Parteilinie verstoßen. Die meiste Zeit sind die Parteien mit Problemen auf regionaler und lokaler Ebene beschäftigt und kommen in der Regel erst bei Wahlen zusammen.

Geschichte der Parteisymbole

Beide großen Parteien haben ein Maskottchen. Für die Demokraten ist es der Esel *(Democratic Donkey)*, für die Republikaner der Elefant *(Republican Elephant)*. 1828 wurde der Esel zum ersten Mal mit den Demokraten in Verbindung gebracht. Die Gegner des demokratischen Präsidentschaftskandidaten Andrew Jackson versuchten, diesen mit der Bezeichnung *jackass* (männlicher Esel) zu diskreditieren. Jackson aber kehrte das zu seinem Vorteil um und ließ Wahlkampfplakate mit einem Esel darauf drucken, der seine Standfestigkeit repräsentieren sollte. Jackson besiegte daraufhin den Amtsinhaber John Quincy Adams und wurde der erste demokratische Präsident der USA. Das Bild eines Elefanten als republikanisches Parteisymbol tauchte in mindestens einer politischen Karikatur und einer Zeitungsillustration während des Amerikanischen Bürgerkriegs auf.

In den 1870er Jahren trug der einflussreiche politische Karikaturist Thomas Nast dazu bei, Esel und Elefant als Symbole der Parteien zu etablieren. Die Demokraten streuten damals das Gerücht, der amtierende Präsident Grant strebe eine dritte Amtszeit an – eine ungeheuerliche Premiere für die damaligen Vereinigten Staaten. Die in der Zeitschrift Harper's Weekly zur selben Zeit erschienene Zeitungsente, dass im New Yorker Zoo die Tiere ausgebrochen seien, animierte Nast zu dem Cartoon, in dem ein Esel verkleidet als Löwe einen Elefanten erschreckt. In der folgenden Zeit etablierten sich die Symbole und wurden nach und nach mit den Parteien in Verbindung gebracht.

Heute stellen die Demokraten ihren Esel als bescheiden, freundlich, klug, mutig und liebenswert dar. Die Republikaner finden ihn stur, dumm und lächerlich. Ihren Elefanten dagegen beschreiben sie als würdevoll, stark und intelligent. Für die Demokraten ist er ungeschickt, dumm, aufgeblasen und natürlich viel zu konservativ.

Die Parteisymbole

The Democratic Donkey

The Republican Elephant

Unabhängige Kandidaten und dritte Parteien

In der Vergangenheit war die Wählerschaft entweder den Republikanern oder Demokraten treu, doch hin und wieder erringt auch ein unabhängiger Kandidat das Interesse der Wählerschaft. 1992 erhielt z. B. der Texaner Ross Perot fast 19% der Wählerstimmen als unabhängiger Kandidat. Das bislang beste Ergebnis eines unabhängigen Kandidaten erzielte Theodore Roosevelt, der 1912 ganze 27% der Stimmen für sich gewann.

Im Allgemeinen ist Parteizugehörigkeit in den USA weniger wichtig. Die Wähler votieren lieber für eine bestimmte Person als für eine Partei. Die individuelle Persönlichkeit und die Meinung eines Politikers zu Themen wie Kriminalitätsbekämpfung, *LGBTQIA+*-Rechte oder Einwanderung erwecken das Interesse der Wähler. Ein Problem der unabhängigen Kandidaten ist jedoch die Finanzierung des Wahlkampfes, da sich die beiden großen Parteien bei der notwendigen Lobbyarbeit um Spendengelder wesentlich leichter tun. Dritte Parteien konnten bislang fast ausschließlich bei Kommunalwahlen Erfolge verzeichnen. Bei den US-Präsidentschaftswahlen erhalten sie in der Regel relativ wenige Stimmen. Überregional vertretene dritte Parteien in den USA sind die *Green Party*, die *Constitution Party*, die *Libertarian Party* und die *Reform Party*.

Die Präsidentschaftswahlen in den USA

Wer US-Präsident werden möchte, muss mindestens 35 Jahre alt sein, in den USA geboren worden sein und für mindestens 14 Jahre in den USA gelebt haben. Seit 1951 darf jeder Präsident nur einmal wiedergewählt werden, also maximal zwei Amtszeiten absolvieren. Er wird zusammen mit einem Vizepräsidenten gewählt, der das Amt übernimmt, falls der Präsident stirbt, aus dem Amt entlassen wird oder aus einem anderen Grund unfähig zur weiteren Amtsausübung ist. Das letzte Mal war dies der Fall, als Gerald Ford für Richard Nixon das Amt übernahm, als dieser nach dem Watergate-Skandal zurücktrat.

Während der Startphase jeder Präsidentschaftswahl treten mehrere Kandidaten aus derselben Partei gegeneinander an. Die offiziellen Vorwahlen werden zu Beginn des Wahljahres durchgeführt. Einige Bundesstaaten organisieren *primaries* in öffentlichen Wahllokalen, bei denen die Wahlberechtigten unabhängig von einer Parteizugehörigkeit abstimmen können. Andere Staaten wiederum führen private Parteiversammlungen *(caucus)* durch, bei denen nur registrierte Mitglieder der Parteien abstimmen dürfen. Auf ihren Nominierungsparteitagen im Sommer geben die beiden großen Parteien dann ihren jeweiligen Präsidentschaftskandidaten bekannt.

Die Präsidentschaftswahlen finden traditionell am Tag nach dem ersten Montag im November statt. Dabei wird jedoch nicht direkt der Präsident gewählt, sondern ein zu den jeweiligen Kandidaten gehörendes Wahlmännergremium *(Electoral College)* bestimmt. Dieses kommt einige Wochen später zusammen, um im Namen des Volkes den nächsten Präsidenten zu wählen. Die Amtszeit des neuen bzw. wiedergewählten Präsidenten beginnt mit dem Tag der Amtseinführung, dem *Inauguration Day*, am 20. Januar des folgenden Jahres.

US-Wahlen:
Hintergrundinformationen, wichtige Termine und Aktuelles

1.4 Wirtschaft

Amerikas Aufstieg zur Wirtschaftsmacht Nummer eins wurde durch zahlreiche Faktoren begünstigt. Die immense Größe des Landes, seine vorteilhafte Lage zwischen zwei Ozeanen sowie große Vorkommen an natürlichen Ressourcen bilden die Grundlage für den wirtschaftlichen Erfolg der Vereinigten Staaten. Durch die Einwanderungswellen in die USA entstand zudem ein schier endloses Potential an Arbeitskräften, und das schnelle Bevölkerungswachstum sicherte die Nachfrage nach produzierten Gütern. Der Zuzug von Fachkräften aus allen Teilen der Erde lieferte neue Impulse für die Forschung, wodurch stets Innovationen und die bestmögliche Nutzung der vorhandenen Materialien gewährleistet wurden. Zusätzlich brachten die neuen Siedler Dynamik in bis dato dünn besiedelte Regionen. Bis heute zeichnen sich die Amerikaner durch eine puritanische Arbeitsethik sowie ein hohes Maß an Mobilität und Flexibilität aus.

Land- und Forstwirtschaft

In den USA liegt das größte landwirtschaftliche Produktionsgebiet der Welt. Die großen Ebenen *(Great Plains)* im Mittleren Westen bieten mit ihrem ausgeglichenen Klima und ihren fruchtbaren Böden perfekte Bedingungen für den großflächigen Anbau von Agrarprodukten. Bekannt sind vor allem die alten charakteristischen Produktionsregionen des *Corn Belt* (Maisgürtel in den Großen Ebenen), des *Dairy Belt* (Milchwirtschaftsgürtel an der kanadischen Grenze) und des *Cotton Belt* (Baumwollgürtel im Südosten der USA).

Die Vereinigten Staaten zählen weltweit zu den größten Exporteuren von Mais, Weizen, Sorghum, Soja, Baumwolle, verschiedenen Obst- und Gemüsesorten sowie Milchprodukten und Fleischerzeugnissen.

Bodenschätze und Energie

Amerika kann sich mit den meisten wichtigen Bodenschätzen, Rohstoffen, Chemikalien und Fertigerzeugnissen selbst versorgen. So verfügen die USA zum Beispiel über immense Kohlevorkommen, die vor allem in den Bundesstaaten Wyoming, Montana, Illinois, West Virginia, Kentucky und Pennsylvania zu finden sind. Im Jahr 2020 wurden die Kohlereserven der Vereinigten Staaten auf ca. 250 Milliarden Tonnen geschätzt*. Das entspricht etwa 23% der weltweit vorhandenen Kohle. Des Weiteren sind die USA der größte Erdgasproduzent der Welt und einer der wichtigsten Ölproduzenten. Seit 2001 steigt zudem die Produktion durch erneuerbare Energien, z. B. Photovoltaik- und Windkraftanlagen, stetig an. Amerika besitzt außerdem große Vorkommen an Bauxit, Blei, Eisenerz, Gold, Kali, Kupfer, Molybdän, Phosphat, Salz, Schwefel, Silber, Uran und Zink.

Industrie

Der Anteil des industriellen Sektors am BIP der Vereinigten Staaten nimmt seit den 1980er Jahren stetig ab** und die amerikanische Wirtschaft erfährt einen doppelten Strukturwandel. Zum einen erfolgt eine Transformation von einer Industriegesellschaft hin zu einer Dienstleistungsgesellschaft, zum anderen gab es eine geografische Verschiebung der Wirtschaftszentren vom Nordosten des Landes in die Regionen des Westens und Südens.

Die traditionell wichtigste Industrieregion der USA ist der sogenannte *Rust Belt* bzw. *Manufacturing Belt* zwischen New York, Chicago und St. Louis. Obwohl im Strukturwandel begriffen, kommt ihm nach wie vor eine große Bedeutung zu, da sich hier die Standorte der großen Stapelindustrien, vor allem der Stahl- und Automobilindustrie, befinden. Von hier stammen auch die drei großen amerikanischen Automobilkonzerne *General Motors*, *Ford* und *Chrysler*. Neben den traditionell ansässigen Industrien haben sich auf dem Gebiet des *Rust Belt* auch sogenannte Wachstumsindustrien angesiedelt. Hierzu zählen z. B. die Elektronik- und High-Tech-Industrie, die sich seit den 1950er-Jahren im Raum um Boston herausgebildet hat.

Auch im *Sun Belt,* der sich von Florida über Georgia, Alabama, Texas, New Mexico und Colorado bis nach Kalifornien erstreckt, gibt es eine Reihe von Wachstumsindustrien. So befinden sich hier unter anderem wichtige Standorte der petrochemischen, chemischen und pharmazeutischen Industrie, der Elektronikindustrie sowie der Luft- und Raumfahrtindustrie. Kalifornien ist zudem bekannt für seine High-Tech-Industrie, insbesondere in der Region des *Silicon Valley* nahe San Francisco. Der US-Bundesstaat Texas durchlebt ebenfalls einen

* Quelle: *www.bp.com*

** Quelle: *www.bpb.de*

wirtschaftlichen Wandel. Anstelle von Öl basiert die texanische Wirtschaft heute primär auf High-Tech und erneuerbaren Industrien. Außerdem profitiert Texas von der Nachbarschaft zu Mexiko, da das 1994 abgeschlossene Nordamerikanische Freihandelsabkommen *NAFTA* zwischen Kanada, Mexiko und den USA den Grenzhandel fördert.

Eine neuere Entwicklung in den USA ist der Wandel hin zu mehr Klimaschutz und erneuerbaren Energien, für den unter den Präsidenten Obama und Biden verschiedene Förderprogramme vorangetrieben wurden.

Dienstleistungssektor

Der Dienstleistungssektor ist das Hauptstandbein der amerikanischen Wirtschaft. Fast 80% des gesamten Bruttoinlandsprodukts der USA werden hier erwirtschaftet. Wichtige Bereiche innerhalb des Sektors sind Handel, Bankwesen, Versicherungen, Verkehr, Bildung, Forschung, Nachrichtenwesen sowie Kommunikations- und Informationstechnologie. Allein in den Bereichen Bildung und Forschung sind die USA absolute Weltspitze. Laut dem QS World University Ranking 2024 liegen 10 der 20 Top-Hochschulen weltweit in den USA. Auch die Kooperation zwischen Forschung und Industrie ist in Amerika vorbildlich.

Die Vereinigten Staaten sind weltweit auch im Bereich Finanzen und Bankwesen führend. Die Börse an der Wall Street in New York City listet über 2.400 Unternehmen und verzeichnete im Jahr 2022 eine Marktkapitalisierung von mehr als 22,8 Billionen US-Dollar. Zusätzlich waren die Vereinigten Staaten 2022 die zweitgrößte Handelsnation der Welt: Im Export von Waren und Dienstleistungen erreichten sie einen Wert von rund 2 Billionen US-Dollar und hatten somit einen Anteil von 10% an den weltweiten Exporten, wobei sie hinter China (mit rund 3,6 Billionen US-Dollar) den zweiten Platz einnahmen*.

Der Tourismus ist ein weiterer wichtiger Wirtschaftszweig in den USA. Mit ihren faszinierenden Nationalparks, pulsierenden Metropolen und traumhaften Stränden locken die Vereinigten Staaten jedes Jahr über 50 Millionen Besucher ins Land und gehören damit zu den beliebtesten Reiseländern der Welt.

Aktuelle Wirtschaftslage der USA

Mit einem Bruttoinlandsprodukt (BIP) von über 26 Billionen US-Dollar sind die Vereinigten Staaten die größte Volkswirtschaft der Welt, und der Arbeitsmarkt in den USA ist nach wie vor robust. Seit Jahren halten sich die Arbeitslosenzahlen auf einem vergleichsweise niedrigen Niveau zwischen 3,5% und 5%. Auch heutzutage ist es noch fast jedem Arbeitnehmer in Amerika relativ schnell möglich, eine neue Arbeitsstelle zu finden – abhängig von der Qualifikation jedoch mit sehr unterschiedlicher Bezahlung. Je nach US-Bundesstaat variiert der Mindestlohn zwischen ca. 7$ und 17$. Nur Tätigkeiten, die in der Regel zu Einnahmen durch Trinkgeld führen, dürfen mit geringeren Stundensätzen entlohnt werden. Hochqualifizierte Arbeitnehmer (z.B. in der Finanz- oder IT-Branche) werden jedoch außerordentlich gut bezahlt. Leider besteht in den USA – wie auch in vielen anderen westlichen Industrienationen – generell das Problem, dass die Diskrepanz zwischen Arm und Reich immer größer wird.

* Quelle: *www.statista.com*

Auch bei der Staatsverschuldung zeigt sich, dass die USA ein Land der Widersprüche sind. Trotz ihrer Stellung als stärkste Wirtschaftsmacht sind sie auch gleichzeitig der größte Schuldner auf der Welt. Um sich die Gunst der Wählerschaft zu erhalten, haben die verschiedenen US-Regierungen sich stets gescheut, Staatsausgaben durch Besteuerung auszugleichen. Absolut gesehen hatten die USA deshalb Ende 2023 mit rund 33 Billionen US-Dollar die höchste Staatsverschuldung weltweit.

1.5 Bevölkerung

In den USA leben nach Schätzungen des *U.S. Census* mehr als 333 Millionen Menschen. Etwa 22% der Bevölkerung sind jünger als 18 Jahre und etwa 17% älter als 65. Deutlich mehr als 50% sind Frauen. Eine Mehrheit von über 59% bezeichnet sich als weiß oder, wie die Amerikaner sagen, *caucasian* (kaukasisch). Etwa 19% der US-Bevölkerung sind hispanischer Abstammung, knapp 13% Afroamerikaner und etwas mehr als 6% Asiaten. Die *Native Americans* machen heute nur noch etwa 1% der US-amerikanischen Bevölkerung aus.*

Jedes Jahr kommen etwa eine Million neue Einwanderer in die USA. Das sind jedoch nur diejenigen, die auf offiziellem Weg einreisen. Fast 5% der Arbeitskräfte in den USA sind illegale Einwanderer, wobei die meisten von ihnen aus Mexiko kommen. Trotz dieser beeindruckenden Zahlen sind nicht einmal 15% der heutigen US-Bewohner außerhalb der USA geboren. Das liegt vor allem daran, dass heute nicht mehr jeder ins Land gelassen wird, wie es zu Zeiten der großen Einwanderungswellen der Fall war. Die Einwanderungspolitik der USA ist in den letzten Jahren immer restriktiver geworden. Auch deshalb gehen wir im zweiten Teil dieses Leitfadens ausführlich auf die heutzutage noch möglichen Einwanderungswege ein. Eine ständig aktualisierte Datenbank mit den Bevölkerungszahlen auch einzelner Regionen und Städte finden Sie im Internet unter: *www.census.gov*.

1.6 Religion

In der amerikanischen Verfassung ist die Trennung von Staat und Kirche festgeschrieben. Der erste Verfassungszusatz besagt unter anderem: *»Congress shall make no law respecting an establishment of religion« (Der Kongress darf kein Gesetz erlassen, das die Festlegung einer Religion betrifft.)***. Hieraus folgt, dass in den USA völlige Glaubensfreiheit herrscht. Dennoch heißt es in der Nationalhymne: *»In God we trust«*. Wie ist dieser Widerspruch zu erklären?

Die Antwort liegt in den kolonialen Anfängen Amerikas. Religion war ein treibendes Motiv bei den Missionen der katholisch geprägten Spanier und Portugiesen. Die Pilgerväter, die nach Amerika kamen, suchten religiöse Freiheit abseits der kirchlichen Zwänge in Europa. Ausdrücke wie *»In God we trust«* oder *»One nation under God«* im Treuegelöbnis *(Pledge of Allegiance)* sind heute eher symbolischer als dogmatischer Natur und auch der Oberste Gerichtshof hat anerkannt, dass die Religionsklauseln nicht die präzisesten Teile der Verfassung sind. Sie spiegeln vielmehr ein kulturelles Erbe wider, das nicht unbedingt eine spezifische

* Quelle: *www.census.gov*

** Quelle: *https://constitution.congress.gov*

religiöse Doktrin oder Praxis fördern soll. Laut dem *2022 PRRI Census of American Religion** liegt der Anteil der Christen in den USA bei 67%. Darauf folgen zahlenmäßig die Religionslosen, die 27% ausmachen. Nur etwa 6% der US-Bevölkerung besteht aus Juden, Muslimen, Hindus, Buddhisten und anderen Religionen. Wie in vielen anderen Ländern gibt es auch in den USA demografische Unterschiede in der Religionszugehörigkeit. Jüngere Erwachsene sind in der Regel weniger religiös als ältere, und Frauen sind religiöser als Männer. Alle ethnischen Gruppen verzeichnen jedoch gleichermaßen einen Anstieg der religiös Ungebundenen.

Die katholische Kirche ist mit fast 62 Millionen Anhängern die größte einzelne religiöse Gruppe in den USA. Die wichtigsten protestantischen Konfessionen sind Baptisten, Methodisten, Lutheraner, Presbyterianer und Episkopale. Viele Menschen bezeichnen sich auch als »wiedergeborene« *(born again)* Christen. »Televangelismus«, also evangelikale Predigten in Form von Fernsehsendungen, sind heute ein fester Bestandteil des amerikanischen Lebens. Zwischen Protestanten und Katholiken gibt es in den USA grundsätzlich keine Feindseligkeiten, und gemeinsame Gottesdienste sind nichts Ungewöhnliches. Die religiösen Präferenzen variieren jedoch regional stark. Zum Beispiel ist der Katholizismus in den Nordost- und Südweststaaten stärker vertreten, während der evangelikale Protestantismus im Süden und in Teilen des Mittleren Westens dominiert. In den Vereinigten Staaten gibt es einen so genannten *Bible Belt,* der sich ungefähr durch Oklahoma, Arkansas, Mississippi, Tennessee und Kentucky zieht. Dies ist das Kerngebiet der fundamentalistischen Southern Baptist Church, die für ihre wörtliche Auslegung der Bibel, ihre körperbetonten Gottesdienste und eine dramatische, oft angstbetonte Rhetorik bekannt ist.

Viele christliche Konfessionen haben fast ausschließlich afroamerikanische Mitglieder, wie die African Methodist Episcopal Church, die National Baptist Convention und die National Baptist Convention of America. Es gibt außerdem eine Vielzahl kleiner religiöser Gemeinschaften oder spiritueller Gruppen, deren Mitglieder aus allen ethnischen Gruppen stammen. Zu nennen sind die Shaker, von denen es nur noch wenige in Maine gibt, die Amish in Pennsylvania und Ohio, die Latter Day Saints (Mormonen) in Salt Lake City und Utah, die Christian Scientists, die Scientologists, die Seventh-day Adventists und die Zeugen Jehovas. Auch die religiösen Praktiken der *Native Americans* sind äußerst vielfältig und nicht als eine einzige Religion oder Methodik zu verstehen. Die meisten haben sich seit dem ersten Kontakt mit den Europäern stark verändert, doch in einigen Reservaten werden heute noch traditionelle religiöse Rituale praktiziert.

Als problematisch wird die noch immer mangelnde Einbeziehung von bundesstaatlich nicht anerkannten Stämmen der *Native Americans* in die Gemeinschaft angesehen. Vor allem wird aus westlicher Sicht oft das Verständnis von »Religion« und »Heiligkeit« unter Indigenen hinterfragt, was bei wiederkehrenden Konflikten um heilige Orte und Landschaften innerhalb der USA noch heute deutlich wird. Somit steht insbesondere im Zusammenhang mit den Religionen der *Native Americans* die angeblich garantierte Religionsfreiheit immer wieder zur Debatte.

* Da es den US-Behörden nicht erlaubt ist, die Religionszugehörigkeit der Bevölkerung zu erheben, müssen staatliche Datenlieferanten wie das U.S. Census Bureau Informationen von nichtstaatlichen Quellen verwenden.

1.7 Sprache

Die meisten Menschen werden mit den USA sofort Englisch in Verbindung bringen. Klar, es ist etwas anders als das »englische« Englisch, aber man kennt es, hört es überall in Filmen, in der Werbung und sogar im Bekanntenkreis. Wer in den USA lebt, der spricht amerikanisches Englisch, und wenn man dieses einmal beherrscht, dann kann man sich im ganzen Land problemlos verständigen. Aber obwohl Englisch natürlich die landesweite Verkehrssprache ist und auch für Regierungsangelegenheiten verwendet wird, gibt es in den USA offiziell keine Landessprache, denn in der Verfassung ist keine Amtssprache verankert. Das heißt, dass Einwanderer zwar unter gesellschaftlichem Druck stehen, Englisch zu lernen, aber die US-Behörden formell keine Sprachkenntnisse als Einwanderungsbedingung verlangen können.

Obwohl fast 80% der US-Bevölkerung ausschließlich Englisch sprechen, sind manche Regionen der Vereinigten Staaten immer noch von anderen Sprachen dominiert. Oft sind das solche, die von frühen Siedlergruppen aus Europa mitgebracht wurden. So sind zum Beispiel in Louisiana und im Norden New Yorks nahe der kanadischen Grenze Formen von Französisch weit verbreitet, und in Pennsylvania sprechen viele Menschen einen deutschen Dialekt, das sogenannte *Pennsylvania Dutch*. Bestimmte Bevölkerungsgruppen verwenden auch Sprachen, die vor allem von späteren Einwandererwellen mitgebracht wurden, wie Chinesisch (vor allem in den *China Towns* der Metropolen), Jiddisch (verbreitet unter orthodoxen Juden in New York) und natürlich Spanisch, das ca. 13% der US-Amerikaner als Erstsprache zuhause sprechen.* Das Spanische findet sogar inzwischen so weite Verbreitung, dass auch viele Regierungsservices sowohl auf Englisch als auch auf Spanisch angeboten werden. Viele Amerikaner drängen auf einen Verfassungssatz, der Englisch zur offiziellen Sprache der USA erklärt, mit dem Ziel, mehr Einheit zu schaffen. Dennoch bewahrt das Land sich bislang den Gedanken der multikulturellen Einwanderernation in seiner Sprachpolitik.

Auch zahlreiche indigene Sprachen existieren noch auf dem US-Gebiet. Die Unterdrückung von Kultur und Sprache der *Native Americans* gehörte lange zur Politik der USA, aber in den letzten Jahrzehnten gab es auch hier einen Umschwung. Die Regierung hat sich nun den Schutz und die Förderung der einheimischen Kulturen und Sprachen zur Pflicht gemacht. *Navajo,* die Sprache des gleichnamigen Stammes, dessen Angehörige zum Großteil auf ihrem eigenen Land im Vier-Bundesstaateneck zwischen Arizona, Utah, Colorado und New Mexico leben, wird zum Beispiel seit den 1980ern durch Sprachwiederbelebungsprogramme gestützt. In Alaska ist mancherorts das einheimische *Yup'ik* so verbreitet, dass Englisch für den Alltag kaum benötigt wird. Viele einheimische Sprachen sind aber weiterhin ernsthaft bedroht. Obwohl die Cherokee das größte noch existierende indigene Volk auf US-Gebiet sind, ist ihre Sprache mit weniger als 300 verbleibenden Sprechern fast ausgestorben. Immer mehr Möglichkeiten, die Sprache in North Carolina und Oklahoma wieder zu lernen, machen dennoch Hoffnung auf eine Wiederbelebung der aktiven Sprachgemeinschaft. Insgesamt ist die Zahl der Sprecher einheimischer Sprachen gegenüber der Gesamtbevölkerung der USA sehr gering und eine größere offizielle Anerkennung wird laut gefordert.

---

* Quelle: *www.census.gov*

Das amerikanische Englisch weist angesichts der Weite des Landes – zumindest im hochsprachlichen Bereich – erstaunlich wenig regionale Variation auf. Einige mehr oder weniger ähnliche regionale Dialekte, zu denen auch die meisten kanadischen Mundarten gehören, werden als dem Standard-Amerikanisch zugehörig eingeordnet. Dieses *General American English* ist sehr weit verbreitet und wird als relativ dialektfrei empfunden. Davon unterscheiden sich besonders der New-York-City-Dialekt und die Südstaaten-Dialekte, die in Texas und den südlichen Appalachen gesprochen werden. Hier hört man auch den bekannten *Southern Drawl,* der Vokale und Diphthonge in die Länge zieht und die Sprache langsamer und gedehnter macht. Diese regional markierten Aussprachevarianten sind, wie in Deutschland auch, mit mehr oder weniger negativen Assoziationen verbunden. Während sie für uns vielleicht einen besonders amerikanischen Charme haben, werden Sie von anderen US-Amerikanern oft als »ländlich« wahrgenommen und mit einem Mangel an Bildung und Weltlichkeit in Verbindung gebracht. Im Gegenzug werden Sprecher aus New England, die den *General American English* Akzent sprechen, oft als hochmütig und kalt, aber auch als besonders intelligent eingeschätzt. Grundsätzlich sind regionale Variationen aber weniger mit Vorurteilen behaftet als in Deutschland. Ein breiter Südstaatendialekt ist vor der Kulisse der US-Regierung durchaus nicht unpassend, während wir bei Bundestagsreden doch meist Standarddeutsch erwarten und dialektale Abweichungen im besten Fall mit Humor genommen werden.

2 Aufbruch in die neue Welt

2.1 Vorbereitung des Umzugs

Beginnen Sie mit der konkreten Planung des Umzugs in die USA erst, nachdem Sie eine Aufenthaltserlaubnis von den US-Behörden erhalten haben und lassen Sie sich genügend Zeit für Recherche und Organisation. Jedoch sollten Sie sich schon im Vorfeld ein ausreichendes finanzielles Polster zulegen, um die Umzugskosten stemmen und die erste Zeit in den USA überbrücken zu können. Um die folgenden Dinge müssen Sie sich schon vor oder direkt nach Ihrem Umzug in die USA kümmern:

- Wohnung/vorübergehende Unterkunft
- *Social Security card*
- amerikanischer Führerschein
- Konto bei einer amerikanischen Bank
- Krankenversicherung

Erste Unterkunft in den USA

Für den Start in den USA ist es ratsam, sich zunächst eine vorübergehende Unterkunft zu organisieren. Wenn Sie noch keine Kontakte in den USA haben, können Sie für die ersten Wochen oder Monate nach dem Umzug eine Ferienwohnung mieten oder einen kurzzeitigen Mietvertrag *(month-to-month lease)* abschließen. Der Kauf einer Immobilie (siehe Kapitel 2.4) ist nur dann empfehlenswert, wenn Sie sich bereits absolut sicher sind, an welchem Ort Sie dauerhaft leben möchten. Eine Ferienwohnung können Sie schon vor Ihrem Abflug in die USA buchen. Sie bietet Ihnen einen Ausgangspunkt, um weitere wichtige Schritte in Ihrem Auswanderungsprozess zu gehen, z. B. das Beantragen der *Social Security card* oder die Eröffnung eines amerikanischen Bankkontos. Natürlich können Sie auch vorübergehend in ein Hotel ziehen, was aber höhere Kosten bedeuten würde als das Mieten einer vorübergehenden Unterkunft. Ferienhäuer in den USA finden Sie z. B. auf *www.wimdu.com*, *www.hometogo.com*, *www.vrbo.com* oder *www.casamundo.com*.

Wenn Sie viel Umzugsgut mit in die USA nehmen, benötigen Sie in der ersten Zeit eventuell zusätzlichen Stauraum. Dafür gibt es *self storage*-Parzellen in jeder beliebigen Größe, in denen Sie Ihre Möbel, Elektrogeräte oder Fahrzeuge vorübergehend einlagern können. *Self storage*-Parzellen finden Sie z. B. auf *www.cubesmart.com* oder *www.sroa.com*.

Wohnung im Heimatland: behalten oder kündigen?

Wenn Sie zum Zeitpunkt Ihres Umzugs noch nicht mit Sicherheit davon ausgehen können, dass Sie erfolgreich in den USA Fuß fassen werden, ist es empfehlenswert, Ihre Wohnung im Heimatland noch nicht zu kündigen bzw. zu verkaufen. Sobald sich die Dinge nach Ihren Vorstellungen entwickeln, können Sie das später immer noch tun. Wenn Sie Ihre Wohnung stattdessen untervermieten, können Sie im Fall der Fälle wieder an den alten Wohnort zurückkehren. Außerdem ändert sich Ihre alte Postadresse vorerst nicht (z. B. zur Korrespondenz mit Behörden), und Sie können Ihr Bankkonto im Heimatland zunächst beibehalten.

Social Security card

Die amerikanische *Social Security card (SSC)* ist eine kleine blau-grüne Karte aus Papier, die in Größe und Form einer Kreditkarte ähnelt. Sie zählt zu den wichtigsten Dokumenten in Amerika und sollte auf Ihrer Prioritätenliste ganz oben stehen, da der Besitz einer Sozialversicherungsnummer die Voraussetzung dafür ist, weitere Schritte in Ihrem Einwanderungsprozess (z. B. Aufnahme einer Arbeit, Kontoeröffnung, Steuererklärung, Immobilienkauf) zu gehen. Auf der *SSC* sind lediglich Ihr Name und eine aus neun Ziffern bestehende *Social Security number (SSN)* vermerkt. Ein Passfoto wird nicht benötigt.

Sie können die *Social Security card* kostenlos in dem *Social Security office* beantragen, das am nächsten zu Ihrem Wohnsitz liegt. Die Adressen finden Sie über die Webseite *www.ssa.gov*. Bringen Sie die folgenden Dokumente mit, wenn Sie den Antrag stellen:

- Identitätsnachweis (z. B. Reisepass)
- Aufenthaltserlaubnis (z. B. GreenCard, Visum)
- Geburtsurkunde

Social Security number:
Hintergrundinformationen, Antragswege und häufig gestellte Fragen

Beim Einreichen des Formulars müssen Sie noch keine dauerhafte Wohnung haben, sondern können auch eine vorübergehende Ferienadresse angeben. Ihre Karte erhalten Sie nach einer Bearbeitungszeit von etwa zwei Wochen.

Amerikanischer Führerschein

Der amerikanische Führerschein, genannt *driver's license* oder *driving permit,* erlaubt Ihnen nicht nur das Fahren auf US-Straßen und *highways,* sondern dient auch als Identifikationsdokument. Der Besitz eines US-Führerscheins erleichtert Ihnen beispielsweise das Abschließen von Versicherungen, das Beantragen eines Kredits und diverse Behördengänge. Deshalb sollte er eines der ersten Dokumente sein, um das Sie sich nach dem Umzug in die USA kümmern. Um die *driver's license* zu erhalten, müssen Sie den Führerschein aus Ihrem Heimatland umschreiben lassen. Die Bestimmungen dafür variieren je nach Bundesstaat. Während ein Umtausch in einigen US-Bundesstaaten (z. B. Texas oder Colorado) relativ unkompliziert möglich ist, müssen Sie in anderen Bundesstaaten einen Sehtest, eine theoretische Prüfung (mit *multiple-choice*-Fragen) und manchmal auch eine praktische Fahrprüfung absolvieren. Die für die Ausstellung von Führerscheinen verantwortliche Behörde ist das *Department of Motor Vehicles (DMV)* Ihres Bundesstaates. Eine Auflistung aller regionalen *DMVs* sowie Informationen zu den jeweiligen Führerscheinprüfungen, Formularen und Gebühren finden Sie auf *www.dmvusa.com*.

Auch wenn Sie bisher noch keinen Führerschein haben und ihn erst in den USA machen wollen, ist das *DMV* für Sie zuständig. Nach Vorlage Ihrer Aufenthaltsdokumente (z.B. GreenCard oder Visum) können Sie ganz unbürokratisch den Sehtest machen, beide Prüfungen ablegen und schließlich Ihren Antrag auf einen Führerschein stellen. Einzelne Dienstleistungen des *DMV* können übrigens – je nach Bundesstaat – auch unter anderen Behördennamen zugänglich sein wie z.B. *Bureau of Motor Vehicles (BMV)* oder *Department of Public Safety (DPS)*.

Bis Sie Ihre *driver's license* erhalten, können Sie vorübergehend den Führerschein aus Ihrem Heimatland zum Führen eines Fahrzeugs nutzen. Die Gültigkeitszeit der alten Fahrerlaubnis ist von Bundesstaat zu Bundesstaat unterschiedlich, beträgt jedoch maximal zwölf Monate. Sollten Sie keinen Führerschein besitzen oder machen wollen, können Sie beim *DMV* auch eine einfache *Identity Card (ID-Card)* ohne Führerscheinfunktion beantragen, die Ihnen als Ausweisdokument dient.

US-Führerschein:
Antrag, Regeln und wichtigste Fakten

Bankkonto

Eröffnen Sie möglichst schnell nach Ihrer Ankunft in den USA ein Konto bei einer amerikanischen Bank – am besten mit einem Termin vor Ort, um etwaige Fragen direkt klären zu können. Bringen Sie einen Identitätsnachweis (z.B. Reisepass oder amerikanischer Führerschein), Ihre Einwanderungsunterlagen (z.B. GreenCard oder Visum), einen Adressnachweis (z.B. Mietvertrag oder Nebenkostenabrechnung) und ggf. weitere von der Bank geforderte Unterlagen mit. Wenn Sie bereits im Besitz einer *Social Security card* sind, ist dies für die Kontoeröffnung von Vorteil.

Als Einwanderer haben Sie zu Beginn noch keine Kreditgeschichte *(credit history)* in den USA. Deshalb kann es sein, dass die Bank darauf besteht, dass Sie ein Startguthaben von mehreren hundert US-Dollar als Sicherheit auf dem Konto hinterlegen. Höchstwahrscheinlich werden Sie deshalb auch zu Beginn noch keine reguläre Kreditkarte ausgehändigt bekommen, sondern zunächst eine auf Guthabenbasis geführte *secured credit card*.

Tipp: *Auch wenn Sie nun ein amerikanisches Konto besitzen, ist es ratsam, Ihr altes Konto aus dem Heimatland zunächst beizubehalten. Das gilt besonders, wenn Sie dort noch Zahlungspflichten rechnen müssen.*

Credit history

Die Kreditgeschichte ist in Amerika von großer Bedeutung. Sie gibt einen Einblick in die finanzielle Vergangenheit einer Person und lässt auf deren Zahlungsmoral und Zuverlässigkeit schließen. Kreditbüros *(credit reporting agencies)* sammeln Daten zu allen finanziellen Bewegungen. Auf dieser Grundlage ermitteln sie die Kreditbewertungszahl *(credit score)* einer Person, die üblicherweise zwischen 300 und 850 Punkten liegt. Obwohl die Kreditbüros unterschiedliche Herangehensweisen haben, die Zahl zu ermitteln und die Werte dementsprechend voneinander abweichen, gilt als Faustformel: Ein *credit score* unter 620 gilt als riskant und ab 800 ist er außergewöhnlich gut. Von Vorteil ist dabei nicht etwa, möglichst keine Kredite aufgenommen zu haben. Im Gegenteil: Ihr *credit score* steigt, wenn Sie Kredite aufgenommen und diese ordnungsgemäß abgezahlt haben. Das führt paradoxerweise dazu, dass viele junge Amerikaner Kredite aufnehmen, die sie gar nicht brauchen, um einen guten *credit score* zu erhalten.

Grundsätzlich können Sie nur mit einer guten *credit history* einen Immobilienkredit bekommen und Ratenzahlungen für Autos oder andere größere Anschaffungen vereinbaren. Aber auch für Dinge des alltäglichen Lebens, z. B. die Anmeldung von Telefon und Kabel-TV sowie bei Strom-, Gas- oder Wasserversorgern, wird oft der Nachweis über eine gute Zahlungsmoral verlangt. Als Einwanderer stehen Sie in den USA somit zunächst vor einem Dilemma: Sie sind ein unbeschriebenes Blatt und besitzen noch keine Kreditwürdigkeit, können aber Ihre Kreditwürdigkeit nur dann zügig aufbauen, wenn Sie größere Anschaffungen machen. Versuchen Sie deshalb so schnell wie möglich, an Ihre erste amerikanische Kreditkarte zu kommen, mit der Sie Ihre *credit history* aufbauen können. Fragen Sie Ihre Bank z. B. nach einer *secured credit card.* Es kann Ihnen auch helfen, Ratenkäufe für kleinere Anschaffungen, z. B. Haushaltsgeräte, abzuschließen.

Wenn Sie sich darüber informieren möchten, welche Daten zu Ihrer Person gespeichert sind, können Sie eine Kopie Ihres *credit reports* bei den verschiedenen Kreditbüros anfordern. Die wichtigsten sind *www.transunion.com*, *www.equifax.com*, *www.annualcreditreport.com* und *www.experian.com*.

Kreditwürdigkeit in den USA:
Wichtige Tipps und Hintergrundinformationen zur *credit history* und dem *credit score*

Auswandern mit Haustieren

Wenn Sie zusammen mit einem Haustier Ihr neues Leben in den USA beginnen, müssen Sie den Umzug Ihres Vierbeiners einige Wochen im Vorfeld vorbereiten. Informationen zu den Einfuhrbestimmungen von Haustieren finden Sie auf den Webseiten der US-Gesundheitsbehörde *CDC* und des US-Landwirtschaftsministeriums *USDA*.

Tipp: *Informieren Sie sich zusätzlich über die Vorschriften im jeweiligen US-Bundesstaat, denn diese können (z. B. in Hawaii) strenger ausfallen als auf nationaler Ebene.*

Katzen: Obwohl die *CDC* eine Tollwutimpfung für Katzen empfehlen, ist diese in den meisten US-Bundesstaaten nicht vorgeschrieben. Es gibt aber auch einzelne Staaten, die einen Nachweis über eine Tollwutimpfung verlangen (z. B. Alaska oder Washington). In Hawaii sowie dem amerikanischen Außengebiet Guam gibt es lokale Quarantänebestimmungen.

Hunde: Für die Mitnahme von Hunden in die USA gelten mit Wirkung zum 1. August 2024 strengere Bestimmungen: Sie müssen mindestens sechs Monate alt, bei der Ankunft gesund sowie mit einem ISO-kompatiblen Mikrochip zur Identifizierung und einem Hundeimportformular von der CDC ausgestattet sein. Eine aktuelle Liste der geltenden Bestimmungen finden Sie auf der Webseite *www.cdc.gov*.

Vögel: Ihre gefiederten Freunde dürfen als Haustiere in die USA mitgebracht werden, wenn sie die Vorgaben des *U.S. Department of Agriculture* und des *U.S. Fish and Wildlife Service* erfüllen. Für viele Arten benötigen Sie jedoch eine Importlizenz und eine tierärztliche Gesundheitsbescheinigung, die nicht älter als 30 Tage sein darf. Für manche Vogelgattungen ist auch eine Quarantäne vorgeschrieben. Klären Sie vor dem Abflug außerdem mit Ihrer Fluggesellschaft ab, ob Ihr Transportbehälter geeignet ist.

Andere Tiere: Typische Haustiere wie Kaninchen, Frettchen, Hamster oder Meerschweinchen dürfen mit in die USA reisen, wenn sie sich in gesundem Zustand befinden. Die meisten Schneckenarten, Zibetkatzen, afrikanische Nagetiere und Primaten dürfen nicht als Haustiere in die USA eingeführt werden. Die tagesaktuellen Anforderungen für USA-Reisen mit unterschiedlichen Tierarten können Sie im Online-Tool des *Animal and Plant Health Inspection Service* unter *www.aphis.usda.gov/aphis/pet-travel* einsehen.

Alle für die Einreise benötigten Dokumente müssen auf Englisch vorliegen oder eine beglaubigte englische Übersetzung sein. Die US-Grenzschutzbeamten werden sich Ihr Haustier bei der Einreise genau anschauen. Falls es Hinweise auf eine Krankheit gibt, müssen Sie es unter Umständen auf eigene Kosten von einem Veterinär vor Ort untersuchen lassen.

Der Umzug – was soll mit, was ist unnötiger Ballast?

Ein Container-Umzug in die USA ist oft mit hohen Kosten verbunden. Deshalb sollten Sie sich vorher gründlich darüber informieren, bei welchen Gegenständen sich die Mitnahme lohnt und welche Dinge nur unnötiger Ballast sind. Vor allem bei Hausinventar ist es günstiger, sich vor Ort in den USA neue Geräte zu besorgen, statt hohe Transportkosten zu bezahlen.

Elektrogeräte

Das Stromversorgungssystem in den USA arbeitet mit einer Netzspannung von 110 bis 120 Volt und einer Frequenz von 60 Hertz. In Europa und vielen anderen Teilen der Welt beträgt die Netzspannung dagegen 230 bis 240 Volt und die Frequenz 50 oder 60 Hertz. Wenn Sie elektrische Geräte in die USA mitnehmen möchten, sollten diese umschaltbar und für beide Spannungsbereiche und Frequenzen geeignet sein. Erkennen können Sie dies mit einem Blick auf das Typenschild des Gerätes, auf dem die Angaben »100-230V, 50/60Hz« zu finden sein sollten. Sie benötigen dann nur einen passenden Reiseadapter. Zu den Elektrogeräten, die in der Regel umschaltbar sind, gehören z. B. Smartphones, Notebooks, MP3-Player und Rasierapparate.

Wenn Sie in den USA Geräte nutzen möchten, die nicht für beide Stromnetze geeignet sind (z. B. Waschmaschinen, Trockner, Geschirrspüler, Mikrowellen, Elektroherde, Staubsauger oder Fernseher), brauchen Sie einen Transformator. Dieser ist jedoch relativ teuer und benötigt zusätzlichen Platz. Im Falle notwendiger Reparaturen kann außerdem das Auftreiben von Ersatzteilen für importierte Geräte sehr schwierig werden oder hohe Kosten verursachen.

Möbel

Amerikanische Wohnungen und Häuser sind oft mit einer Einbauküche und Elektrogeräten ausgestattet. Sie werden deshalb in den meisten Fällen keine eigene Küche benötigen. Bei Mietwohnungen kann es sogar verboten sein, vorhandene Einbauküchen gegen eigene Möbel und Geräte auszutauschen. Auch Schlafzimmerschränke müssen Sie nicht in die USA mitnehmen, da amerikanische Schlafzimmer in der Regel (begehbare) Wandschränke haben. Der Import von Matratzen und Bettlaken lohnt sich ebenso wenig, weil die Maße amerikanischer Betten von denen in anderen Teilen der Welt abweichen.

Fahrzeuge

Sie dürfen Fahrzeuge in die USA importieren. Diese müssen aber spätestens nach Ablauf eines Jahres ordnungsgemäß angemeldet werden und – sofern sie jünger als 25 Jahre sind – ggf. auf US-Normen umgerüstet werden. Achten Sie darauf, dass das Fahrzeug den Anforderungen des *Department of Transportation (DOT)* und der *Environmental Protection Agency (EPA)* entspricht. Dazu gehören die Einhaltung der *Federal Motor Vehicle Safety Standards (FMVSS),* der Stoßfängernormen und der Normen zur Diebstahlsicherung. Sie müssen außerdem die für den Import notwendigen Formulare *EPA 3520-1* und *DOT HS-7* ausfüllen.

Die Umrüstung eines Fahrzeuges auf amerikanische Normen kann mehrere Tausend US-Dollar kosten. Dazu kommen die Transportkosten (zwischen Europa und Nordamerika etwa 1.000 $ bis 2.500 $) sowie Zollgebühren (Autos 2,5 % bzw. Motorräder 2,4 % des Preises). Der Aufwand lohnt sich in der Regel nur, wenn es sich um ein neues und sehr hochwertiges Fahrzeug handelt. In den meisten Fällen ist es also sinnvoller, sich vor Ort umzusehen. Einen gebrauchten Kleinwagen in gutem Zustand können Sie in den USA schon ab ca. 4.000 $ bekommen.

So finden Sie den passenden Spediteur

Nachdem Sie sich entschieden haben, was Sie in die USA mitnehmen möchten, und welche Dinge zurückbleiben sollen, beginnt die Suche nach einem geeigneten Spediteur. Achten Sie zuallererst darauf, dass das Unternehmen einem internationalen Spediteurverband (z. B. *FIDI Global Alliance* oder *IAM*) angehört. Diese werden regelmäßig kontrolliert und sind durch Transportgarantien gedeckt. Wenn die Spedition also Bankrott gehen sollte, während Ihr Umzugsgut unterwegs ist, müssen Sie sich keine Sorgen machen, dass es den Zielort nicht erreichen könnte. Abhängig davon, wie viele Besitztümer Sie transportieren möchten, müssen Sie sich zunächst zwischen dem Transport per Luftfracht und dem Transport über den Seeweg entscheiden.

Die Preise für den Luftfrachtversand richten sich nach Gewicht und Volumen, weshalb der Luftweg sich vor allem dann lohnt, wenn Sie nur wenige Stücke befördern lassen oder Ihr Zielort sich im Landesinneren befindet. Das Mieten eines Seecontainers hingegen lohnt sich, wenn Sie viel Umzugsgut haben, denn hier wird der Preis nur nach dem Volumen festgelegt und das Gewicht spielt keine Rolle. Übliche Containergrößen sind 10 Fuß (33,1 m^3), 20 Fuß (15,9 m^3) und 40 Fuß (67,7 m^3); manchmal werden auch weitere Größen angeboten. Die Lieferzeiten variieren abhängig von der Lage Ihres Zielhafens. Wenn Sie einen Container von Europa an die US-Ostküste schicken, dauert es rund zwei Wochen und ein Transport an die Westküste etwa drei bis vier Wochen.

Bedenken Sie auch die Kosten für den Transport des Umzugsgutes zwischen den alten und neuen Wohnorten und den Häfen. Je nachdem, ob Sie den Transport komplett vom Spediteur durchführen lassen, einen örtlichen Dienstleister beauftragen oder den Container selbst be- und entladen, variieren die Gesamtkosten für Ihren Umzug enorm. Nehmen Sie sich genügend Zeit für Preisvergleiche und beziehen Sie in Ihre Überlegungen auch zusätzliche Services wie z. B. Versicherungen oder Lagermöglichkeiten ein. Einige internationale Speditionen sind: *www.allied.com*, *www.compas-movers.com*, *www.globalvanlines.com*, *www.bertling.com*, *www.dbschenker.com*, *www.henk-international.de*, *www.brauns-international.de* und *www.uts-germany.de*.

Nachdem Sie sich für einen Spediteur entschieden haben, müssen Sie eine Packliste *(goods to follow)* in englischer Sprache erstellen, in der das gesamte Umzugsgut nach Zweckbereichen aufgelistet ist (z. B. *bedroom furniture, bathroom furniture,* etc.). Eine Kopie benötigt der Spediteur und eine behalten Sie selbst. Beim Eintreffen des Umzugsguts erhalten Sie vom Spediteur einen Frachtbrief *(bill of lading)*. Diesen benötigen Sie zusammen mit Ihrer Packliste für die Zollabfertigung, bei der Sie oder eine von Ihnen bevollmächtigte Person anwesend sein muss.

2.2 Einfuhrbestimmungen/Zölle

Die Vereinigten Staaten haben klare Richtlinien bezüglich Mitnahmemengen, verbotener Gegenstände und Zollgebühren. Bitte beachten Sie jedoch, dass die in diesem Kapitel beschriebenen Bestimmungen sich jederzeit ändern können. Wir empfehlen deshalb, vor Ihrer Reise in die Vereinigten Staaten einen Blick in die aktuellen Informationen der *U.S. Customs and Border Protection (CBP)* zu werfen.

Lebensmittel

Die US-Behörden verbieten oder beschränken die Einfuhr von vielen landwirtschaftlichen Produkten. Generell sind die meisten Fleisch- und Geflügelsorten aufgrund der Möglichkeit von Krankheitsübertragung ausgeschlossen. Auch das Mitbringen von frischem Obst und Gemüse ist stark reglementiert, da so Schädlinge oder Krankheiten eingeschleppt werden können. Einige Sorten sind zwar erlaubt, erfordern jedoch besondere Genehmigungen und müssen deklariert werden.

Die Einfuhr von Bäckereiprodukten und haltbar gemachtem Käse ist in der Regel erlaubt. Sonstige Milchprodukte und Eier unterliegen jedoch besonderen Beschränkungen, und auch das Mitbringen von Reis sollte aufgrund von möglichem Ungezieferbefall vermieden werden. Bei einem Verdacht können Ihnen die mitgebrachten Lebensmittel entzogen werden. Grundsätzlich erlaubt sind (abgepackte) Gewürze, Essig, Öl, Honig, Kaffee oder Tee.

Achtung: *Bei nicht deklarierten landwirtschaftlichen Erzeugnissen droht bereits bei erstmaligem Verstoß eine Geldbuße von 300$. Beim zweiten Mal sind es schon 500$.*

Medikamente

Bringen Sie in die USA nur das Nötigste an Medikamenten mit, also nicht mehr und nicht weniger, als Sie für den Zeitraum Ihres Aufenthalts brauchen. Eine spezielle Einfuhrerlaubnis benötigen Sie für alle Betäubungsmittel und Medikamente, die in dem Land, aus dem Sie in die USA fliegen, verschreibungspflichtig sind. Sind solche Mittel für den Zeitraum Ihrer Reise unerlässlich, so benötigen Sie das Rezept oder eine spezielle englischsprachige Bescheinigung Ihres Arztes mit der jeweiligen Dosisempfehlung und Behandlungsdauer. Wichtig ist hierbei, dass alle Medikamente in der Originalverpackung und mit Beipackzettel eingeführt werden.

Tipp: *Weitere Informationen zum Umgang mit Medikamenten bei der Einreise finden Sie auf der Webseite der* FDA – U.S. Food and Drug Administration unter *www.fda.gov/Drugs/InformationOnDrugs.*

Geld/Zahlungsmittel

Bei der Einfuhr von Geld bzw. Zahlungsmitteln gelten keinerlei Beschränkungen. Überschreitet der von Ihnen eingeführte Betrag jedoch 10.000$, müssen Sie die Mitnahme melden. Dies können Sie über das Onlineformular *FinCEN Form* 105 (*fincen105.cbp.dhs.gov*) vornehmen, das vom *Financial Crimes Enforcement Network (FinCEN)* bereitgestellt wird. Alternativ können Sie das Formular auch handschriftlich ausfüllen und dem Beamten am Einreiseflughafen vorlegen oder dort nach der entsprechenden Papierversion fragen. Zu den Zahlungsmitteln zählen im Umlauf befindliche US-amerikanische oder ausländische Münzen, Bargeld, Reiseschecks in jeder Form und Anlagepapiere in Inhaberform.

Achtung: *Eine Missachtung zieht zivil- und strafrechtliche Sanktionen sowie die Beschlagnahmung der Gelder und Zahlungsmittel nach sich.*

Tabakwaren/Alkohol

Wenn Sie Alkohol oder Tabak mit in die USA nehmen möchten, müssen Sie über 21 Jahre alt sein. Tabak darf in der Regel nur für den persönlichen Gebrauch eingeführt werden. Ausgeschlossen sind Tabakprodukte aus Kuba, die schon seit mehreren Jahren nicht mehr in die Vereinigten Staaten eingeführt werden dürfen.

Für Alkohol gelten die jeweiligen Gesetze des Staates, in den Sie zuerst einreisen. Wir empfehlen daher, vor der Einreise die zuständige US-Behörde zu kontaktieren und die aktuellen Vorschriften zu erfragen. Die zuständige Behörde können Sie über die Webadresse *www.cbp.gov/about/contact/ports* finden.

Hinweis: *Wir empfehlen Ihnen, jegliche Mengen von Alkohol und Tabakwaren bei der Einreise zu deklarieren, um mögliche Fehler zu umgehen und auch auf spontane Änderungen der Richtlinien vorbereitet zu sein.*

Körperpflegeprodukte

Die mitgeführte Gesamtmenge von Körperpflegeprodukten wie Haarspray, Parfüm oder Nagellack darf ein Gewicht von 2 kg oder 2 l pro Person nicht überschreiten. Die einzelnen Behälter dürfen nicht mehr als 0,5 kg fassen und müssen fest verschließbar sein.

Andere Waren/Geschenke

Waren, die einen Wert von 100 $ nicht überschreiten, dürfen in die USA eingeführt werden, ohne dass sie deklariert werden müssen. Wenn Sie jedoch Produkte aus Gold oder reines Gold (auch Goldmünzen, Medaillen oder Barren) in die USA mitnehmen wollen, dann müssen Sie diese deklarieren.

Einfuhrverbote

Es drohen hohe Strafen für den Versuch, illegale Drogen (auch Marihuana) in die USA einzuführen. In einigen Bundesstaaten der USA wurde der Besitz und Konsum von Marihuana zwar legalisiert, aber die Einfuhr aus dem Ausland ist nach wie vor illegal. Der Besitz und Transport sowie die Einfuhr von Marihuana über bundesstaatliche Grenzen hinweg ist ein Verstoß gegen das Bundesgesetz. Ebenfalls verboten ist der Import von pornografischen Produkten, Lotterietickets oder Produkten mit gefälschten Markenlabeln. Neben Goldprodukten sind auch die meisten anderen Produkte aus Kuba, dem Iran, Myanmar (Burma) oder aus dem größten Teil des Sudans von der Einfuhr ausgeschlossen, denn diese Länder stehen auf der aktuellen Embargo-Liste.

Des Weiteren ist die Einfuhr von Erde, vielen Samenarten oder anderem lebenden Pflanzenmaterial verboten. Samen für spezielle Blumen und Gemüsesorten können nur mit besonderem Zertifikat eingeführt werden. Dies kann bei allen US-Botschaften, US-Konsulaten oder beim *U.S. Department of Agriculture* schriftlich angemeldet werden. Andernfalls werden die Materialien von den Grenzbeamten sofort entsorgt.

Die USA sind, wie über 180 weitere Länder, Unterzeichner der *CITES (Convention on International Trade in Endangered Species)*. Als solche verbieten sie den Im- und Export von Produkten, die aus gefährdeten Tierarten hergestellt sind, also z. B. Produkte aus Elfenbein, Schildplatt, Koralle, vielen Pelzarten, Häuten und Federn. Falls Sie einen Pelz, einen Gürtel aus Schlangenhaut, eine Knochenschnitzerei oder Ähnliches mit in die USA nehmen wollen, kann es sein, dass Sie ein Zertifikat vorlegen müssen, das besagt, dass das Produkt nicht aus einer gefährdeten Tierart hergestellt wurde. Eine Liste der geschützten Arten finden Sie auf der Webseite *www.cites.org*.

Die einfachste Lösung ist, nichts von dem, was auch nur den leisesten Verdacht auslösen könnte, in die USA mitzubringen. Die *CITES*-Restriktionen beziehen sich auch auf Produkte, die Sie eventuell wieder aus den USA ausführen wollen.

Für Feuerwaffen und explosives Material benötigen Sie eine spezielle Einfuhrerlaubnis. Informieren Sie sich beim *Bureau of Alcohol, Tobacco, Firearms and Explosives* (*www.atf.gov*). Eine aktuelle Liste aller Einfuhrverbote erhalten Sie im Internet unter: *www.cbp.gov/travel/us-citizens/know-before-you-go/prohibited-and-restricted-items.*

2.3 Soziale Absicherung in der Übergangsphase

Die persönliche soziale Absicherung ist ein wichtiges, wenn auch oft vernachlässigtes Thema bei der Vorbereitung auf den USA-Aufenthalt. Wer denkt auf dem Weg ins Land der unbegrenzten Möglichkeiten schon gern an Krankheit oder Arbeitslosigkeit? Dennoch empfiehlt es sich, die soziale Absicherung gut zu bedenken, um bei einer Rückkehr nach Deutschland nicht durch das soziale Netz zu fallen.

Grundsätzlich gilt: Wer seinen Wohnsitz in Deutschland aufgibt, ist hierzulande auch nicht mehr sozialversicherungspflichtig, sondern unterliegt bei einem Umzug in die Vereinigten Staaten den dort vorherrschenden Regelungen. Zwar hat Deutschland mit den USA ein sogenanntes Sozialversicherungsabkommen geschlossen, aber dieses betrifft nur den Zweig der Rentenversicherung. Das liegt daran, dass ein bundeseinheitliches Sozialsystem in den USA bisher nur im Rentensektor existiert. Für alle anderen Sozialversicherungszweige (Kranken-, Pflege-, Unfall- und Arbeitslosenversicherung) gibt es je nach Bundesstaat unterschiedliche Regelungen. Umso mehr gilt es, den vom Abkommen nicht erfassten Zweigen besondere Aufmerksamkeit zu widmen.

Krankenversicherung

Ein bedeutender Aspekt bei Ihren Planungen ist die Sicherstellung Ihres Krankenversicherungsschutzes in der Übergangsphase. Ein nahtloser Übergang ist vor allem für Sie, aber natürlich auch für Ihr Portemonnaie wichtig. Es könnte Ihnen nämlich passieren, dass Sie nach Verlassen Ihres Landes weder in Ihrer gesetzlichen noch in einer privaten Krankenversicherung oder einer adäquaten US-amerikanischen Krankenversicherung versichert sind. Gesetzlich Krankenversicherte verbleiben im Regelfall noch maximal einen Monat in ihrem System versichert, Privatversicherte maximal noch zwei Monate.

Für Privatversicherte gilt: Prüfen Sie Ihren Versicherungsvertrag dahingehend, ob abweichend vom oben genannten Grundsatz die Versicherungspflicht bei einer Auswanderung sofort endet. Da für gesetzlich Versicherte keine Zuständigkeit der Krankenkasse mehr besteht und diese auch grundsätzlich nicht ins Ausland versichern kann (Sie haben kein Wahlrecht über den Verbleib in der gesetzlichen Krankenversicherung), wird es in den meisten Fällen notwendig sein, eine geeignete Auslandskrankenversicherung abzuschließen.

Seien Sie aber äußerst vorsichtig bei der Wahl Ihres Krankenversicherungsschutzes. Vielfach wird für ehemals gesetzlich Versicherte der Abschluss einer Reisekrankenversicherung als Übergangslösung angeboten. Obwohl es in der Tat eine Gesetzeslücke bezüglich Reisekrankenversicherungen zu geben scheint, sollten Sie den Abschluss einer echten Auslandskrankenversicherung erwägen. Eine Reisekrankenversicherung deckt nämlich nur einen Auslandsaufenthalt von maximal sechs Wochen im Jahr ab. Zudem wird sie bei einem US-Aufenthalt zum Zwecke der Arbeitsaufnahme im Versicherungsfall vermutlich nicht für die Kosten aufkommen, da sie der Natur nach nur für Touristen gedacht ist. Sie können nicht ausschließen, dass die vertraglichen Bestimmungen für eine Reisekrankenversicherung, die Sie bei deren Abschluss mit Ihrer Unterschrift automatisch akzeptieren, eine Ausschlussklausel für Erwerbszwecke (explizit eine Ausschlussklausel für den Fall einer zeitlichen oder dauerhaften Niederlassung in den USA) beinhaltet.

Auslandskrankenschutz

Auslandskrankenversicherungen haben dagegen den offensichtlichen Vorteil, dass sie in der Regel direkt dem Zweck des Arbeitsaufenthaltes in den USA dienen und einen umfangreichen Versicherungsschutz gewährleisten. Aber auch hier sollten Sie darauf achten, dass es keine Ausschlussklausel für eine dauerhafte Niederlassung (Einwanderung) gibt. Der Versicherungsschutz besteht in der Regel für maximal 60 Monate. Dies ist keine Willkür der Versicherungen, sondern Vorgabe des deutschen Gesetzgebers. Spätestens nach dieser Zeit können Sie sich nach US-amerikanischem Recht versichern.

Die maximale Versicherungsabdeckung liegt bei allgemeinmedizinischen Behandlungen bei bis zu 100% und bei zahnmedizinischen Behandlungen bei bis zu 80%. In jedem Fall müssen Sie sich darauf einrichten, dass Sie beim Arzt oder im Krankenhaus in den USA zunächst selbst zahlen müssen, in bar oder per Kreditkarte. Bei umfangreicheren Behandlungen und wegen der überdurchschnittlich hohen Behandlungskosten in den USA sollten Sie auf jeden Fall eine in Englisch verfasste Kostenübernahmeerklärung Ihrer privaten Krankenversicherung in Ihrem Heimatland anfordern. Manchmal reicht selbst eine solche dem Krankenhausmanagement oder dem jeweiligen Arzt gegenüber jedoch nicht aus, weil z.B. der Name Ihrer Krankenversicherung nicht bekannt ist. In solchen Fällen sind die Versicherungen häufig bereit, eine Abschlagszahlung auf die zu erwartenden Kosten in kürzester Zeit auch ins Ausland zu leisten. Das ist eines der Leistungskriterien, auf die Sie beim Abschluss einer Auslandskrankenversicherung also unbedingt achten sollten. Daneben sollte auch eine 24-Stunden/7-Tage-Notfallhotline für Sie zur Verfügung stehen.

Einen hochqualitativen und individuell anpassbaren Auslandskrankenversicherungsschutz bietet beispielsweise die Expat Consult GmbH in Hamburg (*www.expat-consult.de*). Die staatlich anerkannte Auslandsberatungsstelle kümmert sich um Personen mit ständigem Wohnsitz im Ausland und kann sowohl Privatpersonen als auch Firmenmitarbeitern einen bedarfsgerechten und weltweit gültigen Auslandskrankenversicherungsschutz nach deutschem Recht anbieten. Ein eigens für ins Ausland entsendete Mitarbeiter entwickelter Tarif bietet hier einen langfristigen Krankenversicherungsschutz und selbst vorübergehende Aufenthalte im Heimatland sind mit abgesichert. Ambulante, stationäre sowie medizinisch notwendige Zahnbehandlungen werden übernommen, und auch notwendige Rücktransporte nach Deutschland werden bezahlt. Allerdings wird keine Übernahmegarantie in andere Krankenversicherungen gegeben, es werden keine Altersrückstellungen gebildet und der Schutz im Heimatland erlischt mit der Rückkehr. Daher sollten Sie, auch wenn Sie sich mit der Auswanderung noch so sicher sind, für den Fall der möglichen Rückkehr zusätzlich eine Anwartschaftsversicherung bei Ihrer Krankenkasse abschließen.

Achten Sie beim Abschluss der Auslandskrankenversicherung darauf, ob – wie bei privaten Versicherungen durchaus üblich – bestimmte Krankheiten z. B. chronischer Art aus dem Leistungskatalog ausgeschlossen sind. Erfahrungsgemäß empfiehlt es sich, eine Auslandskrankenversicherung mindestens über ein Jahr abzuschließen. Die Mindestversicherungsdauer beträgt zumeist drei Monate. Bei einem Abschluss über die Dauer eines Jahres haben Sie den Vorteil, dass Sie auch einen vorübergehenden Versicherungsschutz von maximal drei Monaten in Ihrem Heimatland genießen. Besondere Vorsicht ist bei den meisten vergleichsweise günstig ausfallenden Versicherungen geboten. Sehr günstige Tarife bieten meist nur einen stark reduzierten Leistungsumfang oder sind ab dem zweiten Versicherungsjahr mit erheblichen Prämiensteigerungen verbunden.

Da Sie nach spätestens einem Jahr davon ausgehen können, dass Sie z. B. über Ihren Arbeitgeber in den USA verhältnismäßig gut krankenversichert sind, könnten Sie überlegen, die Auslandskrankenversicherung zu kündigen. Eine Beendigung des Vertragsverhältnisses sollte jeweils zum Monatsende möglich sein. Alternativ hierzu könnten Sie überlegen, Ihre Auslandskrankenversicherung vorläufig trotz neu abgeschlossener amerikanischer Versicherung beizubehalten. Warum? Denkbar ist, dass die Versicherung Ihres US-Arbeitgebers keinen vollwertigen Schutz für Sie, Ihren Ehepartner und/oder Ihre Familie gewährleistet. In diesem Fall kann eine in Ihrem Heimatland abgeschlossene Auslandskrankenversicherung de facto als inneramerikanischer Zusatz genutzt werden. Ein Preisvergleich lohnt, denn selbst, wenn im zweiten Jahr die Versicherungsprämie steigt, kann diese Aufwendung immer noch günstiger sein als eine vergleichbare Zusatzversicherung in den USA (zumal US-Versicherungen medizinische und zahnärztliche Leistungen häufig voneinander trennen).

Gesetzlich Versicherte

Wenn Sie vor Beginn Ihres Auslandsaufenthaltes Mitglied einer gesetzlichen Krankenversicherung waren, können Sie aufgrund der Einführung des GKV-Wettbewerbsstärkungsgesetzes vom 01.04.2007 nach der Rückkehr aus dem Ausland grundsätzlich wieder in die gesetzliche Krankenversicherung aufgenommen werden, und zwar auch dann, wenn Sie keine Anwartschaftsversicherung abgeschlossen haben. Bedenken Sie jedoch, dass Sie später für die KVdR (Krankenversicherung der Rentner) Vorversicherungszeiten nachweisen müssen, die Ihnen durch die Kündigung Ihres gesetzlichen Krankenversicherungsschutzes möglicherweise fehlen könnten. Es wird empfohlen, die gesetzliche Krankenversicherung nach Möglichkeit auf Anwartschaft zu stellen. Die monatlichen Beiträge variieren zwischen 60 € und 80 € pro Monat und stellen sicher, dass Sie jederzeit wieder problemlos in Ihre gesetzliche Krankenversicherung aufgenommen werden.

Sollten Sie keine Anwartschaft in Anspruch nehmen können oder wollen, denken Sie vor der Kündigung Ihres inländischen Krankenversicherungsschutzes daran, zumindest Ihre Pflegeversicherung auf Anwartschaft zu stellen. Die monatlichen Beiträge variieren zwischen rund 12 € und 15 € pro Monat und beinhalten keinen Anspruch auf Leistungen. Sie dienen aber der Sicherung der Zeiten für die Anwartschaft auf Leistungen.

Privatversicherte

Für Privatversicherte gilt: Sprechen Sie mit Ihrem jetzigen Versicherungsträger über die Frage, ob Ihr bestehender Versicherungsvertrag in einen Vertrag mit Auslandsversicherungsschutz umgewandelt werden kann. Möglicherweise können Sie von Ihrem bisherigen Vertragsverhältnis profitieren, wenn Ihr Versicherer günstigere Konditionen für den Auslandsaufenthalt anbietet. Eine Vollversicherung wie bisher, verbunden mit einem Auslandsversicherungsanteil, wird sich indes nicht lohnen, weil Sie bei diesem Modell vermutlich erhebliche finanzielle Verluste in Kauf nehmen müssen. In jedem Fall sollten Sie sich über die Möglichkeit einer Anwartschaftsversicherung informieren, die neben dem Auslandspaket angeboten wird. Eine Anwartschaft garantiert Ihnen bei Ihrer eventuellen Rückkehr die Wiederaufnahme in Ihre bisherige private Versicherung. Die Anwartschaftsversicherung garantiert allerdings keinen Versicherungsschutz in Deutschland, wenn Sie z.B. zwischendurch für einen Besuch in Ihr Heimatland zurückkehren.

Pflegeversicherung

Die Pflegeversicherung ist nicht Bestandteil des Sozialversicherungsabkommens mit den USA. Daher können Sie Leistungen aus der Pflegeversicherung nur dann in Anspruch nehmen, wenn Sie a) freiwillige Beiträge für die Dauer Ihres Auslandsaufenthaltes zahlen und b) wenn Sie zur Pflege nach Deutschland oder Österreich zurückkehren.

Arbeitslosenversicherung

Ebenso wie die Kranken- und Pflegeversicherung ist die Arbeitslosenversicherung nicht Bestandteil des Sozialversicherungsabkommens zwischen den USA und Deutschland. Deshalb sollten Sie sich vor Ihrer Ausreise intensiv über Ihre Ansprüche und Pflichten in der Arbeitslosenversicherung informieren. Auch die mögliche Rückkehr gilt es dabei zu berücksichtigen. Kehren Sie beispielsweise nach zwei Jahren nach Deutschland zurück, kann der Anspruch auf Arbeitslosengeld schon erloschen sein. Eine wichtige Grundvoraussetzung für den Erhalt von Arbeitslosengeld ist nämlich, dass Sie die sogenannte Vorversicherungszeit erfüllen. Eine solche liegt vor, wenn Sie in den letzten 30 Monaten vor der Antragstellung mindestens zwölf Monate lang in einem sozialversicherungspflichtigen Arbeitsverhältnis gestanden haben. Die Bundesagentur für Arbeit bietet die Möglichkeit, dass sich Auslandstätige freiwillig in der Arbeitslosenversicherung weiter versichern können. Diese Versicherung heißt offiziell »Versicherungspflichtverhältnis auf Antrag« und bietet zumindest eine kleine finanzielle Absicherung, falls die Rückkehr aus dem Ausland notwendig wird.

Voraussetzung für die Versicherung ist eine zwölfmonatige Versicherungspflicht bzw. der Erhalt von Entgeltersatzleistungen in den letzten 30 Monaten. Die monatlichen Beiträge zur freiwilligen Arbeitslosenversicherung betragen in 2024: 91,91 € (West) bzw. 90,09 € (Ost). Die Höhe des Arbeitslosengeldes richtet sich hingegen nach der Qualifikation und beträgt maximal ca. 1.800 € für höchstens 12 Monate. Beachten Sie, dass die Antragspflichtversicherung innerhalb der ersten drei Monate der Auslandsbeschäftigung gestellt werden muss. Ein kleiner Nachteil: Eine Kündigung ist erst nach fünf Versicherungsjahren möglich.

2.4 Immobilienmarkt USA

Der Besitz von Wohneigentum ist tief in der amerikanischen Kultur verankert und der Immobilienmarkt ist hervorragend organisiert. Dennoch können die Immobilienpreise in den USA innerhalb weniger Jahre extrem schwanken. So kam es zum Beispiel in den Jahren nach der Banken- und Finanzkrise 2007/2008 zu einem starken Rückgang. In Corona-Zeiten schwang sich der Markt dagegen zu ungeahnten Preis-Höhen auf und brach infolge des Kampfes gegen die hohe Inflation und die Leitzinserhöhungen der US-Zentralbank *Fed* erneut stark ein. Behalten Sie also unbedingt aktuelle Entwicklungen im Blick, wenn Sie planen, eine Immobilie in den USA zu kaufen. Unter Umständen kann es sich lohnen, zunächst eine Wohnung zu mieten und einen günstigeren Zeitpunkt für den Hauskauf abzuwarten.

Haus kaufen in den USA:
Aktuelle Zahlen und häufig gestellte Fragen

Immobilienpreise

Die Immobilienpreise variieren von Bundesstaat zu Bundesstaat, und auch innerhalb der einzelnen Bundesstaaten gibt es preisliche Unterschiede. Hier sind ein paar allgemeine Prinzipien, an denen Sie sich beim Hauskauf orientieren können:

- Immobilien im Landesinneren sind günstiger als Immobilien in den Küstenregionen.
- Immobilien auf dem Land sind günstiger als Immobilien in der Stadt.
- Je näher sich ein Wohnobjekt an einem Ballungszentrum befindet, desto teurer ist es.
- Innerhalb weniger Kilometer kann es starke Preisunterschiede geben, die z. B. durch die Kriminalitätsrate, die Anbindung an die Infrastruktur und das Vorhandensein von Schulen, medizinischen Einrichtungen oder Einkaufsmöglichkeiten bestimmt werden.

Die derzeit erschwinglichsten städtischen Wohngebiete in den USA sind Detroit (Michigan), Cleveland (Ohio), Toledo (Ohio), Memphis (Tennessee) und Baltimore (Maryland). Die Städte mit den aktuell höchsten Immobilienpreisen in den USA sind New York City (vor allem Manhattan und Brooklyn), Honolulu (Hawaii), San Francisco (Kalifornien), Los Angeles (Kalifornien) und Washington, D. C.

Neben der Lage ist auch die Ausstattung (z. B. Garage, Klimaanlage, moderne Küche oder schöne Badezimmer) ein wichtiger Faktor, der den Preis einer Immobilie beeinflusst. Natürlich gibt es oft auch einen Verhandlungsspielraum. Verkäufer setzen in der Regel den Preis höher an, da sie damit rechnen, dass der Käufer ein niedrigeres Angebot *(offer)* machen wird.

Immobiliensuche

Die beste Informationsquelle für die Immobiliensuche ist das Internet. Wohnungen, Häuser und aktuelle Informationen zum amerikanischen Immobilienmarkt finden Sie z. B. auf den

Webseiten *www.huduser.gov*, *www.realtor.org*, *www.zillow.com*, *www.trulia.com*, *www.foreclosure.com*, *www.apartments.com* oder *www.fsbo.com*. Wenn Sie bereits vor Ort in den USA sind, können Sie außerdem auf Schilder in Ihrer Wunsch-Wohngegend achten, die Ihnen signalisieren, dass ein Haus bzw. eine Wohnung freisteht. Beim Immobilienkauf ist das Einschalten eines Maklers ratsam, insbesondere, wenn Sie sich noch nicht mit den amerikanischen Geschäftsgepflogenheiten auskennen.

Immobilienmakler

Immobilienmakler haben Zugang zu den *multiple listing services (MLS)*, den lokalen und nationalen Datenbanken aller zum Kauf stehenden Immobilien. Dadurch erfahren sie umgehend davon, wenn eine Immobilie, die Ihren Suchkriterien entspricht, auf den Markt kommt.

In der Regel werden in den USA sowohl bei Verkäufen als auch bei Käufen von Häusern und Wohnungen Makler eingeschaltet. Für den Käufer sind die Leistungen eines Maklers *(buyer's agent)* meistens kostenlos, da sich dieser die Provision, die vom Verkäufer gezahlt wird, mit dessen Makler *(seller's agent)* teilt. Entweder schalten beide Seiten unabhängig voneinander einen Makler ein oder ein Makler ist für beide Seiten gleichzeitig tätig (letzteres ist jedoch nicht in allen US-Bundesstaaten erlaubt). Denken Sie daran, dass der Makler vor allem im Interesse der Partei handelt, die seine Provision zahlt.

In den USA gibt es drei verschiedene Arten von Immobilienmaklern: *agents*, *brokers* und *realtors*.

- ***Agents*** sind Makler, die zwar schon eine staatliche Prüfung abgelegt haben, aber noch keine Lizenz für eine eigenverantwortliche Tätigkeit besitzen. Sie arbeiten in der Regel in Festanstellung in einem Immobilienbüro oder als freie Mitarbeiter für einen *broker*, der die Verantwortung trägt und die Tätigkeit des Agenten beaufsichtigt.
- ***Brokers*** besitzen eine staatliche Lizenz, die sie zur selbstständigen Vermittlung von Immobilienkaufverträgen berechtigt. Zum Erlangen der Lizenz müssen verschiedene fachliche Prüfungen absolviert werden.
- ***Realtors*** sind entweder *brokers* oder *agents*, die Mitglieder der *National Association of Realtors (NAR)* sind. Um Mitglied in der *NAR* zu werden, müssen sie Prüfungen in Immobilienrecht, Finanzierung, Inspektion und anderen Fächern abgelegen. Außerdem sind jährliche Fortbildungen nötig, um die Mitgliedschaft aufrechtzuerhalten. Jeder, der sich als *realtor* bezeichnet, unterliegt einem strikten Verhaltenskodex *(code of ethics)*.

Die Tätigkeit der Immobilienmakler wird in den USA in strengem Maße kontrolliert. Im Falle von Gesetzesübertretungen werden sie mit harten Strafen seitens der örtlichen Aufsichtsbehörden belegt. Aus diesem Grund arbeitet der amerikanische Immobilienmarkt effizient und vor allem fair. Nichtsdestotrotz sollten sich Käufer und Verkäufer von Immobilien bewusst sein, dass Makler auf Provisionsbasis *(commission)* arbeiten. Je höher der erzielte Verkaufspreis, desto höher ist die Provision des Maklers. Abhängig vom US-Bundesstaat bewegt sich diese zwischen 5% und 10% des erzielten Verkaufspreises.

Immobilienkauf

Der Verkäufer einer Immobilie ist verpflichtet, Sie vor Vertragsabschluss über eventuelle Mängel zu informieren. In den meisten Bundesstaaten gibt es zu diesem Zweck *disclosure statements*. Vertrauen Sie aber auf keinen Fall blind auf dieses Statement, sondern machen Sie sich selbst ein Bild über den Zustand der Immobilie. Wenn Sie sich in der Materie nicht genügend auskennen, können Sie einen *home inspector* damit beauftragen, die Immobilie gründlich auf Mängel zu untersuchen. Das kostet meist mehrere hundert Dollar, könnte Ihnen aber unter Umständen tausende Dollar und sehr viel Ärger ersparen.

Die letzte Formalität des Immobilienkaufs ist die Eigentumsübertragung *(closing)*, die etwa vier bis sechs Wochen nach der Einigung über den Kauf stattfindet. Hierbei ist es wichtig, dass alle für den Grundstückskauf notwendigen Dokumente (z.B. Kaufvertrag, Übergabeprotokoll, Bescheinigungen über Anzahlungen und bereits gezahlte Gebühren) vorhanden und ordnungsgemäß ausgefüllt sind.

Wenn alles in Ordnung ist, erhalten Sie als Käufer einen Rechtstitel *(title)*, der Sie als neuen Eigentümer des betreffenden Objekts ausweist. Zudem erfolgt ein *transfer*, also die Eigentumsübertragung bei einer öffentlichen Behörde. Beim *closing* sind auch Ihr Immobilienmakler und ein Vertreter Ihres Kreditinstituts zugegen, die gemeinsam ein wachsames Auge auf die Formalitäten werfen.

Kauffinanzierung

Der Kauf einer Immobilie wird meistens durch einen Kredit finanziert, genauer gesagt durch die Aufnahme einer Hypothek *(mortgage)*. Dabei dient die Immobilie als Sicherheit. Amerikanische Kreditgeber verlangen viele Informationen von potenziellen Kreditnehmern, bevor sie eine Hypothek gewähren. Eine Finanzierung ist bei nachweislich ausreichendem Einkommen und mindestens 20% Eigenkapitaleinbringung möglich. Daneben müssen Kreditnehmer außerdem alle Informationen vorlegen, die ihre Kreditwürdigkeit beweisen (z.B. Gehaltsabrechnungen, Kreditkartenkonten und Steuerbescheide) und ihre Finanzgeschichte *(credit history)* der letzten drei Jahre offenlegen. Der Kreditgeber, meist eine Bank (Vorsicht vor privaten Kreditgebern!), überprüft dabei alle notwendigen Aspekte. Es wird außerdem kontrolliert, ob der Immobilienwert ungefähr der Höhe des durch die Hypothek gesicherten Kredits entspricht und damit auch als ausreichende Sicherheit in Frage kommt. Spezielle Hypothekenvermittler *(mortgage broker)* sind einzig und allein für die Vermittlung und Beratung bei der Aufnahme eines Kredits zuständig und verlangen dafür ca. 1% von Ihrer Hypothekensumme. Natürlich können Sie sich aber auch selbst bei einer Bank um einen Kredit bemühen.

Um die Suche nach einem Haus bzw. einer Eigentumswohnung realistisch einzugrenzen, können Sie sich bei einer Bank einen Bescheid besorgen, der Sie darüber informiert, mit welchem Kreditrahmen Sie in etwa rechnen können. Diese sogenannte *pre-qualification* dient als Orientierungshilfe und wird oft kostenlos ausgestellt. Noch detailliertere Informationen erhalten Sie in einem gebührenpflichtigen *pre-approval letter*, der bereits auf einer genauen Prüfung Ihrer finanziellen Verhältnisse beruht.

Hypothekenarten

Hypotheken haben in der Regel Laufzeiten über 15 oder 30 Jahre. Dabei gibt es unterschiedliche Vorgehensweisen, die Ratenzahlungen festzulegen.

- ***Fixed rate:*** Der verbreitetste Hypotheken-Typ. Es gelten feste Raten vom Anfang bis zum Ende der Laufzeit.
- ***Adjustable rate mortgage (ARM):*** Hypothek mit sich anpassendem Zinssatz. Die Anfangszahlungen können 2 – 3% niedriger liegen als die laufenden Raten. *ARMs* berücksichtigen die aktuelle, von der amerikanischen Notenbank vorgegebene Leitzinsrate. Daher können sich die Raten bei einem Zinsanstieg unter Umständen schnell erhöhen. Die Rückzahlung wird durch ein *cap* (variabler Zinssatz mit Zinsbegrenzung) auf die Hypothek kontrolliert. Lebenslange *caps* setzen Grenzen über die Laufzeit einer Hypothek, jährliche *caps* regulieren ihre Zinsrate über das Jahr, und *payment caps* erlauben eine Angleichung pro Jahr.
- ***Convertible mortgage:*** Diese Hypothek kann während der Laufzeit des Kredites zu bestimmten Zeitpunkten von einer festen zu einer angeglichenen Rate konvertiert werden.
- ***Graduated payment mortgage:*** Diese Hypothek hat eine niedrigere Anfangsrate, die sich über eine bestimmte Periode erhöht. Der Kreditgeber geht davon aus, dass sich das Einkommen des Kreditnehmers erhöht und dieser dann in der Lage ist, die höheren Raten zu zahlen.
- ***Two-step loan:*** Feste oder angleichende Ratenhypothek mit einem eingebauten Ratenanstieg nach 5 oder 7 Jahren. Die Anfangsraten sind normalerweise niedrig, aber in den späteren Stadien der Hypothek werden höhere Raten gezahlt.

Weitere Kosten beim Immobilienkauf

Viele Immobilienkäufer sind von den Abschlusskosten *(closing costs)* überrascht. Diese werden teilweise schon vor Vertragsabschluss fällig und beinhalten z.B. Hypothekeneintragungsgebühren *(mortgage recording fees)*, staatliche und lokale Abschlusskosten, Anwaltskosten und Inspektionskosten. Abhängig vom US-Bundesstaat erwarten Sie mitunter weitere Kosten für eine notarielle Anerkennung *(documentary stamps)* der Hypotheken- und Übertragungsurkunden *(mortgage and transfer deeds),* eine Grundbucheintragung *(record title documents),* immaterielle Steuern *(intangible taxes)* auf den Kreditbetrag oder Übertragungssteuern *(transfer taxes)*. Die jährlichen Eigentumssteuern *(property taxes)* unterscheiden sich stark von Ort zu Ort. Sie benötigen außerdem eine Versicherung gegen Rechtsmängel im Grundbesitz *(title insurance)*. Stellen Sie darüber hinaus sicher, dass Sie eine *owner's policy,* also eine Police über den gesamten Verkehrswert der Immobilie, abschließen. Diese wird Ihr Eigenkapital absichern. Es ist zudem ratsam, eine Risikoversicherung *(all-risk policy)* abzuschließen.

Normalerweise belaufen sich die Gesamtkosten für Kreditbereitstellung, Wertgutachten, Grundbuchüberprüfung, Steuern und Versicherungen auf rund 4% bis 6% des Immobilienpreises. Das Geld dafür müssen Sie zusätzlich zu Ihrer Eigenkapitaleinbringung für den Immobilienkauf zur Verfügung haben. In diesem Zusammenhang wird oft von *»PITI« mortgage payment* gesprochen: ***P****rincipal* (Nominalwert), ***I****nterest* (Zinsen), ***T****axes* (Steuern) und ***In****surance* (Versicherung).

Mieten einer Wohnung

Wenn Sie Ihr Leben in den USA gerade erst starten, empfiehlt es sich, nicht gleich ein Haus zu kaufen, sondern zunächst einmal eine Wohnung zu mieten. Gute Informationsquellen bei der Wohnungssuche sind *www.zillow.com*, *www.apartments.com*, *www.apartmentlist.com* oder *www.sublet.com*.

Beachten Sie bei Ihrer Recherche die Besonderheiten bei amerikanischen Wohnungsanzeigen. Zum Beispiel wird die Fläche in Quadratfuß angegeben, die Anzahl der Räume bedeutet die Anzahl der Schlafzimmer und mit »*first floor*« ist das Erdgeschoss gemeint. Wenn Sie zusammen mit Haustieren einziehen möchten, sollten Sie sich vorab erkundigen, ob diese gestattet sind und ob Sie dafür eine zusätzliche Versicherung benötigen. Informationen zu Wohngegenden und Apartmentkomplexen inklusive echter Bewertungen von Mietern finden Sie z. B. auf *www.yelp.com*.

> Wohnung mieten in den USA:
> Aktuelle Zahlen und wichtige Tipps

Mietverträge

Für den Abschluss eines Mietvertrages benötigen Sie verschiedene Dokumente wie z. B. Einkommensnachweise, Steuerbescheide oder Kontoauszüge. Meistens muss ein Standardformular ausgefüllt werden, das Sie vom Vermieter bekommen. Es ist außerdem üblich, dass bei Abschluss des Mietvertrages eine Kaution *(security deposit)* fällig wird, mit der sich der Vermieter gegen eventuelle Schäden oder Mietrückstände absichert. Oft beläuft sich diese auf eine Monatsmiete. Sie wird zurückerstattet, nachdem Sie die Wohnung beim Auszug in einem ordnungsgemäßen Zustand übergeben haben.

Mieter sind in den USA rechtlich nicht gut abgesichert, denn das Gesetz begünstigt eher den Vermieter. Deshalb ist es umso wichtiger, den Mietvertrag genau zu studieren und darauf zu achten, ob er eine automatische Verlängerungsklausel enthält oder nicht. Die genauen Bestimmungen für Mietverträge variieren von Bundesstaat zu Bundesstaat und oft auch von Ort zu Ort.

Grundsätzlich gibt es zwei Arten von Mietverträgen:

- ***Lease:*** Ein *lease*-Vertrag gilt normalerweise für ein Jahr, meistens mit der Option auf Verlängerung. Die Besonderheit bei dieser Art von Mietvertrag besteht darin, dass er bis zum Ende der Laufzeit gültig ist und nicht vorher aufgelöst werden kann, es sei denn, der Vermieter vernachlässigt eklatant seine Pflichten. Der festgelegte Mietsatz gilt für die gesamte Dauer des Mietverhältnisses und darf nicht erhöht werden. Nach Ablauf der Vertragslaufzeit wird der Mietvertrag in der Regel nicht automatisch verlängert. Wenn Sie also weiter in der Wohnung bleiben möchten, müssen Sie mit Ihrem Vermieter einen neuen Vertrag abschließen. Unter Umständen kann sich hierbei aber auch die Höhe der Miete ändern.

- ***Month-to-month rental agreement:*** Wie der Name bereits verrät, handelt es sich bei einem *month-to-month rental agreement* um einen Vertrag über eine Dauer von einem Monat, der auch mündlich geschlossen werden kann. Hierbei sind automatische Verlängerungen die Norm und der Vermieter hat das Recht, die Miete monatlich zu erhöhen (jedoch nicht, ohne den Mieter rechtzeitig darüber zu informieren). Diese Form des Mietverhältnisses eignet sich vor allem für Personen, die gern flexibel bleiben, den Wohnort wechseln oder zeitnah eine eigene Immobilie kaufen möchten.

Condominiums & co-op-Wohnungen

Condominiums (oder kurz: »*condos*«) sind Wohnanlagen mit mehreren Eigentumswohnungen. Dies können Apartmenthäuser oder Hochhäuser, aber auch Wohnanlagen mit Reihen- oder Einzelhäusern sein. Als Käufer erwerben Sie eine Wohneinheit innerhalb der Anlage sowie Anteile an den gemeinschaftlich genutzten Flächen. *Condominiums* werden teilweise auch in sogenannten *turnkey*-Geschäften erworben, d.h., die Einrichtungsgegenstände werden direkt mitgekauft. Gemeinsamer Besitz aller Wohneigentümer eines *condo* sind alle gemeinsam genutzten Flächen und Räume, z.B. das Grundstück, Grünanlagen, Swimmingpools, Flure und Tiefgaragen. Deshalb spricht man in diesem Fall auch von Teileigentum. Die Verwaltungsfirma teilt gemeinschaftliche Anteile an den Flächen und Einrichtungen und ist auch verantwortlich für den Gesamtzustand des Gebäudes und der Flächen.

Durch den Kauf eines *condominium* werden Sie Mitglied der Eigentümergemeinschaft, der sogenannten *homeowners association*. Als ein solches Mitglied besitzen Sie ein Stimmrecht, von dem Sie Gebrauch machen können, wenn auf regelmäßig stattfindenden Versammlungen notwendige Reparatur- und Instandhaltungsmaßnahmen besprochen werden. Zur Deckung der anfallenden Kosten müssen Sie regelmäßige Beiträge abführen, die »*homeowners association due*«, »*maintenance due*« oder »*association fee*« genannt werden. Je nach Größe Ihrer Wohnung müssen Sie außerdem eigenständig die an das Grundeigentum gebundenen Steuern *(real estate tax)* an den Staat abführen.

Wenn Sie dagegen in ein *cooperative apartment (co-op)* ziehen möchten, erwerben Sie nicht direkt eine Wohnung oder ein Haus, sondern kaufen sich durch den Erwerb von Anteilen in eine Genossenschaft ein, der das Objekt gehört. Die Verwaltung obliegt einem *board of directors* (auch *residents' committee*), dessen Mitglieder von allen Anteilseignern gewählt werden. Während Sie für Ihre Wohnung und deren Einrichtung selbst verantwortlich sind, trägt das *board of directors* die Verantwortung über die Wartung der gemeinschaftlich genutzten Räume und Plätze. Auch in einem *cooperative apartment* werden regelmäßig Beiträge zur Deckung der Instandhaltungs- und Reparaturkosten sowie Steuern fällig, deren Höhe sich nach dem Anteilsvolumen an der Gesellschaft richtet.

Tipp: *Schalten Sie einen Makler ein, bevor Sie sich für ein* condominium *oder eine* co-op-*Wohnung entschließen. Dieser sammelt für Sie Informationen zur Gesellschaft, zum Zustand des Gebäudes, zum Vermietungsgrad und zum rechtlichen Status.*

3 Alltag in den USA

3.1 Soziales System

Soziale Sicherheit im Blickwinkel der Amerikaner

Die USA gehören zwar zu den reichsten Industrienationen der Welt, können aber nicht im geringsten als Wohlfahrtsstaat bezeichnet werden. Ein bundesweit einheitliches Sozialsystem, wie wir es aus Deutschland kennen, ist in Amerika unvorstellbar. Einheitliche Regelungen gibt es in den USA nur für die Rente. In all den anderen Bereichen hat sich ein gemischtes System herausgebildet, das von Privatversicherungen dominiert und nur teilweise von staatlicher Seite gelenkt wird. Eine Erklärung dieser Tatsache mit Amerikas geschichtlicher Entwicklung liegt nahe. Im Land der unbegrenzten Möglichkeiten wurden Belange wie Gesundheit und persönliches Wohlergehen als reine Privatangelegenheit betrachtet. So konnte sich ein öffentliches Wohlfahrtssystem nur schwer und langsam herausbilden, weil eine individuelle Absicherung von den meisten Amerikanern staatlichen Wohlfahrtsprogrammen vorgezogen wurde.

Dass das geschaffene System nicht länger zeitgemäß war, kristallisierte sich erstmals während der Großen Depression heraus, als viele Millionen Amerikaner ohne eigenes Verschulden in den wirtschaftlichen Ruin stürzten. Die Roosevelt-Administration reagierte mit der Politik des *New Deal* und erließ 1935 den ersten *Social Security Act,* ein Gesetz, das erstmalig ein soziales Sicherheitssystem für ältere Menschen etablierte. Fortan wurde es Pflicht, sozialversichert zu sein und Mitgliedsbeiträge zu entrichten.

Heute gibt es in den USA unterschiedliche Sozialversicherungs- und Wohlfahrtsprogramme für unterschiedliche Personengruppen. *Medicaid* ist ein gemeinsames Programm der Bundesregierung und der Bundesstaaten, das die medizinische Versorgung bedürftiger Menschen finanziert. *Medicare* stellt eine weitere Form der staatlichen Krankenversicherung für Amerikaner ab einem Alter von 65 Jahren oder altersunabhängig bei Amerikanern mit Behinderungen dar.

Die *Temporary Assistance for Needy Families (TANF)* ist ein Programm zur finanziellen Unterstützung hilfebedürftiger Familien mit unterhaltspflichtigen Kindern. Das *Supplemental Security Income (SSI)* garantiert ein bestimmtes Mindesteinkommen für Menschen über 65, Blinde und Behinderte. Weitere Programme für einkommensschwache Familien sind die *School Meal Programs* zum Erhalt kostenloser bzw. besonders günstiger Mahlzeiten für Schulkinder, die *Food Stamp Programs* zur Bereitstellung von Lebensmittelhilfen und die *Public Housing Programs* zur Bereitstellung von Sozialwohnungen.

Arbeitslosenversicherung/-unterstützung

In den USA ist die Arbeitslosenversicherung *(unemployment compensation)* nicht einheitlich geregelt. Jeder US-Bundesstaat hat sein eigenes Programm nach den Richtlinien des Bundes. Die Anspruchsvoraussetzungen, die Höhe der Beiträge sowie die Höhe und Dauer der Leistungen richten sich nach den jeweiligen Bestimmungen des Einzelstaates. In den meisten Staaten wird in der Regel 20–26 Wochen Arbeitslosengeld gezahlt, wobei die wöchentliche Summe je nach Bundesstaat variiert und generell sehr niedrig ausfällt. Anschließend muss sich der Arbeitslose um Sozialhilfe bemühen.

Das Krankenversicherungssystem der USA

Das Gesundheitswesen der USA stellt sich weitaus komplizierter dar als europäische Systeme. Das liegt zum einen daran, dass es im Gegensatz zu den europäischen Gesundheitssystemen stärker marktorientiert ist und es keine allumfassende staatliche Gesundheitsvorsorge gibt. Zum anderen brechen die Amerikaner alle Rekorde, was die Kosten anbelangt. Die Gesamtausgaben für die Gesundheitsfürsorge liegen hier um 30% höher als in fast allen anderen industrialisierten Ländern. Nirgendwo sonst verlangen die Ärzte so exorbitante Preise und nirgendwo sonst sind die Krankenhäuser auf einem derartigen High-Tech-Stand. Viele Ärzte rechtfertigen die hohen Preise damit, hohe persönliche Haftpflichtversicherungen für eventuelle Fehldiagnosen abschließen zu müssen.

Leider wurde dank der typischen *»I am talking to my lawyer«*-Mentalität der US-Amerikaner tatsächlich der Bogen überspannt und ein Teil der Kostenexplosion im Gesundheitswesen verursacht. In der Nähe jedes Krankenhauses sind in großer Zahl Anwaltspraxen zu finden, die sich auf *personal injury* und besonders auf *medical malpractice* spezialisiert haben. Andererseits bietet das amerikanische System im Vergleich zu manchen europäischen Systemen auch bemerkenswerte Vorteile. Im Laufe eventuell notwendiger Behandlungen wird der Patient z. B. vom Arzt über jeden Behandlungsschritt und dessen mögliche Folgen bzw. Nachsorgemaßnahmen informiert. Ein Patient wird in den USA niemals von oben herab behandelt und im Unklaren gelassen, wie es in Europa allzu häufig der Fall ist. Das oberste Motto im US-amerikanischen System heißt »Service statt Bevormundung«.

In den USA wird die medizinische Versorgung durch ein Mischsystem aus überwiegend privaten sowie öffentlichen Anbietern gewährleistet. Es gibt die zwei bereits erwähnten staatlich gelenkten Sozialprogramme *Medicare* und *Medicaid* und mit der Verabschiedung des *Patient Protection and Affordable Care Act (PPACA)* führte US-Präsident Barack Obama im Jahr 2010 eine Krankenversicherungspflicht in den USA ein. Grundgedanke der unter dem Namen *»Obamacare«* bekannt gewordenen Gesundheitsreform war es, jedem Bürger in den USA den Zugang zu einer bezahlbaren medizinischen Versorgung zu gewährleisten. Das Gesetz trat am 31. Oktober 2013 in Kraft. Damit waren alle in den USA steuerpflichtigen Personen, die nicht über ihren Arbeitgeber oder eines der staatlichen Programme versichert waren, verpflichtet, eine Krankenversicherung mit bestimmten minimalen Standardleistungen abzuschließen. Dem noch heute gültigen *Patient Protection and Affordable Care Act* steht die Verpflichtung der Versicherungsgesellschaften gegenüber, jeden Patienten ohne vorherige Gesundheitsprüfung anzunehmen. Der Versicherungsschutz muss gewisse Mindestanforderungen als Grundsicherung *(Bronze plan)* erfüllen und ist an staatlich regulierten Online-Börsen, sogenannten »*health insurance marketplaces*« (oder umgangssprachlich einfach »*marketplace*«) zu erwerben.

Die Mehrheit der amerikanischen Arbeitnehmer ist durch Gruppenkrankenversicherungen über den Arbeitgeber abgesichert. Nach dem *Patient Protection and Affordable Care Act* muss jedes Unternehmen mit 50 oder mehr Vollzeitbeschäftigten seinen Arbeitnehmern einen erschwinglichen Krankenversicherungsschutz mit bestimmten Mindestanforderungen anbieten, andernfalls wird eine Geldstrafe fällig. Viele Arbeitgeber mit hohem Personalaufkommen sind in der Lage, Gruppenverträge zu vergünstigten Preisen mit Krankenversicherungen auszuhandeln und bieten ihren Arbeitnehmern entsprechende Versicherungspakete an. Je größer die Firmen, desto günstiger sind in der Regel die angebotenen Versicherungspakete. Vielfach teilen sich der Arbeitgeber und der Arbeitnehmer die Prämien.

Je größer ein Unternehmen ist, desto höher ist auch die Wahrscheinlichkeit, dass der Arbeitgeber eine Krankenversicherung anbietet. Hierbei ist jedoch zu bemerken, dass sich der Anteil der betrieblichen Krankenversicherung zuletzt rückläufig zeigte, was nicht zuletzt auch auf die steigenden Prämien zurückzuführen war. Viele kleinere und mittelständische Firmen konnten es sich einfach nicht leisten, ihren Angestellten eine Krankenversicherung anzubieten. Im Rahmen von *Obamacare* sollte hier das sogenannte *Small Business Health Options Program (SHOP)* Abhilfe schaffen, ein Online-Service, der kleinen Unternehmen administrative Unterstützung bei dem Kauf von Krankenversicherungen für Angestellte nach *PPACA*-Standard bieten sollte. Mit *SHOP* können Firmen von Steuergutschriften bis zu 50% der Versicherungsprämien profitieren.

Notfälle in den USA

Die USA-weite Notfallrufnummer ist 911. Unter dieser erreichen Sie sowohl den medizinischen Rettungsdienst als auch die Polizei. In den meisten großen Städten gibt es darüber hinaus private Notfalldienste, die kostenpflichtig, aber dafür zumeist auch etwas schneller sind. Teilweise werden diese auch in den Versicherungspolicen berücksichtigt. Zudem existieren für jede Personengruppe besondere Krankenhäuser (z. B. Frauen- und Kinderkliniken). In größeren Städten gibt es auch sogenannte *house call stations*, die Ärzte gegen ein Entgelt zu Ihnen nach Hause schicken. Für kleinere Beschwerden und Tests gibt es sogenannte *walk-in centers*, teilweise auch *urgent care centers* genannt. Diese befinden sich zumeist in Stadt- und Einkaufszentren. Behandlungen müssen dort zumeist sofort bezahlt werden.

Personen, die nicht über den Arbeitgeber versichert sind und sich bislang keine individuelle Krankenversicherung leisten konnten, haben die Möglichkeit, über den *marketplace* Krankenversicherungen zu erschwinglichen Preisen zu erwerben. Wer sich dennoch die Prämien nicht leisten kann, aber noch nicht arm genug ist, um sich für *Medicaid* zu qualifizieren, nimmt zumeist weiterhin das Risiko in Kauf, sich überhaupt nicht zu versichern. Die Zahl der nicht versicherten Personen ist jedoch dank *Obamacare* aktuell auf einem Allzeittief von rund 8%. Für Nichtversicherte bleibt immer noch der tröstliche Gedanke, dass Krankenhäuser im Notfall gesetzlich dazu verpflichtet sind, sie trotzdem zu behandeln. Kurz vor Verlassen des Krankenhauses erfolgt die Präsentation der Rechnung. Sind Sie nicht versichert, überprüfen Sie selbst jeden einzelnen Posten auf seine Korrektheit. Gerade in Krankenhäusern, wo es häufig hektisch zugeht, unterlaufen in dieser Hinsicht oft Fehler.

Zahlreiche Versicherungsträger der betrieblichen Krankenversicherung sind *health maintenance organizations (HMO)*. Hierbei handelt es sich um private Organisationen, welche die Erbringung und Finanzierung von medizinischen Leistungen regeln. Die *HMOs* schließen mit einer bestimmten Anzahl von zertifizierten Leistungsanbietern Verträge über die Behandlung der Mitglieder ab, die dann für eine im Voraus gezahlte Gebühr die gesamte Krankenversorgung der Versicherten übernehmen. Allerdings steht das Prinzip der Wirtschaftlichkeit deutlich im Vordergrund.

Die HMOs verfolgen das Ziel der Kostenbegrenzung, indem sie das Verhalten von Ärzten und Patienten direkt beeinflussen. Um die Kosten zu kontrollieren, werden Verträge mit Ärzten und Krankenhäusern ihrer Wahl geschlossen. Daraus resultiert, dass die Versicherten nur dann den vollen Versicherungsschutz genießen, wenn sie sich im Netzwerk ihrer Krankenkasse behandeln lassen. Für Wahlleistungen außerhalb des Netzwerkes kommt der Versicherungsträger nur teilweise oder gar nicht auf. Und auch die freie Arztwahl ist in der Regel nur innerhalb des Netzwerkes möglich. Werden Verträge nicht verlängert, können Patienten zudem ihre vertrauten Ärzte verlieren, was insbesondere für ältere Patienten und chronisch Kranke problematisch sein kann. Eine weitere Form innerhalb der betrieblichen Krankenversorgung sind die sogenannten *preferred provider organizations (PPO)*, die mit medizinischen Dienstleistern Verträge abschließen, nach denen diese Leistungen für Mitglieder zu reduzierten Gebühren anbieten. Im Gegensatz zu den *HMOs* lassen die *PPOs* eine freie Arztwahl zu, sodass Versicherte auch Ärzte konsultieren dürfen, die nicht dem Netzwerk angehören.

Problematisch ist im amerikanischen Krankenversicherungssystem, dass bei einem Jobverlust auch die betriebliche Krankenversicherung verloren geht. Nur ein geringer Anteil der entlassenen Arbeitnehmer kann es sich leisten, den betrieblichen Krankenversicherungsschutz durch Teilnahme an dem staatlichen *COBRA*-Programm *(Consolidated Omnibus Budget Reconciliation Act)* aufrechtzuerhalten, das dem Mitarbeiter erlaubt, auf eigene Kosten für weitere mindestens 18 Monate in der betrieblichen Gruppenversicherung zu verbleiben. Anstelle von *COBRA* besteht jedoch die Möglichkeit, einen individuellen Krankenversicherungsschutz über die *health insurance marketplaces* zu erwerben oder sich ggf. für *Medicaid* zu qualifizieren.

Amerikanische Versicherungspolicen müssen nach der Gesundheitsreform bestimmten Standards entsprechen, um die Anforderungen von *Obamacare* zu erfüllen. Grundsätzlich werden vier verschiedene Deckungsstufen mit unterschiedlichen Prämien und Selbstbeteiligungen angeboten: *Bronze plan, Silver plan, Gold plan* und *Platinum plan*. Diese Policen unterscheiden sich in der Höhe der Selbstbeteiligung des Versicherten. In der Regel deckt eine *Bronze*-Police 60% der Krankheitskosten ab, bei der *Platinum*-Police hingegen sind 90% der Kosten versichert. Jeder Krankenversicherungstarif muss zehn grundlegende Leistungen abdecken, wobei es auf die Basisleistungen keine Jahreshöchstgrenzen geben darf. Zusatzleistungen sind davon ausgenommen. Die bekanntesten US-Versicherungsgesellschaften sind *Blue Cross* und *Blue Shield*.

Sollten Sie sich nicht versichern und plötzlich ernsthaft erkranken oder sich schwer verletzen, könnte eine Anzahlung von Ihnen verlangt werden, die schnell bis zu 30.000 $ betragen kann. Als Versicherter würden Sie dieses Geld (zumindest zum größten Teil) zurückerhalten, als Nichtversicherter zahlen Sie die volle Höhe. Haben Sie eine Erkrankung, die eine regelmäßige Medikamenteneinnahme erfordert, so raten wir, sich einen ausreichenden Vorrat in die USA mitzunehmen. Werden Sie von einem deutschen Unternehmen entsandt, wird eine Auslandskrankenversicherung sehr wahrscheinlich Teil des Pakets sein. Studenten unter 25 zahlen niedrigere Beitragssätze. In den meisten *colleges* gibt es eigene Kliniken und Gesundheitszentren, die Beratungen und kleinere Behandlungen für Studenten kostenlos anbieten. Ein großes Plus für alle Versicherten: Krankenversicherungspolicen dürfen seitens des Versicherers nicht gekündigt werden, weil zu viele Leistungen in Anspruch genommen wurden. Um die Anforderungen von *Obamacare* zu erfüllen, dürfen Versicherungen Antragsteller außerdem nicht länger aufgrund von Vorerkrankungen *(pre-existing conditions)* ablehnen.

Die Wahl der Krankenversicherung in den USA

Sollten Sie sich entscheiden, eine amerikanische Krankenversicherungspolice abzuschließen, merken Sie sich die folgenden Dinge:

- ***Co-payment:*** Die Versicherungen zahlen unter Vorbehalt. Einige zahlen bis zu einem bestimmten Betrag 100 % und auf alles, was darüber hinausgeht, 70–80 %. Mitunter variiert die Handhabung auch bei verschiedenen Krankheiten.
- ***Specific limits:*** Einige Versicherungen bestimmen eine Kappungsgrenze für bestimmte Beschwerden und Krankheitsbilder und zahlen Leistungen nur bis zu einem festgesetzten Höchstbetrag aus.
- ***Exclusions:*** Einige Versicherungen schließen Leistungen für bestimmte Verletzungen und Krankheitsbilder (z. B. bei bestimmten Sportarten) von vornherein aus.
- ***Medical evacuation:*** Inhaber eines J-1-Visums *(exchange visitor)* müssen in ihren Versicherungen einen eventuell notwendigen Transport nach Hause zum Zwecke der Behandlung berücksichtigen. Dieser Zusatz ist aber nicht teuer und kann in der Regel über die private Auslandskrankenversicherung abgedeckt werden.

Lohnfortzahlung im Krankheitsfall

Anders als in Deutschland existiert in den USA bislang kein einheitliches Gesetz zur Lohnfortzahlung im Krankheitsfall. Dennoch sind Unternehmen ab einer bestimmten Größe dazu verpflichtet, ihre Mitarbeiter im Krankheitsfall bis zu zwölf Wochen im Jahr von der Arbeit freizustellen. Dabei sind Gehaltseinbußen nicht ausgeschlossen. Ein Arbeitnehmer sollte sich gleich zu Beginn darüber informieren, welche Politik sein zukünftiger Arbeitgeber in dieser Hinsicht vertritt. Viele Firmen haben ein System, bei dem eine begrenzte Anzahl von Arbeitsstunden durch eine entsprechende Zahl bezahlter Krankheitsstunden gutgeschrieben wird. Ist die Zahl überschritten, muss mit Lohnabzügen gerechnet werden. Es gibt aber auch Firmen, die keinerlei Lohnfortzahlung gewähren. Mutterschaftsurlaub ist bei amerikanischen Firmen ebenfalls häufig unbezahlt.

Das amerikanische Rentensystem – *Social Security*

Die staatliche Altersvorsorge – *Social Security* – ist das Kernstück der sozialen Absicherung in den USA. Sie umfasst eine gesetzliche Renten- und Invaliditätssicherung sowie eine Hinterbliebenenvorsorge *(Old Age, Survivors, and Disability Insurance – OASDI)*. Die *OASDI* ist die erste Ebene der Alterssicherung in den USA und dient insbesondere der Armutsvermeidung. Das System umfasst alle Erwerbstätigen und ist beitrags- und umlagefinanziert. Wer in den USA angestellt ist und dort lebt, muss prinzipiell Beiträge zur Sozialversicherung leisten. Üblicherweise entrichten Arbeitnehmer und Arbeitgeber jeweils einen Pflichtbeitrag von 6,2% des Bruttolohnes bis zu einer Beitragsbemessungsgrenze von gegenwärtig 168.600 $ in die Rentenkasse sowie jeweils 1,45% des Bruttolohnes (ohne Beitragsbemessungsgrenze) zur Krankenversicherung nach der Pensionierung *(Medicare)*. Das Rentenalter erreichen ab 1960 geborene Personen mit 67 Jahren.

Eine Inanspruchnahme der Rente ist für Amerikaner grundsätzlich ab dem Alter von 62 Jahren möglich, allerdings mit entsprechenden Abzügen. Es ist durchaus üblich, dass Rentner noch weit über das Renteneintrittsalter hinaus in Lohn und Brot stehen. Für Personen, die im Jahr 2024 erst mit 70 Jahren in den Ruhestand gehen, beträgt die maximale Leistung 4.873 $ pro Monat. Wer im Jahr 2024 im vollen Rentenalter in den Ruhestand geht, erhält hingegen eine maximale Leistung von 3.822 $ pro Monat. Es ist in jedem Fall ratsam, auch in den USA eigene finanzielle Vorsorge zu betreiben.

Zusatzversorgung: der *401(k) plan*

Wer im Alter neben den Leistungen aus der *Social Security* mehr Rente erhalten möchte, muss privat zusätzlich sparen. Eine der staatlich geförderten Möglichkeiten, die Rente aufzubessern, stellt der sogenannte *401(k) plan* dar. Hierbei kann ein Arbeitnehmer je nach seinem Gesamteinkommen einen bestimmten Teil seiner Jahresbezüge steuerfrei in private Investmentfonds (Aktien- und Mischfonds, Indexfonds, Anleihen u.a.) einzahlen. Der Arbeitgeber füllt den Sparbeitrag mit einem Zuschuss, in der Regel zwischen 3% und 5% des jeweiligen Jahreseinkommens, auf. Arbeitnehmer können pro Jahr maximal 23.000 $ (2024) in den *401(k) plan* einzahlen.

Die Obergrenze für die gemeinsamen Beiträge von Arbeitgeber und Arbeitnehmer beläuft sich auf insgesamt 69.000 $ pro Jahr. Entnahmen können bereits ab 59,5 Jahren vorgenommen werden. Wer das Geld vorher benötigt, muss mit einer Strafgebühr von 10% auf die Auszahlungen rechnen.

Die meisten Arbeitgeber machen ihre Zahlung von der Länge der Unternehmenszugehörigkeit abhängig *(vesting)*. Erst von einem festgesetzten Zeitpunkt an gehören dem Arbeitnehmer vergangene und künftig geleistete Zahlungen. Mit dieser Methode versuchen US-Arbeitgeber, eine längerfristige Bindung ihrer Arbeitnehmer zu erreichen. Eine verständliche Maßnahme, wenn man bedenkt, dass ein Arbeitgeberwechsel im Laufe eines Berufslebens in den USA häufiger als in Europa üblich ist. Sollte ein Unternehmen Insolvenz anmelden müssen, so geht das angelegte Geld nicht verloren. Ein *plan administrator*, der die Einzahlungen verwaltet, sorgt dafür, dass das Geld entweder im alten *401(k) plan* verbleiben kann, welches man dann mit dem Erreichen der Altersgrenze abheben kann, oder aber er überträgt es für den Arbeitnehmer in einen neuen Plan. Diesen Transfer nennt man *roll-over.*

Hinweis: *Achten Sie in jedem Fall darauf, dass Ihr Geld im Falle des* roll-over *auf Ihr neues* 401(k) *Konto geht und Sie nicht einen Scheck erhalten. Auch in diesem Fall wären nämlich die oben genannten Strafmaßnahmen (frühzeitige Auszahlung) vorgeschrieben.*

Sie sollten sich die jeweiligen *401(k)*-Broschüren in jedem Fall gründlich durchlesen, um in Erfahrung zu bringen, wie Sie Ihre Investitionen am besten streuen können. Es ist ratsam, niemals mehr als 20% Ihrer Altersvorsorge in die Aktien eines einzelnen Unternehmens zu investieren.

Der *individual retirement account (IRA)*

Eine weitere Möglichkeit der privaten Vorsorge stellt der *individual retirement account* dar. Jeder, der über ein steuerpflichtiges Einkommen verfügt, kann einen *IRA* eröffnen, der bis zur Auszahlung steuerfrei bleibt. Es existieren verschiedene Arten von *IRAs*. Zu den Haupttypen gehören:

Traditional IRA

Ein traditioneller *IRA* ist eine Möglichkeit für Einzelpersonen, auf einem Rentenkonto für den Ruhestand zu sparen. Dabei darf die Höhe der Einzahlung entweder die Höhe des jeweiligen Einkommens oder je nach Alter 7.000$ (unter 50 Jahren) oder 8.000$ (über 50 Jahre) pro Steuerjahr nicht überschreiten. Es ist wichtig zu beachten, dass sich die Beitragsgrenzen jährlich ändern können. Das Konto kann bei einer Bank oder einem Investmentbroker eröffnet werden. Die Einzahlungen sind steuerlich begünstigt und die Erträge werden erst bei Auszahlung besteuert. Für den traditionellen *IRA* gibt es eine Altersgrenze, ab der keine Beiträge mehr geleistet werden dürfen. Das entsprechende Alter liegt derzeit bei 70,5 Jahren.

Roth IRA

Seit 1998 gibt es den *Roth IRA*-Rentensparplan, der unabhängig vom Alter abgeschlossen werden kann. Der Unterschied zum *traditional IRA* ist, dass die Beitragszahlungen zu dieser Form der privaten Altersvorsorge nicht steuerlich absetzbar sind, dafür jedoch die Auszahlungen steuerfrei sind, sofern der Sparplan über mindestens fünf Jahre gehalten wurde und der Sparer bei Auszahlungsbeginn über 59,5 Jahre alt ist. Wer unter 138.000$ bei Alleinstehenden und 228.000$ bei Verheirateten verdient, kann die gesamten Vorteile des Plans nutzen. Bei darüber liegenden Einkommen verringern sich die Möglichkeiten deutlich, den Plan optimal für sich einzusetzen. Der Vorteil des *Roth*-Modells liegt im Gegensatz zum *traditional IRA* aber darin, dass nur für eventuell vorzeitig ausgezahlte Gewinne, nicht jedoch für die beim Zeitpunkt der Einzahlung bereits versteuerten Beiträge Steuern und Strafgebühren gezahlt werden müssen. Alle Gewinne, die aus dem *Roth IRA* erwirtschaftet werden, bleiben also in der Regel bei Ausschüttung steuerfrei.

Eröffnung eines *IRA*

Die Eröffnung eines *IRA* bei einer Bank oder einem *discount broker* ist einfach gestaltet. Die Mindestbeiträge und Gebühren variieren je nach Anbieter, sind aber erfahrungsgemäß recht niedrig. Es gelten die oben erwähnten jährlichen Höchstgrenzen für die Einzahlungssummen.

Rentenversicherung

Durch das bilaterale Sozialversicherungsabkommen wird eine doppelte Anwendung, sowohl der deutschen als auch der amerikanischen Rechtsvorschriften, über die Versicherungspflicht in der gesetzlichen Rentenversicherung verhindert. Spezielle Abgrenzungsnormen legen fest, ob es zur Anwendung der deutschen oder amerikanischen Rentenversicherungspflicht kommt. Das Abkommen gilt für alle Personen, die zu irgendeinem Zeitpunkt Beitragszeiten in der deutschen oder amerikanischen Rentenversicherung erworben haben. Hierzu zählen auch Hinterbliebene dieser Personen.

Beim rechtlich komplizierten Thema Rente sollten Sie sich in einem persönlichen Gespräch mit der Deutschen Rentenversicherung oder bei der staatlich genehmigten Auslandsberatungsstelle der Expat Consult GmbH beraten lassen. Ihre Ansprechpartnerin:

Marlis Tiessen

Expat Consult GmbH
Brandstücken 24, 22549 Hamburg
Tel: +49 40 8972616-0
E-Mail: *www.expat-consult.de*

Tipp: *Neben der Rentenversicherung ist auch die gesetzliche Kranken-, Pflege-, Arbeitslosen- und Unfallversicherung nicht im Sozialversicherungsabkommen zwischen den USA und Deutschland eingeschlossen. Auch für diese Themen bekommen Sie bei der Auslandsberatungsstelle der Expat Consult GmbH alle Fragen kompetent beantwortet.*

Freiwillige Weiterversicherung oder Beitragserstattung

Wenn Sie mittel- oder langfristig in die USA gehen, besteht grundsätzlich die Möglichkeit einer freiwilligen Weiterversicherung in der deutschen Sozialversicherung, z. B., um die Wartezeit zu erfüllen und sich Ihre Ansprüche im Rentenalter zu sichern. Haben Sie nur eine kurze Zeit in Deutschland gearbeitet? Dann können Sie unter Umständen auch eine Beitragserstattung beantragen. Voraussetzung hierfür ist, dass Sie die Mindestversicherungszeit von fünf Jahren in Deutschland nicht erreicht haben und seit dem Ausscheiden aus der Rentenversicherungspflicht 24 Monate vergangen sind. Erfolgt eine Beitragserstattung, so wird das Versicherungsverhältnis automatisch aufgelöst.

3.2 Steuerwesen

Sowohl US-Staatsbürger als auch dauerhaft in den USA ansässige Personen sind verpflichtet, ihr weltweites Einkommen in den USA zu versteuern. Jedoch haben die Vereinigten Staaten zur Vermeidung von Doppelbesteuerungen mit vielen Ländern bilaterale Abkommen – darunter auch mit Deutschland.

Das amerikanische Steuerrecht ist durch eine föderalistische Struktur gekennzeichnet, bei der die Steuerhoheit zwischen der Bundesregierung, den Einzelstaaten sowie lokalen Verwaltungseinheiten aufgeteilt ist. Diese Aufteilung führt oft zu parallelen Steuererklärungen auf Bundesebene *(federal tax),* Bundesstaatenebene *(state tax)* und kommunaler Ebene *(city tax).*

Die Grundlage für das Bundessteuerrecht ist der *Internal Revenue Code (IRC).* Der Bund erhebt die Bundeseinkommensteuer *(federal income tax)* auf das Einkommen von natürlichen Personen und Körperschaften. Begrifflich existiert keine Unterscheidung. Faktisch jedoch wird zwischen *income tax on individuals* und *corporate income tax* unterschieden. Die *federal income tax,* bestehend aus *individual income tax* und *corporate income tax,* stellt die Haupteinkunftsquelle des Bundes dar. Zudem erhebt der Bund Erbschaft- und Schenkungsteuer *(federal estate and gift tax),* einige Verbrauchsteuern (z. B. *federal excise tax*) und Sozialversicherungsbeiträge *(Social Security tax),* die in den USA zu den Steuern zählen.

Der Bund erhebt weder Umsatz- noch Vermögensteuer. Die originäre Steuerhoheit hierfür liegt bei den Bundesstaaten. Bis auf einige Ausnahmen erheben die Bundesstaaten Umsatzsteuer *(sales and use tax)* mit jeweils unterschiedlichen Steuersätzen. Außerdem erheben die meisten Bundesstaaten Grund- und Vermögensteuer *(property tax)* und zusätzlich zur Bundessteuer Erbschaft- und Schenkungsteuer sowie Einkommen- und Körperschaftsteuer.

Die nachfolgende Darstellung zeigt die wichtigsten Steuerarten und deren Zuordnung zu Bund, Staaten und Gemeinden/Städten:

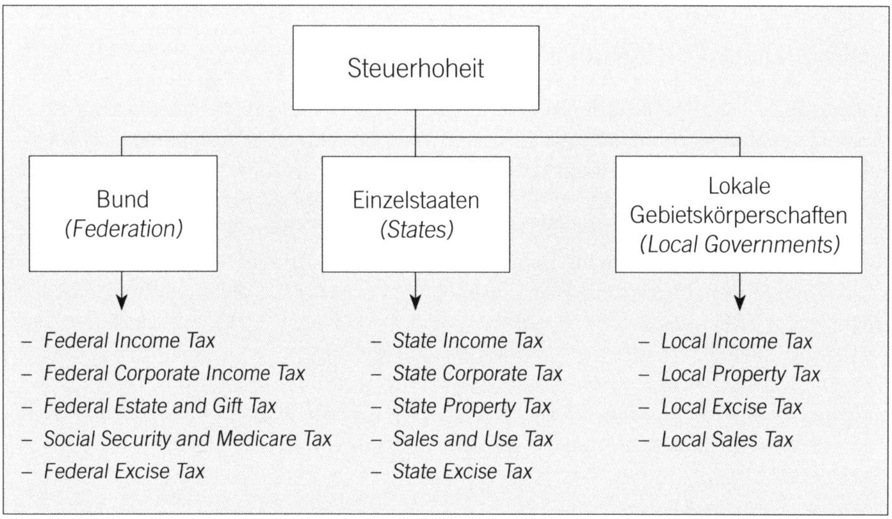

Steuererklärungspflichten – Einkommensteuer für natürliche Personen

Anders als in Deutschland werden die Steuern in den USA im Wege der Selbstveranlagung erhoben. Der Steuerpflichtige muss die Steuerschuld selbst berechnen und mit Abgabe der Steuererklärung entweder den errechneten Betrag zahlen oder bekommt vom *IRS* eine Erstattung. Falls der *IRS* Änderungen an der eingereichten Erklärung vornimmt und eine abweichende Steuerzahlung festlegt, gibt es Schreiben dazu, sogenannte *notices,* die dann diese geänderte Steuerzahlung festsetzen.

Die Pflicht zur Abgabe einer Einkommensteuererklärung besteht, sobald das Einkommen des Steuerpflichtigen den jährlich angepassten Grundfreibetrag übersteigt. Die Freibeträge werden jedes Jahr an die Inflation angepasst. Für das Steuerjahr 2024 gelten in den USA folgende Grundfreibeträge, die je nach Familienstand und Alter variieren:

- Ledige und Verheiratete, getrennte Veranlagung: 14.600 $
- Verheiratete, gemeinsame Veranlagung sowie überlebender Ehepartner *(surviving spouse):* 29.200 $
- *head of household* (Alleinstehende Person, die sich um mind. eine abhängige Person (i.d.R. ein oder mehrere Kinder, bzw. ein Elternteil) im gleichen Haushalt kümmert und für diese den Großteil des Lebensunterhalts bestreitet): 21.900 $

Ab einem Alter von 65 Jahren gibt es für Ledige und *head of household* zusätzlich einen Freibetrag von 1.950 $ und für alle anderen Veranlagungen von 1.550 $.* Unter bestimmten Umständen besteht die Pflicht, US-Steuererklärungen bereits einzureichen, wenn das Einkommen unter den Freibeträgen liegt. Beispielsweise ist das der Fall, wenn Sie Nettoeinkünfte aus selbstständiger Arbeit von mindestens 400 $ hatten oder Zahlungen aus *health plans.* Auch wenn Sie nicht zur Abgabe einer Steuererklärung verpflichtet sind, kann es interessant sein, eine Steuererklärung einzureichen, z.B., wenn Ihnen Einkommensteuer *(witholding tax)* vom Lohn abgezogen wurde oder Sie Anrecht auf bestimmte *credits* haben (z.B. bei Kindern den *additional child tax credit* bzw. *ACTC*).

Unbeschränkte Steuerpflicht natürlicher Personen

Anders als in Deutschland knüpft das US-amerikanische Steuerrecht die Steuerpflicht sowohl an die Staatsangehörigkeit als auch an den Wohnsitz an. US-Staatsbürger, GreenCard-Inhaber und andere Ausländer mit ständigem Aufenthalt in den USA sind mit ihrem Welteinkommen steuerpflichtig. Bei US-Staatsbürgern und GreenCard-Inhabern gilt dies auch, wenn sie im Ausland leben und dort ihre Einkünfte erzielen. Um Doppelbesteuerung zu vermeiden oder zu mindern, können im Ausland gezahlte Steuern ganz oder teilweise auf die amerikanischen Steuern angerechnet werden *(foreign tax credit).* Da die deutschen Steuern im Allgemeinen höher als die amerikanischen sind, ist bei noch in Deutschland ansässigen GreenCard-Inhabern meist effektiv keine US-Steuer zu zahlen.

***Achtung:** Selbst, wenn aufgrund des* foreign tax credits *keine US-Steuer zu zahlen ist, befreit dies nicht von der Pflicht zur Abgabe der Steuererklärung in den USA!*

* Quelle: *www.wolterskluwer.com*

Substantial Presence Test

Bereits ab einem US-Aufenthalt von 31 Tagen im Jahr können Ausländer ohne Daueraufenthaltsgenehmigung unbeschränkt steuerpflichtig werden, wenn der sogenannte *Substantial Presence Test* positiv ausfällt. Bei diesem Test wird die Summe aus den Anwesenheitstagen des laufenden Jahres, einem Drittel der Anwesenheitstage des Vorjahres und einem Sechstel der Anwesenheitstage des Jahres davor gebildet. Ist die Summe größer als 183 Tage, liegt eine *Substantial Presence* vor und der Ausländer unterliegt der US-Steuerpflicht.

Beispiel: *Sie waren in den Jahren 2021, 2022 und 2023 an jeweils 120 Tagen in den USA. Um festzustellen, ob Sie den* Substantial Presence Test *für 2023 erfüllen, zählen Sie die vollen 120 Tage der Anwesenheit im Jahr 2023, 40 Tage im Jahr 2022 (1/3 von 120) und 20 Tage im Jahr 2021 (1/6 von 120) zusammen. Da die Gesamtzahl nur 180 Tage beträgt, gelten Sie im Rahmen der Prüfung im Jahr 2023 nicht als Einwohner und somit auch nicht als unbeschränkt steuerpflichtig.*

Beschränkte Steuerpflicht

Nicht in den USA ansässige Ausländer mit Einkünften in den USA *(nonresident aliens)* und ausländische Kapitalgesellschaften *(foreign corporations),* die nicht nach dem Recht eines US-Bundesstaates gegründet wurden, sind nur beschränkt steuerpflichtig. Bei ihnen werden also nur bestimmte Einkünfte steuerlich in den USA erfasst.

Zusammenfassung der Steuerpflicht in den USA

Die Steuerpflicht in den USA umfasst komplexe Regelungen, die sowohl US-Staatsbürger als auch in den USA ansässige oder dort wirtschaftlich aktive Personen betreffen. Die Verpflichtungen variieren je nach individuellem Status, Einkommensquellen und Wohnsitz. Die nachfolgende Darstellung zeigt zusammenfassend die Regelungen zur Steuerpflicht in den USA:

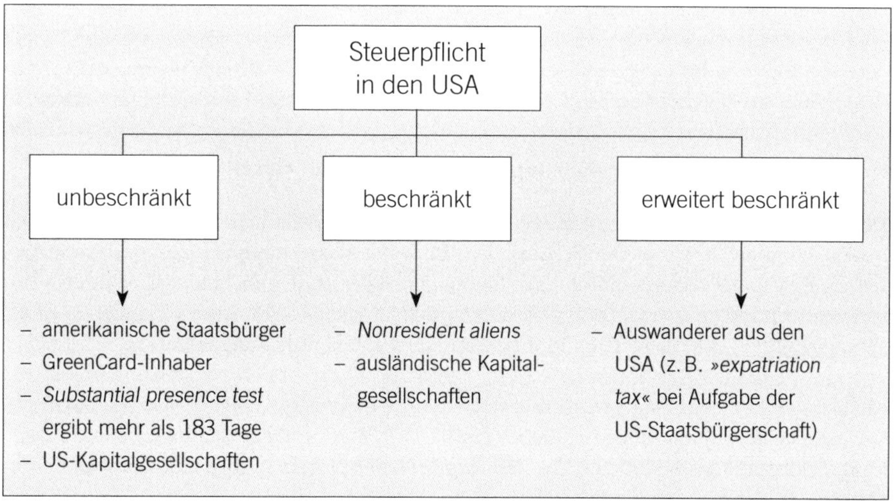

Die Webseite des *Internal Revenue Service (IRS)* informiert zu speziellen Steuerfragen einschließlich Anfragen zu Einkommensteuer, Doppelbesteuerungsabkommen und anderen steuerlichen Sachverhalten. Dort finden Sie aktuelle Formulare, Anleitungen und Ressourcen, die für die Vorbereitung und Einreichung Ihrer Steuererklärungen in den USA erforderlich sind. Informieren Sie sich bei Interesse bitte unter *www.irs.gov*.

Fristen für die Einreichung der Einkommensteuererklärung in den USA

US-Bürger und GreenCard-Inhaber, die in den USA leben, haben ihre Einkommensteuererklärung bis zum 15. April des Folgejahres einzureichen. US-Bürger und *resident aliens,* die zum Zeitpunkt der Abgabefrist außerhalb der USA leben, haben eine automatische Fristverlängerung von zwei Monaten und müssen ihre Einkommensteuererklärung bis zum 15. Juni des Folgejahres einreichen. Beide Abgabetermine können sich um ein bis zwei Tage verschieben, wenn sie auf das Wochenende oder einen Feiertag fallen. Es besteht die Möglichkeit, mit dem Formular 4868 eine Verlängerung um sechs Monate (bzw. vier Monate bei der Frist 15. Juni) zu beantragen. Dies muss spätestens zu den oben genannten Stichtagen erfolgen. Auch bei beantragten Fristverlängerungen sind US-Steuern jedoch bis zum 15. April eines Jahres zu bezahlen. Bei verspäteter Zahlung können Zinsen und diverse Säumniszuschläge anfallen.

Zur Erstellung der Einkommensteuererklärung für natürliche Personen dient das Formular 1040 für US-Staatsbürger, GreenCard-Inhaber oder *resident aliens. Nonresident aliens* müssen hingegen das Formular 1040NR verwenden. Je nach individueller Situation können weitere Formulare und sogenannte *information returns* erforderlich sein, die in der Regel über die Website des *IRS* bzw. die Website des Steueramtes des jeweiligen Bundesstaates online erhältlich sind.

Wenn Sie in einem Angestelltenverhältnis stehen, wird die Steuer *(federal tax* und *state tax*) direkt vom Arbeitgeber einbehalten *(withholding tax)* und in Ihrem Namen an den *Internal Revenue Service (IRS)* und die Steuerbehörde des jeweiligen Bundesstaates abgeführt. Zum Jahresende überreicht Ihr Arbeitgeber Ihnen eine Bescheinigung über Ihre Einkünfte und die einbehaltenen Steuern (W-2). Diese Daten sind in Ihrer persönlichen *federal-* und *state-*Einkommensteuererklärung anzugeben. Sie entscheiden – anders als in Deutschland – selbst über Ihre Lohnsteuerklasse und die Freibeträge *(tax exemptions).* Ihre Daten werden mit dem von Ihnen selbst ausgefüllten Formular W-4 *(Employee's Withholding Allowance Certificate)* dem Arbeitgeber vorgelegt. Lassen Sie sich dazu bei Bedarf professionell beraten.

Unterschiede bei der Besteuerung von Personen und Gesellschaften

Die unterschiedliche Besteuerung von Einkünften von Gesellschaften und Einzelpersonen ist ähnlich geregelt wie in Deutschland. Das bedeutet, dass Einzelpersonen und Kapitalgesellschaften *(corporations)* mit ihrem Einkommen selbst steuerpflichtig sind, während Personengesellschaften *(partnerships)* diese Einkünfte an die Gesellschafter weitergeben *(flow-through entities),* die diese dann in ihrer Einkommensteuererklärung angeben.

Ähnlich wie in Deutschland werden in den USA die *income tax* und die *Social Security tax* bei Angestellten durch den Arbeitgeber einbehalten und an die zuständigen Stellen abgeführt. Selbstständige deklarieren ihre *self-employment tax* – das Äquivalent zur *Social Security tax* – in der Steuererklärung selbst.

Das US-Einkommen nach Abzug der Freibeträge und Sonderausgaben *(taxable income)* wird im Jahr 2024 mit folgenden Sätzen besteuert:

%	Single	Ledig oder verheiratet, getrennte Veranlagung	*Head of household*	Eheleute, gemeinsame Veranlagung
10 %	bis zu 11.600 $	bis zu 11.600 $	bis zu 16.550 $	bis zu 23.200 $
12 %	von 11.600 $ bis 47.150 $	von 11.600 $ bis 47.150 $	von 16.550 $ bis 63.100 $	von 23.200 $ bis 94.300 $
22 %	von 47.150 $ bis 100.525 $	von 47.150 $ bis 100.525 $	von 63.100 $ bis 100.500 $	von 94.300 $ bis 201.050 $
24 %	von 100.525 $ bis 191.950 $	von 100.525 $ bis 191.950 $	von 100.500 $ bis 191.950 $	von 201.050 $ bis 383.900 $
32 %	von 191.950 $ bis 243.725 $	von 191.950 $ bis 243.725 $	von 191.950 $ bis 243.700 $	von 383.900 $ bis 487.450 $
35 %	von 243.725 $ bis 609.350 $	von 243.725 $ bis 365.600 $	von 243.700 $ bis 609.350 $	von 487.450 $ bis 731.200 $
37 %	über 609.350 $	über 365.600 $	über 609.350 $	über 731.200 $

Quelle: Forbes

Zusätzlich zu den Bundessteuern *(federal tax)* erheben die meisten Bundesstaaten Steuern *(state tax)* auf die Einkommen der dort ansässigen Personen. Die angewandten Steuersätze variieren dabei sehr stark zwischen den einzelnen Staaten. Die Wahl des Wohnsitzes, Arbeitsplatzes oder Firmenstandortes kann daher einen wesentlichen Einfluss auf die Höhe der Steuerlast haben.

Steuervorauszahlungen, *estimated tax*

Ähnlich wie in Deutschland müssen *US taxes* in der ungefähr zu erwartenden Höhe vorher unterjährig abgeführt werden. Bei Angestellten wird das in der Regel durch das *tax withholding* des Arbeitgebers erfolgen. Selbstständige, Gewerbetreibende und Personen mit hohen Kapitalerträgen, von denen keine *witholding taxes* abgeführt wurden, sollten hier besonders darauf achten und rechtzeitig die entsprechenden Zahlungen kalkulieren lassen und veranlassen. Natürliche Personen können die geschätzten Steuerzahlungen auf Bundesebene auf einen der folgenden drei Werte stützen:

1. 90 % der aktuellen Steuer
2. 100 % der Vorjahressteuer
3. 110 % der Steuer des Vorjahres, wenn das *AGI (adjusted gross income)* des Vorjahres größer als 150.000 $ (bzw. 75.000 $ für getrenntlebende Verheiratete) war*

* Quelle: *www.wolterskluwer.com*

Weiterer Bericht – *FBAR Report of Foreign Bank and Financial Accounts*

Neben den Steuererklärungen *(tax returns)* ist die Einreichung von Berichten über ausländische Bankkonten *(Financial Bank Account Reports, FBAR)* erforderlich. Diese sind jedoch nicht an den *IRS*, sondern an das *Financial Crimes Enforcement Network (FinCEN)*, eine Behörde des US-Finanzministeriums *(US Treasury Department)*, zu richten. Weitere Informationen zu *FBAR*-Berichten finden Sie unter der Webadresse *bsaefiling.fincen.treas.gov/NoRegFBARFiler.html.*

Streamlined Foreign Offshore Procedures (SFOP) und weitere Möglichkeiten bei Nicht- oder verspäteter Einreichung

Sowohl für die Steuererklärungen und bestimmte internationale Berichtsformulare *(international information forms)*, die Bestandteil der US-Steuererklärung sind, als auch für die *FBAR*-Berichte können bei Nichteinreichung oder verspäteter bzw. fehlerhafter Einreichung erhebliche Strafen verhängt werden. Im Rahmen des seit 2010 bestehenden *Foreign Account Tax Compliance Act (FATCA)* intensivieren die USA zunehmend ihre Bemühungen, von ausländischen Banken Informationen über Konten von US-Bürgern und *residents* zu erhalten. Darüber hinaus gibt es bestimmte Berichtspflichten auf verschiedenen *international information forms*, z. B. für US-Bürger und *residents*, die an ausländischen Unternehmen beteiligt sind, für Schenkungen und Erbschaften von *nonresident aliens* an US-Bürger und *US residents* und weitere Fälle.

Falls bisher keine oder verspätete *tax returns, international information forms* und/oder Berichte über ausländische Bankkonten *(FBARs)* eingereicht wurden, könnte der *IRS* Untersuchungen einleiten, die zu hohen Strafzahlungen und möglicherweise sogar zu strafrechtlichen Anklagen führen. In vielen Fällen kann die Verhängung von Strafen und strafrechtlichen Anklagen jedoch durch die Abgabe freiwilliger Erklärungen vermieden werden. Dies setzt voraus, dass

- der Steuerpflichtige bisher nicht vom *IRS* kontaktiert wurde und gegen ihn kein Verfahren anhängig ist
- die Unterlassung der Einreichung der *tax returns* nicht vorsätzlich erfolgte

Das *Streamlined Foreign Offshore Procedures* ist das derzeit bevorzugte Verfahren für noch nicht in den USA lebende Berechtigte, um die Situation zu bereinigen und ihren steuerlichen Verpflichtungen verspätet nachzukommen. Weitere Informationen dazu finden Sie auf der *IRS*-Webseite unter dem Abschnitt für Steuerzahler, die außerhalb der Vereinigten Staaten leben: *www.irs.gov/individuals/international-taxpayers/us-taxpayers-residing-outside-the-united-states.*

Das *Streamlined*-Programm wurde 2012 eingeführt und 2016 verschärft. Es ist anzunehmen, dass es in Zukunft möglicherweise beendet wird. Neben diesem Programm gibt es jedoch noch weitere Möglichkeiten. Jeder Einzelfall sollte mit einem *CPA (certified public accountant)* oder *tax lawyer* abgestimmt werden, um hier keine weiteren Fehler zu begehen.

Besteuerung von Personengesellschaften

Wie bereits erwähnt, hat nicht die Personengesellschaft selbst ihre Einkünfte zu versteuern, sondern die Gesellschafter im Rahmen ihrer persönlichen Einkommensteuererklärungen. Dabei ist es unerheblich, ob die Gewinne in der Personengesellschaft verbleiben oder von den Gesellschaftern entnommen und z. B. nach Deutschland transferiert werden. Sind an der Personengesellschaft ausländische Gesellschafter beteiligt, hat die Gesellschaft Steuern *(withholding tax)* einzubehalten und an die US-Finanzbehörden *(IRS* und *States)* abzuführen. Diese *withholding tax* ist auf die spätere Steuerschuld anrechenbar.

Besteuerung von Kapitalgesellschaften

Beim Anteilseigner von Kapitalgesellschaften fällt erst Steuer an, wenn Gewinne ausgeschüttet werden. Neben dem Bund erheben auch die meisten Staaten und einige Städte bzw. Gemeinden Körperschaftsteuern. Die *state tax* und die *city tax* sind als Betriebsausgabe oder Sonderausgabe abziehbar.

Im Fall der Gewinnausschüttung an die Anteilseigner ist die festgesetzte Körperschaftsteuer *(corporate income tax)* nicht auf die Einkommensteuer der Anteilseigner anrechenbar. Die Ausschüttungen unterliegen somit einer doppelten Besteuerung, einmal auf der Ebene der Gesellschaft und dann bei Ausschüttung nochmals auf der Ebene der Gesellschafter. In den USA werden Dividenden jedoch bevorzugt besteuert, um die Doppelbesteuerung abzumildern. Für Kapitalgesellschaften *(corporations)* galt für das Jahr 2023 ein Steuersatz von pauschal 21%. Es gibt seit 2018 keine Staffelung mehr. Derzeit ist nicht klar, ob sich daran in naher Zukunft etwas ändern wird.

Umsatzsteuer *(sales tax)*

Die Steuersätze und Bemessungsgrundlagen für die US-amerikanische Umsatzsteuer, bekannt als *sales tax*, variieren in den USA von Staat zu Staat und sogar teilweise innerhalb der Bundesstaaten, Countys und Städte. Wie in Deutschland soll auch in den USA mit der Umsatzsteuer nur der Endverbraucher belastet werden. Bei Umsätzen zwischen Unternehmen wird in der Regel keine Umsatzsteuer erhoben.

Die Berechnung der *sales tax* erfolgt nur für Verkäufe an Endverbraucher innerhalb des Staates, in dem das Unternehmen betrieblich tätig ist. Bei Verkäufen an Kunden in anderen Staaten fällt keine *sales tax* an. In solchen Fällen könnte stattdessen eine *use tax* für den Käufer relevant werden, die auf den Kaufpreis angewendet wird, wenn der erworbene Gegenstand im Heimatstaat des Käufers verwendet wird. Die Durchsetzung der *use tax* gestaltet sich jedoch in der Praxis oft schwierig und wird häufig übersehen. Aktuell werden hier stärkere Kontrollen und Berichtspflichten entwickelt. Insbesondere im Onlinehandel sollte hier auf die aktuellen Regeln geachtet werden.

Merke: *In Supermärkten und Kaufhäusern wird auf Preisetiketten der Nettopreis ohne* sales tax *aufgeführt. An der Kasse wird also nicht der aufgedruckte Preis, sondern ein um die* sales tax *erhöhter Preis fällig. Dies kann für Besucher aus Ländern, in denen Preise gewöhnlich inklusive Steuern angegeben werden, überraschend sein.*

Erbschaft- und Schenkungsteuer

Der US-Erbschaft- und Schenkungsteuer unterliegen alle US-Bürger und *residents* mit Wohnsitz oder dauerhaftem Aufenthalt in den USA. Von der Erbschaftsteuer, die neben dem Bund teilweise auch von einzelnen Staaten erhoben wird, wird das gesamte in- und ausländische Vermögen erfasst. Nichtansässige *(nonresidents)* sind nur mit ihrem in den USA gelegenen Vermögen erbschaftsteuerpflichtig.

Die Steuer knüpft – anders als in Deutschland – nicht an den Zugang des Vermögens bei dem Erben oder Beschenkten an, sondern an das Vermögen, das der Schenkende oder Vererbende überträgt. Dabei ist es grundsätzlich egal, an wen oder wie viele Personen das Vermögen übergeht, mit einer Ausnahme: Eine Schenkung/Vererbung an den Ehegatten ist grundsätzlich steuerfrei, wenn beide Personen US-Staatsbürger oder *resident aliens* sind. Die Freibeträge für die Erbschaftsteuer sind sehr hoch (13.610.000$ in 2024) und richten sich nach dem Gesamtwert des übertragenen Vermögens, ohne dass die Anzahl der Empfänger eine Rolle spielt. Durch geschickte Gestaltung können deshalb auch bei größeren Erbschaften, die die Freibeträge übersteigen, Steuerzahlungen vermieden werden. Auch durch die Einbringung der Erbschaft in einen *trust* anstelle der direkten Übertragung an die Erben können Erbschaftsteuern stark reduziert oder sogar ganz vermieden werden.

Das amerikanische Steuerrecht ist ähnlich komplex und unübersichtlich wie das deutsche. Insbesondere in der Anfangsphase ist es essenziell, fundierte Entscheidungen zu treffen, um unnötige steuerliche Belastungen zu vermeiden. Daher ist es besonders in diesem Stadium unbedingt empfehlenswert, einen Rat von Personen einzuholen, die sich im amerikanischen Steuerrecht auskennen. Für professionelle Unterstützung und Beratung steht Ihnen als *certified public accountant* Ines A. Voigt zur Verfügung:

Ines A. Voigt, CPA,
Tiefer 9, D-28195 Bremen — Büro Bremen: Tel. +49-421-3015-7200
E-Mail: ines.voigt@cpa-berlin.com — Büro Berlin: Tel: +49-30-8938-8925

3.3 Zahlungsverkehr

Banknoten und Münzen

Amerikas Landeswährung, der US-Dollar (US$ oder$) ist die meistgehandelte und somit wichtigste Währung der Welt. In der Umgangssprache wird er auch als *buck* bezeichnet; Banknoten werden *bills* genannt. Diese sind in den Werten 1$, 5$, 10$, 20$, 50$ und 100$ im Umlauf. Am gebräuchlichsten sind die Banknoten von 1$ bis 20$. Die größeren Banknoten zu 50$ und 100$ werden selten verwendet. Besonders in kleineren Läden oder im Taxi kommt es häufiger vor, dass große Scheine nicht angenommen werden. Da alle amerikanischen Banknoten die gleiche Größe und Farbe haben, müssen Sie genauer hinsehen, wenn Sie in den USA bar bezahlen. Welchen Schein Sie in der Hand halten, erkennen Sie unter anderem anhand der abgebildeten historischen Persönlichkeiten.

Ein US-Dollar entspricht 100 *cents*. Im Umlauf befinden sich fünf verschiedene Münzen, die spezielle umgangssprachliche Bezeichnungen wie z. B. *penny*, *nickel* und *dime* haben.

US-Banknoten			US-Münzen		
1 $	=	George Washington	1 cent	=	penny
5 $	=	Abraham Lincoln	5 cents	=	nickel
10 $	=	Alexander Hamilton	10 cents	=	dime
20 $	=	Andrew Jackson	25 cents	=	quarter
50 $	=	Ulysses S. Grant	50 cents	=	half dollar
100 $	=	Benjamin Franklin			

Die Bezeichnungen der Münzen sollten Sie sich gut merken, da sie in der Alltagssprache häufig genutzt werden und beispielsweise auf den Bedienungsanleitungen von Automaten zu finden sind. Abgesehen vom *penny*, der kupferfarben ist, sind alle Münzen silbern. Es existieren auch 1-Dollar-Münzen in Form von Jubiläums- und Gedenkmünzen, die jedoch selten und ungebräuchlich sind.

Wenn in Amerika mit Bargeld bezahlt wird, dann eher mit Banknoten. Sicherlich ist Ihnen in amerikanischen Filmen schon häufig aufgefallen, dass immer ein ganzer Stapel davon aus der Hosentasche geholt wird. Dabei werden die Scheine oft in der Reihenfolge ihres Wertes gebündelt, um so die benötigten Banknoten besser zu finden. Heutzutage zahlen die Amerikaner jedoch immer weniger mit Bargeld. Nur am Zeitungskiosk, am Imbissstand oder an manchen Automaten ist es ratsam, auch etwas *cash* dabei zu haben.

Bankkonto

Der Bankensektor in den Vereinigten Staaten ist riesig und vielfältig. Neben den vier großen überregionalen Banken *JPMorgan & Chase, Bank of America, Wells Fargo Bank* und *Citibank* gibt es eine Vielzahl an kleineren, lokalen Geldinstituten. Dort können Sie entweder ein Girokonto *(checking account)*, ein Sparkonto *(savings account)* oder eine Kombination aus diesen beiden Typen eröffnen. Sobald Sie ein Bankkonto haben, wird Ihnen auch eine Geldkarte ausgehändigt. Oft können Sie die Geheimzahl dazu selbst festlegen.

Im ganzen Land gibt es Bankautomaten *(automatic teller machines – ATM)*, an denen Sie mit Hilfe Ihrer Karte Geld abheben können. Netzwerke wie *Cirrus, Plus* und *Maestro* funktionieren überregional. Wenn Sie Geld von einem fremden Kreditinstitut abheben, werden zusätzliche Gebühren fällig. Deshalb ist es empfehlenswert, eine größere, gut etablierte Bank zu wählen, die Mitglied eines überregionalen Netzwerkes ist und deren *ATMs* überall in den USA zu finden sind.

Für die Eröffnung eines Bankkontos benötigen Sie in der Regel eine Sozialversicherungsnummer *(Social Security number)* und eine Adresse in den USA, an die Ihre Geldkarte versandt werden kann. Viele Banken verlangen außerdem eine Ersteinzahlung von 100 $ oder

200 $. Bei einigen Banken darf ein bestimmter Mindestbetrag auf dem Konto *(minimum daily balance)* nicht unterschritten werden. Anderenfalls können Gebühren für die Kontoführung sowie das Ausstellen von Schecks entstehen. Bei anderen Banken werden auch ohne *minimum daily balance* Scheck- und Kontoführungsgebühren erhoben.

Für Einwanderer ist es zunächst schwierig, ein Bankkonto zu eröffnen, da sie noch keine *credit history* (siehe Kapitel 2.1) in den USA besitzen. Unter Umständen kann es helfen, mit einem amerikanischen Bekannten zu dessen Hausbank zu gehen. Versuchen Sie am Anfang auch, möglichst schnell an amerikanische *secured credit cards,* also gesicherte Kreditkarten oder Kundenkarten zu kommen, um damit Ihre Kreditwürdigkeit aufzubauen. Ausgezeichnet für Einwanderer ist z. B. die sogenannte *OpenSky Secured Visa Credit Card* von der Capital Bank.

Kontoeröffnung in den USA:
Ablauf, Dokumente und wichtige Tipps

Kreditkarten

Kreditkarten sind heutzutage das gebräuchlichste Zahlungsmittel in Amerika. Fast alle Einkäufe, Besuche in Restaurants und Hotels, Rechnungen für Ärzte und Medikamente, Eintrittsgelder für kulturelle Einrichtungen, Tickets für Nah- und Fernverkehrsmittel und vieles andere können mit »Plastikgeld« bezahlt werden. Da Kreditkarten vielerorts nicht einmal mehr optional, sondern erforderlich sind (z. B. bei der Mietwagenbuchung), sollten Sie sich für Ihre Zeit in den USA besser gleich mehrere zulegen. Am bekanntesten sind MasterCard und Visa, die praktisch überall akzeptiert werden. Auch die Kreditkarten von American Express und Diners Club werden häufig verwendet. Darüber hinaus bieten einige Supermärkte und Versandhäuser in den USA auch eigene Kreditkarten an.

Kreditkarte für Auswanderer:
Aktuelle Empfehlungen und wichtige Tipps zur Nutzung

Schecks von US-Banken

Neben Kreditkarten ist in Amerika auch immer noch die Zahlung mit Schecks möglich. Diese dienen häufig als Zahlungsmittel für Rechnungen, wenn nicht die neue *autopay*-Funktion eines Kreditkartenanbieters für automatische Überweisungen genutzt wird. Zum Monatsende setzt sich also auch heute noch so mancher Amerikaner an seinen Küchentisch und füllt eine Reihe von Schecks aus, die z. B. dem Vermieter, der Stromgesellschaft oder der Telefongesellschaft zugeschickt werden. Auch die Mehrzahl der amerikanischen Arbeitnehmer wurde früher per Scheck ausbezahlt, weshalb noch heute vom *paycheck* gesprochen wird.

Die Bezahlung mithilfe von Schecks ist in Amerika noch immer so gebräuchlich, dass selbst der elektronische Zahlungsverkehr auf der Basis »virtueller« Schecks funktioniert. Im Internet können Sie z. B. per Scheck bezahlen, ohne den physischen Scheck per Post schicken zu müssen. Dafür wird nur der auf dem Scheck befindliche Code in das Bestellformular eingetippt und Sie streichen den jeweiligen Scheck als erledigt aus. Ihr erstes Scheckheft bekommen Sie übrigens automatisch, wenn Sie ein Girokonto eröffnen. Gegen einen Aufpreis können Sie oft sogar Schecks mit einem Wunschmotiv, z. B. Ihrem Sternzeichen, Ihrem Lieblingstier oder Ähnlichem bedrucken lassen.

Ein großer Nachteil der Scheckzahlung ist, dass ein bereits eingelöster Scheck noch bis zu sechs Monate nach Ausstellung zurückgebucht werden kann. Scheckbetrug war und ist in Amerika weit verbreitet, weshalb einige Geschäfte keine Schecks mehr akzeptieren. Außerdem liegen die Gebühren für geplatzte Schecks *(bounced checks* oder *rubber checks)* zwischen 10 $ und 40 $ plus eventueller Strafgebühren, was bedeutet, dass Sie als Scheckzahler besser nicht Ihr Girokonto überziehen sollten. Zudem erhalten Sie Ihre Scheckbücher ab dem zweiten Buch nicht mehr kostenlos, sondern zahlen je nach Bank um die 15 $.

Wenn Sie ein Konto bei einer lokalen Bank haben, können Sie Ihre Schecks normalerweise nur in der Region ausstellen, in der die Bank ihren Sitz hat, und es kann auch schwierig sein, Schecks bei fremden Banken gegen Bargeld einzulösen. Deshalb empfehlen wir Ihnen, für Ihren Scheckverkehr ein Konto bei einer großen, überregionalen Bank zu eröffnen.

Achtung: *Bei der Zahlung mit einem Scheck wird Ihre Identität überprüft, weshalb Sie einen Nachweis (z. B. Führerschein,* Social Security card *oder Kreditkarte) dabeihaben sollten.*

Internationale Geldtransfers

Die gebräuchlichste Form des internationalen Geldtransfers zwischen den USA und Europa ist die Überweisung über das *SWIFT*-System *(Society for Worldwide Interbank Financial Telecommunication).* Dieses ermöglicht den schnellen und weltweiten Transfer von unbegrenzten Beträgen und wird von fast allen amerikanischen Banken genutzt. Auch hier empfiehlt es sich, ein Konto bei einer großen Bank zu eröffnen, da diese wahrscheinlich eine entsprechende europäische Korrespondenzbank hat. Deutsche Banken überweisen an ihre Korrespondenzbanken in Amerika, die das Geld aber auch an andere, kleinere Banken weiterleiten können. Die Inlandsüberweisungen zwischen den einzelnen US-Banken können dann über das *CHIPS*-System *(Clearing House Interbank Payments)* abgewickelt werden. Je nach Entfernung werden für internationale und inländische Überweisungen Gebühren zwischen 15 $ und 30 $ erhoben. Dies zeigt, wie unüblich Überweisungen im inneramerikanischen Zahlungsverkehr sind.

Western Union & Co

Für internationale Geldtransfers können Sie auch Dienstleister wie Western Union oder Wise nutzen. Die Auslandsüberweisungen funktionieren in der Regel sehr schnell, doch die Kosten sind hier relativ hoch. Western Union hat auch Filialen, in denen Sie Ihre Ein- und Auszahlungen durchführen können. Diese finden Sie auf der Webseite *www.westernunion.com* unter dem Menüpunkt *»Find locations«* (Standorte finden).

Zahlung via Smartphone

Immer mehr Menschen in den USA verlassen sich beim Bezahlen auf Smartphones und Smartwatches. Das Zahlungssystem Apple Pay z.B. wurde im Oktober 2014 in den USA eingeführt und Google Pay (jetzt: Google Wallet) für Android-Geräte folgte 2015. Angaben von Apple zufolge akzeptieren inzwischen rund 90% der amerikanischen Geschäfte Zahlungen via Apple Pay. Google Wallet wird laut der Finanzplattform PaymentsJournal in knapp über 60% der Geschäfte angeboten.

3.4 Wissenswertes rund um die USA

Amerikanische Telefonnummern

US-Telefonnummern bestehen aus einem dreiziffrigen *area code* (der Vorwahl) und sieben weiteren Ziffern, also z.B. (310) 867-5809. Die verschiedenen US-Bundesstaaten haben unterschiedliche Vorwahlen, und auch innerhalb eines Bundesstaates kann der *area code* variieren. So hat Kalifornien zum Beispiel über 13 verschiedene *area codes*, Alabama hingegen nur einen. Eine Übersicht aller Vorwahlen, sortiert nach US-Bundesstaaten, finden Sie unter *www.allareacodes.com*.

Wenn ein Festnetz-Anruf über die Grenzen des lokalen Vorwahlbereichs hinausgeht, muss ein Anrufer innerhalb der USA eine 1 vor der dreistelligen Vorwahl wählen. Bei Telefonaten aus dem Ausland in die USA kommen stattdessen die Ländervorwahlziffern 001 vor die Vorwahl (an unserem Beispiel wäre die zu wählende Nummer dann 00 1(310) 867-5809).

Notfallrufnummern in den USA

Feuerwehr, Polizei oder schnelle medizinische Hilfe erreichen Sie in den Vereinigten Staaten unter der weltberühmten 911.

800er-Nummern

Alle US-amerikanischen Telefonnummern, die mit 800 anfangen, sind *toll-free*, also gebührenfrei. Sie werden z.B. von vielen Fluggesellschaften, Hotelketten und Autoverleihern angeboten. Anrufe bei diesen Nummern sind jedoch nicht kostenlos, wenn sie von außerhalb der USA getätigt werden. Einige Unternehmen bieten hierfür internationale Nummern an, die von Anrufern weltweit mit lokalen Vorwahlen genutzt werden können, um Gebühren zu umgehen. Neben der bekannten 800er-Vorwahl sind übrigens auch alle Rufnummern kostenfrei, die mit 888, 877, 866, 855, 844 oder 833 beginnen. Außerdem sind weitere Vorwahlen bereits für die künftige gebührenfreie Nutzung reserviert.

900er-Nummern

Alle US-Telefonnummern, die mit 900 anfangen, kosten Extragebühren, denn hierbei handelt es sich um kommerzielle Telefondienste. Die Gebühren können dabei unterschiedlich hoch ausfallen, weshalb Sie sich unbedingt vorher informieren sollten. In den meisten Gebieten der USA haben Sie das Recht, kostenlos eine Sperre für Anrufe zu 900er-Nummern von Ihrem Telefon einzurichten, sofern Sie dies innerhalb von 60 Tagen nach Inbetriebnahme Ihres neuen Telefonanschlusses beantragen.

Telefonieren aus den USA ins Ausland

Um aus den USA heraus ein internationales Gespräch zu führen, beginnt man üblicherweise mit der Wahl der Ausgangsvorwahl 011. Das ist die Kennzahl, die angibt, dass ein Anruf aus den USA oder Kanada heraus ins Ausland geführt werden soll. Danach gibt man den Ländercode des Ziellandes ein, gefolgt von der lokalen Telefonnummer des Empfängers. Falls die lokale Telefonnummer mit einer 0 beginnt (was oft der Fall ist), lässt man diese weg. Eine Ausnahme bildet das Telefonieren nach Kanada und zu bestimmten Karibikinseln. Diese Regionen benötigen keinen zusätzlichen Ländercode. Wählen Sie also einfach, als wäre es ein Anruf innerhalb der USA.

Mobiltelefon

Reisen innerhalb Europas sind dank des EU-Roamings einfach geworden, denn Sie können Ihren Mobilfunktarif in allen EU-Mitgliedsstaaten ohne zusätzliche Kosten nutzen. Leider gilt dies nicht für Reisen in die USA, und die Roaming-Gebühren der deutschen Mobilfunkanbieter sind in den USA nach wie vor recht hoch. Es lohnt sich deshalb, bei Ihrem Anbieter nach speziellen Roaming-Paketen mit Freiminuten und -daten für das Surfen im Ausland zu fragen und so oft wie möglich öffentliche WLAN-Hotspots zu nutzen. Sollten Sie keinen speziellen Roaming-Vertrag abgeschlossen haben, denken Sie bei Ihrem USA-Aufenthalt unbedingt daran, Ihre mobilen Daten zu deaktivieren, um hohe Kosten zu vermeiden.

Eine kostengünstige Alternative zum Roaming ist die Nutzung eines Prepaid-Tarifs von US-Mobilfunkanbietern. Die amerikanischen SIM-Karten oder auch eSIM können Sie bereits vor Ihrem Aufenthalt in den USA bestellen.

SIM-Karte für die USA:
Führende SIM-Karten und eSIM-Anbieter im Service- und Preisvergleich

Achtung: *Um eine ausländische SIM-Karte verwenden zu können, muss Ihr Smartphone simlock-frei sein. Sollten Sie nicht sicher sein, ob Ihr Handy diese Voraussetzung erfüllt, fragen Sie bei Ihrem Mobilfunkanbieter nach.*

Prepaid-Karten

Prepaid-Karten können Sie an fast allen Tankstellen und Walmart-Märkten in den USA erwerben. Diese ermöglichen es Ihnen, an den wenigen verbliebenen Telefonzellen oder auch von Hoteltelefonen aus Ferngespräche zu einem Pauschalpreis zu führen.

Postversand

Wenn es darum geht, Postkarten oder Briefe zu versenden, ist die günstigste Variante vermutlich der staatliche *United States Postal Service (USPS)*. Der Versand eines Briefs im Inland kostet für einen Umschlag mit bis zu vier Blättern 68 *ct*. Der Umschlag darf dabei jedoch maximal 29,2 cm lang und 15,6 cm hoch sein. Um Briefpapier ohne Faltung zu versenden, kann ein großer Umschlag (ein sogenannter *flat*) verwendet werden. Das Porto für *flats* beginnt bei 1,39 $. Umschläge, die nicht durch die *USPS*-Verarbeitungsmaschinen passen (z. B., weil sie starr oder klumpig sind bzw. Klammern, Schnüre oder Knöpfe haben), erfordern einen Aufpreis von 44 *ct*. Postkarten können im Inland mit einer Postkartenmarke für 53 *ct* versandt werden, und für 1,55 $ bekommen Sie die *First-Class Mail International Global Forever*-Briefmarke, mit der Sie internationale Briefe und Postkarten versenden können.

Briefmarken können in jedem Postamt oder online unter *www.usps.com* erworben werden. Außerdem sind sie bei Einzelhändlern wie Amazon, Office Depot, Walmart oder Walgreens erhältlich. Bringen Sie die Briefmarken in der oberen rechten Ecke des Umschlags an (bei Postkarten setzen Sie die Briefmarke in das dafür vorgesehene Feld neben der Zustelladresse).

Briefe müssen wie folgt adressiert werden:

Name des Empfängers	Jane Doe
Hausnummer, Straße, Wohnungsnummer (falls vorhanden)	663-2nd Avenue West Apt. # 15
Stadt, US-Bundesstaat, Postleitzahl	Cape Coral, FL 35555
Land	USA

Postkarten und Briefe können entweder in einen blauen Briefkasten mit der Aufschrift *U.S. Mail* eingeworfen oder direkt bei der Post abgegeben werden. Die Briefkästen befinden sich an stark frequentierten Orten wie vor Postämtern, Supermärkten oder auf Parkplätzen von Einkaufszentren. Die Leerungszeiten sind auf der Innenseite der Öffnungsklappe angegeben. Für Päckchen und leichte Pakete unter 4lbs (ca. 1,8 kg) Gewicht und einem Wert von weniger als 400 $ bietet sich *USPS* ebenfalls als effektive und kostengünstige Möglichkeit an. *Priority Mail* (6-8 Tage) und *First-Class Package International* (mit etwas längeren Lieferzeiten) sind hier gute Optionen. Päckchen und Pakete können darüber hinaus auch mit DHL, FedEx oder dem United Parcel Service (UPS) versendet werden.

Zeitzonen

Über Jahrhunderte hinweg legten Gemeinden auf der ganzen Welt ihre eigenen lokalen Zeiten nach dem Stand der Sonne fest. Während der Einführung des Eisenbahn- und Telegrafennetzes in den USA im 19. Jahrhundert führte dies jedoch zu Problemen mit den Zugfahrplänen.

Deshalb standardisierten die US-Eisenbahngesellschaften im Jahr 1883 die Zeiten im ganzen Land. Diese neue Standardzeit *(standard time)* wurde zunächst von US-Städten und Bundesstaaten übernommen und schließlich weltweit als System etabliert.

Die Zeitzonen der USA sind:

- ***Eastern Standard Time (EST):*** von der Ostküste bis nach Michigan, Indiana, Georgia und Florida, sechs Stunden hinter der mitteleuropäischen Zeit und fünf Stunden hinter der Weltzeit
- ***Central Standard Time (CST):*** westlich bis North Dakota und Texas, sieben Stunden hinter der mitteleuropäischen Zeit und sechs Stunden hinter der Weltzeit
- ***Mountain Standard Time (MST):*** südlich von Montana, acht Stunden hinter der mitteleuropäischen Zeit und sieben Stunden hinter der Weltzeit
- ***Pacific Standard Time (PST):*** die Pazifikküste mit Washington, Oregon und Kalifornien sowie Nevada, neun Stunden hinter der mitteleuropäischen Zeit und acht Stunden hinter der Weltzeit
- ***Alaska Standard Time (AST):*** zehn Stunden hinter der mitteleuropäischen Zeit und neun Stunden hinter der Weltzeit
- ***Hawaii-Aleutian Standard Time:*** elf Stunden hinter der mitteleuropäischen Zeit und zehn Stunden hinter der Weltzeit

Die Sommerzeit *(Daylight Saving Time, DST)* dauert in den USA vom zweiten Sonntag im März um zwei Uhr bis zum ersten Sonntag im November um zwei Uhr. Die Zeitumstellung erfolgt in den Vereinigten Staaten also zwei Wochen früher als in Mitteleuropa, was häufig zu Verwirrung führt.

Kulturtipp: *Eine beliebte Eselsbrücke, um sich die »Richtung« der Zeitumstellung zu merken, ist in den USA:* »Fall back and spring forward!« *Im Herbst stellt man die Uhr eine Stunde zurück und im Frühling eine Stunde vor.*

Längenmaße & Co.

Jetzt kommt ein etwas schmerzhaftes Thema für viele Reisende und Auswanderer, denn trotz der Empfehlungen der *U.S. Metric Study* von 1971 und der geplanten gesetzlichen Umsetzung mit dem *Metric Conversion Act 1975* haben die USA das metrische System noch nicht überall übernommen. Höhen, Längen und Entfernungen werden deshalb auch weiterhin in Zoll *(inches)*, Fuß *(feet*, Einzahl *foot)* und Meilen *(miles)* gemessen. Die freiheitsliebenden Amerikaner betrachten dies als eine ihrer letzten Bastionen, in denen sie den Einfluss der übrigen Welt ignorieren können. Sogar die Briten, die in dieser Hinsicht traditionell eigene Wege gegangen sind, haben das metrische System mittlerweile angenommen. Amerikanische Politiker meiden dieses Thema.

Nur in bestimmten Sektoren der US-Gesellschaft hat sich das metrische System etabliert. Vor allem das Militär hat es aus Gründen der internationalen Wettbewerbsfähigkeit und Kooperation mit anderen NATO-Staaten weitgehend übernommen. Ebenso ist es in der wissenschaftlichen Forschung zur vorherrschenden Maßeinheit geworden.

Dennoch werden die meisten Konsumgüter weiterhin in den sogenannten *imperial units* verkauft und es ist sinnvoll, sich vor dem Aufenthalt in den USA hier einen Überblick zu verschaffen.

Längenmaße *(linear measures)*		
1 inch (in)	=	2,54 cm
1 foot (ft)	=	12 inches
	=	30,48 cm
1 yard (yd)	=	3 feet
	=	91,44 cm
1 mile (mi)	=	1,609 km
1 km	=	0.621 miles
1 m	=	1.09 yards
	=	2.28 feet
1 cm	=	0.39 inches

Flächenmaße *(square measures)*		
1 square inch (sq in)	=	6,45 cm²
1 square foot (sq ft)	=	0,093 m²
	=	929 cm²
100 square feet	=	9,29 m²
	=	92.903 cm²
1 acre (a)	=	4.840 sq yd
	=	4.047 m²
1 square mile (sq mi)	=	640 acres
	=	2,59 km²

Bier bekommt man in *pints*. Wenn man Getränke einkauft, sind diese in *quarts* oder *fl. oz.* (*fluid ounces*) angegeben. Benzin wird in *gallons* verkauft, aber auch Whiskey, Milch oder Trinkwasser kann man in *gallons* kaufen.

Hohlmaße *(measures of capacity)*		
Trockenmaße		
1 dry pint	=	0,55 l
1 dry quart	=	1,10 l
1 bushel	=	35,24 l
Flüssigkeitsmaße		
1 fluid ounce (fl oz)	=	0,029 l
1 liquid pint	=	0,473 l
1 liquid quart	=	0,9461 l
1 gallon	=	4 quarts
	=	8 pints
	=	3,785 l
1/4 gallon	=	1 quart
	=	2 pints
	=	0,9463 l
1 quart	=	2 pints
1 barrel beer	=	31 gallons
	=	117,34 l
1 barrel petrol	=	42 gallons
	=	158,987 l

Haushaltsgewichte *(household weights)*		
1 grain	=	0,0648 g
1 dram	=	27.34 grains
	=	1,77 g
1 ounce (oz)	=	16 drams
	=	28,35 g
1 pound (lb)	=	0,453 kg
	=	453 g
1 stone (st)	=	14 pounds
	=	6,35 kg
1 quarter (qr)	=	25 pounds
	=	11,33 kg
1 hundredweight	=	100 pounds
	=	45,36 kg
1 pharmacist (Apotheker) ounce	=	31,104 g
1 pharmacist pound	=	0,373 kg

Tipp: *In den USA gibt es spezielle Messbecher und Messlöffel, genannt* cups, tablespoons *und* teaspoons, *die die primären Einheiten beim Backen bezeichnen. Anders als in deutschen Rezepten werden Mengenangaben nämlich nicht in Gewichtseinheiten, sondern in Volumeneinheiten gemacht.*

Körpergröße

Die Körpergröße wird in Amerika in *feet* und *inches* angegeben. Die Zahl der *inches* ist dabei sehr wichtig, kann doch 5 *feet* und x *inches* alles zwischen 152,4 cm und 180,3 cm sein.

Temperatur

Die Amerikaner messen die Temperatur in Fahrenheit und nicht in Celsius. Die Formel zum Umrechnen lautet (F – 32) x 5/9 = °C. Das können leider die wenigsten im Kopf ausrechnen. Während unsere Celsius-Skala nach physikalischen Aspekten definiert ist, ist die Fahrenheit-Skala eher nach dem Wärmegefühl definiert. Erfinder Dr. Fahrenheit ging dabei von seinem eigenen Empfinden aus, wobei er 0 °F (= –17,8 °C) als sehr kalt definierte und 100 °F (= 37,8 °C) als sehr heiß.

Kleider- und Schuhgrößen

Auch Kleider- und Schuhgrößen werden in den USA mit anderen Maßeinheiten angegeben als man sie in Europa gewöhnt ist. Es kommt leider auch vor, dass Schuhgrößen je nach Hersteller variieren.

Tipp: *Ein praktisches Werkzeug zum Umrechnen von Maßen finden Sie auf der Webseite www.umrechnung.org/masseinheiten-metrisch-englisch-umrechnung/zoll-inch-masse-umrechnen.htm.*

Temperaturen	
Fahrenheit	Grad Celsius
0	-17,8
5	-15,0
10	-12,2
15	-9,4
20	-6,7
25	-3,9
30	-1,1
35	1,7
40	4,4
45	7,2
50	10,0
55	12,8
60	15,6
65	18,3
70	21,1
75	23,9
80	26,7
85	29,4
90	32,2
95	35,0
100	37,8
105	40,6
110	43,3
115	46,1
120	48,9
125	51,7

Körpergrößen		
Ft'	Inches"	cm
4'	2"	127,0
4'	3"	129,5
4'	4"	132,1
4'	5"	134,6
4'	6"	137,2
4'	7"	139,7
4'	8"	142,2
4'	9"	144,8
4'	10"	147,3
4'	11"	149,9
5'	0"	152,4
5'	1"	154,9
5'	2"	157,5
5'	3"	160,0
5'	4"	162,6
5'	5"	165,1
5'	6"	167,6
5'	7"	170,2
5'	8"	172,7
5'	9"	175,3
5'	10"	177,8
5'	11"	180,3
6'	0"	182,9
6'	1"	185,4
6'	2"	188,0
6'	3"	190,5

Körpergewichte	
Pound	kg
92	41,7
96	43,5
100	45,4
104	47,2
108	49,0
112	50,8
116	52,6
120	54,4
124	56,2
128	58,1
132	59,9
136	61,7
140	63,5
144	65,3
148	67,1
156	70,8
160	72,6
164	74,4
168	76,2
172	78,0
176	79,8
180	81,6
184	83,5
188	85,3
192	87,1
196	88,7

US	Europa (Kont.)
Damenkleidung	
8	36
10	38
12	40
14	42
16	44
18	46
Blusen, Pullover	
10	38
12	40
14	42
16	44
18	46
20	48
Schuhe	
4,5	35,5
5	36
5,5	36,5
6	37
6,5	37,5
7	38
7,5	38,5
8	39
8,5	39,5
9	40
9,5	40,5
10	41
10,5	41,5
11	42
11,5	42,5

US	Europa (Kont.)
Herrenkleidung	
34	44
36	46
38	48
40	50
42	52
44	54
46	56
48	58
Hemden	
14,5	37
15	38
15,5	39
16	41
16,5	42
17	43
17,5	44
18	45
Schuhe	
7	39,5
8	41
9	42
10	43
11	44,5
12	46
13	47

Öffentliche Feiertage

Öffentliche Feiertage werden im ganzen Bundesgebiet der USA begangen. Banken, Schulen und Regierungsbehörden (einschließlich Postämter) sind an diesen Tagen geschlossen, und Verkehrsmittel, Museen und andere öffentliche Einrichtungen operieren wie an Sonntagen. Viele Läden haben jedoch ganz normal geöffnet. Feiertage, die auf ein Wochenende fallen, werden normalerweise am darauffolgenden Montag gefeiert.

Wichtige US-Feiertage	
New Year's Day	1. Januar
Martin Luther King Jr. Day	3. Montag im Januar
President's Day	3. Montag im Februar
Memorial Day	Letzter Montag im Mai
Juneteenth	19. Juni
Independence Day	4. Juli
Labor Day	1. Montag im September
Columbus Day	2. Montag im Oktober
Veterans' Day	11. November
Thanksgiving	4. Donnerstag im November
Christmas Day	25. Dezember

Feiertage in den USA:
Ein übersichtlicher Leitfaden zu allen US-amerikanischen Festen

Straßensystem

Das US-*highway*-System besteht aus einer Vielzahl von Straßen, von *superhighways* mit sechs Spuren bis hin zu Landstraßen. Die arteriellen *interstates* verbinden Städte und Bundesstaaten, erkennbar am »*I-*« Präfix (z.B. *I-90*) und rot-weiß-blauen Schildern. Auch berühmte Routen wie die *U.S. Route 101* wurden durch *interstates* ersetzt (was sie aber nicht weniger sehenswert macht). *Freeways* können *controlled-access* (Autobahnen), *turnpikes* (Mautstraßen), *expressways* (Schnellstraßen) oder *toll roads* (ebenfalls Mautstraßen) sein. Die Serviceangebote an den Straßenrändern beschränken sich hier auf wenige *truck stops*.

Tolls (Mautgebühren) variieren je nach Bundesstaat und Gegend. Eine gute Routenplanung ist wichtig, da es keine Anhalte- oder Wendemöglichkeiten gibt. US-Straßen werden durch Nummern identifiziert, wobei gerade Zahlen Ost-West-Routen und ungerade Zahlen Nord-

Süd-Routen kennzeichnen. Umgehungsstraßen erhalten eine gerade, Straßen durch Städte eine ungerade Zahl vor der Identifikationsnummer. Verschmelzen zwei *interstates*, erhalten sie möglicherweise zwei Nummern. In den meisten Städten gibt es eine spezielle *freeway lane*, die z. B. *car-pool lane* oder auch *HOV (high occupancy vehicles) lane* genannt wird. Sie ist für Busse oder Fahrzeuge mit mehr als drei Insassen zugelassen und unterliegt starken Polizeikontrollen, um einen Missbrauch zu verhindern.

Parken

Auch Parkregeln werden in den einzelnen US-Bundesstaaten unterschiedlich gehandhabt und mal mehr, mal weniger streng überwacht. Grundsätzlich können Sie sich staatenübergreifend daran orientieren, dass das Parken an folgenden Plätzen verboten ist:

- vor einem Hydranten
- auf Gehwegen
- in Behindertenparkzonen
- in Ladezonen
- in zweiter Spur
- auf Brücken/Überführungen
- vor Einfahrten
- in Schulzonen
- an Bushaltestellen
- an Feuerwehrzufahrten
- in Kreuzungsbereichen
- auf Gehwegen

Machen Sie sich mit den Bedeutungen der verschiedenfarbig gekennzeichneten Bordsteine vertraut, z. B.

- rot = absolutes Parkverbot
- gelb = begrenzte Entladefläche für Lkws
- grün/weiß = zeitlich begrenztes Parken
- blau = nur für Fahrzeuge mit Behindertenausweis

In den Innenstädten sind Parkhäuser eine komfortable, aber meistens teure Möglichkeit, das Auto abzustellen. In den Parkhäusern großer Malls sind die Preise jedoch meistens niedriger. Oftmals können Sie Ihr Auto auch kostenlos auf einem speziell gekennzeichneten *park & ride*-Parkplatz *(»P+R«)* am Stadtrand abstellen und dann mit den öffentlichen Verkehrsmitteln in die Innenstadt fahren.

Kfz-Versicherung

Die Regelungen für die Kfz-Versicherung in den USA variieren je nach Bundesstaat, und die vorgeschriebene Mindestdeckung für Unfälle variiert entsprechend. Wenn ein Auto über eine Kreditfinanzierung gekauft wird, müssen auch die Versicherungsanforderungen der Bank berücksichtigt werden. Die Kosten für die Kfz-Versicherung hängen z. B. von Ihrem Wohnort, Ihrem Alter, Ihrer Unfallhistorie, dem Fahrzeugalter und Wert, der allgemeinen Unfall- und Diebstahlstatistik sowie der jährlichen Kilometerleistung ab. Machen Sie sich vor dem Abschluss einer Kfz-Haftpflichtversicherung in den USA mit folgenden Begriffen vertraut:

- ***CDW (collision damage waiver):*** Vollkaskoversicherung mit reduzierter Haftung oder ohne Haftung
- ***LDW (loss damage waiver):*** Vollkaskoschutz im Fall von Verlust/Beschädigung

- ***LIS (liability insurance supplement):*** Erhöhung der Deckungssumme/Versicherungssumme bzw. Zusatzversicherung
- ***PAI (personal accident insurance):*** Insassen-Unfallversicherung
- ***PEC (personal effects coverage):*** Gepäckversicherung

Für eine Vollversicherung müssen Sie in der Regel den Führerschein in dem betreffenden US-Bundesstaat gemacht oder sich eine bestimmte Zeit lang (sechs bis zehn Monate) in dem Bundesstaat aufgehalten haben. Die Regelungen können jedoch je nach Versicherer und dessen Bewertung des Risikos variieren.

Autokauf/Registrierung

Ob die Anschaffung eines eigenen Autos in den USA tatsächlich sinnvoll ist, hängt vor allem von Ihrer Aufenthaltsdauer ab. USA-Auswanderer und ADAC-Auto-Experten sind sich einig, dass die Anschaffung eines eigenen PKW sich erst ab drei Monaten Aufenthalt wirklich lohnt.

Bevor Sie jedoch in den USA ein Auto kaufen, ist es ratsam, den ungefähren Wert des Fahrzeugs zu ermitteln. Das *Kelley Blue Book* bietet hierfür ähnliche Dienste wie die bekannte deutsche Schwacke-Liste an, und über die CARFAX vehicle history reports auf *www.carfax.com* erhalten Sie wichtige Informationen über Meilenstände, Unfälle und Vorbesitzer von US-amerikanischen Autos.

Auto kaufen in den USA:
Voraussetzungen, Abläufe und wichtige Tipps

4 Arbeitssuche

Wie finde ich einen guten Arbeitgeber in den USA? Wie bewerbe ich mich richtig? Was gibt es zu beachten? Wenn Sie in den Vereinigten Staaten auf Jobsuche sind, sollten Sie nicht nur die Regeln und Abläufe im amerikanischen Bewerbungsprozess kennen, sondern vor allem auch an eines denken: Ihre Karriere in den USA steht und fällt mit Ihrem Visum! Sofern Sie keine GreenCard besitzen, müssen Sie also auf Ihrem Weg zum Traumjob in Amerika gleich drei Hürden überwinden:

1. Sie müssen sich gegenüber anderen Bewerbern durchsetzen.
2. Sie müssen sich für ein Visum qualifizieren, das Sie zur Arbeitsaufnahme in den USA berechtigt.
3. Sie müssen Ihren zukünftigen Arbeitgeber davon überzeugen, den langwierigen und kostenintensiven Antragsprozess für das Visum gemeinsam mit Ihnen zu durchlaufen.

Für die meisten arbeitsbasierten Visa in den USA gilt: Nicht Sie selbst stellen den Antrag, sondern Ihr zukünftiger US-Arbeitgeber. Dieser fungiert im Antragsprozess als *petitioner* und *sponsor*, während Sie als zukünftiger Arbeitnehmer in den USA in der Behördenkommunikation als *beneficiary* bezeichnet werden. Aufgrund der beträchtlichen Hürden im Antragsprozess schrecken viele US-Unternehmen davor zurück, ausländische Arbeitnehmer ohne GreenCard einzustellen.

Jedoch herrscht in einigen Bereichen ein derartiger Fachkräftemangel, dass hochqualifizierte Arbeitskräfte mit allen Mitteln in die Firma (und somit auch ins Land) geholt werden müssen. Diese Stellenanzeigen sind es, auf die Sie bei der Jobsuche in den USA besonders achten müssen. Geeignete Stellen erkennen Sie beim Durchforsten von Jobportalen wie LinkedIn, Indeed und Glassdoor an folgenden Merkmalen:

- Die Visa-Unterstützung wird explizit erwähnt (z. B. durch den Zusatz »H-1B/*Work Visa*«).
- Die Stellenanzeige richtet sich gezielt an internationale Fachkräfte.
- Das Unternehmen ist groß und global tätig.
- Die Branche ist bekannt für einen erhöhten Bedarf an internationalen Fachkräften (z. B. IT oder Forschung).

Wenn Sie in einem Jobportal die Stelle Ihrer Träume gefunden haben, aber nicht sicher sind, ob vom inserierenden Arbeitgeber auch ein Visum gesponsert werden kann, dann fragen Sie dort nach. Nicht alle US-Arbeitgeber kennen die einwanderungsrechtlichen Bestimmungen. Besonders bei kleinen Firmen kann es sonst passieren, dass Sie zunächst eine Zusage bekommen und es später zur bösen Überraschung kommt.

Ein Unternehmen zu überzeugen, sich mit Ihnen gemeinsam in den Visaprozess zu stürzen, ist eine echte Herausforderung. Oft ist die Beantragung mit viel Aufwand, hohen Kosten und langen Wartezeiten verbunden, was die Wirtschaftlichkeit einer internationalen Stellenbesetzung durchaus in Frage stellen kann. Sie sollten deshalb bei der Suche nach einem Arbeitsplatz in den USA in zwei Schritten vorgehen:

1. Setzen Sie sich mit Ihren eigenen Visumoptionen auseinander (siehe Kapitel 8).
2. Suchen Sie gezielt nach Stellen oder Firmen, die zu Ihren Visumoptionen passen.

Durch die Einschaltung eines Experten, der sich hauptberuflich mit dem perfekten *»matching«* zwischen ausländischen Arbeitskräften und amerikanischen Unternehmen beschäftigt, können Sie viel Zeit sparen. Außerdem erhalten Sie vorab eine Einschätzung, was mit Ihren Qualifikationen und Voraussetzungen möglich ist und was nicht. Auch die Visa-Optionen für Ihre Familie (Ehepartner und Kinder) können bereits besprochen werden, bevor Sie die ersten Bewerbungen schreiben.

Ein seriöser Berater kann Ihnen bei vorliegender Qualifikation mindestens einen möglichen Weg in die USA aufzeigen und einen guten Überblick zu Hürden, Kosten und Zeitspannen geben. Lassen Sie sich jedoch nicht auf unrealistische und teure Versprechen ein. Wer Ihnen weismachen will, dass Sie sich für »Betrag X« ohne weiteren Aufwand eine GreenCard kaufen können oder eine Garantie auf ein Arbeitsvisum haben, der möchte Ihnen nur das Geld aus der Tasche ziehen.

Beratung durch Fachanwälte

Wenn Sie sich zur Visumfrage anwaltlich beraten lassen möchten, dann empfehlen wir Ihnen, sich an einen spezialisierten *immigration lawyer* (auch *immigration attorney* oder *immigration law firm)* zu wenden. Zwar decken auch andere Anwälte diesen Bereich als Nebengebiet ab, aber bestimmte Bereiche des US-Einwanderungsrechts sind so komplex, dass es besser ist, auf Nummer sicher zu gehen. Einige Einwanderungsanwälte sind auf bestimmte Visa-Typen spezialisiert (z. B. Visa für Künstler oder Investoren). Auch hier lohnt sich also ein genauer Blick. Mittlerweile gibt es zahlreiche deutschsprachige Anwälte in den USA, die ihre Dienste anbieten. Sie können über die *American Immigration Lawyers Association (AILA)* einen Ansprechpartner finden: *www.ailalawyer.com*

Visaberatung durch den US Visa Service von The American Dream

Auch The American Dream bietet seit vielen Jahren erfolgreich Dienstleistungen zur Visumberatung und -beantragung an. Der Service umfasst die gesamte Abwicklung von der Erstberatung über die Auswahl der passenden Visumskategorie bis hin zur gemeinsamen Planung und Beantragung. Als staatlich geprüfte Auswandererberater verfügen die Experten des US Visa Service über langjährige Erfahrung in der Betreuung von Personengruppen, Künstlern, Sportlern sowie zahlreichen internationalen Unternehmen (z. B. bei der Entsendung von Mitarbeitern in die USA). Anfragen zu den Serviceleistungen oder zu einer Beratung stellen Sie bitte über die Webseite *www.usvisaservice.de.*

4.1 Jobsuche und Arbeitsvermittlung in den USA

Das sogenannte *recruitment* oder *placement* ist in den USA von großer Vielfalt geprägt. Ein zentrales Arbeitsamt ist dem amerikanischen System völlig fremd, weshalb Sie sich bei der Jobsuche in den Staaten nicht auf eine einheitliche Arbeitsvermittlung stützen können. Dafür ist z. B. die *Education and Training Administration (ETA)* als Teil des *U.S. Department of Labor* (US-Arbeitsministerium) für Fragen der Arbeitsmarktanalyse sowie für Fort- und Weiterbildungsmaßnahmen zuständig. Diese Angebote finden Sie unter *www.dol.gov/agencies/eta*.

Zahlreiche Organisationen, Veranstaltungen und sogar Bibliotheken fungieren zudem als Stellenbörsen, und private Personalvermittlungsagenturen unterstützen Bewerber und Unternehmen beim professionellen *matching*. Der größte Teil der Stellensuche findet jedoch im Internet statt. Vereinzelte Stellenanzeigen in Printmedien (z. B. New York Times oder Washington Post) machen nur einen sehr kleinen Teil des Stellenmarktes aus.

Für Ihre Stellensuche in den USA gibt es eine Fülle an renommierten Datenbanken. Zu den bereits erwähnten Jobportalen wie LinkedIn, Glassdoor und Indeed gesellen sich zahlreiche branchenübergreifende oder auf bestimmte Industrien und Berufe spezialisierte Seiten. Je nach Datenbank können Sie sich als Stellensuchender registrieren lassen und bekommen dann täglich die für Sie relevanten Anzeigen zugeschickt oder Sie können in einem eigenen Nutzeraccount Ihren Lebenslauf und ein Jobgesuch in den Ring werfen. Zu den beliebtesten Webseiten für die Arbeitssuche in den USA gehören *www.careeronestop.org*, *www.employmentguide.com*, *www.glassdoor.com*, *www.goinglobal.com*, *indeed.com*, *www.linkedin.com*, *www.monster.com* und *www.usajobs.gov*.

Experten-Stellenbörsen für bestimmte Branchen und Berufe in den USA finden Sie z. B. unter *www.constructionjobs.com* für Bau- und Ingenieurwesen, *www.dice.com* für IT- und Tech-Jobs, *www.efinancialcareers.com* für Stellen im Finanzsektor, *www.healthcareers.com* für Jobs im Gesundheitswesen, *www.hospitalityonline.com* für das Hotel- und Gastgewerbe, *www.lawjobs.com* für juristische Berufe, *www.mediabistro.com* für Jobs in den Medien und *www.rigzone.com* für Stellen im Bereich Öl und Gas.

Achten Sie bei unbekannten Jobdatenbanken unbedingt darauf, ob eine Vermittlungs- oder Nutzungsgebühr verlangt wird, bevor Sie Ihre persönlichen Daten hinterlassen und prüfen Sie auch die Glaubwürdigkeit der Stellenangebote. Seien Sie skeptisch bei Angeboten, die zu gut klingen, um wahr zu sein (z. B. bei hohen Gehältern für geringe Qualifikationen oder minimale Arbeitsbelastung). Überprüfen Sie außerdem den Ruf des Unternehmens, indem Sie im Internet recherchieren, Bewertungen lesen (z. B. auf *www.glassdoor.com*) und nach Erfahrungsberichten anderer Bewerber suchen.

Es ist auch ratsam, parallel auf der Webseite des Unternehmens nach der jeweiligen Stellenanzeige zu suchen, um sicherzustellen, dass das gefundene Inserat legitim und noch aktuell ist. Darüber hinaus sollten Sie niemals sensible persönliche Informationen wie Sozialversicherungsnummern, Bankdaten oder andere finanzielle Informationen in einer ersten Kommunikation preisgeben. Seriöse Arbeitgeber werden diese Dinge erst zu einem späteren Zeitpunkt des Bewerbungsprozesses und unter angemessenen Datenschutzbedingungen anfordern.

Jobsuche über private Arbeitsvermittler

In den USA gibt es ein diversifiziertes Netz an privaten Vermittlungsagenturen, die Sie bei der Arbeitssuche unterstützen können. *Recruiter* und *headhunter* treten meistens dann in Erscheinung, wenn hochdotierte Positionen zu besetzen sind. Zu ihrer täglichen Arbeit gehört die Suche nach neuen *high potentials,* also hochqualifizierten Mitarbeitern, die auf wichtige oder leitende Positionen passen. Wenn Sie in Ihrem Heimatland in einer sehr gefragten oder hochspezialisierten Branche arbeiten und in Ihrem Unternehmen eine tragende Rolle spielen, dann werden Sie bei Recruiting-Spezialisten offene Türen einrennen.

Ein Honorar für einen privaten Jobvermittler kann je nach Branche, Region und Größe der Agentur variieren. Es ist durchaus legitim, bei mehreren Agenturen die kompletten Serviceleistungen und -preise zu erfragen. Häufig finden Sie diese aber auch auf den entsprechenden Internetseiten oder sie werden als E-Mail-Anhang versandt. Hierbei gibt es zwei Kostenmodelle:

- Zahlung der Vermittlungsgebühr durch das Unternehmen
- Zahlung der Vermittlungsgebühr durch den Jobsuchenden

Ein wesentlicher Vorteil beim Selbstzahlen ist, dass Sie als Bewerber finanziell profitieren können, wenn ein *headhunter* für Sie ein höheres Gehalt aushandelt. Dies tut er herzlich gern, weil er in der Regel einen festen Prozentsatz Ihres Jahresgehalts als Provision erhält. Agenturen, die keine festen Verträge mit bestimmten Unternehmen haben, sind oft kleiner, verfügen aber über ein breiteres Serviceangebot, weil sie von den reinen Vermittlungsprovisionen allein nicht leben könnten. Sie betreuen die Kunden erheblich intensiver und haben die Möglichkeit, die Suche breiter zu streuen und auch kleinere und mittlere Unternehmen für Sie »abzugrasen«. In solchen Fällen müssen Sie sich auch nicht selbst um neutrale Informationen über Verhandlungsstrategien, Sozialleistungen und *relocation*-Services bemühen, wie es bei der Vermittlung über große, unternehmensabhängige Agenturen oft der Fall ist.

Zusätzliche Services von privaten Arbeitsvermittlern können umfangreiche Analysen Ihres Qualifikationsprofils *(employability report),* ein maßgeschneiderter Fahrplan für eine *self-directed job search* oder Interviewtrainings sein. Die häufigste Vorgehensweise ist allerdings die *full-service job search,* bei der Sie Ihrem *recruiter* einfach all Ihre Daten und Wünsche hinterlassen und sich am Ende aus einem bunten Strauß an Jobangeboten bedienen können. Das Interview mit Ihrem zukünftigen Arbeitgeber müssen Sie aber (leider) selbst absolvieren. Hierzu kommen wir im nächsten Kapitel.

Arbeitsvermittler für bestimmte Regionen in den USA finden Sie auch online in den *Yellow Pages* Ihres jeweiligen Wunschwohnortes, meist unter den Stichworten *recruitment services, employment agencies* oder *placement consultants.*

4.2 Tipps für eine erfolgreiche Bewerbung

Die Bewerbungsunterlagen

Sie haben ein Arbeitsangebot gefunden, auf das Sie sich gerne bewerben würden? Klasse, packen wir's an! In den USA bestehen Bewerbungsunterlagen nur aus zwei Komponenten: einem Anschreiben *(cover letter)* und einem Lebenslauf *(resume)*. Das bei uns übliche Foto sowie Zeugnisse oder Praktikumsbescheinigungen gehören im ersten Schritt nicht dazu. Aufgrund des Antidiskriminierungsgesetzes in den USA werden Bewerber, die Angaben zu Geschlecht, Familienstand, Herkunft und Alter machen, oft sogar automatisch abgelehnt. Holen Sie also das Beste aus Ihrem Anschreiben heraus, denn Sie können beim Bewerbungsschreiben weder mit Ihrem guten Aussehen noch mit Ihrer privilegierten Herkunft punkten.

Das Anschreiben: *cover letter*

Mit Ihrem *cover letter* stellen Sie den ersten Kontakt zu Ihrem potenziellen Arbeitgeber her, können Interesse wecken und mit Ihrer Motivation und Eignung überzeugen. Beginnen Sie Ihr Anschreiben auf keinen Fall mit einem allgemeinen und unpersönlichen Satz wie *»I am submitting my resume regarding the open position (...)«* . Sie wollen Ihr Potenzial vermarkten und Ihre Motivation demonstrieren! Bringen Sie also Ihren Enthusiasmus zum Ausdruck, z. B. so: *»As a long-time admirer of your innovative software solutions, I am excited about the opportunity to contribute my expertise as (...)«*. Seien Sie dabei selbstbewusst, aber vermeiden Sie sowohl übermäßige Selbstdarstellung als auch zu auffälliges Eigenlob.

Ein guter *cover letter:*

- ist kurz, präzise und fehlerfrei
- wird in aktiver und motivierender Sprache verfasst
- konzentriert sich auf Ihre Fähigkeiten und Motivationen
- beschreibt den Nutzen, den Sie der Firma bringen
- geht auf Punkte ein, die im Inserat genannt wurden
- endet mit der Bitte um ein Vorstellungsgespräch *(interview)* und Ihrer Unterschrift

Richten Sie Ihr Schreiben vorzugsweise an eine bestimmte Person. Die Chance, eine Antwort zu erhalten, ist auf diese Weise größer. Benutzen Sie das übliche *»Mr.«* bzw. *»Ms.«* oder auch eine geschlechtsneutrale Version aus *»Dear«* + Vorname + Nachname (z. B., *»Dear Shawn McDowell«* oder *»Dear Malekula Adebisi«)*. Hat die betreffende Person einen Titel, wird natürlich dieser verwendet, (z. B. *»Prof. Stephen Greenblatt«)*. Namenszusätze wie z. B. *»Jr.«* dürfen ebenfalls nicht vergessen werden. Falls Sie Schwierigkeiten haben, einen Ansprechpartner ausfindig zu machen, greifen Sie unbedingt zum Telefon – mit etwas Glück bleibt Ihr Name dann schon im Gedächtnis. In Fällen, in denen keine Ansprechperson herauszufinden ist, können Sie *»Dear Hiring Manager«* oder *»Dear Recruiter«* verwenden. Ihr *cover letter* sollte übrigens keine Angaben bezüglich Gehaltsvorstellungen enthalten, da falsche Schätzungen schnell zu Ablehnungen führen können.

Wichtig: *Achten Sie darauf, dass Umlaute oder Ligaturen wie Ä, Ö, Ü oder ß im Englischen nicht verwendet werden und entsprechend angepasst werden müssen.*

Formbeispiel für einen *cover letter*

So könnte Ihr *cover letter* für die Jobsuche in den USA aussehen:

Ihr Name gehört nicht in den Briefkopf.	Humboldt Street 57 12347 Berlin, Germany
Datum in amerikanischer Schreibweise	April 19, 2024
Firmenzusätze wie »Inc.« oder »Corp.« nicht vergessen	Mr. Stephen Greenblatt Human Resources Officer Capcom, Inc. P.O. Box 212155 Cape Coral, Florida 33560-9244
Doppelpunkt nach der Anrede	Dear Mr. Stephen Greenblatt:
Aussagekräftiges Anschreiben	Your ad in the April 13 Cape Coral Standard was exactly what I was looking for: A new challenge in a fast-paced environment and the opportunity to use my skills. For the past three years, I have worked for an international marketing company in Berlin, where I was responsible for organizing seminars, preparing presentations, and monitoring press releases. I also have experience supervising up to 30 interns in customer service. Coordinating several projects at the same time has helped me develop excellent organizational and communication skills. I am fluent in English and German. By hiring me, you would be gaining a capable and motivated member of your marketing team who is willing to work hard and succeed. Enclosed is my CV which I would like to discuss with you in a personal meeting. Sincerely yours. (Signature)

Der Lebenslauf *(resume)*

Ein übersichtlicher Lebenslauf ist nach Ihrem *cover letter* die zweite große Chance, einen bleibenden Eindruck zu hinterlassen. Umso wichtiger ist es, dass Sie bei dessen Ausarbeitung viel Sorgfalt aufwenden. Der erste und wichtigste Punkt: Ihr Lebenslauf ist kein Vorstellungsgespräch, sondern der Schlüssel, der Ihnen die Tür dorthin öffnen soll. Warum erinnern wir Sie daran? Weil sehr viele Bewerber glauben, sie müssten alle Informationen in ihr *resume* packen. Das Resultat ist dann ein wortgewaltiges, langweiliges Papier, das den Leser völlig überfordert.

Ein guter Lebenslauf:

- ist ein bis zwei Seiten lang
- ist gut gegliedert und fehlerfrei
- beschränkt sich auf die wichtigsten Informationen
- betont Ihre Kenntnisse und Fähigkeiten in Bezug auf den Job
- enthält Keywords aus der Stellenausschreibung
- wird von Ihnen unterschrieben

Ein amerikanisches *resume* wird in Abschnitte oder Rubriken gegliedert. Es müssen nicht alle marktüblichen Themenbereiche enthalten sein oder immer in derselben Reihenfolge stehen, aber ein Arbeitgeber sollte in der Lage sein, die für ihn wichtigen Bereiche auf einen Blick zu erkennen. Dazu gehören z. B.:

- persönliche Angaben *(personal information)*
- Beruf/Berufsziel *(occupation, career objective)*
- Ausbildung, Studium, Lehre *(education)*
- Berufserfahrung *(professional experience)*
- (Berufliche) Erfolge *(achievements)*
- berufsrelevante Kurse/Fortbildungen *(trainings)*
- Mitgliedschaften in Vereinen/Berufsverbänden *(memberships)*
- besondere Kenntnisse und Fähigkeiten *(skills and abilities)*
- persönliche (berufsverwandte) Interessen *(personal interests)*
- Referenzen *(references)*

Bei »*references*« schreiben Sie »*available upon request*«. Keinesfalls legen Sie Referenzschreiben gleich bei!

Welche Arten von *resumes* gibt es?

Es gibt beim *resume* zwei Grundmuster: *chronological* und *functional*. Sie können auch eine Mischform aus beiden wählen, solange Sie die Informationen innerhalb jedes Themenbereiches chronologisch rückläufig präsentieren. Das heißt, dass die neuesten Daten immer zuerst genannt werden, damit das Aktuelle Priorität bekommt.

Chronologischer Lebenslauf

Der chronologische Lebenslauf ist in den USA die klassische Art, seine Berufserfahrung aufzuzählen und eignet sich für Bewerber, deren Werdegang einen geradlinigen Karrierepfad erkennbar macht und ohne Lücken oder Sprünge wie Quereinstiege in andere Berufe verläuft. Die Anordnung der einzelnen Punkte wie *education, experience, training* usw. ist nicht vorgeschrieben, sondern richtet sich nach der Bedeutung für den angestrebten Job. Bei der Angabe des beruflichen Werdegangs müssen folgende Punkte enthalten sein:

- genaue Berufsbezeichnung
- Name der Firma, Ort, Land
- Anstellungszeitraum mit Jahr und Monat
- kurze Tätigkeitsbeschreibung (Aufgaben, Leistungen usw.)

Wenn die Tätigkeit nicht mit dem angestrebten Berufsziel in Verbindung steht, führen Sie diese nur auf, lassen aber deren Beschreibung weg. Ein chronologischer Lebenslauf könnte z. B. in folgender Reihenfolge geschrieben werden:

Personal details		*Personal details*		*Personal details*
Job/career goal		*Job*		*Education*
Education	oder	*Career highlights*	oder	*Employment*
Experience		*Education & licensure*		*Special courses*
Honors		*Special trainings*		*Awards and honors*
Special abilities		*Languages*		*Special skills*
Memberships				

Hierbei könnte der Bereich »*Experience*« beispielsweise folgendermaßen aussehen:

> ***Marketing manager***
> *XYZ Company, New York City, USA*
> *April 2021 – present*
> *Directed all marketing activities for XYZ product line, coordinated advertising campaigns in print and online media, analyzed market trends and conducted competitive assessments*
>
> ***Project manager***
> *ABC Agency, Los Angeles, USA*
> *June 2015 – March 2021*
> *Successfully managed multiple marketing projects for clients, collaborated closely with internal teams and external stakeholders*
>
> ***Marketing assistant***
> *DEF Corporation, San Francisco, USA*
> *January 2014 – May 2015*
> *Assisted in the development of marketing campaigns and materials, conducted market analyses, coordinated events and trade shows*

Funktioneller Lebenslauf

Die Form des funktionellen Lebenslaufs eignet sich für Hochschulabsolventen, Umsteiger, Berufsrückkehrer und Bewerber, die ihre Erfahrungen bei Praktika, Volontariaten, Studienreisen, Umschulungen oder Fortbildungen gemacht haben – kurzum, für diejenigen, deren Erfahrungen nicht zwingend in direktem Zusammenhang mit dem angebotenen Job stehen. Hierbei betonen Sie vor allem Ihre besonderen Fähigkeiten und Sachkenntnisse, *skills and abilities*. Deshalb wird diese Form auch als *skill-based resume* bezeichnet. Jede der aufgeführten Fähigkeiten belegen Sie mit konkreten Beispielen, wie Sie diese in der Vergangenheit unter Beweis stellen konnten. Die Gliederungspunkte können allgemein formuliert sein oder aus bestimmten Wissensgebieten und Arbeitsbereichen kommen.

Die Aufführung der Berufserfahrung erfolgt separat und Sie brauchen keine genaueren Angaben über den Anstellungszeitraum, Namen und Sitz des Unternehmens zu machen. Dabei könnte der Bereich *experience* beispielsweise folgendermaßen aussehen:

Marketing manager
Directed marketing activities
Coordinated advertising campaigns in print and online media

Marketing coordinator
Various projects related to video production
Applied analytical skills to contribute to data-driven decision-making

Marketing intern
Coordinated and managed customer relations projects
Utilized strong communication skills in marketing management

Wie Sie welchen Bereich genau bezeichnen und anordnen, ob Sie die Abschnitte allgemeiner formulieren oder konkret fassen, ob Sie Bausteine miteinander verbinden – das alles ist Ihnen überlassen. Hauptsache, Ihr Lebenslauf ist übersichtlich und ergibt für Ihren zukünftigen Arbeitgeber Sinn. Praktische Vorlagen und Tools zum Erstellen der Online-Bewerbung finden Sie auf der Webseite *www.myperfectresume.com.*

Nach der Bewerbung: am Ball bleiben

In den USA ist es üblich, nach dem Versenden der Bewerbungsunterlagen »präsent« zu bleiben. Telefonate und schriftliches Nachhaken gehören deshalb zum »A und O« einer Bewerbung. Wenige Tage nach dem Versand sollten Sie deshalb in der Firma anrufen und fragen, ob Ihre Bewerbungsunterlagen eingegangen sind und eventuell noch Informationen fehlen. Bei dieser Gelegenheit können Sie sich auch gleich auf höfliche Art und Weise erkundigen, wie Ihre Chancen stehen.

Das Vorstellungsgespräch *(interview)*

Ein Vorstellungsgespräch gleicht einem Verkaufsgespräch, bei dem Sie Ihr bestes Produkt – nämlich sich selbst – präsentieren. Denken Sie daran, dass Ihre Persönlichkeit und Energie genauso wichtig sind wie Ihre Kenntnisse. Es geht nämlich auch darum, wie gut Sie ins Team passen, denn die Amerikaner sind *teamplayer.* Wenn der Interviewer das Gefühl hat, dass Sie sich gut in Ihre zukünftige Abteilung oder die gesamte Mitarbeiterschaft des Unternehmens einordnen könnten, dann haben Sie die Hälfte des Bewerbungsgesprächs bereits bestanden.

Ein Vorstellungsgespräch besteht in den USA in der Regel aus einer Begrüßungsphase mit viel *small talk* und einer Informationsphase, die sich unmittelbar mit Ihrer Person und Ihren Qualifikationen befasst.

In Phase zwei wird der Interviewer Ihre Motivation hinterfragen, Ihr Persönlichkeitsprofil ergründen und noch einmal auf Ihre Bewerbungsunterlagen, Qualifikationen und Ihr fachliches Können eingehen. Wenn Sie den zweiten Teil des Interviews geschafft haben, ist der Weg frei für Informationen über das Unternehmen, den Arbeitsplatz, die Arbeitsbedingungen und eventuell sogar schon Verhandlungen über Gehalt und Arbeitskonditionen. Natürlich können die Gesprächsverläufe von Firma zu Firma variieren. So gibt es einige Unternehmen, die schriftliche Eignungstests vornehmen, die über mehrere Tage gehen können oder auch sogenannte »Stressinterviews«, in denen Sie mit einer Extremsituation konfrontiert werden, z. B., indem der Interviewer plötzlich laut wird oder viele verwirrende Fragen in kurzer Zeit stellt. Damit wird getestet, wie Sie in ungewöhnlichen oder stressigen Momenten reagieren.

Ganz verrückt wird es, wenn Sie in Technologie-Startups bei exzentrischen Visionären vorsprechen und sogenannte *»brainteasers«* als Interviewfragen bekommen. Berühmte Beispiele sind »Warum sind Gullydeckel rund?«, »Wie kommt die Giraffe in den Kühlschrank?«, »Wie würden Sie ein Flugzeug wiegen, ohne eine Waage zu benutzen?« oder »Wie viele Golfbälle passen in einen Schulbus?« Keine Ahnung? Wir auch nicht. Aber Ihre Herangehensweise beim Lösen dieser Aufgaben verrät viel über Ihr sogenanntes *mindset*. Es geht hierbei also nicht um die richtige Antwort, sondern um einen kreativen, pragmatischen oder plausiblen Lösungsweg – je nach Job und Firma. Aber egal, bei wem Sie vorsprechen: Stellen Sie sich positiv auf das Gespräch ein und sehen Sie es als eine spannende Herausforderung, in der Sie sich beweisen dürfen wie in einem sportlichen Wettkampf und nebenbei viel über sich selbst und die jeweilige Firma lernen.

How to dress for success **– Ihr äußeres Erscheinungsbild**

Bei den Amerikanern wird dem *dresscode* in Bewerbungsgesprächen wesentlich mehr Bedeutung beigemessen als in Deutschland. Für alle Geschlechter gilt hier eine konservative Kleiderordnung, die zur Branche und der Unternehmenskultur passt. Ein gepflegtes, ordentliches Erscheinungsbild ist bereits die halbe Miete. Anzug und Hemd oder Bluse zu Jeans sind die gängigsten Outfits für ein Bewerbungsgespräch. Hierbei wird eher auf dezentere Farben wie dunkelblau oder grau gesetzt. Auch die Frisur sollte sitzen, und auf auffälligen Schmuck sollten Sie verzichten. Zur Vorbereitung auf Ihr *interview* können z. B. die Internetseite oder auch Social-Media-Kanäle der betreffenden Firma einen guten Einblick in den *dresscode* verschaffen.

Das Dankesschreiben *(thank-you letter)*

Viele Bewerber messen dem typisch amerikanischen Dankesschreiben zu wenig Bedeutung bei und glauben, mit einem guten Interviewverlauf wäre der Job so gut wie sicher. Das stimmt leider nur in den seltensten Fällen. Vergessen Sie deshalb nicht, eine kurze E-Mail hinterherzuschicken, in der Sie sich für das angenehme Gespräch bedanken.

Das Dankesschreiben:

- bescheinigt Ihnen gute Umgangsformen und Professionalität
- kann einen positiven Eindruck noch einmal untermauern
- gibt Ihnen eine weitere Gelegenheit für Ergänzungen
- demonstriert, dass Sie die im Interview angeschnittenen Themen durchdrungen und sich noch einmal nachhaltig damit auseinandergesetzt haben

Fragen Sie deshalb zum Ende des Vorstellungsgespräches nach der E-Mail-Adresse des Interviewers oder bitten Sie um eine Visitenkarte. Das Dankesschreiben sollten Sie ca. zwei bis drei Tage nach dem Interview versenden.

5 Markteinstieg und Unternehmensgründung

5.1 Unternehmensgründung in den USA

Deutsche Unternehmen sind zunehmend international ausgerichtet. Dafür bietet kaum ein anderes Land einen so großen Absatzmarkt und eine so konsumfreudige Kundschaft wie die USA. Daher kommt kein global ausgerichtetes Unternehmen an der größten Volkswirtschaft der Welt vorbei. Heute setzen bereits mittelständische Unternehmen zum Sprung über den großen Teich an.

Die Erschließung des US-Marktes bedarf vieler Teilschritte. Für den späteren Erfolg ist es entscheidend, Standortwahl, Mitarbeiterauswahl, Verbindungen zu Banken und vieles mehr gut vorzubereiten. Hierbei gilt es, unter anderem folgende Fragen zu klären:

- Welche Produkte und Dienstleistungen möchte ich in den USA anbieten?
- Wer sind die Zielgruppen und wie ist das Geschäftsmodell?
- Wer konkurriert mit mir und was unterscheidet mich von der Konkurrenz?
- Welche steuerlichen und rechtlichen Fragen sind für mich relevant?
- Wie sehen die Bestimmungen für Zulassungen aus?

Dabei sollte nicht außer Acht gelassen werden, dass nicht nur erhebliche Unterschiede zwischen der deutschen und der amerikanischen Geschäftskultur bestehen, sondern auch zwischen den einzelnen US-Bundesstaaten. Was in Kentucky erlaubt ist, kann in Kalifornien zu einer millionenschweren Klage führen.

Konzeptentwicklung

Erst wenn Ihr Konzept klar und schlüssig ist, kann eine vernünftige Einschätzung der Chancen und Risiken Ihres Vorhabens stattfinden. Am Beginn einer Investition ist deshalb eine Markt- und Konkurrenzanalyse zu empfehlen, die Ihnen Sicherheit gibt. Diese kann vom Unternehmen selbst oder von darauf spezialisierten Beratungsunternehmen vorgenommen werden. Auf Basis der gewonnenen Erkenntnisse vereinfacht sich die Planung der nächsten Schritte (wie z. B. der Aufbau eines Business-Netzwerks in den USA) enorm.

Kundengruppen

Bei der Charakterisierung Ihrer zukünftigen Kunden geht es vor allem darum, die Eigenschaften Ihrer Zielgruppe möglichst genau herauszuarbeiten. Dies können z. B. Alter, Einkommen und Lebenssituation bei Privatkunden oder Unternehmensgröße, Geschäftsmodell und technologische Reife bei B2B-Kunden sein. Ebenso wichtig ist die Frage, welche Probleme und Bedürfnisse Ihre Kundengruppen haben.

Die genaue Definition hilft Ihnen später auch bei der Erstellung des Marketingkonzepts. Geld, das Sie sonst vielleicht für unnötige Werbeaktionen ausgegeben hätten, kann nun in Ihre Geschäftsentwicklung fließen.

Aufbau der Geschäftskontakte

Zwar sind US-Amerikaner für ihre offene Art bekannt, jedoch werden unspezifische Unternehmensansprachen bei der Kunden- und Partnerakquise oft frühzeitig abgewiesen. Persönliche Kontakte sind deshalb entscheidend für Ihren geschäftlichen Erfolg in den USA. Messe- oder Veranstaltungsbesuche gehören unbedingt dazu, denn sie zeigen potenziellen US-Geschäftspartnern, dass Sie ernsthafte Schritte im Markt unternehmen. Bei der Suche nach spezifischen Geschäftspartnern können professionelle Beratungsunternehmen Sie unterstützen. Diese identifizieren für Sie gezielt passende Unternehmen, sprechen diese an und arrangieren persönliche Treffen.

Art und Ort des Markteinstiegs

Für die Wahl Ihres neuen Firmenstandortes bieten sich 50 US-Bundesstaaten mit höchst unterschiedlichen Bedingungen an. Grundsätzlich sind Produkt und Marktdeckung die entscheidenden Determinanten für die Standortwahl. So werden sich z. B. Zulieferer der Automobilbranche möglichst in der Nähe von Automobilwerken niederlassen. Nicht zu unterschätzen sind die riesigen Entfernungen in den USA mit sechs Zeitzonen. Für Unternehmen, die global ausgerichtet sind und auch den asiatischen Raum bedienen wollen, kommt wegen der Zeitverschiebung eher die Westküste in Frage. Wer überwiegend im transatlantischen Raum tätig ist, bevorzugt aufgrund der geringeren Zeitdifferenz zu Europa eher die Ostküste. Auch die unterschiedlichen Steuersätze auf bundesstaatlicher Ebene *(state taxes)* sollten nicht unbeachtet bleiben. Zudem gibt es zwischen den einzelnen Staaten und Regionen starke Lohngefälle, sodass sich mit einer geschickten Standortwahl erhebliche Lohnkosteneinsparungen verwirklichen lassen. Das Lohn- und Gehaltsniveau liegt in den Ballungszentren (beispielsweise in New York oder Kalifornien) im Regelfall erheblich über dem in strukturschwachen Gebieten in den Südstaaten oder dem Mittleren Westen.

Nicht zu unterschätzen ist auch, dass es in den USA möglich ist, auch bei vermeintlich kleinen Investitionen beträchtliche Fördermittel auf der bundesstaatlichen und sogar Gemeindeebene zu erhalten. Da solche Förderungen selbst innerhalb eines Bundesstaates standortabhängig sein können, sollte hier unbedingt sehr frühzeitig ein spezialisierter Anwalt oder Standortwahlberater eingeschaltet werden. Diese können Kontakte mit Gemeinden anbahnen, die Ihre Bedingungen hinsichtlich z. B. Grundstücksgröße, Strom- oder Wasserkapazität und Verkehrsanbindungen erfüllen, Kosten vergleichen und sicherstellen, dass Sie den für Sie optimalen Standort finden.

Personalfragen: Diversität ist der Schlüssel zum Erfolg

Für den Erfolg Ihres Unternehmens ist es von äußerster Wichtigkeit, die richtige Mischung aus Angestellten zu finden. Idealerweise werden zusätzlich zu US-amerikanischen Arbeitnehmern kompetente Mitarbeiter aus Ihrem Hauptstandort in Ihre neue US-Zweigstelle entsandt, um ihr *know-how* vor Ort einbringen können. Die »alten« Arbeitnehmer sind meist unverzichtbar für die Einweisung in Geschäfts- und Produktionsabläufe sowie die Etablierung einer effizienten Kommunikation zwischen US-Tochtergesellschaft und Muttergesellschaft. Auf die anstehenden Aufgaben sollten die entsandten Arbeitnehmer jedoch sorgfältig vorbereitet werden.

Auch wenn es zunächst einfacher klingt: Sie werden nicht mit einem Team arbeiten können, das komplett aus entsandten Mitarbeitern aus der Firmenzentrale besteht. Dafür gibt es drei Gründe:

1. Die Akzeptanz auf dem US-Markt hängt stark davon ab, wie Ihre *workforce* strukturiert ist.
2. US-amerikanische Mitarbeiter kennen den US-Markt am besten.
3. Arbeitsrechtliche Vorschriften zwingen Sie dazu, bei Ihrer Firmengründung in den USA eine bestimmte Anzahl von Stellen mit US-Amerikanern zu besetzen.

Die Einschaltung spezialisierter Personalrekrutierungsfirmen für die Gewinnung von qualifizierten Arbeitnehmern in den USA lohnt sich in den meisten Fällen.

Achtung: *Wenn Sie Mitarbeiter in die USA entsenden, kümmern Sie sich frühzeitig um Visumfragen. Die Erlangung des Visums kann je nach Typ zwischen sechs Wochen und sechs Monaten dauern.*

Finanzierung

Für Ihre Investition in den USA benötigen Sie unter Umständen große Summen an Finanzierungskapital. Jedoch werden auch große und erfolgreiche Unternehmen mit guter Bankreferenz im Heimatland schnell feststellen, dass die amerikanischen Banken fast ausnahmslos eine amerikanische *credit history* (siehe Kapitel 2.1) sehen wollen. Wenn Sie diese nicht haben, werden einfache Dinge wie der Kauf von Fahrzeugen, das Anmieten von Räumen oder der Erhalt von Kreditkarten sehr schwierig. Besonders gilt dies natürlich für die Finanzierung großer Investitionen in das Anlagevermögen. US-Banken verlangen darüber hinaus fast ausnahmslos in US-Dollar transformierte und nach *US GAAP* aufgestellte Jahresabschlüsse in englischer Sprache sowie Garantien der Mutterunternehmen. Bei Eigenfinanzierungen durch das Mutterunternehmen ist Vorsicht geboten, da das amerikanische Steuerrecht die Abzugsfähigkeit dieser Zinsaufwendungen bei Überschreiten bestimmter Grenzen beschränkt.

5.2 US-amerikanische Unternehmensformen

Für den Markteintritt in den USA stehen Ihnen verschiedene Möglichkeiten zur Verfügung. Dazu gehören:

- der Vertrieb über lokale Partner oder Vertreter in den USA
- ein *joint venture*
- eine Niederlassung vor Ort
- die Gründung eines eigenständigen Unternehmens in den USA

Zu den kostengünstigsten Wegen gehört der Vertrieb über lokale Partner und Vertreter. Hierbei können Sie den Markt zunächst mit kleinen Liefermengen »antesten«. Große Nachteile dieser Methode sind jedoch der mangelnde Einfluss auf das Marketing und die Erklärung des Produktes sowie eine Abhängigkeit vom lokalen Partner. Ein *joint venture* ermöglicht es Ihnen, bei einem bereits im Markt befindlichen Partner einzusteigen. Diese Option ist zeitsparend, birgt aber ähnliche Risiken in Bezug auf das Mitspracherecht und die allgemeine Rechtssicherheit bei Meinungsverschiedenheiten mit dem Partner. Eine Niederlassung vor Ort wird von amerikanischen Kunden und Partnern geschätzt und bietet die Möglichkeit der kompletten Steuerung des US-Geschäfts inklusive der Beschäftigung lokaler Arbeitskräfte. Die Errichtung von Zweigniederlassungen deutscher Unternehmen kann aber auch zu Komplikationen führen (z. B. durch die Gefahr der Doppelbesteuerung oder die streng geregelte Produkthaftung). Die sinnvollste Lösung für Ihren Markteinstieg in den USA ist daher meist die Gründung eines eigenständigen Unternehmens.

Gründe für die Wahl einer Gesellschaftsform

Wird eine einzelne Person im Geschäftsleben allein tätig, so liegt ein *sole proprietorship* (entspricht dem Einzelunternehmen) vor. Die Person haftet voll mit ihrem Privatvermögen für alle Verbindlichkeiten, die sich im Zusammenhang mit der Geschäftstätigkeit ergeben. Soll diese Haftung vermieden werden und/oder andere Personen an der Geschäftstätigkeit teilhaben, so ist eine Gesellschaftsgründung ins Auge zu fassen. Ausschlaggebend für die zu wählende Rechtsform sind z. B. die Haftungsbegrenzung, die steuerliche Einordnung und die Verbundenheit mit den individuellen Personen der Gründer. Ihnen stehen ähnliche Rechtsformen zur Verfügung wie Sie sie aus Deutschland kennen:

Personengesellschaften:

- *General partnership* (*GP*, vergleichbar mit einer Gesellschaft bürgerlichen Rechts oder offenen Handelsgesellschaft)
- *Limited partnership* (*LP*, je nach Struktur vergleichbar mit einer Kommanditgesellschaft oder GmbH & Co. KG)
- *Limited liability company* (*LLC*, im deutschen Recht nicht bekannt)

Kapitalgesellschaften:

- *Corporation* (z. B. *Corp.*, *Inc.* oder *Ltd.* vergleichbar mit einer Gesellschaft mit beschränkter Haftung oder Aktiengesellschaft)

Anders als im deutschen Recht wird das erforderliche Mindestkapital keine Rolle spielen, da ein solches im amerikanischen Gesellschaftsrecht zumeist nicht vorgeschrieben ist. Die in den USA beliebteste Gesellschaftsform *LLC*, die *limited liability company*, empfiehlt sich für deutsche Investoren oft nicht, da eine eindeutige steuerliche Behandlung durch die deutschen Steuerbehörden nur mit größerem Aufwand sichergestellt werden kann. Deshalb ist es oft empfehlenswerter, eine *corporation* zu wählen, wenn eine Kapitalgesellschaft gegründet werden soll.

Gesellschaftsformen des US-amerikanischen Rechts: Übersicht

Personengesellschaften			
Gesellschaftsform	*General partnership (GP)*	*Limited liability partnership (LLP)*	*Limited partnership (LP)*
Haftung	Persönlich haftende *general partner*	Für eigenes deliktisches Verhalten, nicht für deliktisches Verhalten der anderen Gesellschafter	Neben persönlich haftendem *general partner* beschränkt *haftende limited partner*

Kapitalgesellschaften			
Gesellschaftsform	*Limited liability company (LLC)*	*Business corporation: public corporation (Inc., Ltd.)*	*Business corporation: private corporation (Inc., Ltd.)*
Haftung	Beschränkt haftende *members*	Beschränkt haftende *shareholders*	
Anteile	grds. frei veräußerbar	frei veräußerbar	grds. frei veräußerbar

General partnership (GP)

General Partnership ist die Urform aller amerikanischen Gesellschaften und mit der deutschen GbR vergleichbar. Per gesetzlicher Definition handelt es sich um »eine Vereinigung von zwei oder mehr Personen mit dem Zweck, ein Unternehmen mit Gewinnerzielungsabsicht zu betreiben [...]« *(Uniform Partnership Act 1997, Sec. 101 §6)*. Bei der *general partnership* gibt es lediglich *general partner*, d.h. nur Gesellschafter, welche voll mit ihrem Privatvermögen haften. Obwohl die *general partnership* stark auf die Partner als die handelnden und entscheidenden Personen ausgerichtet ist, hat sie im gewissen Grad eine eigene Rechtspersönlichkeit. Sie kann z.B. losgelöst von ihren Gesellschaftern Trägerin von Rechten und Pflichten (z.B. aus einem Mietvertrag für Büroräume) sein.

Als Gesellschaftsform ist die *general partnership* zumindest unter dem Gesichtspunkt der Haftung riskant, denn *general partner* haften nach dem *Uniform Partnership Act »jointly and severally«* für alle Verbindlichkeiten. Dies gilt auch bei Ansprüchen aus deliktischen Handlungen. Hat also z.B. ein von der *general partnership* geliefertes Produkt jemanden verletzt, so kann ein beliebiger einzelner Gesellschafter direkt auf die volle Summe verklagt werden.

Die Gründung der *general partnership* gestaltet sich angesichts dieser Risiken fast zu unproblematisch: Sie kann, wie die GbR des deutschen Rechts auch, unter Umständen bereits ohne Wissen der Gesellschafter entstehen, wenn diese gemeinsam entsprechend nach außen auftreten. Normalerweise entsteht die *general partnership* jedoch durch ein sogenanntes *partnership agreement*, also einen Gesellschaftsvertrag, in dem die Rechte und Pflichten der Gesellschafter geregelt sind. Das Dokument muss allerdings bei keiner staatlichen Stelle eingereicht oder registriert werden. Entsprechend dieser formlosen Gründung gestaltet sich auch die innere Organisation der Gesellschaft: Soweit nicht im *partnership agreement* anderweitig geregelt, sind alle Gesellschafter direkt zur Geschäftsführung berechtigt.

Limited partnership (LP)

In der *limited partnership* können neben mindestens einem *general partner*, der mit seinem gesamten Vermögen haftet, mehrere *limited partner* stehen. Letztere haften für Gesellschaftsverbindlichkeiten nur beschränkt auf ihre Einlage. Am Gewinn der Gesellschaft partizipieren sie (falls nicht anderweitig geregelt) entsprechend der Höhe der Beteiligung. Somit entspricht das Modell der *limited partnership* dem der deutschen Kommanditgesellschaft.

Die Gründung einer *limited partnership* unterliegt im Gegensatz zur *general partnership* formalen Anforderungen. Verpflichtend ist die Einreichung eines *certificate of limited partnership* beim *Secretary of State* des Gründungsstaates (nicht zu verwechseln mit dem *United States Secretary of State*, dem US-Außenminister). Das Dokument enthält die Rahmendaten der Gesellschaft wie z. B. die Angabe des oder der *general partner*. Ferner muss in den meisten Staaten auch der *registered agent* benannt werden. Dieser Job des Zustellungsbevollmächtigten wird häufig auch von Ihrer US-Anwaltskanzlei wahrgenommen oder kann an spezielle Dienstleister in den USA delegiert werden. Mit der Einreichung gilt die Gesellschaft als errichtet. Fortan muss die Gesellschaft stets den Rechtsformzusatz *LP* oder ausgeschrieben *limited partnership* tragen. Im Rechtsverkehr wird die ordnungsgemäße Existenz mittels des vom *Secretary of State* ausgestellten *certificate of formation* nachgewiesen.

Es gibt eine besondere Variante der *limited partnership*, bei der eine *business corporation* der persönlich haftende Gesellschafter einer *limited partnership* ist. Diese Konstruktion entspricht der deutschen GmbH & Co. KG. Obwohl in diesem Fall keine natürliche Person voll haftet, ist trotzdem rein rechtlich eine Personengesellschaft gegeben. Es ist jedoch zu berücksichtigen, dass in solchen Fällen zwei Jahresabschlüsse und zwei amerikanische Steuererklärungen erforderlich sind. Nichtsdestotrotz wählen viele deutsche Unternehmen die Rechtsform der *limited partnership* für ihre US-Geschäfte. Dies ist einer Besonderheit des deutsch-amerikanischen Doppelbesteuerungsabkommens zu schulden, welches hier u. U. attraktive Steuervorteile möglich macht. Ihr US-Anwalt und Steuerberater kann sie hier entsprechend beraten.

Limited liability partnership (LLP)

Die Gesellschaftsform *limited liability partnership* wurde speziell für Freiberufler (z. B. Ärzte, Rechtsanwälte) geschaffen, um bei Zusammenschlüssen die Möglichkeit einer Begrenzung der gegenseitigen Haftung zu geben. Der Gesellschafter einer *LLP* ist nicht für Verpflichtungen oder Verbindlichkeiten haftbar, die durch fehlerhaftes Verhalten eines anderen Gesellschafters verursacht wurden. Die Notwendigkeit der Haftungsbegrenzung ergibt sich in den USA insbesondere vor dem Hintergrund der teils enormen Schadensersatzforderungen, z. B. im Bereich der Körperverletzung. Die Haftung des Gesellschafters für alle vertraglichen Ansprüche gegenüber der Gesellschaft bleibt allerdings bestehen. Für Verbindlichkeiten wie Kredite oder Rechnungen für Lieferungen bietet die *limited liability partnership* somit keinen Schutz. Die Haftung des Gesellschafters für eigenes Verschulden wird oft durch den Abschluss einer speziellen Versicherung abgedeckt. Einige Staaten schreiben dies sogar vor.

Die Gründung der *limited liability partnership* erfolgt ähnlich wie die der *limited partnership*: Beim *Secretary of State* wird eine Gründungsurkunde *(certificate of limited liability partnership)* eingereicht und ggf. zusätzlich der Abschluss der entsprechenden Versicherung nachgewiesen.

Limited liability company (LLC)

Bei der *limited liability company* handelt es sich um eine Mischform zwischen Personen- und Kapitalgesellschaft, wobei sie rechtlich als Personengesellschaft eingeordnet wird. Die Haftung für Gesellschaftsverbindlichkeiten ist hierbei auf das Vermögen der Gesellschaft beschränkt. Die »Rechtspersönlichkeit« der *limited liability company* ist somit eigentlich die einer Kapitalgesellschaft. Dem widerspricht jedoch ihre deutliche Abhängigkeit von den einzelnen Gesellschaftern wie es bei der *general partnership* der Fall ist. Die beste Beschreibung der *LLC* wäre also: Sie ist eine *limited partnership* ohne persönlich haftenden Gesellschafter. Während andere Gesellschaftsformen aus mindestens zwei Gesellschaftern bestehen müssen, ist die Gründung einer *limited liability company* in vielen US-Bundesstaaten auch mit nur einem Gesellschafter möglich.

Die Gründung der *limited liability company* erfolgt durch Einreichung von Gründungsdokumenten *(articles of organization)*, beim *Secretary of State*. Zusätzlich wird – in einigen Staaten verpflichtend – ein sogenanntes *operating agreement* zwischen den Gesellschaftern abgeschlossen. Dieses enthält, gleich einem Gesellschaftsvertrag, die Einzelheiten zur Organisation der Gesellschaft von Geschäftsführung bis hin zur Gewinnverteilung.

Da die *limited liability company* vom Grundsatz her wie eine *general partnership* organisiert ist, haben alle Gesellschafter entsprechend den von ihnen geleisteten Einlagen die gleichen Rechte, was die Beteiligung an Gewinn und Verlust und die Leitung der Gesellschaft betrifft (außer im *operating agreement* ist – wie meist – etwas anderes vereinbart). Da in der Praxis eine *limited liability company* eben nicht immer mit dem Ziel gegründet wird, gleichberechtigte Partner zu erschaffen, wird die Führung im *operating agreement* oft einem *board of managers* übertragen. Somit kann insbesondere bei einer größeren Anzahl von Gesellschaftern, mit oft unterschiedlich hohen Kapitaleinlagen, eine klare Führungsstruktur gewährleistet werden. Grundsätzlich werden die Einnahmen der Gesellschaft nur einmal versteuert, und zwar bei den Gesellschaftern. Allerdings ist es auch möglich, die *limited liability company* steuerlich wie eine *business corporation* behandeln zu lassen.

Tipp: *Um gegenüber deutschen Finanzbehörden die grundsätzlich steuerlich günstigere Einstufung als Personengesellschaft zu erhalten, gibt es sehr spezifische Kriterien, die vom Bundesfinanzministerium vorgegeben wurden und welche einzuhalten sind. Eine sichere Einordnung als Personengesellschaft kann es allerdings nur geben, wenn Sie bei den Finanzbehörden eine verbindliche Auskunft hinsichtlich Ihrer konkreten* LLC *beantragen. Eine solche Auskunft dauert im Allgemeinen mehrere Monate. Auch hier ist eine umfassende Fachberatung dringend zu empfehlen, da es oft einfacher und sinnvoller sein kann, statt der* LLC *eine* business corporation *zu gründen.*

Business corporation (Corp., Inc., Ltd.)

Business corporations sind reine Kapitalgesellschaften mit einer eigenen Rechtspersönlichkeit und einer Unabhängigkeit des Bestandes von ihren Gesellschaftern, den *shareholders*. Die Gesellschafter einer *business corporation* bleiben auf die Rolle der Geldgeber mit geringen Beteiligungsrechten an der Führung beschränkt. Dies entspricht vom Grundsatz her einer Aktiengesellschaft. Neben der oben beschriebenen *limited partnership* ist die *business corporation* die von deutschen Unternehmen am häufigsten gewählte Gesellschaftsform. Man unterscheidet die *public corporations* (hier werden die Anteile am Aktienmarkt gehandelt), und die *private corporations* (hier werden sie es nicht). Für den deutschen Investor kommt im Allgemeinen nur eine *private corporation* in Betracht.

Die Rechtsform der *business corporation* verleiht weitreichende Freiheiten für die Gesellschaft, ihre Verhältnisse individuell zu gestalten und auch flexibel auf die besonderen Gegebenheiten von Markt und Wirtschaftslage zu reagieren. In dieser Flexibilität liegt auch ein zentraler Unterschied zu deutschen Unternehmensformen: Sie kann als Ein-Mann-Firma ebenso wie als großes Unternehmen ausgestaltet werden. Der Gründungsakt einer *business corporation* teilt sich in zwei Phasen auf:

1. Einreichung der *articles of incorporation* beim *Secretary of State*
2. Abhaltung der ersten Gesellschafterversammlung zur Wahl der Organe sowie zum Beschluss über die Gesellschaftssatzung *(bylaws)* und die Verteilung der Anteile

Im Rechtsverkehr muss die Gesellschaft einen sie als *business corporation* kennzeichnenden Rechtsformzusatz tragen. Dies kann z.B. *»Corp.«*, *»Inc.«* oder *»Ltd.«* sein. Hier gilt es genau hinzusehen, um etwaige Geschäftspartner richtig einordnen zu können. Gerade die Bezeichnung *»Ltd.«* führt immer wieder zu Verwechslungen mit der *limited partnership* oder *limited liability company*.

Die *business corporation* unterscheidet sich auch in ihrer inneren Organisation von den Personengesellschaften. Vom Grundsatz her delegieren die Gesellschafter die Leitungsmacht an das sogenannte *board of directors*, das auf der jährlichen Gesellschafterversammlung neu gewählt bzw. bestätigt wird. Das *board of directors* hat wiederum die Aufgabe, *officers* zu ernennen, die die eigentlichen Tagesgeschäfte führen. Die klassische Aufteilung der *officers* erfolgt dabei in die Rollen des *president* (Geschäftsführer), des *secretary* (Schriftführer) und des *treasurer* (Finanzverantwortlicher). Das *board of directors* hat im Alltag die Funktion eines Aufsichtsorgans, welches die Handlungen der *officers* nur noch beaufsichtigt und primär durch deren Wahl (oder Abberufung) Einfluss auf die Geschäfte und strategische Ausrichtung der Gesellschaft nimmt.

Joint venture

Beim *joint venture* handelt es sich nicht um eine auf Dauer angelegte Gesellschaft, sondern um einen Zusammenschluss zweier selbstständiger Einheiten, um ein klar eingegrenztes Projekt zu verwirklichen. Dabei kann für die Kooperation eine beliebige Gesellschaftsform gewählt werden. Fehlt eine klare gesellschaftsrechtliche Einordnung, wird das *joint venture* als *partnership* eingestuft. *Joint ventures* werden häufig errichtet, um die Zusammenarbeit von Unternehmen zu regeln und ihr nach außen hin ein gemeinsames Erscheinungsbild zu geben. So kann eine umfassende Kooperation stattfinden, ohne dass es gleich zu einer Fusion kommen muss. Oft erfolgt dies in der Rechtsform einer *limited liability company*, da das *operating agreement* viel Freiraum für die rechtliche Ausgestaltung einer solchen Kooperation lässt.

Anmeldung des Unternehmens bei Behörden

Gesellschaften müssen in dem Bundesstaat, in dem sie gegründet werden, beim *Secretary of State* angemeldet werden. Das Verfahren wird im Regelfall schnell abgewickelt und die Anmeldung kann online erfolgen. Hierfür gehen Sie auf die Webseite des *Secretary of State* des betreffenden Staates (für Nevada z. B. *www.nvsos.gov*) und klicken auf »*licensing*« bzw. einen ähnlich benannten Menüpunkt.

Links zu den hierfür relevanten Webseiten aller US-Bundesstaaten finden Sie unter *www.sba.gov/licenses-and-permits*. In vielen Staaten können Sie auf der Webseite des *Secretary of State* vorab erfahren, ob der von Ihnen gewählte Firmenname noch frei ist. Eine persönliche Rückfrage beim überörtlichen Büro des *Secretary of State* kann aber zusätzlich nicht schaden, weil nicht alle staatlichen Online-Datenbanken immer aktuell sind. Zu beachten ist, dass Sie die Anmeldung bei allen Gesellschaftsformen jährlich durch Einreichen des sogenannten *annual report* beim *Secretary of State* verlängern müssen.

Um Ihr Unternehmen beim US-amerikanischen Finanzamt anzumelden, füllen Sie das Formblatt SS-4 »*Application for Employer Identification Number*« aus. Den Antrag zum Ausdrucken gibt es unter *www.irs.gov/pub/irs-pdf/fss4.pdf*, das Onlineformular finden Sie unter *www.irs.gov/businesses/small-businesses-self-employed/apply-for-an-employer-identification-number-ein-online*.

Da die vom amerikanischen Unternehmen erwirtschafteten Einkünfte nach dem Belegenheitsprinzip in den USA versteuert werden, müssen auch sämtliche Gesellschafter (und im Falle eines Einzelunternehmens auch der Einzelunternehmer selbst) eine Steuernummer beantragen, sofern die betreffende Person keine *Social Security number* (siehe Kapitel 2.1) hat. Für den Inhaber ist diese Nummer zugleich die Steuernummer. Im Antrag unter *www.irs.gov/pub/irs-pdf/fw7.pdf* sind die persönlichen Daten und der Nachweis des Ausländerstatus (ausländische Adresse) einzutragen, sowie persönliche Dokumente (z. B. beglaubigte Kopie des Reisepasses) beizufügen.

Sie müssen als Unternehmer nicht persönlich in den USA anwesend sein, um eine US-Firma zu führen. Allerdings gilt es zu beachten, dass eine Führung der US-Gesellschaft aus Deutschland zur Begründung einer Betriebsstätte der US-Gesellschaft in Deutschland führen kann, was u. U. unerwünschte Steuerfolgen in Deutschland nach sich ziehen kann. In jedem Fall ist eine US-Postfachadresse jedoch nicht ausreichend. Die Bundesstaaten verlangen für Gesellschaften die Angabe eines *registered agent*, über den Anfragen und Schriftverkehr verlaufen. Oft wird Ihre US-Anwaltskanzlei dies als Zusatzservice anbieten. Auch gibt es in den USA spezialisierte Unternehmen, die den Service des *registered agent* für eine jährliche Gebühr anbieten.

Tipp: *Lassen Sie sich frühzeitig vor Ihrer Unternehmensgründung oder -ansiedlung anwaltlich beraten. Einen deutschsprachigen Experten mit umfassenden Kenntnissen in europäisch-amerikanischen Unternehmens- und Transaktionsangelegenheiten finden Sie z. B. bei Smith, Gambrell & Russell in Atlanta. Wir empfehlen als ersten Ansprechpartner:*

Heiko Gruenwald

Smith, Gambrell & Russell LLP Partner
1105 W. Peachtree St. N.E.
Suite 1000
Atlanta, GA 30309 USA
E-Mail: *hgruenwald@sgrlaw.com*

5.3 Rekrutierung und Führung von Mitarbeitern

In der schnelllebigen amerikanischen Geschäftswelt ist die Kunst, die richtigen Mitarbeiter einzustellen und effektiv zu führen, entscheidend für den Erfolg. Das Verständnis des rechtlichen Rahmens, der kulturellen Dynamik und der orts- und branchenüblichen Managementstrategien sollte für Sie beim Aufbau Ihres Unternehmens in den USA also höchste Priorität haben.

Rechtlicher Rahmen und Arbeitsgesetze in den USA

Auf die dreistufige Rechtsstruktur in den USA (Bundes-, Landes- und Kommunalgesetze) sind wir bereits eingegangen. Diese kann für Sie auch im Einstellungsprozess von großer Wichtigkeit sein. Achten Sie besonders auf die Lohn- und Arbeitszeitgesetze des *Fair Labor Standards Act (FLSA),* den *Equal Pay Act* und die von der *Occupational Safety and Health Administration (OSHA)* erlassenen Vorschriften zur Gewährleistung der Sicherheit am Arbeitsplatz. Der *Civil Rights Act* von 1964 verbietet außerdem auf Bundesebene die Diskriminierung aufgrund von Hautfarbe, Religion, Geschlecht oder nationaler bzw. ethnischer Herkunft. Zusätzlich gibt es neuere Diskriminierungsmerkmale wie sexuelle Orientierung oder Geschlechtsidentität. Halten Sie sich an folgende Grundsätze:

- Stellen Sie sicher, dass alle Mitarbeiter den gesetzlich vorgeschriebenen Mindestlohn für den betreffenden US-Bundesstaat und eine angemessene Überstundenvergütung erhalten.
- Bieten Sie regelmäßige Sicherheitsschulungen für Mitarbeiter an, halten Sie gesundheitliche Arbeitsplatzstandards ein und informieren Sie sich regelmäßig über branchenspezifische *OSHA*-Vorschriften (z. B. zur Kennzeichnung von Gefahrenbereichen oder dem korrekten Umgang mit gefährlichen Substanzen).
- Fördern Sie eine inklusive Unternehmenskultur und verinnerlichen und respektieren Sie die Vielfalt der amerikanischen Gesellschaft in Bezug auf Herkunft, Kultur und Religion.
- Sorgen Sie für die Gleichbehandlung aller Ethnien, Religionen, Altersgruppen und Geschlechter.
- Sorgen Sie für eine faire Behandlung von behinderten Mitarbeitern *(Americans with Disabilities Act).*

- Entwickeln Sie einen klaren und umfassenden *Code of Conduct,* der die ethischen und verhaltensbezogenen Regeln festlegt.
- Informieren Sie sich über die spezifischen Anforderungen für Gesundheits- und Sozialleistungen in Ihrem US-Bundesstaat und stellen Sie sicher, dass Ihre Mitarbeiter Zugang zu angemessenen Leistungen haben und über ihre Rechte und Optionen informiert sind.
- Zahlen Sie Servicemitarbeitern ihr Trinkgeld aus, das sie zusätzlich zum gesetzlichen Mindestlohn bekommen sollten.
- Stellen Sie sicher, Steuern und *Social Security*-Beiträge für Ihre Mitarbeiter ordnungsgemäß abzuführen.
- Stellen Sie Ihren Mitarbeitern die jährliche Einkommenserklärung (W-2-Formular) pünktlich aus.
- Sorgen Sie für eine Gleichbezahlung aller Geschlechter, wenn Personen im Wesentlichen die gleiche Arbeit verrichten.

Arbeitsverträge

Ein besonders herausstechendes Merkmal der amerikanischen Arbeitswelt ist die Tatsache, dass detaillierte Arbeitsverträge nicht zum Standard gehören. In den USA gibt es eine Regel für Arbeitsverhältnisse, die *»at will«* genannt wird. Das bedeutet, dass Arbeitgeber oder Arbeitnehmer die Zusammenarbeit jederzeit beenden können, ohne einen speziellen Grund dafür zu nennen. Trotz dieser Regel ist es sinnvoll, klare E-Mails oder Briefe mit den getroffenen Vereinbarungen (z.B. zu Arbeitszeiten, Gehalt und *benefits)* zu schreiben, wenn Sie jemandem einen Job anbieten. Das hilft allen Beteiligten beim Erwartungsmanagement.

Arbeitszeiten

In einem Vollzeitjob arbeiten US-amerikanische Angestellte normalerweise 40 Stunden pro Woche. Wie mit Überstunden umgegangen werden muss, gibt das *U.S. Department of Labor (DOS)* im *Fair Labor Standards Act (FLSA)* vor:

- Überstunden müssen vergütet werden (Ausnahmen möglich).
- Die Zahl der möglichen Überstunden ist nicht gesetzlich geregelt.
- Für die Arbeit an Wochenenden und Feiertagen sind per Gesetz keine Sondervergütungen vorgesehen.
- Überstunden müssen am regulären Zahltag für den Zeitraum vergütet werden, in dem sie geleistet wurden.

Dies sind jedoch nur die Mindestanforderungen an amerikanische Arbeitgeber. Hier ist also noch viel Luft nach oben, wenn Sie gute Mitarbeiter an sich binden wollen. Je nach Firmengröße und US-Bundesstaat können individuelle Regeln hinzukommen oder – bei besonders kleinen Betrieben – auch wegfallen.

Ein erfolgreiches Team zusammenstellen

Ihr Ziel sollte es sein, einen positiven und integrativen Arbeitsplatz zu erschaffen, was sich auch in der Auswahl Ihrer Mitarbeiter widerspiegelt. Um die unbedingt notwendige Diversität hinzubekommen und gleichzeitig die besten Mitarbeiter an Land zu ziehen, beachten Sie die folgenden Dinge:

- Passen Sie Ihren Einstellungsansatz an den amerikanischen Arbeitsmarkt an, indem Sie individuelle Leistungen honorieren.
- Führen Sie ein leistungsorientiertes Bewertungssystem ein, das das Wachstum des Einzelnen hervorhebt.
- Fördern Sie die Vielfalt, indem Sie unterschiedliche Perspektiven einbeziehen und nicht jede Personalentscheidung allein treffen.
- Führen sie in regelmäßigen Abständen interkulturelle Trainings mit Mitarbeitern durch, um ein besseres Miteinander zu erreichen. Die kulturellen Unterschiede zwischen Deutschland und den USA sind nicht zu unterschätzen.

Kulturkonflikte und Lösungen

Stellen Sie sich auf die typischen flacheren Organisationsstrukturen in den USA ein und fördern Sie eine offene Kommunikation auf allen Ebenen des Unternehmens. Sie müssen hierbei jedoch ein Gleichgewicht zwischen Direktheit und Diplomatie finden, denn durch die typisch deutsche Unverblümtheit kann es schnell zu kulturellen Missverständnissen kommen. Machen Sie sich am besten die Kunst des sogenannten *sugarcoating* zu eigen, wenn Sie z. B. Kritik anbringen müssen.

Die Amerikaner sind schnelle Entscheidungen gewohnt und verbringen meistens nicht so viel Zeit mit Vorplanung wie deutsche Mitarbeiter. Gewöhnen Sie sich also auf fachlicher Ebene einen *»trial & error«*-Stil an, damit Sie Ihre Mitarbeiter nicht mit bürokratischen Entscheidungsstrukturen vergraulen. Dies und vieles mehr können Sie in US-amerikanischen Führungscoachings lernen. Es ist unbedingt zu empfehlen, entsandte deutsche Fach- und Führungskräfte durch ein Coaching auf die amerikanischen Gegebenheiten vorzubereiten, um unliebsamen Überraschungen vorzubeugen.

Alles beginnt jedoch mit der Sichtbarkeit und Attraktivität Ihres Unternehmens für die *high potentials* da draußen. Unterschätzen Sie nicht, wie viel Zeit und Energie es kostet, den äußerst dynamischen US-Markt nach qualifizierten und engagierten Mitarbeitern (ggf. auch noch mit dem passenden Arbeitsvisum) zu durchkämmen. Hierfür können Sie die Hilfe von Recruiting-Firmen in Anspruch nehmen, deren Service auf die Besonderheiten des US-Arbeitsmarktes spezialisiert ist. Diese Experten verfügen über ein tiefes Verständnis der lokalen Gegebenheiten, rechtlichen Anforderungen und kulturellen Nuancen, die für die erfolgreiche Rekrutierung von entscheidender Bedeutung sind. Eines dieser Expertenteams finden Sie z. B. bei der *meetus@US LCC* in San Diego, wo die deutschsprachigen Recruiting- und Führungsexperten Sascha und Monique Menesi Ihnen mit Rat und Tat zur Seite stehen:

meetus@US LCC

Sascha und Monique Menesi
117 N Cleveland St., Apt 403, Oceanside, CA 92054
Tel.: (+1) 646 912 1131
E-Mail: *sascha@meetus.us*

6 Aus- und Weiterbildung in Amerika

6.1 Das Schul- und Ausbildungssystem in den USA

Schon in den Anfängen der Vereinigten Staaten spielte ein effizientes Bildungssystem eine entscheidende Rolle. Die ersten Siedler erkannten nicht nur die Bedeutung einer soliden Allgemeinbildung für ihre Nachkommen, sondern auch den Einfluss von Bildungseinrichtungen auf die Entstehung einer einheitlichen amerikanischen Nation. Noch heute ist das Bildungssystem in den USA bedeutend für die Amerikanisierung der neuen Einwanderer, denn es schafft ein gemeinsames Gefühl amerikanischer Zugehörigkeit für alle Neuankömmlinge. Patriotismus, Vielfalt, Gemeinschaft und individuelle Leistung sind Werte, die in amerikanischen Schulen von klein auf vermittelt werden. Bildung ist in Amerika jedoch nicht nur als Werkzeug für die Herausbildung einer nationalen Identität zu sehen. Sie hat auch immer eine Schmelztiegelfunktion für Menschen der unterschiedlichsten Ethnien und Nationen, denn sie ist die Grundlage für Chancengleichheit und gemeinsamen Erfolg. Der Glaube an die Möglichkeit des sozialen Aufstiegs durch Bildung prägt das Selbstverständnis vieler Amerikaner.

Obwohl bis zur Mitte des 19. Jahrhunderts gute amerikanische Schulen hauptsächlich teure Privatschulen waren, stellte die Schule schon damals einen wichtigen Aspekt im Leben der meisten Kinder dar. Die Einführung eines öffentlichen Schulsystems im Rahmen der Bildungsreform sollte Chancengleichheit für alle – unabhängig von ihrer sozialen Herkunft – gewährleisten. Folglich wurde die Versorgung des Landes mit kostenlosen staatlichen Bildungseinrichtungen zu einem der wichtigsten Ziele der amerikanischen Gesellschaft. Auch das Recht auf Bildung für Frauen setzte sich in den USA weitaus eher durch als in Europa. Erstmals wurden im Jahr 1837 Frauen am Oberlin College im US-Bundesstaat Ohio zugelassen. Klassen bzw. Seminare, in denen sowohl Jungen als auch Mädchen bzw. Frauen und Männer teilnahmen, wurden bald allgemein akzeptierte Elemente im amerikanischen Bildungsalltag.

Heute gibt es eine Vielzahl von öffentlichen und privaten Hochschulen in den USA. Diese agieren als eigenständige wirtschaftliche Einheiten mit hoher Autonomie bezüglich Studienprogrammen, Qualität, Kosten, Zulassungen und Lehrkörpern. Das akademische Niveau reicht von berufsorientierten Hochschulen, die einer praxisorientierten Fachhochschule ähneln, bis zu erstklassigen Universitäten. Institutionen wie Harvard, Yale, Princeton und Columbia werden mit weiteren renommierten privaten Universitäten unter dem Namen »*Ivy League*« zusammengefasst und sind damit Teil einer besonderen Liga der Bildungsexzellenz. Die Zulassungsverfahren für Studienplätze an den insgesamt acht *Ivy-League*-Universitäten sind äußerst selektiv, und die Aufnahme an einer der Top-Hochschulen gilt als Garant für hohe Karrierechancen. Absolventen der Eliteuniversitäten profitieren von bevorzugter Behandlung bei der Jobsuche und einem lebenslangen Prestige.

Kontrolle und Finanzierung des amerikanischen Bildungssystems

In den USA obliegt die Kontrolle über das Bildungssystem keiner zentralen Behörde. Die Regierung eines jeden Bundesstaates hat ihr eigenes *Department of Education,* das von einem gewählten *state board* kontrolliert wird und nochmals in weitere Lokal- und Schuldistrikte unterteilt ist. Jeder dieser Schulbezirke trägt wiederum ein hohes Maß an Eigenverantwortung. Das *state board* ist unter anderem für die Festlegung des Pflichtschulalters verantwortlich, das in den meisten Staaten zwischen 6 und 16 Jahren liegt. Die Schulbezirke wiederum entscheiden über den Bau von Schulen, die Wahl des Lehrmaterials, den Aufbau des Lehrplans und die Bedingungen für Abschlüsse. Die Leitung einer Schule obliegt einem gewählten *board of education.* Um trotz dieser Autonomie der Schulen jederzeit ein stabiles Leistungsniveau zu gewährleisten, wurde ein Kontroll- und Überwachungssystem eingeführt, das von verschiedenen unabhängigen Organisationen geleitet und auch bei Hochschulen angewendet wird. Sollte eine Schule die geforderten Standards nicht erfüllen, wird ihr eine bestimmte Frist zur Verbesserung eingeräumt. Falls dies nicht gelingt, kann ihr die Zulassung entzogen werden. Weitere Kontrollmechanismen für die Bewahrung schulischer Standards sind Eignungstests für Schüler wie z. B. der *Scholastic Assessment Test (SAT)* oder der *American College Test oder ACT* (siehe Kapitel 6.3).

Die Struktur der US-Schulen

Bei einem Großteil der amerikanischen Schulen handelt es sich um *public schools* (staatliche Schulen), die von rund 90% aller Kinder im Grund- und Sekundarschulalter besucht werden.* Darüber hinaus gibt es die sogenannten *protestant parochial schools* (Konfessionsschulen) und die kostenpflichtigen *private schools* (Privatschulen), die zumeist von Kirchen unterstützt werden. Was ihre Organisation und ihren Lehrstoff angeht, sind die privaten den staatlichen Schulen jedoch sehr ähnlich.

In den meisten Staaten der USA besteht im Alter von fünf bzw. sechs bis 16 Jahren allgemeine Schulpflicht. Trotzdem ist es unüblich, die Schule bereits mit 16 Jahren zu verlassen. Der Großteil der Schüler schließt die *high school* im Alter von 17 oder 18 Jahren nach insgesamt zwölf Schuljahren ab und nur ein Viertel verlässt sie bereits mit 16 Jahren. In den meisten US-Bundesstaaten haben Schüler, die keine zwölf Schuljahre vorweisen können und oft als *dropouts* bezeichnet werden, große Schwierigkeiten, einen gut bezahlten Job zu finden.

Fun Fact: *Die längste Schulpflicht besitzen die US-Bundesstaaten Connecticut, New Mexico und Virginia. Sie beginnt mit einem Alter von fünf Jahren und endet mit 18.*

Das Bildungssystem in den USA gliedert sich in verschiedene Ebenen:

- *early childhood education* (z. B. *nursing school, kindergarten)*
- *elementary (primary) education* (z. B. *elementary school)*
- *secondary education* (z. B. *middle school, junior high, senior high* oder *high school)*
- *post-high school education* (z. B. *college* oder Universität)

* Quelle: *https://nces.ed.gov*

Je nach Schulbezirk sind innerhalb der *elementary* und *secondary education* unterschiedliche Ausbildungsvarianten im Einsatz:

Variante 1	
Elementary school	Klassen 1 – 4
Middle school	Klassen 5 – 8
High school	Klassen 9 – 12

Variante 2	
Elementary school	Klassen 1 – 5
Junior high school	Klassen 6 – 9
Senior high school	Klassen 10 – 12

Variante 3	
Elementary school	Klassen 1 – 6
High school	Klassen 7 – 12

Variante 4	
Elementary school	Klassen 1 – 8
High school	Klassen 9 – 12

Nursery school und *kindergarten*

Zahlreiche Kinder in den USA besuchen Vorschuleinrichtungen, in denen sie spielend grundlegende Fähigkeiten und den Umgang mit anderen Kindern lernen. In dieser Hinsicht gibt es nur wenige Unterschiede zu deutschen Vorschuleinrichtungen. Wichtig zu erwähnen ist jedoch die häufige Verwechslung bei den Bezeichnungen der Vorschulinstitutionen. Im Alter von zwei bis drei Jahren können Eltern ihre Kinder in *nursery schools* unterbringen. Das sind die Einrichtungen, die wir als »Kindergarten« verstehen würden. Danach, mit vier bis fünf Jahren, gehen viele Kinder in *kindergartens,* wo ihnen bereits erste Grundlagen in Mathematik und Lesen vermittelt werden. Wenn Kinder in die erste Klasse kommen und zuvor keinen *kindergarten* besucht haben, könnte dies im Vergleich zu anderen Kindern unter Umständen einen Nachteil darstellen.

Elementary (primary) education

Im Alter von sechs Jahren beginnen die meisten Kinder die *elementary school,* wo sie vor allem Grundlagenwissen im Lesen, Schreiben und in Mathematik vermittelt bekommen. In der Regel verbringen Schüler die Zeit zwischen 8:00 Uhr und 15:00 Uhr in der Schule; die Samstage sind unterrichtsfrei.

Secondary education

Nach dem Durchlaufen der Grundschule setzen die meisten Schüler mit zwölf bzw. 14 Jahren ihre Ausbildung in den *high schools* fort, wo sie nach einer Art Basislehrplan in Fächern wie Englisch, Mathematik, Informatik, Naturwissenschaften, Gesellschaftswissenschaften und Sport unterrichtet werden. Die *high school* umfasst vier oder auch sechs Jahre. Sechs Jahre dauernde *high schools* sind (zumeist) noch einmal in *junior high* und *senior high* unterteilt. Schüler der Eingangsklasse werden als *freshmen* bezeichnet, im Jahr darauf als *sophomores,* in der vorletzten Klasse sind sie *juniors* und in der Abschlussklasse *seniors.*

High schools sind ganztägige Gesamtschulen mit einem pragmatisch ausgerichteten Charakter, denn neben dem Unterricht klassischer theoretischer Fächer werden hier auch die für das spätere Leben notwendigen berufsbildenden und praktischen Fächer gelehrt. Es wird nach Kurssystem gearbeitet, wodurch es keinen festen Klassenbestand gibt und die Schüler sich ihre Stundenpläne individuell zusammenstellen können.

Das Notensystem an US-amerikanischen *high schools* reicht in der Regel von A bis F:

A *(excellent)* B *(good)* C *(average)* D *(poor)* F *(failure)*

Die genaue Bedeutung und die Anforderungen für jede Note hängen von der jeweiligen Schule ab. In seltenen Fällen kann auch der Buchstabe I *(incomplete)* verwendet werden, wenn ein Schüler aus triftigen Gründen die erforderlichen Kursarbeiten nicht abschließen konnte. Es gibt keine einheitliche Begründung dafür, warum der Buchstabe E in den meisten amerikanischen Schulen nicht verwendet wird. Die Wahl von »A« als beste Note hat sich etabliert, weil der erste Buchstabe des Alphabets generell eine positive Resonanz hat.

Eine umfassende Benotung der Gesamtleistung erfolgt auf der Basis der Testresultate, die die Schüler in bestimmten Abständen während des Jahres oder zum Ende schreiben. Auch die Einschätzung des Lehrers über den Schüler ist ausschlaggebend und geht in die Benotung mit ein. Im dritten oder vierten *high school*-Jahr entscheiden die Schüler, ob sie die akademische Laufbahn einschlagen und zu diesem Zweck zunächst ans *college* gehen, sich zur Berufsausbildung an einem *technical college* (Berufsschule) einschreiben oder lieber direkt ins Berufsleben einsteigen wollen. Die meisten staatlichen *high schools* und alle privaten Schulen bieten Vorbereitungsprogramme für das *college* an. An vielen Hochschulen werden auch sogenannte *advanced placement courses* angeboten, spezielle Kurse auf Hochschulniveau, die sich die Schüler später auf ihr Studium anrechnen lassen können. Aufgrund ihrer Entscheidung belegen sie entsprechende Wahlkurse und müssen sich darüber hinaus in irgendeiner Form außerunterrichtlich engagieren. Diese Aktivitäten bestehen z. B. in der Mitarbeit bei der Schülerzeitung oder der Mitgliedschaft in einem Sportteam. Das Wahlsystem zielt also konsequent auf die Entwicklung der individuellen Stärken und Talente der Schüler ab. Einige *high schools* bieten sogar Kurse für Schüler mit außerordentlichen künstlerischen Talenten. Es gibt auch spezielle Beratungsdienste *(guidance counseling)*, die den Schülern dabei helfen, ihre Schullaufbahn entsprechend ihren Talenten und Fähigkeiten ganz bewusst zu steuern.

Durchschnittlich drei von vier Schülern machen nach der zwölften Klasse ihren *high school*-Abschluss und erhalten ihr sogenanntes *diploma*. Die Abschlusszeugnisse werden während einer Festveranstaltung, dem sogenannten *commencement day*, überreicht. Möchten die Schüler ihre Ausbildung nach Abschluss der *high school* fortsetzen, müssen sie an einem Zulassungstest teilnehmen.

Übrigens ist auch *homeschooling* (also Heimunterricht ohne offiziellen Schulbesuch) in den USA eine beliebte Methode, um Kinder und Jugendliche auf ihren Karriereweg vorzubereiten. Im Schuljahr 2021/2022 gab es z. B. über drei Millionen *homeschooler* in den Klassen bis zur zwölften Stufe.*

---

* Quelle: *www.nheri.org*

Abschlussnoten, Tests, außerunterrichtliche Aktivitäten, Empfehlungsschreiben und manchmal auch Vorstellungsgespräche haben Einfluss auf die Aussichten eines Schülers, am entsprechenden *college* oder der Universität aufgenommen zu werden. Bekanntermaßen bemühen sich *colleges* auch um talentierte Sportler und Künstler, bei denen nicht in erster Linie die schulischen Leistungen zählen, sondern die Studenten hauptsächlich Wettkämpfe bzw. Wettbewerbe gewinnen sollen. Der unsportliche Durchschnittsstudent muss sich allerdings selbst durch den Dschungel aus über 3.900 höheren Bildungseinrichtungen* kämpfen.

Higher education

In den Vereinigten Staaten werden die Begriffe »*college*« und »*university*« oft synonym verwendet, obwohl sie unterschiedliche Bedeutungen tragen. Ein *college* kann eine eigenständige Bildungseinrichtung sein, die *associate degrees* oder *bachelor*-Abschlüsse anbietet. Es kann aber auch ein *four-year liberal arts college* sein, das sich ausschließlich auf *bachelor*-Abschlüsse spezialisiert. Eine *university* hingegen ist eine Hochschule, die eine breite Palette von akademischen Programmen anbietet, darunter *bachelor-*, *master-* und *doctoral programs* (Promotionsstudiengänge). Universitäten betreiben oft mehrere *colleges* innerhalb ihrer Struktur, die auf verschiedene Fachbereiche spezialisiert sind. Im Vergleich zu den *colleges* haben die übergeordneten Universitäten in der Regel eine stärkere Ausrichtung auf Forschung und Graduiertenprogramme. Die angebotenen Studiengänge an *colleges* und Universitäten orientieren sich häufig an den spezifischen wirtschaftlichen Bedürfnissen der jeweiligen US-Bundesstaaten. So spiegelt zum Beispiel das Bildungsangebot im Silicon Valley, einem Hotspot für Technologie und Innovation, die Nachfrage nach Fachkräften in den Bereichen Informatik und Ingenieurwesen wider.

Es gibt beim Studium in den USA folgende Strukturmodelle:

- *two-year college, (junior college* oder *community college)*
- *two-year technical college/vocational school*
- *four-year undergraduate institution*
- *university*

Ihnen stehen innerhalb dieser verschiedenen Ausbildungsmodelle die folgenden Bildungswege offen:

Auf dem *junior college* oder *community college* zum *associate degree*

Die *community colleges* sind von den Kommunen betriebene öffentliche Schulen und die *junior colleges* sind private Schulen. Bei diesen Institutionen handelt es sich normalerweise um praxisnah ausgerichtete, berufsorientierte Ausbildungsstätten, die nach zwei Jahren zum *associate degree* führen. Verfolgen die Studenten eine Berufsausbildung, können hier Ausbildungslehrgänge absolviert werden, die mit dem *terminal degree* enden. Fast alle *junior colleges* und einige *community colleges* bieten daneben die Möglichkeit, sich in sogenannten *transfer programs* in akademischen Fachgebieten für ein anschließendes Vollstudium ausbilden zu lassen, da die ersten beiden Jahre an vierjährigen Bildungsinstitutionen ebenfalls

* Quelle: *https://nces.ed.gov*

eher eine Einführungsphase darstellen. Die Studenten schließen ihr *associate degree* mit einem *Associate of Arts (A.A.)* oder *Associate of Science (A.S.)* ab.

Die öffentlichen *community colleges* sind sehr kostengünstig, weshalb sowohl viele Amerikaner als auch ausländische Studenten sich zunächst zwei Jahre hier einschreiben, um danach zwei Jahre an einer weiterführenden Hochschule zu studieren.

Achtung: *Nicht alle amerikanischen Hochschulen rechnen diese bereits besuchten Kurse auf ein vierjähriges Vollstudium an. Hierfür braucht es ein Abkommen mit einem college, das einen Wechsel zulässt. In Deutschland werden Abschlüsse von two-year community colleges grundsätzlich nicht anerkannt.*

Auf dem *technical college* zum *certificate* oder *diploma*

Ausgerichtet auf Personen, die einen Ausbildungsberuf erlernen wollen, führt das *technical college* nach zwei Jahren zu einem *certificate,* womit die Ausbildung auch abgeschlossen ist.

Auf dem *four-year college* zum *bachelor's degree*

Hierbei handelt es sich entweder um eigenständige Institutionen oder auch um Bestandteile der Universitäten mit *graduate* und *professional schools* (für diejenigen, die den *master* oder *Ph.D.* machen wollen). Sowohl *colleges* als auch Universitäten bieten Studiengänge, die zum *bachelor's degree* führen – entweder *Bachelor of Arts (B.A.)* oder *Bachelor of Science (B.S. oder B.Sc.).* Die Regelstudienzeit beträgt normalerweise vier Jahre, welche folgendermaßen bezeichnet werden:

Jahr	Bezeichnung	Division
1st	*Freshman oder first year*	*Lower division*
2nd	*Sophomore (»wise fool«)*	*Lower division*
3rd	*Junior*	*Upper division*
4th	*Senior*	*Upper division*

Während der *lower division* müssen die Studenten eine Art Allgemeinstudium *(general studies),* z.B. in den Geisteswissenschaften, Naturwissenschaften oder Mathematik absolvieren. Während der *upper division* liegt der Fokus dann auf einzelnen, explizit ausgewählten Kursen. Damit den Studenten die Entscheidung für ihr Hauptfach *(major)* leichter fällt, können sie also die *general studies* nutzen, um verschiedene Perspektiven und Möglichkeiten zu erkunden. Auch hier gibt es jedoch wieder Ausnahmen: Die *liberal arts colleges* favorisieren eher eine allseitig gebildete Persönlichkeit, d.h., die Studenten erhalten eine ausgewogene Ausbildung in allen Bereichen der Geisteswissenschaften, Sozialwissenschaften und Naturwissenschaften. Studenten im Hauptstudium müssen dann neben ihren Kursen für die Hauptfächer (50%) und den Wahlpflichtkursen (25%) auch noch vorgegebene Pflichtkurse *(core curriculum)* aus bestimmten Fachbereichen wie z.B. *historical study, social analysis* oder *science* besuchen.

Durch *graduate studies* zum *master*

Die *graduate school* (kurz: *grad school*) ist Bestandteil einer *university*. Hier wird das wissenschaftliche Studium vertieft und erweitert. Typische Fächer einer *graduate school* sind Disziplinen der Geistes-, Sozial- und Naturwissenschaften; der Abschluss ist der *master*. Viele Absolventen mit *bachelor*-Abschluss setzen ihr Studium an der Universität fort und werden dann als *graduate students* bezeichnet. Zum Ende eines solchen Studiums schreibt der Student eine Masterthesis oder nimmt an einem bestimmten Studienprojekt teil. Einige Hochschulen bieten als Alternative das Belegen weiterer Kurse an und andere verlangen weder das eine noch das andere, sondern setzen lediglich eine Mindestanzahl bestandener Kurse und einen bestimmten Mindestnotendurchschnitt voraus.

Anmerkung: *Durch die Einführung der* bachelor- *und* master-*Studiengänge in Deutschland im Zuge des Bologna-Prozesses seit 2010 ist der Wechsel in das amerikanische Hochschulsystem zum Teil leichter geworden. Sie sollten sich in jedem Fall vorab erkundigen, welche Studienleistungen angerechnet werden können und ob Ihr Abschluss für ein weiterführendes Studium in den USA zugelassen ist. Hierfür empfehlen wir die Konsultation eines* credential evaluation service *(siehe Kapitel 16.2).*

Mit Promotion zum Doktortitel

Hat ein Student einen guten *master* gemacht, kann er sich für die Promotion qualifizieren. Diese führt für die meisten Fächer zum *Doctor of Philosophy (Ph.D.)*, der nach Erreichen des Titels dem Familiennamen nachgestellt wird, also beispielsweise *»Gerd Schulz, Ph.D.«*. Für eine Promotion müssen Sie nach dem Examen mit einer Forschungsarbeit Ihre Dissertation schreiben und diese abschließend vor einer Prüfungskommission verteidigen. Nach Erhalt des Doktorgrades entscheiden sich viele Absolventen dafür, in der akademischen Forschung zu bleiben, z. B. als Postdoktorand *(postdoc)*, Forschungsmitarbeiter oder in einer ähnlichen Position.

An der *professional school* zum *advanced professional degree*

An *professional schools* werden z. B. zukünftige Mediziner *(medical school)* und Wirtschaftsleute *(business school)* ausgebildet. Zulassungsvoraussetzung zu einer *professional school* ist der *bachelor* oder ein vergleichbarer Abschluss an einer vier Jahre dauernden Bildungseinrichtung. Generell ist die Wahrscheinlichkeit für ausländische Studenten, an einer *medical school* aufgenommen zu werden, eher gering. Im Falle von Jura *(law school)* ist dies jedoch weniger schwierig, und es werden sogar spezielle international ausgerichtete *Master of Laws (LL.M.)*-Programme für ausländische Studenten angeboten.

Die Verwaltung der Hochschulen

Wie bereits erwähnt sind US-amerikanische Hochschulen selbstständige Wirtschaftsbetriebe und als solche relativ autonom in ihren Entscheidungen über akademische Programme, Investitionen oder die Zusammensetzung des Lehrkörpers und der Studentenschaft. An der Spitze einer Hochschule steht ein *board of trustees* oder *board of regents*. Dies ist ein nichtakademischer Verwaltungsrat, der auch den Präsidenten und die Vizepräsidenten bestimmt.

Diese sind wiederum verantwortlich für Dinge wie Öffentlichkeitsarbeit, Finanzen, Studienprogramme und diverse andere Studienangelegenheiten. Darüber hinaus gibt es mehrere *deans* (Dekane), die entweder eine Abteilung auf Verwaltungsebene oder einen bestimmten Fachbereich bzw. eine bestimmte Fakultät der Hochschule *(department)* leiten. Zumeist wird außerdem ein Mitglied des Lehrkörpers zum Vorsitzenden eines *departments* gewählt. Dem Lehrkörper *(faculty)* gehören in der Regel die folgenden Personen an:

- *(full) professor* – Ordinarius
- *associate professor* – Extraordinarius/Dozent
- *assistant professor, instructor* – Lehrbeauftragter, Lektor

Full und *associate professor* haben in der Regel einen Anstellungsvertrag auf Lebenszeit, die Übrigen haben Zeitverträge. Der *teaching assistant* ist oft ein *graduate student* oder Doktorand, der in *undergraduate*-Kursen die vorlesungsbegleitenden *discussions* in geisteswissenschaftlichen Fächern oder die *laboratories* in naturwissenschaftlichen Fächern leitet.

Allgemeines zum Studium

Das akademische Jahr – *academic year:* Ein *academic year* läuft normalerweise neun bis zehn Monate, beginnt zumeist Ende August/Anfang September und endet Ende Mai oder Anfang Juni. Es ist entweder in *semester, trimester* oder *quarter* unterteilt.

Summer school/summer session: Von einigen Hochschulen wird eine begrenzte Auswahl von vollen, anrechenbaren Sommerkursen angeboten, mittels derer die Studenten ihre Gesamtstudienzeit verkürzen oder nicht bzw. schlecht bestandene Kurse des Vorjahres wiederholen können.

Prüfungen: An US-amerikanischen Hochschulen gibt es etappenweise Prüfungen in jedem Kurs. In der Semestermitte werden meistens in jedem Fach ausführliche Klausuren, die sogenannten *midterm exams,* geschrieben und am Ende eines Semesters folgen die *finals*. Die Prüfungen entscheiden über die Note für einen bestimmten Kurs, für den dann die *credits* angerechnet werden.

6.2 Das Bewerbungsverfahren

Der richtige Zeitpunkt für ein Auslandsstudium

Die Hochschulen in den Vereinigten Staaten sind für die ausgezeichnete Qualität ihres Bildungsangebots bekannt. Aber wann ist der beste Zeitpunkt für ein Studium oder Auslandsjahr in den USA? Das hängt ganz von Ihren persönlichen Zielsetzungen ab. Wenn Sie z.B. ein halbes oder ganzes Jahr bis zum Zeitpunkt Ihrer Studienaufnahme oder Ausbildung überbrücken möchten, dann bietet sich die Zeit direkt nach dem Abitur dafür an. Sie müssten den USA-Aufenthalt in diesem Fall aber weitestgehend selbst bezahlen.

Wenn Sie finanzielle Unterstützung benötigen, ist es empfehlenswert, den USA-Aufenthalt in das Studium zu integrieren. Deutsche Studierende können z.B. eine Förderung durch Auslands-BAföG beantragen. Für *master*-Studiengänge, Promotionen oder Forschungsarbeiten gibt es zudem zahlreiche Organisationen, die Stipendien für die USA vergeben. Detaillierte Informationen zu den Finanzierungsmöglichkeiten finden Sie in Kapitel 6.6.

Zulassung an einer amerikanischen Hochschule

Wenn Sie sich für ein Studium in den USA bewerben möchten, müssen Sie sich zuerst um die Zulassung *(admission)* kümmern. Amerikanische Hochschulen sind autonom und haben absolute Entscheidungsfreiheit bezüglich ihrer Zulassungskriterien. Daher sind die Bewerbungs- und Zulassungsverfahren an den einzelnen Hochschulen völlig unterschiedlich. Abhängig davon, wie renommiert eine Hochschule oder ein Fachbereich ist, herrscht teilweise harte Konkurrenz unter allen Studienbewerbern.

Das Bewerbungsverfahren beginnt etwa eineinhalb Jahre vor Ihrer geplanten Studienaufnahme in den USA. Als erstes richten Sie eine Anfrage an das *office of admissions* bzw. den *dean of admissions* oder den *director of graduate studies* Ihrer Wunschhochschule. Dort erhalten Sie eine Auskunft, welche Nachweise Sie für die Zulassung erbringen müssen. Trotz der unterschiedlichen Aufnahmekriterien der einzelnen Universitäten und *colleges* gibt es einige grundlegende Anforderungen, an denen sich internationale Bewerber orientieren können.

Zeugnisse: Als Studienanfänger *(undergraduate)* benötigen Sie die Hochschulreife (Abitur, Fachabitur, Matura). An *community colleges* reicht in einigen Fällen auch die Mittlere Reife und eine zweijährige Ausbildung. Wenn Sie ein *master*-Studium oder eine Promotion anstreben, müssen Sie Nachweise Ihrer bisherigen Studienleistungen und akademischen Grade vorlegen.

Bewerbungsformular: Abhängig von der Hochschule füllen Sie Ihr Bewerbungsformular entweder traditionell in Papierform *(paper-based application)* oder über ein Online-Bewerbungsformular aus. Dabei machen Sie u.a. Angaben zu Ihren persönlichen Daten, Ihrem akademischen Werdegang, Ihrem Wunschstudiengang oder Studienprogramm, Ihren Sprachkenntnissen und eventuell auch Ihren Interessen und außerunterrichtlichen Aktivitäten.

Motivationsschreiben: Selbst verfasste Motivationsschreiben *(statement of purpose)* ergänzen das Bewerbungsformular und sind an vielen amerikanischen Universitäten Teil des Zulassungsverfahrens. Bei dem Schreiben handelt es sich in der Regel um einen etwa 1.000 Wörter umfassenden Aufsatz, in dem Sie Ihrer Wunschhochschule einen Einblick in Ihre fachlichen und nichtfachlichen Motivationen sowie Ihre Ziele und Erwartungen für Ihren Hochschulwunsch vermitteln. Halten Sie sich beim Verfassen des *statement of purpose* unbedingt an die in Amerika üblichen Gliederungen und Formulierungen.

Zulassungstests: In den Vereinigten Staaten sind standardisierte Zulassungstests *(admission tests)* üblich. Studienanfänger absolvieren meist den *Scholastic Assessment Test (SAT)* oder den *American College Test (ACT)*. Übliche Zulassungstests für Bewerber in Graduierten-Studiengängen sind *Graduate Record Examination (GRE)* oder *Graduate Management Admission Test (GMAT)*. Detaillierte Informationen zu den verschiedenen Zulassungstests in den USA finden Sie in Kapitel 6.3.

Sprachtests: Internationale Studierende müssen einen Sprachtest bestehen, um nachzuweisen, dass sie dem Unterricht in den USA ohne Probleme folgen können. Die gängigsten Tests für die englische Sprache sind *TOEFL* und *IATE*.

Empfehlungsschreiben: Viele amerikanische Hochschulen verlangen, dass Sie Ihrer Studienbewerbung ein oder mehrere Gutachten oder Empfehlungsschreiben *(letters of recommendation)* beifügen. Bei Bewerbern in weiterführenden Studiengängen sollten Empfehlungsschreiben möglichst von Professoren oder Hochschuldozenten kommen.

Folgende Fragen müssen im Empfehlungsschreiben beantwortet werden:

- Woher und wie lange kennt Sie der Empfehlende (z. B. als Klassenlehrer, aus einer Übung oder einem Seminar)?
- Wie ist Ihr Persönlichkeitsprofil?
- Welche fachlichen Leistungen und Qualitäten können Sie vorweisen? Wie schneiden Sie Sie damit im Vergleich zu anderen Schülern oder Studenten ab?
- Wie groß ist nach Meinung des Empfehlenden der Nutzen des Auslandsaufenthaltes für Sie?

Empfehlungsschreiben müssen in englischer Sprache verfasst oder ins Englische übersetzt sein. Halten Sie sich außerdem genau an alle weiteren formalen Vorgaben der Hochschule, an der Sie sich bewerben.

Weitere Unterlagen: Einige Hochschulen verlangen außerdem Finanzierungsnachweise. In künstlerischen Fächern werden zudem manchmal Begabungsnachweise (Portfolios, Fotos, Zeichnungen) oder sogar eine Aufnahmeprüfung *(audition)* nach Ankunft in den USA verlangt.

Allgemeine Hinweise für Studienbewerber

Die Bewerbung um einen Studienplatz in den USA kann umfangreich und kompliziert sein und sollte rechtzeitig vorbereitet werden. Die folgenden Hinweise helfen Ihnen dabei, den Bewerbungsprozess optimal zu planen:

Bewerbungszeitraum: Für die überwiegende Zahl der Studierenden in den USA beginnt das akademische Jahr zwischen Ende August und Mitte September. Die Bewerbung für den Studienbeginn im Herbst *(regular admission)* wird in der Regel zwischen November und Januar eingereicht. An vielen Hochschulen sind auch Zulassungen für den *spring term* ab Januar möglich *(mid-year admission)*. Mancherorts unterteilt sich das akademische Jahr auch in drei *trimester* oder vier *quarter* und bietet drei oder vier potenzielle Einstiegszeitpunkte.

Alternativen: Ihre Studienbewerbung konkurriert mit denen von vielen amerikanischen und internationalen Studenten. Schauen Sie sich deshalb auch nach Alternativen um, falls die Bewerbung an Ihrer Wunschhochschule nicht erfolgreich ist.

Gesamteindruck: Die Zulassungsstellen amerikanischer Universitäten sind vor allem an Ihrem Gesamteindruck interessiert. Wenn Ihre Bewerbung also in einzelnen Punkten Schwächen aufweist, können Sie das durchaus an anderen Stellen wieder ausgleichen. Mindestanforderungen wie ausreichende Englischkenntnisse sollten Sie jedoch erfüllen.

Formale Vorgaben: Beim Bewerbungsablauf geht es in den USA sehr bürokratisch zu. Halten Sie sich deshalb genau an alle Schritte und formalen Anforderungen, die Ihre Hochschule bezüglich des Zulassungsverfahrens vorgibt.

Bezeichnungen: Geben Sie Bildungstitel wie Abitur, Zwischenprüfung oder Staatsexamen immer in der Originalbezeichnung an und übersetzen Sie sie nicht mit amerikanischen Umschreibungen. Sie können die ungefähre amerikanische Entsprechung stattdessen in Klammern dazuschreiben. Wenn Sie Umlaute oder ein »ß« in im Namen haben, verwenden Sie stets dieselbe Schreibweise (z. B. »ü« als »ue« und »ß« als »ss«), damit keine Verwechslungen oder Missverständnisse entstehen.

Zulassung: Viele amerikanische Hochschulen verschicken bereits im Februar Zulassungs- oder Ablehnungsbescheide für den Studienbeginn im Herbst. Geben Sie Ihrer Wunschhochschule bei einer Zulassung unbedingt Rückmeldung über die Annahme des Studienplatzes. Wenn Sie mehrere Zusagen erhalten, benachrichtigen Sie unbedingt auch die anderen Institutionen und lehnen deren Angebote dankend ab. Anschließend können Sie sich um Ihr Studentenvisum (siehe Kapitel 9.2), die Finanzierung Ihres Studiums (siehe Kapitel 6.6), eine Unterkunft und den Umzug kümmern.

Wenn Sie Ihren Studienplatz aufgrund von unvorhergesehenen Umständen nicht antreten können, haben Sie die Möglichkeit, die Zulassung um ein Jahr zu verschieben *(deferral of admission)*.

Weitere Informationen zur Bewerbung um einen Studienplatz in den USA finden Sie auf den Webseiten *educationusa.state.gov*, *www.college-contact.com* und *www.studieren-in-usa.de*.

6.3 Zulassungstests

Sprachtests

Wenn Sie in den USA studieren möchten, müssen Sie einen Englischtest bestehen, der Ihre Sprachkenntnisse bestätigt. Die beiden gängigsten Testsysteme für die englische Sprache sind *TOEFL* und *IATE*.

TOEFL

Der *TOEFL*-Test *(Test of English as a Foreign Language)* ist der bekannteste standardisierte Sprachtest, der die Englischkenntnisse von Nichtmuttersprachlern beurteilt. Er wird vom *ETS (Educational Testing Service)* veranstaltet und von mehr als 12.500 Universitäten und Institutionen in über 160 Ländern anerkannt. Auch die meisten Hochschulen in den Vereinigten Staaten akzeptieren den *TOEFL*-Test, darunter renommierte Universitäten wie Harvard, Stanford oder das Massachusetts Institute of Technology (MIT).

ETS bietet zwei unterschiedliche Testversionen an: den kürzeren, allgemeinen *TOEFL Essentials Test* und den *TOEFL iBT (TOEFL Internet-Based Test),* der von den meisten Hochschulen anerkannt wird. Sie können den *TOEFL iBT* online absolvieren oder ein zertifiziertes Testzentrum aufsuchen. Diese gibt es in zahlreichen Großstädten überall auf der Welt. Über die Webseite des *ETS* können Sie sich sowohl für den Online-Test registrieren, aber auch einen Termin in einem Testzentrum in Ihrer Nähe buchen.

Der *TOEFL iBT* selbst dauert rund zwei Stunden. Wenn Sie den Test online durchführen, planen Sie sich noch eine halbe Stunde mehr zum Einchecken und Lesen der Anweisungen ein. Um den *TOEFL*-Test zu bestehen, müssen Sie Kenntnisse in den folgenden vier Bereichen nachweisen:

- *reading comprehension:* Lesefähigkeit
- *listening comprehension:* Hörverständnis
- *speaking:* Sprachkompetenz
- *written expression:* Schreibfertigkeit

Maximal können Sie 120 Punkte (30 Punkte pro Bereich) erzielen. Welche Punktzahl Sie für ein Studium in den USA benötigen, ist je nach Hochschule und Studiengang unterschiedlich. In den meisten Fällen werden von *undergraduate students* (*bachelor*-Studiengänge) mindestens 60 Punkte verlangt, während *postgraduate students* (z. B. Master-Studiengänge, Doktorat) etwa 80 Punkte erreichen müssen.

Das Resultat Ihres *TOEFL*-Tests erhalten Sie laut *ETS*-Webseite nach vier bis 16 Werktagen. Die Testergebnisse bleiben zwei Jahre gültig. Wenn Sie nicht mit Ihrer Punktzahl zufrieden sind, können Sie den *TOEFL* beliebig oft wiederholen. Weitere Informationen zum *TOEFL*-Test finden Sie auf der Webseite *www.ets.org/toefl.*

IELTS

Ein weiterer, weltweit anerkannter Sprachtest ist das *International English Language Testing System (IELTS)* des *British Council.* Der Test wird von den meisten Universitäten in Großbritannien, Irland, Kanada, Australien und Neuseeland, aber auch von über 3.300 Hochschulen in den USA akzeptiert. *IELTS* wird in zwei unterschiedlichen Testversionen angeboten: *General Training* für Arbeit und Immigration und *Academic* für Studenten.

Der *IELTS Academic*-Test unterteilt sich in die Bereiche:

- *listening:* Hörverständnis
- *academic reading:* Lesefähigkeit
- *academic writing:* Schreibfertigkeit
- *speaking:* Sprachkompetenz

Sie können den Test entweder in einem zertifizierten *IELTS*-Testzentrum ablegen oder als *IELTS Online*-Test absolvieren. Insgesamt dauert die Prüfung etwa drei Stunden. Abhängig vom Testformat erhalten Sie Ihr Ergebnis nach drei bis maximal 13 Tagen. Die Bewertung erfolgt auf einer Skala von 0 bis 9. Die meisten Hochschulen verlangen ein Testergebnis zwischen 6 und 7,5 Punkten. Für ein Studium an einer renommierten Universität wie z.B. Harvard kann jedoch auch ein höherer Wert notwendig sein. Weitere Informationen zum *IELTS*-Test finden Sie auf der Webseite *takeielts.britishcouncil.org*.

Allgemeine Zulassungstests

Da das amerikanische Studiensystem dezentral ist, können die einzelnen Hochschulen weitestgehend autonom über die Zulassung von Bewerbern entscheiden. Die Auswahlverfahren unterscheiden sich deshalb von Hochschule zu Hochschule. Die meisten Universitäten und *colleges* in den USA orientieren sich bei ihren akademischen Mindestanforderungen an etablierten Standards.

Akademische Zulassungs- und Studierfähigkeitstests sind in den USA weit verbreitet. Mit Hilfe dieser standardisierten Tests schätzen Hochschulen die analytischen Fähigkeiten und die fachliche Eignung von Studienbewerbern ein. Die Tests müssen in jedem Fall absolviert werden (gute Noten im Abitur oder der Matura können die Prüfungen nicht ersetzen). Zu den gängigsten Zulassungstests zählen der *Scholastic Assessment Test (SAT),* der *American College Test (ACT),* der *Graduate Management Admission Test (GMAT)* sowie die *Graduate Record Examination (GRE).*

SAT

Der *Scholastic Assessment Test (SAT)* richtet sich hauptsächlich an Studienanfänger, die ein Bachelorstudium in den USA absolvieren möchten. Er existiert bereits seit über 100 Jahren und wird von der gemeinnützigen Organisation *College Board* durchgeführt. Der *SAT* gliedert sich in zwei Teile: den allgemeinen Test und die *SAT Subject Tests.* In jedem der beiden Bereiche können maximal 800 Punkte erreicht werden.

Der allgemeine *SAT*-Test nimmt mit drei Stunden und 45 Minuten den größeren Teil der Prüfungszeit in Anspruch. Hier werden die Abschnitte *critical reading (multiple-choice*-Fragen zu gegebenen Textpassagen), *writing* (Schreiben eines Essays, Korrigieren von Textfehlern) und *mathematics* (größtenteils *multiple-choice*-Fragen) abgearbeitet. Die *SAT Subject Tests* dauern rund eine Stunde und enthalten *multiple-choice*-Fragen zum jeweiligen Fachbereich des Studienbewerbers.

Die Prüfungen werden zu mehreren Terminen im Jahr angeboten. Testzentren, die den *SAT* und die *SAT Subject Tests* durchführen, gibt es überall auf der Welt. Auf der Webseite des *College Board* (*www.collegeboard.org*) finden Sie alle Zentren und bevorstehenden Prüfungstermine und können sich online für einen Test registrieren. Der *SAT* kann beliebig oft wiederholt werden.

ACT

Genau wie der *SAT* richtet sich der *American College Test (ACT)* an Studienanfänger, hat aber einen stärkeren Fokus auf Naturwissenschaften. Der Test dauert rund drei Stunden, besteht aus *multiple-choice*-Fragen und gliedert sich in die Bereiche Englisch, Mathematik, Lesen und Naturwissenschaften. Jeder der vier Bereiche des *ACT* wird mit maximal 36 Punkten bewertet. Die Gesamtpunktzahl *(composite score)* ergibt sich aus dem Durchschnitt der vier Ergebnisse. Einige Hochschulen verlangen einen erweiterten Test, den *ACT Plus Writing*. Diese Testversion ist 30 Minuten länger und die Teilnehmer müssen zusätzlich einen Essay schreiben, der mit maximal 12 Punkten bewertet wird.

Sie können den *ACT*-Test bis zu zwölf Mal abgelegen. Weitere Informationen zum Test, den Prüfungsterminen und Testzentren sowie die Online-Registrierung finden Sie auf der Webseite *www.act.org*.

GMAT

Der *Graduate Management Admission Test (GMAT)* ist ein standardisierter Eignungstest für *postgraduale master*-Studiengänge oder *Ph.D.*-Programme im Bereich Wirtschaftswissenschaften. Er wurde vom *Graduate Management Admission Council (GMAC),* einer Vereinigung von führenden Wirtschaftsuniversitäten, konzipiert und wird von mehr als 2.400 Universitäten und *colleges* als Zugangskriterium genutzt. Der *GMAT*-Test dauert zwei Stunden und 15 Minuten und enthält insgesamt 64 Testfragen aus den drei Bereichen *quantitative reasoning* (Arithmetik und elementare Algebra), *verbal reasoning* (Leseverständnis und kritisches Denken) und *data insights* (Analysieren und Interpretieren von Daten). Die maximal mögliche Gesamtpunktzahl ist 800. Sie können den *GMAT*-Test höchstens fünf Mal innerhalb eines Jahres, insgesamt jedoch höchstens acht Mal, ablegen. Die Testergebnisse bleiben fünf Jahre lang gültig. Autorisierte Testzentren finden Sie überall auf der Welt. Alternativ kann die Prüfung auch online abgelegt werden. Weitere Informationen zum *GMAT*-Test finden Sie auf der Webseite *www.mba.com*.

GRE

Die standardisierte *Graduate Record Examination (GRE)* wird von der Organisation *Educational Testing Service (ETS)* durchgeführt und dient zur Einschätzung von Bewerbern für ein Masterstudium oder *Ph.D.*-Programm. Der *GRE General Test* besteht aus den drei Testabschnitten *verbal reasoning, quantitative reasoning* und *analytical writing* und überprüft Ihre verbalen, analytischen und mathematischen Kenntnisse und Fähigkeiten. Er kann durch einen *GRE Subject Test* ergänzt werden, der Ihr vorhandenes Fachwissen in einem bestimmten Studienbereich (z.B. Mathematik, Physik oder Psychologie) bewertet. Sie können das Ergebnis des *GRE Subject Test* verwenden, um Ihre Studienunterlagen, Empfehlungsschreiben und andere Qualifikationen für ein Graduiertenstudium zu ergänzen. Weitere Informationen zum *GRE*-Test finden Sie auf der Webseite *www.ets.org/gre*.

Weitere Zulassungstests

Es gibt außerdem eine Reihe von fachspezifischen Zulassungstests. Der *Medical College Admission Test (MCAT)* ist für Bewerber der Fachrichtung Medizin, im *Dental Admission Test (DAT)* werden Bewerber der Fachrichtung Zahnmedizin geprüft und der *Law School Admission Test (LSAT)* richtet sich an Bewerber der Fachrichtung Jura.

Tipps für Studienbewerber

Informieren Sie sich bei Ihrer Wunschhochschule, welche Tests als Zulassungskriterium vorgelegt werden müssen und welche Punktzahl Sie erreichen sollten. Wenn Ihre Hochschule mehrere Zulassungs- oder Sprachtests akzeptiert, haben Sie die Möglichkeit, zu vergleichen, welche Prüfung sich hinsichtlich Testformat, Inhalt und Terminen am besten für Sie eignet. Auch die Kosten sollten Sie im Blick behalten. So variieren z.B. die Gebühren für den *TOEFL*-Test stark von Land zu Land.

Nehmen Sie die Prüfungen nicht auf die leichte Schulter. Obwohl Sie die Tests in der Regel mehrfach, manchmal sogar beliebig oft, wiederholen können, fällt dennoch bei jedem neuen Versuch eine Gebühr an. Nehmen Sie sich deshalb genügend Zeit für die Vorbereitung. Die meisten Testveranstalter bieten umfangreiches Testmaterial, Literatur und spezielle Kurse an, mit denen Sie sich bestens auf den anstehenden Prüfungstermin vorbereiten können.

6.4 Anerkennung von Studienleistungen

Die Bildungssysteme in den USA und in Europa sind teilweise unterschiedlich aufgebaut und es gibt keine bilateralen Abkommen zur Anerkennung von Studienleistungen und akademischen Graden. Auch wenn in den Ländern der EU das dreistufige Graduiertensystem aus *bachelor, master* und *Ph.D./doctor* üblich geworden ist, unterscheiden sich die Studieninhalte zum Teil stark von denen in den USA, und Abschlüsse werden nicht automatisch anerkannt.

Aber nicht nur für komplette Studienabschlüsse, sondern auch für die Anerkennung von einzelnen Kursleistungen gibt es keine einheitliche Regelung. Aus diesem Grund sollten Sie sich bereits frühzeitig während der Planungsphase Ihres Auslandsaufenthalts gründlich mit der Anerkennung von Studienleistungen auseinandersetzen. Das gilt nicht nur für die Studiennachweise zur Zulassung und Einstufung in den USA, sondern auch für die Anerkennung der amerikanischen Studienleistungen bei Ihrer Rückkehr.

Einstufung internationaler Studienbewerber in den USA

Ihre Leistungsnachweise sind sowohl bei der Zulassung für einen Studienplatz, als auch bei der Einstufung an einer amerikanischen Hochschule wichtig. Es existiert in den USA kein zentrales Gremium, das die Schul- und Studienleistungen von internationalen Bewerbern bewertet. Deshalb haben amerikanische Hochschulen hinsichtlich der Einstufung *(classification)* von Studienbewerbern völlige Freiheit.

Wenn Sie Studienanfänger sind und sich um ein *bachelor*-Studium in den USA bewerben möchten, müssen Sie ein Abitur oder die Fachhochschulreife nachweisen. Da amerikanische Schüler ihren *high school*-Abschluss in der Regel nach zwölf Schuljahren erhalten, haben Sie unter Umständen einen Vorteil, wenn Sie Ihr Abitur nach 13 Jahren erlangt haben. Das sogenannte *advanced standing* ermöglicht es Ihnen eventuell, das Studium um ein Jahr zu verkürzen. Die Hochschulen in den USA prüfen aber jeden Einzelfall und entscheiden autonom, ob eine Verkürzung der Studienzeit gewährt werden kann.

Eine Einstufung seitens der US-Hochschule erfolgt auch für Studierende, die ein Auslandsjahr in den Vereinigten Staaten verbringen möchten und bereits Kursleistungen von der Heimatuniversität vorweisen können. Dabei erfolgt die Einstufung in der Regel nicht zum Bewerbungszeitpunkt, sondern zum Zeitpunkt des Studienbeginns in den USA. Sie benötigen Nachweise und Leistungsscheine Ihrer besuchten Hochschulkurse und Nachweise zu bestandenen Prüfungen und Zwischenprüfungen.

Wenn Sie statt eines Bildungsnachweises eher praktische Fähigkeiten und Sprachkenntnisse erwerben möchten, haben Sie an vielen Hochschulen die Möglichkeit, sich für ein oder zwei Semester als *non-degree student* oder *special student* einzuschreiben. Hier sind die Zulassungsanforderungen meistens nicht so streng und Sie können eine größere Anzahl von Kursen besuchen.

Anerkennung von internationalen Studienabschlüssen in den USA

Inhaber eines *undergraduate degree* (meist der *bachelor*-Abschluss) finden in den USA eine große Bandbreite an weiterführenden *master*-Studiengängen. Da der *bachelor*-Abschluss in Amerika nach einer Studienzeit von vier Jahren erlangt wird, kann es zu Niveauunterschieden und Schwierigkeiten bei der Anerkennung kommen, wenn Sie in Ihrem Heimatland einen *bachelor*-Studiengang mit einer Regelstudienzeit von nur drei Jahren absolviert haben.

Die Voraussetzungen für den *master* variieren je nach Fachbereich. Über die Zulassung entscheiden die US-Hochschulen, nachdem sie die Kursinhalte Ihres *bachelor*-Studiengangs, Ihre Empfehlungsschreiben sowie alle weiteren geforderten Qualifikationen und Bewerbungsunterlagen geprüft haben. Unter Umständen müssen Sie zusätzliche *bachelor*-Kurse in den USA belegen, um Wissenslücken zu schließen. In berufsbezogenen *professional master*-Programmen (z. B. in Ingenieurwissenschaften) ist teilweise auch Berufserfahrung notwendig.

Auch bei *Ph.D.*-Programmen werden im Ausland erworbene Qualifikationen von US-Hochschulen nicht automatisch anerkannt und amerikanischen Abschlüssen gleichgesetzt. Es gelten die von der jeweiligen Hochschule festgelegten Mindestvoraussetzungen. In der Regel brauchen Sie jedoch einen guten bis sehr guten *master*-Abschluss, um sich für ein Promotionsstudium zu qualifizieren.

Einen Sonderfall bilden medizinische Studiengänge, bei denen es für internationale Bewerber besonders schwierig ist, einen Studienplatz in den USA zu erhalten. Nicht alle amerikanischen Hochschulen für Medizin *(medical schools)* nehmen internationale Studierende auf. Zudem sollten die Studienbewerber eine gewisse Anzahl an Hochschulkursen in naturwissenschaftlichen Fächern vorweisen können, die in den USA oder Kanada absolviert wurden. Ein Aufnahmetest für medizinische Studiengänge *(Medical College Admission Test, MCAT)* und gute Englischkenntnisse sind ebenfalls notwendig.

In den USA gibt es keine staatliche Stelle, die akademische Abschlüsse von nicht-amerikanischen Bildungseinrichtungen bewertet. Sie können jedoch private Dienstleister *(credential evaluation services)* damit beauftragen. Zu den wichtigsten Bewertern gehören World Education Service (WES), Foreign Academic Credential Service (FACS), Education Evaluators International (EEI), Educational Credential Evaluators (ECE), National Association of Credential Evaluation Services (NACES) und Association of International Credential Evaluators (AICE). Bevor Sie einen solchen Service nutzen, sollten Sie sich aber bei Ihrer Wunschhochschule darüber informieren, ob und welche *credential evaluation services* von ihr akzeptiert werden. Mehr Informationen zu *credential evaluation services* finden Sie in Kapitel 16.2.

Anerkennung von Kursleistungen aus den USA

Studienleistungen und Abschlüsse, die in den USA erworben wurden, werden nicht automatisch von europäischen Hochschulen anerkannt. Das innerhalb der USA übliche Verfahren des *transfer of credits* gibt es transatlantisch noch nicht. Wenn Sie also als *transfer student* ein Studienjahr in den USA verbringen, sollten Sie sich vor der Zusammenstellung Ihres Stundenplanes genau informieren, welche Studienleistungen Sie sich in Ihrem Heimatland anerkennen lassen können.

Studierende, die ihr Auslandsstudium über einen Austauschdienst (z. B. DAAD) organisieren, bewegen sich in einem sicheren Rahmen, da die Anerkennung hier in einem *learning agreement* zwischen den europäischen und den US-amerikanischen Institutionen verabredet wird. Anderenfalls entscheidet entweder der Fachbereich oder das Prüfungsamt einer Hochschule über die Anerkennung von Kursleistungen aus den USA.

Klären Sie deshalb schon vor dem Auslandsaufenthalt mit Ihrer Heimathochschule ab, unter welchen Voraussetzungen Sie die in den USA erbrachten Studienleistungen anrechnen lassen können und halten Sie das Besprochene in Form eines *learning agreement* fest. In der Regel können aber nur die Kurse angerechnet werden, die in den Studienplan Ihrer Heimatuniversität passen. Es ist durchaus möglich, dass Sie im Rahmen der amerikanischen Studienpläne auch fachfremde Kurse belegen müssen, die Ihnen nicht anerkannt werden.

Während Sie sich in den USA aufhalten, müssen Sie alle erbrachten Leistungen dokumentieren *(transcript of records, student record card, academic credentials)* und die entsprechenden Nachweise aufbewahren. Nur Kurse, die durch Leistungsnachweise belegbar sind, können angerechnet werden. Falls sich während Ihres Auslandsaufenthaltes etwas an Ihrem *learning agreement* ändert, sollten Sie dies Ihrer Heimathochschule umgehend mitteilen. Legen Sie nach Ihrer Rückkehr alle relevanten Unterlagen für die Anerkennung schnellstmöglich bei der zuständigen Stelle an der Heimathochschule vor. Dazu gehören der Immatrikulationsnachweis, die anzuerkennenden Leistungs- und Prüfungsnachweise, das *learning agreement* sowie Beschreibungen Ihrer absolvierten Kurse und Module.

Anerkennung von amerikanischen Studienabschlüssen

Wenn Sie ein komplettes Studium in den USA absolviert haben, müssen Sie Ihren Abschluss in manchen Fällen anerkennen lassen. Ob eine offizielle Anerkennung des Auslandsstudiums nötig ist und wer für die Prüfung zuständig ist, ist von Fall zu Fall unterschiedlich.

Studienbewerber, die ein amerikanisches *undergraduate degree* wie den *bachelor* besitzen und in Deutschland oder Europa ein *master*-Studium beginnen möchten, benötigen eine akademische Anerkennung. Zuständig dafür sind die jeweiligen Hochschulen, da die akademische Anerkennung von im Ausland erworbenen Studienabschlüssen nicht gesetzlich geregelt ist. Ausschlaggebend für die Anerkennung des *bachelor* sind die Studienzeiten und Studieninhalte. Dagegen wird das amerikanische *associate degree* z. B. in Deutschland nicht als vollwertiger akademischer Abschluss anerkannt, da er nur eine zweijährige Studienzeit umfasst.

Wenn Sie einen nicht-reglementierten Beruf ausüben möchten, benötigen Sie in der Regel keine offizielle Anerkennung. Der Arbeitgeber allein entscheidet, ob er den Abschluss als ausreichend erachtet. In Deutschland können Sie aber trotzdem bei der Zentralstelle für ausländisches Bildungswesen (ZAB) eine Zeugnisbewertung erhalten. Die ZAB vergleicht Ihre Qualifikation mit deutschen Abschlüssen und stuft das akademische Niveau ein.

Anders sieht die Situation aus, wenn Sie mit Ihrem amerikanischen Abschluss in einem reglementierten Beruf tätig werden möchten. Zu den reglementierten Berufen gehören Jura, Medizin, Lehramt und viele Berufe aus den Bereichen Gesundheit und Erziehung (z. B. Krankenpflege oder Sozialpädagogik). Hier benötigen Sie eine offizielle berufliche Anerkennung, um den Beruf ausüben zu dürfen. Zuständig ist in der Regel das Bundesland, in dem Sie leben und arbeiten möchten. Kontaktieren Sie die für Ihren Fachbereich zuständigen Behörden, z. B. Kultus-, Wissenschafts-, Gesundheits- und Sozialministerien oder andere zuständige Stellen wie Architektenkammern oder Landesärztekammern. Es gibt auch einige Fälle, in denen eine Fachakkreditierung des Studiengangs notwendig ist, z. B. beim *Master of Business Administration (MBA)* durch die *American Assembly of Collegiate Schools of Business.*

Um sicher zu gehen, dass Sie Ihre Studienleistungen und akademischen Grade bei Ihrer Rückkehr nach Deutschland oder Europa anerkennen lassen können, sollten Sie für Ihr USA-Studium eine akkreditierte Hochschule wählen. Die rund 500 Mitglieder der *Council of Graduate Schools in the United States (CGS)* und *American Association of Universities (AAU)* sind grundsätzlich anerkannt.

6.5 Wahl des Studienplatzes

Die Wahl des passenden Studienplatzes in den USA kann von vielen verschiedenen Faktoren beeinflusst werden. Dazu gehören z. B. oft das Prestige und die Größe der Hochschule. Sie sollten sich außerdem über Ihre Chancen auf eine Zulassung, die Höhe der Studiengebühren, mögliche Stipendien, die Qualität innerhalb Ihres angestrebten Fachbereichs, die Forschungserfolge der Professoren sowie das zahlenmäßige Verhältnis zwischen Studenten und Hochschullehrern informieren. Auch Forschungsprojekte und Kooperationen der Universität mit der Wirtschaft können Ihre zukünftigen Karrierechancen positiv beeinflussen.

Tipp: *Legen Sie eine Liste mit den für Sie relevanten Kriterien an und überprüfen Sie die verschiedenen Hochschulen im Rahmen einer ausführlichen Recherche. Aktuelle Ranglisten und Informationen zu US-Universitäten finden Sie z. B. auf: www.forbes.com/top-colleges.*

Prestige

In den Vereinigten Staaten befinden sich einige der weltweit renommiertesten Hochschulen. Zu den berühmten Privatuniversitäten der *Ivy League* an der US-Ostküste gehören Harvard, Yale, Princeton, Columbia, Brown, Dartmouth, Cornell und die University of Pennsylvania. In Kalifornien bieten die Stanford University und das California Institute of Technology (Caltech) beste Studienbedingungen. Ihr Prestige verdanken die amerikanischen Eliteuniversitäten nicht nur der Qualität ihres Bildungsangebots, sondern auch einer langen Tradition und einer großen Zahl an prominenten Absolventen, zu denen dutzende US-Präsidenten, Bundesrichter, Nobelpreisträger und erfolgreiche Unternehmer gehören. Ein Abschluss an einer prestigeträchtigen US-Universität wird Ihre Chancen auf dem Arbeitsmarkt deutlich erhöhen. Doch die Studienplätze sind hart umkämpft und die Zulassungsvoraussetzungen anspruchsvoll. Sie können außerdem davon ausgehen, dass das Arbeitspensum an einer Eliteuniversität sehr hoch sein wird.

Die 10 besten Hochschulen in den USA:
Ranking, Fakten und Studiengebühren

Größe

Große Universitäten haben in der Regel eine umfangreiche Ausstattung mit Bibliotheken, Labors, Cafeterien und Unterkünften auf dem Campus sowie eine Vielzahl an außerunterrichtlichen Angeboten (z.B. Clubs, Sport und Konzerte). An den drei größten Universitäten in den USA sind rund 70.000 Studenten eingeschrieben. Wenn Sie eher ein geselliger Typ sind, ist eine große Hochschule also der richtige Ort für Sie. Es gibt aber auch Universitäten in kleineren Städten mit nur etwa 1.000 eingeschriebenen Studenten. Hier sind die zur Verfügung stehenden Mittel geringer, aber es herrscht eine familiäre Atmosphäre und die Dozenten können besser auf die Bedürfnisse der Studenten eingehen.

Die Anzahl der eingeschriebenen Studenten an einer Universität sagt natürlich nur wenig über die Qualität des Unterrichts aus. Es gibt gute und weniger gute kleine Hochschulen, und auch an großen Universitäten kann es starke und schwache Fachbereiche geben.

Öffentliche vs. private Universität

In den USA haben Sie die Wahl zwischen fast 4.000 akademischen Einrichtungen, davon etwa 1.600 öffentliche und 2.400 private Hochschulen. An privaten Universitäten müssen Sie mit erheblich höheren Kosten rechnen, dafür bieten sie jedoch Vorteile wie kleine Klassen, hervorragend ausgestattete Einrichtungen und starke Alumni-Netzwerke. Was das Freizeitangebot anbelangt, konzentrieren sich private Hochschulen manchmal auf bestimmte Interessengebiete. An öffentlichen Hochschulen profitieren Sie – neben den geringeren Kosten – von einer großen Anzahl an angebotenen Studienfächern, einem vielfältigen Angebot an Aktivitäten für alle möglichen Interessensgebiete sowie einem hohen Maß an Diversität.

Campus & Unterkunft

Der Begriff »Campus« bezeichnet die Gesamtheit aller Unterrichts- und Forschungsstätten, Wohnheime sowie Freizeiteinrichtungen an einer Hochschule. Hier herrscht eine besondere Atmosphäre, die nicht nur das akademische Leben beinhaltet. Es gibt Bibliotheken, Cafeterien,

Sportangebote, Musikkonzerte, Theateraufführungen, Clubs und Interessengemeinschaften sowie politische Bewegungen. Viele Studenten schätzen den großartigen *community spirit* des Campuslebens. Gerade internationalen Studenten kann dies jedoch ein hohes Maß an Anpassung und Umdenken abverlangen. So gibt es in den typischen Wohnheimen *(dormitories)* verhältnismäßig wenig Platz und Privatsphäre und teilweise auch zusätzliche Regeln, an die sich alle Bewohner halten müssen. Wenn Sie die Freiheit einer eigenen Bleibe außerhalb des Campus bevorzugen, müssen sich ihre Unterkunft selbst organisieren. Je nach Stadt können die Wohnkosten hierbei enorm schwanken. Sofern sich die Wohnung nicht unmittelbar in Campusnähe befindet, müssen Sie außerdem mit zusätzlichen Kosten für den Transport rechnen.

Betreuung

An einer amerikanischen Hochschule steht Ihnen ein Studienberater *(academic advisor* oder *student advisor)* zur Verfügung, der Ihnen hilft, sich in Ihrem Studiengang zurechtzufinden und die Herausforderungen des Universitätsalltags zu meistern. Ein *academic advisor* ist dafür verantwortlich, dass die ihm anvertrauten Studenten ihr Studium sinnvoll gestalten und rechtzeitig zum Abschluss bringen. Er berät bei der Gestaltung des Studienplans, informiert über einzuhaltende Pflichtveranstaltungen und sorgt dafür, dass Studenten ihren Stundenplan nicht überladen. An vielen Hochschulen gibt es zudem einen *international student advisor*, der für die Belange ausländischer Studenten zuständig ist.

Außerdem gibt es in der Regel einen *Vice President of Student Affairs (VPSA)* oder *Chief Student Affairs Officer (CSAO)*, der sich vor allem um das Wohlbefinden und die Assimilierung der jüngeren Studenten kümmert. Zu den Zuständigkeiten und Aufgabenbereichen des *VPSA* und seines Mitarbeiterteams gehören Verwaltungsaufgaben, Personalmanagement, Öffentlichkeitsarbeit, direkte Interaktion mit Studenten und Krisenmanagement. Amerikanische Hochschulen verfügen meist auch über eine gute medizinische Versorgung und psychologische Beratung.

Studiengebühren

Die Studiengebühren *(tuition fees)* gehören zu den größten Kosten bei einem Studium in den USA. Ihre Höhe ist aber sehr unterschiedlich und von mehreren Variablen abhängig, z. B. der gewählten Hochschule, dem Studiengang und dem Standort. Den größten Preisunterschied macht jedoch die Tatsache aus, ob es sich um eine öffentliche oder eine private Einrichtung handelt.

Die Kosten für ein *bachelor*-Studium in den USA liegen an einer öffentlichen Hochschule zwischen 8.000 $ und 35.000 $ pro Jahr und für ein *master*-Studium zwischen 10.000 $ und 35.000 $ pro Jahr. An einer privaten Einrichtung zahlen Sie 25.000 $ bis 50.000 $ pro Jahr für einen *bachelor*-Studiengang und 22.000 $ bis 55.000 $ pro Jahr für einen *master*. Bei einem Studium an einer öffentlichen Hochschule wird zudem zwischen *in-state-students* und *out-of-state students* unterschieden. Das bedeutet, dass sich der Wohnort vor Beginn des Studiums auf die Höhe der Studiengebühren auswirkt. *Out-of-state students*, die aus einem anderen Bundesstaat stammen, müssen mit mindestens doppelt so hohen – und teilweise sogar vielfach höheren – Gebühren rechnen. Internationale Studenten gelten als *out-of-state students* und müssen die hohen *out-of-state tuition fees*, auch *nonresident fees* genannt, bezahlen. Wenn sie jedoch eine GreenCard haben, so verringern sich die Studiengebühren spätestens nach dem ersten Studienjahr auf die günstigeren *in-state tuition fees.*

Tipp: *Das* Net Price Calculator Center *des US-Bildungsministeriums verschafft Ihnen einen Überblick über die Kosten für ein Studium an Ihrer Wunschhochschule: collegecost.ed.gov/net-price.*

Weitere Kosten

Kosten entstehen nicht erst mit Beginn des Studiums in den USA, sondern bereits in der Vorbereitungsphase. Schon bevor es für Sie über den »großen Teich« geht, fallen Bewerbungsgebühren und Gebühren für Sprach- und Zulassungstests (siehe Kapitel 6.3) an. Und wenn Sie Ihre Zulassung in der Tasche haben, müssen Sie die Anreise in die USA und ggf. den Transport von Umzugsgut organisieren. Während des Studienaufenthalts müssen Sie natürlich neben den Studiengebühren auch alle anfallenden Lebenshaltungskosten aufbringen. Auch Studienmaterialien und Bücher müssen Sie in der Regel selbst bezahlen.

6.6 Finanzierungsmöglichkeiten

Es gibt verschiedene Wege, finanzielle Unterstützung für den Auslandsaufenthalt in den USA zu erhalten. Hierzu gehören z. B. Finanzierungshilfen durch US-Institutionen, das Auslands-BAföG für deutsche Studierende, der Bildungskredit des Bundesministeriums für Bildung und Forschung oder auch ein umfangreiches Angebot an Stipendien.

Finanzierungshilfe durch US-Institutionen

Erkundigen Sie sich bei Ihrer Wunschuniversität in den USA, ob diese Stipendien *(scholarships* oder *fellowships)* anbietet und ob Sie dafür in Frage kommen. In der Regel bekommen Sie als Stipendiat an einer amerikanischen Hochschule die Studiengebühren erlassen und erhalten eine zusätzliche finanzielle Unterstützung. Für *undergraduate students* (*bachelor*-Studiengang) sind Stipendienangebote eher selten vorhanden. Besser sieht es da schon aus, wenn Sie ein *graduate student* (Aufbaustudium, z.B. *master,* Doktorat) sind und gute akademische Leistungen nachweisen können.

Assistantships sind Assistenzstellen, bei denen Sie eine bestimmte Anzahl von Stunden für die jeweilige US-Hochschule arbeiten. Sie müssen dafür nicht unbedingt ein Lehramtsstudent sein, sondern können z. B. beim Korrigieren von Tests und Aufsätzen helfen, Arbeitsgruppen leiten oder in den Bereichen Forschung *(research)* oder Verwaltung *(administration)* tätig werden. Im Gegenzug erhalten Sie ein monatliches Gehalt und/oder die Studiengebühren werden Ihnen erlassen. Ausschreibungen für Assistenzpositionen finden Sie auf den Webseiten der Hochschulen. Sie können auch direkt Professoren und Dozenten aus Ihrem Fachbereich kontaktieren und anfragen, ob Bewerbungen angenommen werden.

Eine dritte Möglichkeit zur Finanzierung Ihres Studiums durch US-Institutionen sind die in den Vereinigten Staaten weit verbreiteten Studienkredite *(student loans).* Ausländische Studierende können zwar keinen *federal student loan* vom amerikanischen Staat erhalten, aber bei Banken oder speziellen privaten Kreditgebern wie z. B. Earnest, Ascent oder Prodigy Finance einen *international student loan* beantragen. Die Studentendarlehen sind flexibel, haben lange Rückzahlungsfristen und günstige Zinssätze. Mit der Rückzahlung beginnen Sie in der Regel erst nach Ihrem Abschluss.

Auslands-BAföG für deutsche Studierende

Deutsche Studierende haben die Möglichkeit, Leistungen gemäß BAföG (Bundesausbildungsförderungsgesetz) zu beantragen, um ihr Studium zu finanzieren. Darüber hinaus gibt es das Auslands-BAföG, das eine Unterstützung für ein Auslandsjahr oder Auslandssemester bietet.

Genau wie beim Inlands-BAföG entscheidet auch beim Auslands-BAföG das Einkommen der Eltern eines Studierenden darüber, ob und in welcher Höhe eine Förderung bewilligt wird. Sie müssen keine herausragenden Leistungen vorweisen, jedoch sollten Sie die folgenden Voraussetzungen erfüllen:

- Ihr ständiger Wohnsitz befindet sich in Deutschland.
- Sie sind als Vollzeit-Student an Ihrer Hochschule immatrikuliert.
- Die Ausbildung in den USA ist der an Ihrer deutschen Hochschule gleichwertig.
- Das Auslandsstudium in den USA ist in ein Studium in der EU (z. B. Deutschland) oder der Schweiz eingebettet und Sie haben bereits ein Jahr lang studiert.
- Sie studieren in den USA dieselbe Fachrichtung wie zuhause.
- Sie befinden sich innerhalb der Regelstudienzeit.
- Sie werden mindestens sechs Monate lang in den USA studieren (Ausnahmen gelten bei Kooperationsabkommen zwischen den beteiligten Hochschulen).

Falls Sie bereits vier oder mehr Semester studiert haben, müssen Sie in der Lage sein, alle geforderten Leistungsnachweise vorzulegen.

Wenn Sie BAföG für Ihr Studium in Deutschland erhalten, werden Ihnen höchstwahrscheinlich auch BAföG-Leistungen für Ihr Auslandssemester bewilligt. Da für ein Studium in den Vereinigten Staaten höhere Kosten zu erwarten sind als z. B. in Deutschland, können Sie damit rechnen, dass Ihr BAföG-Satz für die USA höher sein wird als die regulären Leistungen zuhause. Im Auslands-BAföG enthalten sind Zuschüsse zur Auslandskrankenversicherung, den Studiengebühren und den Reisekosten.

Das Auslands-BAföG für die USA erhalten Sie maximal für ein Jahr. Reichen Sie den Antrag nach Möglichkeit etwa sechs Monate vor Ihrem Amerika-Aufenthalt ein, da die Bearbeitungszeiten oft sehr lang sind. Wenn Sie später dran sind, werden Ihnen die Leistungen zwar nachträglich und in gleicher Höhe ausgezahlt, aber solange Sie auf Ihren Bescheid warten, müssen Sie alle anfallenden Kosten zunächst aus eigener Tasche bezahlen.

Für die Bearbeitung von Auslandsanträgen sind unterschiedliche Ämter in ganz Deutschland verantwortlich. Ihr Ansprechpartner für ein Studium in den USA ist das Studierendenwerk Hamburg: *www.stwhh.de*.

Bildungskredit

Das Bildungskreditprogramm des Bundesministeriums für Bildung und Forschung ermöglicht einen befristeten, zinsgünstigen Kredit, wenn Sie sich nicht für BAföG qualifizieren oder auch zusätzlich zu den BAföG-Leistungen. Auch für ein Studium im Ausland können Sie den Bildungskredit erhalten. Die Voraussetzung dafür ist, dass Ihre Hochschule gleichwertig mit einer deutschen Ausbildungsstätte ist. Als Antragsteller müssen Sie mindestens 18 und höchstens 36 Jahre alt sein. Ihr Einkommen oder das Ihrer Eltern spielt für die Bewilligung keine Rolle. Maximal können Sie 24 Monatsraten à 300 €, also insgesamt 7.200 €, erhalten. Außerdem wird die Förderung nur bis zum zwölften Studiensemester gewährt.

Die Rückzahlung des Bildungskredites erfolgt nach vier Jahren in monatlichen Raten à 120 €. Auf eigenen Wunsch können Sie aber schon eher Rückzahlungen in beliebiger Höhe leisten. Weitere Informationen sowie das Online-Portal zur Antragstellung finden Sie auf der Webseite des Bundesverwaltungsamtes: *www.bva.bund.de*.

Stipendium des DAAD

Der Deutsche Akademische Austauschdienst (DAAD) hat ein breites Portfolio an Stipendien, darunter auch Studienaufenthalte in den USA. Jedes Jahr unterstützt er rund 100.000 deutsche und internationale Akademiker aus allen möglichen Fachrichtungen bei ihrem Aufenthalt im Ausland. Gefördert werden Jahresstipendien für leistungsstarke Studierende, mehrmonatige Auslandsaufenthalte im Rahmen einer Abschlussarbeit, Master-Studiengänge, Lektorenprogramme, Promotionen, Praktika, Sprachkurse und Aufenthalte an *summer schools*.

Auf der Webseite *www.daad.de* finden Sie die DAAD-Stipendiatendatenbank, in der alle angebotenen Programme enthalten sind. Hier können Sie gezielt nach Ihrer gewünschten Programmart, Ihrer Fachrichtung und Ihrem Zielland filtern. Sie finden dort außerdem detaillierte Informationen zu den einzelnen Programmen und deren jeweiligen Stipendienleistungen, Voraussetzungen für Bewerber, Fristen sowie weitere wichtige Informationen. Die Bewerbung erfolgt online im DAAD-Portal unter *www.meindaad.de*.

Fulbright-Kommission

Die Fulbright-Kommission wurde nach dem Zweiten Weltkrieg auf Initiative des amerikanischen Senators William J. Fulbright gegründet. Sie hat das Ziel, die internationale Völkerverständigung zu fördern und vergibt jedes Jahr mehr als 700 Stipendien an Studierende im Bachelor- und Master-Studium sowie an Doktoranden, Graduierte, Dozenten und Professoren aus einer Vielzahl von Fachbereichen. Weltweit gibt es 49 Nationen mit einer eigenen Fulbright-Kommission. Das deutsch-amerikanische Programm besteht seit 1952 und hat in rund 70 Jahren über 40.000 Stipendiaten gefördert. Die vielseitigen Fulbright-Stipendien sind auch in Österreich und der Schweiz verfügbar, jedoch sind die Programme und Stipendiatenzahlen dort viel kleiner.

Empfänger eines Fulbright-Stipendiums müssen sehr gute akademische Leistungen nachweisen können. Fulbright Germany gibt als Richtwert an, dass Sie zu den besten 5% bis 20% Ihres Jahrgangs in Ihrem Fachbereich gehören sollten, wenn Sie sich bewerben wollen. Sie sollten außerdem über solide Englischkenntnisse und eine fundierte Allgemeinbildung verfügen und ein außeruniversitäres Engagement vorweisen können. Abhängig von der Art des gewählten Studienprogramms kann es weitere Anforderungen geben (z.B. Empfehlungsschreiben eines Hochschullehrers). Sie können sich über das zu Ihrem gewünschten Studienprogramm gehörende Onlineformular auf der Fulbright-Webseite *www.fulbright.de* bewerben. Die Fristen dazu variieren je nach Programm. In einem weiteren Schritt lädt Sie die Kommission zu einem persönlichen Auswahlgespräch ein, falls Sie zu den geeignetsten Bewerbern gehören. Das Ergebnis erhalten Sie nach etwa vier Wochen.

Verband der Deutsch-Amerikanischen Clubs

Beim Verband der Deutsch-Amerikanischen Clubs (VDAC) handelt es sich um eine private Organisation, die seit 1957 besteht. Jedes Jahr ermöglicht der Verband 20 deutschen und 20 amerikanischen Studenten einen Auslandsaufenthalt im Rahmen eines Austauschprogramms. Die deutschen Studenten erhalten *undergraduate-* oder *graduate*-Stipendien an ausgewählten Universitäten in den USA. Die Förderung umfasst in der Regel die Studiengebühren und einen Beitrag zu den Lebenshaltungskosten. *Graduate*-Studenten haben teilweise auch die Möglichkeit, eine bezahlte Assistententätigkeit in den USA aufzunehmen.

Deutsche Bewerber für ein VDAC-Stipendium sollten höchstens 25 Jahre alt und ledig sein, ein deutsches Abitur und einen Wohnsitz in Deutschland besitzen und bereits mindestens zwei Semester an einer deutschen Hochschule studiert haben. Sie sollten außerdem gute akademische Leistungen und Englischkenntnisse (*TOEFL*-Test) nachweisen können. Die Bewerbung erfolgt in der Regel im September, also rund ein Jahr vor dem Studienaufenthalt.

Weitere Möglichkeiten

Studierende mit herausragenden Kenntnissen und Fertigkeiten können sich für Stipendien der Begabtenförderungswerke bewerben. Die gewährten Leistungen und Voraussetzungen variieren je nach Institution:

- Avicenna Studienwerk: *www.avicenna-studienwerk.de*
- Cusanuswerk Bischöfliche Studienförderung: *www.cusanuswerk.de*
- Ernst Ludwig Ehrlich Studienwerk: *eles-studienwerk.de*
- Evangelisches Studienwerk Villingst: *www.evstudienwerk.de*
- Friedrich Ebert Stiftung: *www.fes.de*
- Friedrich Naumann Stiftung: *www.freiheit.org*
- Hanns Seidel Stiftung: *www.hss.de*
- Hans Böckler Stiftung: *www.boeckler.de*
- Heinrich Böll Stiftung: *www.boell.de*
- Konrad Adenauer Stiftung: *www.kas.de*
- Rosa Luxemburg Stiftung: *www.rosalux.de*
- Stiftung der Deutschen Wirtschaft: *www.sdw.org*
- Studienstiftung des deutschen Volkes: *www.studienstiftung.de*

TEIL II: NICHTEINWANDERUNGSVISA

Einleitung

Das US-Einwanderungsrecht gliedert sich thematisch in zwei Hauptbereiche: Nichteinwanderungsvisa und Einwanderungsvisa (siehe Teil III.). Auf den kommenden Seiten stellen wir Ihnen zunächst den Bereich der Nichteinwanderungsvisa vor. Hierbei handelt es sich um Aufenthaltsgenehmigungen, die zeitlich in irgendeiner Form limitiert sind. Der Gesetzgeber geht also davon aus, dass Sie, je nach Visum, die USA nach einem bestimmten Zeitraum wieder verlassen. Wir beschreiben die wichtigsten Nichteinwanderungsvisumkategorien auf Basis der aktuellen gesetzlichen Regelungen und beantworten dabei folgende Fragen:

- Für welchen Aufenthaltszweck ist das Visum gedacht?
- Welche Voraussetzungen muss ich (bzw. mein Arbeitgeber oder die Bildungseinrichtung) erfüllen?
- Wie gestaltet sich der Beantragungsprozess?
- Welche Rechte und Pflichten habe ich mit meinem Visum?

Je nachdem, ob Sie in den USA Urlaub machen, studieren, ein Praktikum absolvieren oder arbeiten möchten – für (fast) jeden Zweck gibt es ein geeignetes Visum. Für den Bereich der *nonimmigrant visa* können Sie aus mehr als 25 verschiedenen Kategorien wählen. Jede bezieht sich auf unterschiedliche Aufenthaltszwecke und hält eigene Zugangsvoraussetzungen, Beantragungswege und behördliche Zuständigkeiten bereit. Dennoch kann es vorkommen, dass genau Ihr geplanter Aufenthaltszweck nicht abgedeckt wird.

Die einwanderungsrechtlichen Bestimmungen der USA sind recht starr und zum Teil auch recht veraltet, und Sie dürfen ein Visum nur zu genau dem Zweck nutzen, für das Sie es beantragt und genehmigt bekommen haben. Deshalb raten wir dringend dazu, sich frühzeitig mit der Visumthematik auseinanderzusetzen. Beachten Sie bitte, dass die einwanderungsrechtlichen Bestimmungen regelmäßigen Veränderungen unterliegen und auch die Antragsprozesse nicht in Stein gemeißelt sind. So können sich behördliche Zuständigkeiten verändern, neue Formulare oder Gebühren eingeführt oder auch die Zugangsvoraussetzungen verschärft oder gelockert werden. Bevor Sie also in Ihren Visaantrag einsteigen, lohnt sich ein Blick in die aktuellen Bestimmungen. Wenn Sie oder beispielsweise Ihr Arbeitgeber Unterstützung oder Beratung benötigen, wenden Sie sich gern an unser Visa-Expertenteam, welches über jahrelange Erfahrung im Bereich der US-Visumabwicklung verfügt.

Bevor wir im Detail in die jeweiligen Nichteinwanderungskategorien einsteigen, möchten wir Ihnen einen Überblick zu den wichtigsten allgemeinen Themenschwerpunkten geben, die im Zusammenhang mit einem Visumantrag für Sie relevant sein werden. Wir klären hier behördliche Zuständigkeiten, aber auch Antragswege und Begrifflichkeiten, die in den folgenden Kapiteln immer wieder auftauchen werden.

Antragsverfahren bei den US-Behörden

Wie bereits erwähnt, können Sie im Laufe Ihres Visumantragsprozesses mit unterschiedlichen Behörden in Kontakt kommen. In der Regel sprechen wir von den US-Botschaften bzw. US-Konsulaten weltweit (außerhalb der USA), die für die Visumerteilung zuständig sind. Gerade im Bereich der Arbeitsvisa können aber auch aufwendige Arbeitsgenehmigungsverfahren vorab bei der US-Einwanderungsbehörde *(USCIS),* oder dem *U.S. Department of Labor* notwendig werden. Das beschreiben wir Ihnen näher in den Unterkapiteln zur jeweiligen Kategorie.

Früher oder später müssen nahezu alle Personen einmal das Antragsverfahren auf Visumerteilung in den zuständigen US-Konsulaten bzw. US-Botschaften durchlaufen, um den *visa stamp* in den eigenen Reisepass zu erhalten. Eine Ausnahme sind Reisende unter dem *Visa Waiver Program,* welches wir in Kapitel 7.2 beleuchten.

Anträge auf Erteilung eines US-Visums werden in Deutschland bei den US-Konsulaten in Frankfurt/Main, Berlin und München bearbeitet. Die Konsulate in Hamburg, Leipzig und Düsseldorf bearbeiten keine Visaanträge.

Wo ein Antrag gestellt werden kann, also die konsularische Zuständigkeit, richtet sich nicht nach dem Wohnort des Antragstellers. Bei der Beantragung von Nichteinwanderungsvisa können Sie im Regelfall frei wählen zwischen den US-Konsulaten in Berlin, München oder Frankfurt/Main. E-Visumanträge und K-Visa werden jedoch ausschließlich in Frankfurt, bestimmte Diplomatenvisa nur in Berlin bearbeitet.

US-Botschaft Berlin Konsularabteilung:	Alle Nichteinwanderungsvisa inkl. A und G; außer K-1, K-3, E-1 und E-2
US-Generalkonsulat Frankfurt/Main:	Alle Nichteinwanderungsvisa sowie Einwanderungsvisa inklusive K, E-1 und E-2; außer A und G
US-Generalkonsulat München:	Alle Nichteinwanderungsvisa außer A, G, K-1, K-3, E-1 und E-2

Visa-Antragsformulare

Je nach Visumkategorie bzw. behördlicher Zuständigkeit können für Sie unterschiedliche Antragsformulare relevant sein. Welche dies sind, zeigen wir in den jeweiligen Unterkapiteln auf. Vorab möchten wir aber einem zentralen Formular ein besonderes Augenmerk schenken: dem DS-160 *Online Nonimmigrant Visa Application Form.*

Alle Antragsteller für Nichteinwanderungsvisa müssen bei einer konsularischen Antragstellung das Onlineformular DS-160 *(ceac.state.gov/genniv)* ausfüllen. Dieses muss zusammen mit einem digitalen Passfoto an das US-Konsulat vorab online übermittelt werden.

Bitte beachten Sie, dass das DS-160-Formular zwar online an die US-Konsulate gesandt werden muss, am Ende des Prozesses aber ein Barcode-Blatt DS-160 mit Foto generiert wird, welches Sie ausdrucken und am Tag Ihres Termins im Konsulat vorlegen bzw. mit Ihren Antragsunterlagen postalisch einreichen müssen. Je nach Visakategorie können noch andere Formulare notwendig werden, z. B. beim F-1-Visum das I-20-Formular, beim J-1-Visum das DS-2019, beim E-Visum das DS-156E oder beim L-1-*Blanket*-Verfahren das I-129S.

Das Onlineformular DS-160 hat leider regelmäßig mit technischen Problemen zu kämpfen – gerade zu Hauptreisezeiten, wenn das System aufgrund hoher Zugriffsraten überlastet ist. Zu den häufigsten Problemen gehören eine Störung des Foto-Uploads und abreißende Server-Verbindungen. Damit Sie nicht bei jedem Verbindungsabbruch von vorn beginnen müssen, notieren Sie sich immer die *Application ID,* die beim Start Ihres Antrags generiert und angezeigt wird. Sie finden die Nummer rechts oben beim Öffnen eines neuen DS-160. Über die *Application ID* können Sie sich leicht wieder ins System einloggen und Ihren Antrag fortsetzen.

Halten Sie beim Ausfüllen des DS-160-Formulars so viele Details und Dokumente wie möglich bereit (z. B. Reisepass, Reisedaten und Adressen), um das Formular zügig bearbeiten zu können. In einem Zwischenschritt müssen Sie ein digitales Passfoto, welches nicht älter als sechs Monate sein darf, nach den Standards der US-Behörden im JPG-Format (maximal 240 kB) hochladen. Das System prüft automatisch, ob Ihr Foto den Standards entspricht.

Je nach Visakategorie, Geschlecht, Staatsbürgerschaft und Familienstand öffnen sich im Onlineformular zusätzliche Fenster mit weiteren Fragen. Inhaltlich befasst das DS-160 sich vor allem mit Fragen zu Ihrer Person und dem Grund Ihres Antrags. Zu den abgefragten Daten gehören z. B.:

- personenbezogene Daten wie Name, Geburtsort und -datum, Familienstand, Staatsangehörigkeit/en
- Telefonnummern, E-Mail-Adressen und Social-Media-Angaben
- Reisepassdaten
- Fragen zu Ihrem geplanten USA-Aufenthalt
- Fragen zu Ihrer Kontaktperson in den USA
- Fragen zu Ihrem bisherigen Reiseverhalten in die USA (die letzten fünf Einreisen)
- Fragen zu bisher erteilten US-Visa
- Fragen zu etwaigen Verstößen gegen das US-Einwanderungsrecht und Visa- bzw. ESTA-Ablehnungen
- Fragen zu Ihrem aktuellen Arbeitgeber bzw. Ihrer Tätigkeit im Heimatland
- Fragen zu (möglichen) Einwanderungsvisa
- Fragen zu (ehemaligen) Ehepartnern (sofern zutreffend) und Eltern
- Fragen zu Verwandten in den USA
- Fragen zu weiteren Ausschlussgründen wie z. B. Vor- oder Haftstrafen, meldepflichtige Erkrankungen oder die Mitgliedschaft in einer terroristischen Vereinigung
- Fragen zu besuchten Bildungseinrichtungen und früheren Arbeitgebern
- Fragen zu Reisen in andere Länder in den letzten fünf Jahren
- Fragen zu einem absolvierten Militärdienst

All diese Fragen dienen der Klärung des wahren Grundes für Ihre USA-Reise und der Feststellung Ihrer Eignung für die beantragte Kategorie sowie zur Einreise mit einem US-Visum. Sollte sich z.B. herausstellen, dass Sie keine ausreichenden Bindungen an Ihr Heimatland, dafür aber nahe Verwandte in den USA haben, dann könnte der Konsularbeamte hinter Ihrem Visaantrag den Versuch der illegalen Einwanderung in die USA vermuten und ihn gegebenenfalls ablehnen. Der Beamte prüft auch, ob es Gründe gibt, so genannte *inadmissability grounds* (siehe Kapitel 15.1), die gegen eine Visumerteilung sprechen. Sollten Sie beispielsweise vorbestraft sein oder sich einmal illegal in den USA aufgehalten haben, kann es automatisch zur Ablehnung kommen. Es kann aber auch zunächst eine eingehende Befragung erfolgen oder ein so genannter *waiver*-Antrag gestellt werden. Hier sollten Sie sich im Vorfeld rechtlich zu Ihren Optionen beraten lassen.

Achtung: *Sollte sich herausstellen, dass Sie bei der Beantwortung der DS-160-Fragen nicht ehrlich waren, wird dies mit hoher Wahrscheinlichkeit zur Ablehnung Ihres Antrags führen. Bei Tippfehlern und Zahlendrehern müssen Sie sich jedoch (im Gegensatz zum strengen Verfahren für einen ESTA-Antrag) keine großen Sorgen machen.*

Haben Sie alle Fragen beantwortet und das Foto hochgeladen, müssen Sie in einem letzten Schritt das Formular per Knopfdruck absenden. Sollten Sie das DS-160-Formular bereits online übermittelt haben und noch eine Änderung vornehmen wollen, so können Sie es auch noch einmal neu abschicken – leider müssen Sie den Antrag dann aber komplett neu ausfüllen. Das durch das Abschicken generierte DS-160 Bestätigungsblatt (Barcode-Blatt mit Ihrem Foto) müssen Sie ausdrucken und am Tag Ihres Interviewtermins im Konsulat vorlegen bzw. Ihrem postalischen Antrag beilegen.

Konsularische Visagebühr und Onlineprofil

Im Jahr 2023 wurde durch das *U.S. Department of State* eine neue Gebührenordnung eingeführt. Folgende Gebühren gelten pro Antragsteller für die jeweiligen Visumkategorien:

Visum	Gebühr
B, C, D, F, I, J, M	185 $
H, L, O, P, Q, R	205 $
E	315 $
K	265 $

Die Gebühr wird unabhängig vom Alter des Antragstellers fällig und muss in jedem Fall entrichtet werden, auch wenn dem Antrag nicht stattgegeben wird. Die Antragsgebühr kann weder zurückerstattet noch auf eine andere Person übertragen werden. Der Beleg ist ein Jahr nach Zahlung gültig; innerhalb dieses Gültigkeitszeitraumes muss ein Termin beim US-Konsulat vereinbart oder der Antrag postalisch eingereicht werden, andernfalls fällt eine erneute Gebühr an. Ein schon vereinbarter Termin kann bis zu zwei Mal verschoben werden, dann fällt ebenfalls eine neue Gebühr an. Vor Entrichtung der Gebühr müssen Sie sich auf der Webseite des von den US-Behörden autorisierten Visa-Dienstleisters CGI Federal *(ustraveldocs.com)* registrieren und ein Onlineprofil anlegen. Für andere Länder mit den jeweiligen konsularischen Vertretungen gibt es zum Teil andere Anbieter, die aber auf der genannten Webseite verlinkt werden.

Bitte beachten Sie, dass sich die Zahlungsmethoden von Konsulat zu Konsulat unterscheiden können und je nach Visakategorie oder Staatsangehörigkeit noch weitere Gebühren anfallen können (wie z. B. die *Fraud Prevention and Detection Fee* beim L-*Blanket*-Visum oder die so genannte *Reciprocity Fee*). Nach Verbuchung der Zahlung können Sie in Ihrem Onlineprofil auf einen Kalender mit verfügbaren Terminen in den US-Konsulaten in Berlin, München und Frankfurt/Main zugreifen. Erfahrungsgemäß nimmt es ein bis zwei Tage in Anspruch, bis die Zahlung der Gebühr verbucht wurde. Je nach US-Konsulat werden auch Zahlungsmethoden angeboten, die eine unmittelbare Buchung ermöglichen (z. B. Zahlung mit einer Debit-Karte).

Tipp: *Für Familien oder bestimmte Reisegruppen kann ein gemeinsames Visa-Profil erstellt werden.*

Nach Vereinbarung des Termins können Sie eine Terminbestätigung *(appointment confirmation)* ausdrucken. Diese müssen Sie am Tag des Interviewtermins vorlegen. Auf dieser Bestätigung findet sich auch der Nachweis, dass die konsularische Gebühr entrichtet wurde.

Achtung: *Gerade in der Hochreisesaison kann es zu einer eingeschränkten Terminverfügbarkeit in den US-Konsulaten kommen – verbunden mit längeren Wartezeiten. Müssen Sie aufgrund eines privaten oder geschäftlichen Notfalls dringend reisen, können Sie einen Notfalltermin über das Onlineprofil beantragen. Das ist erst nach Buchung eines regulären Termins möglich. Dann erscheint im Profil die Option zur Anfrage nach einem Notfalltermin.*

Das Onlinesystem prüft automatisch, ob Sie sich für das postalische Einsendeverfahren *(Interview Waiver)* qualifizieren. Anstelle des Terminkalenders wird Ihnen dann der *Interview Waiver letter* angezeigt, auf dem Sie alle Instruktionen finden, wie, wohin und in welcher Form Sie Ihre Antragsunterlagen beim US-Konsulat einreichen können.

Darüber hinaus können Sie über das Onlineprofil angeben, wie Sie Ihren Reisepass nach dem Termin bzw. nach der Bearbeitung Ihres postalischen Antrags zurückerhalten möchten: entweder per Abholung an einer der Abholstationen in Frankfurt/Main, Berlin oder München oder per bequemer Express-Zustellung mit einem Versanddienstleister (gegen Zahlung einer zusätzlichen Gebühr).

Je nach Nichteinwanderungskategorie und behördlicher Zuständigkeit können im Rahmen eines Antragsprozesses noch weitere Gebühren vorher anfallen, z. B. bei Arbeitsgenehmigungsverfahren über die US-Einwanderungsbehörde *(USCIS)*.

Interviewtermin im US-Konsulat

Das Visainterview im US-Konsulat dient der Identifikation Ihrer Person, Überprüfung der Antragsformulare, des Aufenthaltszwecks, der beigefügten Belege sowie sicherheitsrelevanten Fragestellungen. Bei einigen Visakategorien (z. B. Besuchervisa oder Visa für Bildung und Kulturaustausch (siehe Kapitel 9)) ist auch der Nachweis von engen Bindungen an das Heimatland vorzulegen.

Dokumente für das Visainterview

Feste Bestandteile Ihrer Dokumentenmappe beim Visainterview sind in jedem Fall:

- Ihr Reisepass
- ein Foto gemäß der aktuellen Fotobestimmungen
- das Barcode-Blatt des übermittelten Visumantragsformulars
- die *appointment confirmation* (Terminvereinbarung inkl. Zahlungsnachweis für die Visumantragsgebühr) oder alternativ der *Interview Waiver letter* (beim postalischen Einsendeverfahren)
- für mitreisende Ehepartner und Kinder: neben den Standardunterlagen (Reisepass, DS-160, Passfoto) das Original bzw. eine Kopie der Heirats- oder Geburtsurkunde

Je nach Art des Visums und persönlichem Fall kommen weitere Dokumente bzw. Formulare zur Beweisführung hinzu, die wir in den nachfolgenden Kapiteln entsprechend erläutern.

Der Termin im US-Konsulat selbst kann einige Zeit in Anspruch nehmen, aber das eigentliche Interview mit dem Konsularbeamten am Schalter dauert nicht länger als fünf bis zehn Minuten. Das Interview ist meist englischsprachig, kann jedoch in Einzelfällen auch in der jeweiligen Landessprache erfolgen. Es werden Ihnen kurze Fragen gestellt, insbesondere natürlich zum konkreten Aufenthaltszweck. Diese differieren stark, je nach beantragter Visumkategorie. Auch Ihre Fingerabdrücke werden genommen.

Wird dem Visumantrag vonseiten des Konsularbeamten zugestimmt, wird Ihr Reisepass nach dem Interview einbehalten und binnen drei bis sieben Werktagen mit Ihrem Visum an Sie zurückgeschickt. Auch eine persönliche Abholung an bestimmten Abholstationen ist möglich (nicht jedoch beim US-Konsulat selbst). Die Bearbeitung kann nicht beschleunigt werden. Auch eine direkte Reisepassmitnahme inkl. Visum am Tag des Termins ist nicht möglich.

Zu längeren Wartezeiten kann es zur Hochsaison im Sommer und Winter kommen. Auch falls aus Gründen der nationalen Sicherheit eine zusätzliche Sicherheitsüberprüfung (ein sogenannter *security check*) notwendig wird, kann die Zusendung Ihres Passes, bzw. die abschließende Bearbeitung Ihres Antrags mehrere Wochen dauern. In diesem Fall erhalten Sie jedoch ein Schreiben mit der Info, dass Ihr Antrag einem weiteren *administrative processing* unterliegt. Diese Überprüfung kann leider nicht beschleunigt und auch auf Nachfrage nicht beeinflusst werden. Wenn erforderlich, können Sie den Pass bis zur Beendigung der Überprüfung jedoch zurückbekommen. Bestimmte Staatsangehörige, bzw. Doppelstaatsbürger oder Personen mit Vorstrafen sind besonders häufig von diesen zusätzlichen (internen) Sicherheitsüberprüfungen betroffen.

Sollte Ihr Antrag abgelehnt werden, erhalten Sie im Regelfall einen Zettel, auf dem der Ablehnungsgrund vermerkt ist. Eine Ablehnung kann direkt am Tag des Termins erfolgen, aber auch nachträglich nach einer eingehenderen Prüfung Ihres Visumantrags.

Im Gegensatz zu visumfreien Reisen unter dem *Visa Waiver Program* (also mit einer ESTA-Genehmigung) können Sie bei der Beantragung eines Visums im Konsulat alle Arten von gültigen Reisepässen verwenden. Auch vorläufig ausgestellte Pässe und Kinderreisepässe sind hier erlaubt. Wichtig ist nur, dass es noch zwei freie Seiten im Pass gibt, auf denen das US-Visum platziert werden kann.

News: *Mit Wirkung zum 1. Januar 2024 wurde die Ausstellung von Kinderreisepässen in Deutschland eingestellt. Bereits ausgestellte Pässe bleiben jedoch für die übliche Dauer von sechs Jahren gültig.*

Interview Waiver Program – postalisches Einsendeverfahren

Nicht alle Antragsteller müssen im Rahmen des Visumantragsverfahrens persönlich zu einem Interviewtermin im US-Konsulat erscheinen. Bestimmte Personenkreise können den Visumantrag postalisch einreichen. Wer sich unter welchen Voraussetzungen für diese Ausnahme qualifiziert, regelt das *Interview Waiver Program*. So profitieren beispielsweise Antragsteller unter 14 und über 79 Jahren von dieser Regelung, aber auch Personen, die ihr Visum erneuern lassen möchten oder ganz bestimmte Erstantragsteller. Die Zugangskriterien zum postalischen Einsendeverfahren unterliegen stetigen Veränderungen. Darüber hinaus können sie von US-Konsulat zu US-Konsulat differieren. Kommuniziert werden sie auf den Webseiten der weltweiten US-Botschaften bzw. Konsulate.

Über die länderspezifischen Onlineportale erfolgen darüber hinaus Standardabfragen, die automatisch prüfen, ob Antragsteller sich für das postalische Einreichungsverfahren qualifizieren oder nicht. Der dann generierte *Interview Waiver letter* erläutert Ihnen nach dem Antrag im Detail, wie Sie die Unterlagen in welcher Form an die zuständige US-Behörde einsenden können. Halten Sie sich hierbei akribisch an die Vorgaben, um Verzögerungen beim Antragsprozess oder gar die Rücksendung Ihres Antragspakets zu verhindern. Folgende Standardunterlagen müssen Sie üblicherweise beim postalischen Einsendeverfahren mindestens vorlegen:

- das Barcode-Blatt des übermittelten DS-160-Formulars inkl. digitalem Foto
- ein Original-Passfoto (nach den Vorgaben der US-Behörden)
- Ihren Reisepass
- den *Interview Waiver letter*

Je nach beantragter Visumkategorie differieren die möglichen weiteren Unterlagen.

Die Bearbeitungszeiten nach postalischem Eingang im US-Konsulat variieren stark. Die durchschnittliche Bearbeitungszeit bis zum Rückerhalt Ihres Reisepasses liegt bei ein bis drei Wochen. In der Hochsaison oder bei starker Nachfrage kann die Wartezeit allerdings auch länger sein. Der Vorgang kann leider nicht beschleunigt werden.

Achtung: *Es steht den Konsularbeamten jederzeit frei, Sie auch nachträglich zu einem persönlichen Interviewtermin einzuladen.*

Ablehnung eines Visumantrags beim US-Konsulat

Die amerikanischen Konsularbeamten haben uneingeschränkte Entscheidungsbefugnis über die Genehmigung oder Ablehnung eines Visumantrags, und weder Antragsteller noch Rechtsanwälte oder Gerichte können diese Entscheidung anfechten.

Bei der großen Anzahl von Visumantragsverfahren, über die die Beamten tagtäglich entscheiden müssen, bleibt oft nicht viel Zeit, sich jedem Antrag individuell und ausgiebig zu widmen. Das spiegelt sich in den konsularischen Abläufen wider: So bleiben Ihnen häufig nur wenige Minuten am Schalter des US-Konsulats, um die Beamten von Ihrem Vorhaben zu überzeugen. Auch bei einem postalischen Einreichungsverfahren wird man von Seiten des US-Konsulats nur wenig Zeit haben, sich mit Ihrer Antragsdokumentation zu beschäftigten. Bereiten Sie deshalb Ihren Antrag gut vor, überfrachten Sie diesen nicht mit unnötigen Unterlagen und bringen Sie Ihr Anliegen kurz und bündig auf den Punkt.

Ein US-Nichteinwanderungsvisum kann aus verschiedenen Gründen abgelehnt werden, die im *U.S. Immigration and Nationality Act (INA)* nachzulesen sind. Die häufigsten Ablehnungsgründe sind:

- fehlende und/oder mangelhafte Dokumente bzw. Informationen
- mangelnde Bindungen an das Heimatland und/oder Vermutung einer Einwanderungsintention

Zusätzlich gibt es eine Reihe weiterer Ausschlussgründe wie z.B. bestimmte Vorstrafen, falsche Angaben, Drogendelikte oder einwanderungsrechtliche Vergehen (siehe auch Kapitel 15.1).

Das Gesetz geht davon aus, dass jede antragstellende Person so lange als potenzieller (illegaler) Einwanderer betrachtet werden muss, bis diese ausreichend nachgewiesen hat, dass sie nicht einwandern will und somit für den Erhalt eines Nichteinwanderungsvisums qualifiziert ist. Die Beweispflicht liegt also bei Ihnen. Nicht alle Nichteinwanderungsvisakategorien sind jedoch gleichermaßen stark von diesem Grundgedanken betroffen. So spielen Bindungen ans Heimatland beispielsweise bei Arbeitsvisa nur eine untergeordnete Rolle. Insbesondere bei Visakategorien, die einen längerfristigen Aufenthalt in den USA vorsehen (z.B. H- oder L-Visum) wird auf solche Nachweise sogar gänzlich verzichtet. Bei anderen Nichteinwanderungskategorien, wie z.B. B-Visa spielen die Rückkehrintentionsnachweise jedoch eine zentrale Rolle. Fehlen diese, wird Ihr Antrag abgelehnt.

In der Regel erhalten Sie bei einer Visa-Ablehnung ein kurzes Schreiben, aus dem der Ablehnungsgrund hervorgeht. Erwarten Sie hier jedoch keine ausführliche Stellungnahme. Es handelt sich um ein standardisiertes Dokument, auf welchem häufig nur der Paragraph angekreuzt ist, unter dem der Visumantrag abgelehnt wurde.

Um die Wahrscheinlichkeit einer Visaablehnung zu reduzieren, können Sie Ihre »Nichteinwanderungsabsicht« *(nonimmigrant intent)* z.B. auf folgenden Wegen beweisen:

- Vorlage eines Arbeitsvertrages oder einer Immatrikulationsbescheinigung bzw. Nachweise über Ihre Selbstständigkeit
- Nachweis von Immobilien- oder Geschäftseigentum bzw. Kopie eines Mietvertrags
- Nachweise zu familiären Bindungen (z.B. Kopie eines Heiratsvertrags)

Familiäre Bindungen im Heimatland werden zwar nicht in gleichem Maß wie beispielsweise ein fester Arbeitsplatz als Hinweis für eine Nichteinwanderungsabsicht betrachtet, aber sie können Ihre Argumentation unterstützen.

Wenn Sie nachweisen wollen, dass Sie ausschließlich für touristische oder bestimmte geschäftliche Aktivitäten in die USA reisen wollen, dann kann Ihnen die Vorlage der folgenden Dokumente helfen:

- Hotel- oder Mietwagenreservierungen oder alternativ Reiseroutenplanung (konkrete Reisebuchungen empfehlen sich erst nach Visumzusage)
- Einladungen zu Konferenzen, Meetings oder anderen Terminen, bzw. Bestätigungsschreiben Ihres Arbeitgebers
- Rück- oder Weiterreisetickets

Der Nachweis über ausreichende finanzielle Mittel für Ihren Aufenthalt in den USA kann den Konsularbeamten zusätzlich davon überzeugen, dass Sie nicht die Absicht haben, in den USA illegal zu arbeiten. Das gilt natürlich nur, wenn Sie nicht direkt ein US-Arbeitsvisum beantragen, also beispielsweise für Studentenvisa oder touristische Aufenthalte. Solche Nachweise können Bankauszüge, Gehaltsbescheinigungen oder eidesstattliche Verpflichtungserklärungen von anderen Personen sein, die bereit sind, finanzielle Unterstützung zu leisten. Beachten Sie jedoch, dass jeder Visumantrag anders gelagert ist und im Einzelfall entschieden werden muss, welche Unterlagen zur Beweisführung sinnvoll sind. Wenn Ihnen trotz bester Vorbereitung ein Antrag auf ein Nichteinwanderungsvisum abgelehnt wird, sollten Sie zunächst versuchen, in Erfahrung zu bringen, auf welcher Basis die Ablehnung erfolgte. Das kann sich im Einzelfall als gar nicht so leicht herausstellen. Wird Ihnen eine Ablehnung direkt im Rahmen Ihres Interviewtermins mitgeteilt, so versuchen Sie im direkten Gespräch mit dem Beamten zu erfragen, weshalb man nicht bereit war, Ihnen das Visum zu erteilen.

Wie bereits erwähnt, sollten Sie darüber hinaus immer ein Standard-Ablehnungsschreiben erhalten, aus welchem zumindest der rechtliche Grund ersichtlich ist. Im postalischen Antragsverfahren können Sie generell nur auf dieses Schreiben zählen, da kein persönlicher Austausch mit den Beamten stattfand. Diese Informationen werden Ihnen dabei helfen, sich auf einen möglichen neuen Visumantrag (unter Umständen auch in einer anderen Visakategorie) vorzubereiten. Dies ist leider auch Ihre einzige Möglichkeit, doch noch ein Visum zu erhalten, da Sie die Entscheidung nicht anfechten können.

Auch beim Neuantrag müssen Sie das Verfahren inklusive eines Interviews noch einmal komplett durchlaufen. Hierbei kann eine zusätzliche Beweisführung hilfreich sein, die die Bedenken des ablehnenden Konsularbeamten beim letzten Antrag widerlegen kann. So haben Sie beispielsweise auch das Anrecht darauf, dass Sie beim nächsten Antragsverfahren ein anderer Beamter interviewt. Eine erneute Antragstellung ist allerdings nur dann sinnvoll, wenn:

- Sie im Erstantrag die falsche Visakategorie gewählt haben
- Sie Dokumente vorlegen können, die Sie beim ersten Antrag noch nicht präsentiert haben
- sich neue Umstände ergeben haben, die eine Genehmigung nun wahrscheinlicher machen

Wenn Sie nach einer Ablehnung einen erneuten Antrag stellen, müssen Sie im Antragsformular DS-160, *Online Nonimmigrant Visa Application* angeben, dass ein vorheriger Antrag abgelehnt wurde. Beachten Sie, dass auch ein neuer Konsularbeamter im Rahmen eines neuen Visumantrags Zugriff auf Ihren ersten Antrag inklusive der Ablehnungsgründe hat. Es bringt Ihnen also keinen Vorteil, eine Woche nach einer Ablehnung denselben Antrag in einem anderen Konsulat zu stellen. Ob, und wenn ja, unter welchen Umständen, ein neuer Antragsversuch möglich ist, muss im Einzelfall erörtert werden. Um dieses *worst-case*-Szenario zu vermeiden, bereiten Sie also bereits beim ersten Versuch Ihren Antrag optimal vor.

Achtung: *Wird ein Antrag auf ein Nichteinwanderungsvisum abgelehnt, können Staatsangehörige, die sich eigentlich für das Programm zur visumfreien Einreise* (Visa Waiver Program/*ESTA*) *qualifizieren, zukünftig nicht mehr an diesem teilnehmen.*

Gültigkeit von Nichteinwanderungsvisa

US-Nichteinwanderungsvisa werden von Seiten der US-Konsulate *(U.S. Department of State)* auf eine bestimmte Gültigkeitsdauer genehmigt bzw. ausgestellt. Für wie lange, das richtet sich nach der jeweiligen Visumkategorie sowie nach Ihrer Staatsangehörigkeit *(reciprocity)*. Innerhalb dieser Gültigkeit kann das Visum für Einreisen (im Rahmen der zulässigen Aufenthaltszwecke) genutzt werden. Die allermeisten Nichteinwanderungsvisa werden als *»multiple-entry«* ausgestellt, bestimmte Staatsangehörige können aber auch Beschränkungen erfahren, wie z.B. die Erlaubnis zur lediglich einmaligen Einreise im genehmigten Zeitraum.

Die Gültigkeit Ihres Visums stellt also nicht den Zeitraum für einen genehmigten ununterbrochenen Aufenthalt in den USA dar, sondern, das Visum kann nur innerhalb dieses Zeitraums für wiederholte Einreisen genutzt werden. Wie lange Sie sich konkret in den USA aufhalten dürfen, ist abhängig von der jeweiligen Nichteinwanderungskategorie. Der so genannte Aufenthaltsstatus wird Ihnen bei jeder Einreise vom Grenzbeamten zugewiesen. Nähere Informationen dazu finden Sie auch in Kapitel 10.

Beispiel: *B-Visa werden in der Regel für deutsche Staatsangehörige auf zehn Jahre erteilt. Der maximal zulässige Aufenthaltszeitraum mit diesem Visum in den USA beträgt allerdings nur 180 Tage (pro Einreise).*

Grundsätzlich sollten alle *nonimmigrant visa*, also alle zeitlich begrenzten Kategorien, eher »defensiv« genutzt werden, um keinen Verdacht auf eine Einwanderungsabsicht *(immigration intent)* aufkommen zu lassen. Das gilt insbesondere für die Nutzung eines Besuchervisums, im Gegensatz zu beispielsweise regulären US-Arbeitsvisa (wie beispielsweise E-, L- oder H-Visa).

Sie sollten mit diesen Vorabinformationen nun gut gerüstet sein für die weiteren Kapitel, die Ihnen die wichtigsten Visumkategorien im Detail vorstellen.

7 Visa für Urlaubs- und Geschäftsreisen

7.1 B-1/B-2-Visum (Business/Tourist):

Geschäftsreisende und Touristen

Das B-Visum ist die wohl gängigste und »einfachste« Visumkategorie, die das US-Einwanderungsrecht kennt. Dieses Visum ermöglicht Reisen in die USA zu eingeschränkt geschäftlichen Aktivitäten und zu touristischen/privaten Aufenthaltszwecken. Es ist also geeignet für Geschäftsreisende und Touristen, deckt aber zum Teil noch andere Reisegründe ab. Eine Erwerbstätigkeit innerhalb der USA ist aber explizit ausgeschlossen.

Das B-Visum ist in zwei Bereiche eingeteilt:

- B-1: Besuchervisum für Geschäftsreisen *(Business Visitor)*
- B-2: Besuchervisum für Touristen *(Tourist/Visitor for Pleasure)*

Die US-Konsulate stellen häufig zur einfacheren technischen Handhabung ein kombiniertes B-1/B-2-Visum aus, wobei der konkrete Zweck der Reise von den Konsularbeamten trotzdem immer genau geprüft wird.

Tipp:

Sofern Ihre Urlaubs- oder Geschäftsreise in den USA nicht länger als 90 Tage dauern soll, nutzen Sie statt des B-Visums die Möglichkeit der visumfreien Einreise mit ESTA. Die elektronische Reisegenehmigung umgeht die allgemeine Visumpflicht für bestimmte Nationalitäten und ermöglicht Ihnen so eine schnellere, günstigere und einfachere Reise. Alles zu Voraussetzungen, Antragsverfahren und Regeln für ESTA-Reisende erfahren Sie in Kapitel 7.2. Wenn Sie es jedoch eilig haben und lieber sofort einen ESTA-Antrag stellen möchten, dann scannen Sie einfach den folgenden QR-Code:

www.esta-online.org/esta

Voraussetzungen für ein B-Visum

Eine der primären Voraussetzungen für ein Visum der B-Kategorie ist zunächst die Rückkehrintention ins Heimatland. Jeder Antragsteller auf ein Besuchervisum muss durch die sogenannten *»binding ties«* (Bindungen ans Heimatland) belegen, dass er gute Gründe hat, nach seinem vorübergehenden Aufenthalt in den USA zu seinem Lebensmittelpunkt zurückzukehren.

Je nach konkretem Aufenthaltszweck (geschäftlich/touristisch) gelten dann weitere Kriterien. So müssen beispielsweise Geschäftsreisende mit einem B-1-Visum während des gesamten Aufenthalts weiterhin bei dem (aus US-Sicht) ausländischem Unternehmen beschäftigt/angestellt bleiben. Sie dürfen keine Bezahlung von US-Seite bzw. von einem US-Unternehmen erhalten und müssen nach dem Aufenthalt zu ihrem ursprünglichen Arbeitsplatz zurückkehren. Diese Voraussetzungen müssen beim Visumantrag mit entsprechenden Nachweisen belegt werden.

Als Tourist bzw. privat reisende Person mit einem B-2-Visum müssen Sie weiterhin einen festen Wohnsitz in Ihrem Heimatland besitzen und planen, sich lediglich temporär in den USA aufzuhalten. Ihnen müssen außerdem ausreichend finanzielle Mittel zur Verfügung stehen, um den gesamten Aufenthalt in den Vereinigten Staaten finanzieren zu können. Hier spielen die Rückkehrintentionsnachweise im Visumantrag eine große Rolle.

Antragstellung

Anträge für ein B-1- oder B-2-Visum werden in der Regel in einem US-Konsulat des Landes gestellt, in dem Sie als Antragsteller ihren Lebensmittelpunkt haben. Antragsteller im Alter von 14 – 79 Jahren müssen zu einem persönlichen Interviewtermin vorstellig werden und an diesem Tag auch ihre Antragsdokumente im Original vorlegen.

Ausnahme: *Bei einer Visumverlängerung (also nicht beim Erstantrag) ist es unter gewissen Voraussetzungen möglich, den persönlichen Termin zu umgehen und stattdessen Reisepass und Antragsunterlagen postalisch einzureichen* (»mail-in visa« *oder* »visa renewal by mail«).

Der Antrag für ein B-Visum wird über das Online-Antragsformular für Nichteinwanderungsvisa DS-160 beim *U.S. Department of State* gestellt *(ceac.state.gov/genniv)* und vor dem Interviewtermin zusammen mit einem digitalen Passfoto an das ausgewählte US-Konsulat übermittelt. Zum Fragenkatalog des Antrags gehören unter anderem:

- personenbezogene Fragen
- Fragen zum geplanten Aufenthalt in den Vereinigten Staaten
- Fragen zu Ihrer Kontaktperson in den USA
- Fragen zu Bindungen an Ihr Heimatland
- Fragen zu früheren USA-Reisen
- Sicherheitsfragen zu Straftaten, meldepflichtigen Erkrankungen oder der Mitgliedschaft in einer terroristischen Vereinigung

Beantworten Sie eine der Sicherheitsfragen mit »Ja«, müssen Sie beim Interviewtermin mit einer intensiveren Befragung und Beweisführung (z. B. durch Gerichtsurteile) oder sogar mit einer Ablehnung des Visumantrags rechnen.

Dokumente

Zusätzlich zu den Standardunterlagen (siehe Teil II, Einleitung, »Dokumente für das Visainterview«) müssen Sie für Ihren B-1/B2-Visumantrag in der Regel folgende Dokumente vorlegen bzw. postalisch einreichen:

- Ihren Reiseplan und/oder Erklärungen über Ihre geplante Reise
- bei Geschäftsreisen: ein Schreiben Ihres Arbeitgebers mit Angaben zu Ihrer Tätigkeit und dem geschäftlichen Zweck Ihrer Reise
- weitere mögliche Rückkehrintentionsnachweise, z.B. Kopien des Miet- und Arbeitsvertrages, von Finanznachweisen oder der Heiratsurkunde (diese variieren je nach Aufenthaltszweck und der individuellen Situation des Antragstellers)

Gültigkeit, Rechte und Pflichten

Das B-Visum wird in der Regel für zehn Jahre erteilt und erlaubt Ihnen in diesem Zeitraum einen maximalen Aufenthalt von bis zu 180 Tagen pro Einreise sowie beliebig viele Einreisen in die USA. Hier gibt es allerdings Ausnahmen, denn wie lange das Visum (nicht der Status!) tatsächlich genehmigt wird, richtet sich nach den bilateralen Vereinbarungen zwischen den USA und dem Land des Antragstellers *(reciprocity)*. So erhalten beispielsweise iranische Staatsangehörige ein B-Visum lediglich mit einer Gültigkeitsdauer von drei Monaten für eine einmalige Einreise. Wir raten Ihnen, sowohl die Visumgültigkeit als auch die Anzahl der erlaubten Einreisen (vermerkt im US-Visum) nach Erhalt genau zu prüfen.

Tipp: *Sollte Ihr Reisepass noch vor Ende der Gültigkeit des Visums ablaufen, so geben Sie bei der Beantragung eines neuen Passes den alten nicht ab! Noch gültige Visa in abgelaufenen Reisepässen berechtigen (zusammen mit dem neuen Pass) weiterhin zur Einreise in die USA. Nur wenn sich Ihre Staatsangehörigkeit, Ihr Name oder Ihr Geschlecht zwischenzeitlich geändert haben sollten, verliert das alte Visum seine Gültigkeit.*

Das B-1-Visum erlaubt eine Einreise zu eingeschränkten Geschäftszwecken, wie z.B.:

- Business-Meetings am US-Standort oder mit Kunden (auch Vertragsverhandlungen)
- Besuche von Messen (auch als Aussteller), Konferenzen, Kongressen oder vergleichbaren Veranstaltungen
- Aufbau von US-Standorten oder Unternehmensgründungen
- *After-sales* Tätigkeiten (im Rahmen von Produktlieferungen)
- Ehrenamtliche Tätigkeiten bei *non-profit*-Organisationen *(voluntary services)*

Das B-2-Visum ermöglicht die Einreise zu privaten Zwecken, wie z.B.:

- Tourismus und Sightseeing
- Besuche bei Freunden oder Verwandten
- Teilnahme an Amateur-Musik-, Sport- oder ähnlichen Veranstaltungen oder Wettbewerben, sofern keine Bezahlung erfolgt
- medizinische Behandlungen
- Teilnahme an Kurzzeitkursen zu Hobbys oder zur Freizeitgestaltung, wie z.B. Koch- oder Tanzkurse (solange sie nicht auf einen Studienabschluss angerechnet werden)

Personen, die unter B-Status in die USA einreisen, dürfen unter keinen Umständen in den USA ein Arbeitsverhältnis beginnen oder einer aktiven Arbeitstätigkeit vor Ort nachgehen. Auch Schul- und Universitätsbesuche sowie Praktika (auch unbezahlt) sind ausgeschlossen (hierfür gibt es eigene Visumkategorien, die Sie in Kapitel 9 finden).

Bei Einreisen mit dem B-Visum können Sie pro Einreise einen maximalen Aufenthaltsstatus von 180 Tagen an der Grenze erhalten.

Achtung: *Je häufiger Sie mit Ihrem B-Visum einreisen, je höher also Ihre Einreisefrequenz ist, und je länger Sie sich vor Ort aufhalten, desto höher ist die Wahrscheinlichkeit von intensiveren Rückfragen an der Grenze. Oft wird in diesem Zusammenhang eine Einwanderungsintention oder beispielsweise eine illegale Arbeitsaufnahme unterstellt. Reizen Sie die Aufenthaltszeiten mit Ihrem B-Visum nicht zu stark aus, sonst droht im schlimmsten Fall eine Einreiseverweigerung.*

Eine Verlängerung Ihres Aufenthaltsstatus innerhalb der USA ist in Ausnahmefällen bis zu insgesamt einem Jahr möglich. Nutzen Sie hierfür das Formular I-539, *Application to Extend/ Change Nonimmigrant Status,* das Sie über die Webseite *www.uscis.gov/i-539* online ausfüllen und einreichen können. Hierbei müssen Sie auch ein Erklärungsschreiben und Ihr digitales I-94 beifügen. Ein Antrag auf Verlängerung sollte mindestens 45 Tage vor Ablauf der jeweiligen Aufenthaltsfrist eingereicht werden. Bitte beachten Sie jedoch, dass B-Statusverlängerungsanträge sehr ablehnungsanfällig sind und deshalb sorgfältig vorbereitet werden sollten.

Ehepartner und Kinder sind beim B-Visum nicht für ein abgeleitetes Visum berechtigt. Deshalb muss jeder Angehörige, der mit in die USA reisen möchte, einen separaten B-Visumantrag stellen.

Besuchervisum für die USA:
Aktuelle Informationen und häufige Fragen

Auf dieser Webseite finden Sie auch weitere Informationen zu den Spielarten des B-1-*Business*-Visums, z.B. dem. B-1-*After-Sales* und dem B-1-*in-lieu-of*-H-1B.

7.2 Visumfreie Einreise im Rahmen des Visa Waiver Program (VWP)

Für die Einreise in die USA ist grundsätzlich ein Visum erforderlich, es sei denn, Sie sind Staatsbürger eines Landes, das am *Visa Waiver Program* teilnimmt (dazu gehören z.B. auch Deutschland, Österreich und die Schweiz). Dieses Programm ermöglicht einen USA-Aufenthalt von bis zu 90 Tagen am Stück mit der sogenannten ESTA-Genehmigung *(Electronic System for Travel Authorization).* Die Zahl der teilnehmenden Länder hat sich seit der Einführung des Programms im Jahr 2008 kontinuierlich erhöht. Aktuell können Staatsangehörige aus 41 Ländern in den Genuss der visumfreien Einreise kommen. Das Programm ist allerdings nicht voraussetzungsfrei und gestattet nur ganz bestimmte Aufenthaltszwecke.

Visumfrei in die USA mit ESTA:
Aktuelle Informationen, Antragsprozess und häufige Fragen

Voraussetzungen für Reisende unter dem *Visa Waiver Program*

Als Staatsbürger eines der *Visa Waiver Program*-Länder dürfen Sie in die USA reisen, wenn:

- Sie im Besitz eines biometrischen Reisepasses (ePass) mit ausreichender Gültigkeit sind (Kinderreisepässe und vorläufige Reisepässe qualifizieren sich nicht)
- Sie nicht vorhaben, länger als 90 Tage in den Vereinigten Staaten zu bleiben
- Sie planen, privat oder zu eingeschränkt geschäftlichen Aktivitäten in die Vereinigten Staaten zu reisen
- Ihnen noch nie ein ESTA-Antrag oder ein US-Visum abgelehnt wurde und Ihnen noch nie die Einreise in die USA verweigert wurde
- Sie sich noch nie illegal in den USA aufgehalten haben
- Sie noch nie gegen ein Gesetz verstoßen haben, das den Besitz, den Konsum oder die Verteilung illegaler Drogen betrifft
- Sie noch nie wegen einer Straftat verhaftet oder verurteilt wurden (dies betrifft allerdings nur bestimmte Straftaten)
- Sie nicht drogenabhängig sind bzw. an keiner körperlichen oder geistigen Krankheit leiden, von der eine Gefahr für die amerikanische Bevölkerung ausgeht (z. B. Tuberkulose)
- Sie nicht am oder nach dem 1. März 2011 in die Demokratische Volksrepublik Korea (Nordkorea), den Iran, den Irak, nach Libyen, Somalia, Sudan, Syrien oder nach Jemen gereist sind oder seit dem 12. Januar 2021 in Kuba waren
- Sie neben Ihrer Staatsbürgerschaft in einem *Visa Waiver Program*-Land nicht auch Staatsbürger der Demokratischen Volksrepublik Korea (Nordkorea), des Iran, des Irak, von Kuba, des Sudan oder Syriens sind
- Sie mit einer regulären/gelisteten Fluglinie oder Schifffahrtsgesellschaft bzw. auf dem Landweg unterwegs sind (Als Passagier eines Privatflugzeugs oder Privatschiffes benötigen Sie ein gültiges Visum.)

Jede Person, die im Rahmen des *Visa Waiver Program* in die USA einreisen möchte, benötigt vorab eine ESTA-Genehmigung. Die oben genannten Voraussetzungen werden in diesem Onlineantrag mittels Abfragen geprüft.

Für jede Person, egal welchen Alters, die visumfrei mit Ihnen in die USA reisen soll, muss eine gesonderte ESTA-Genehmigung beantragt werden. Dies gilt auch für Kleinkinder und Babys. Diese benötigen genau wie Erwachsene einen regulären biometrischen Reisepass.

Antragstellung

Die elektronische Reisegenehmigung ESTA kann nur online gestellt werden und ist auf der offiziellen Antragsseite der US-Regierung unter *esta.cbp.dhs.gov* in vielen Sprachen aufrufbar. Komfortabler wird Ihr ESTA-Antrag jedoch, wenn Sie eine Agentur damit beauftragen, für Sie alle Angaben auf Fehler zu prüfen, die Genehmigung für Sie einzuholen, Fristen und Statusänderungen zu überwachen und bei Problemen die Kommunikation mit den US-Behörden zu übernehmen.

Bedenken Sie nämlich: Sollte Ihr ESTA-Antrag abgelehnt werden, sind Sie ab diesem Zeitpunkt von der Nutzung des *Visa Waiver Program* ausgeschlossen und müssen in Zukunft für USA-Reisen immer ein Visum beantragen. Eine ESTA-Ablehnung bedeutet zwar nicht das Aus für Ihre Reisepläne, verkompliziert künftige Reisen aber erheblich.

Zuverlässige und staatlich zugelassene ESTA-Berater finden Sie bei der in Deutschland ansässigen Firma HD Solutions GmbH mit ihrem umfassenden Serviceangebot für *Visa Waiver Program*-Reisende.

Holen Sie Ihre ESTA-Genehmigung mindestens 72 Stunden vor Reiseantritt in die USA ein. Empfehlenswert ist sogar ein wesentlich früherer Antrag schon zu Beginn Ihrer Reiseplanung. Auf diese Weise können Sie im Fall einer ESTA-Ablehnung noch auf ein B-Visum ausweichen. Zur Beantragung einer ESTA-Genehmigung sind folgende Informationen obligatorisch:

- Vor- und Nachname
- Geschlecht
- Geburtsdatum
- Reisepassinformationen (Nummer, Staatsangehörigkeit, Gültigkeitszeitraum)
- Kontaktinformationen
- Informationen zum Arbeitgeber (falls vorhanden)
- Notfallkontaktdaten in oder außerhalb der USA
- Angaben zu einer Mitgliedschaft in *Trusted Traveler*-Programmen (z. B. *Global Entry*)
- Antworten auf die ESTA-Sicherheitsfragen (z. B. zu schweren Erkrankungen, Vorstrafen oder Reisen in bestimmte Länder)

Kurz vor dem Abschicken des ESTA-Antrags wird eine Gebühr in Höhe von derzeit 21 $ fällig. Nachdem Sie Ihren Antrag final eingereicht haben, können Sie den Status der Bearbeitung bereits einsehen. Folgende Statusmeldungen sind möglich:

- *authorization approved* (Genehmigung erteilt)
- *travel not authorized* (Einreise nicht genehmigt)
- *authorization pending* (Genehmigung wird bearbeitet)

ESTA abgelehnt:
Mögliche Gründe und die nächsten Schritte

Bitte beachten Sie, dass Gebühren und Antragsinhalte sich jederzeit ändern können. Lesen Sie also während Ihres Antragsprozesses genau die begleitenden Anweisungen im Onlineformular.

Dokumente

Für einen ESTA-Antrag benötigen Sie nichts außer einem biometrischen bzw. elektronischen Reisepass, kurz ePass, mit einer ausreichenden Gültigkeit. Der ePass enthält einen Chip, auf dem die biometrischen Daten des Inhabers abgespeichert sind.

Es gibt unterschiedliche Vorschriften zur Länge der Reisepassgültigkeit. Diese sind jedoch nicht auf das *Visa Waiver Program* beschränkt, sondern gelten auch für USA-Reisende mit Visum. Die Grundregel lautet, dass ausländische Reisende für einen Aufenthalt in den Vereinigten Staaten einen Reisepass benötigen, der noch mindestens sechs Monate nach der geplanten Ausreise gültig ist. Ausnahmen von dieser Pflicht gelten für Staatsbürger von Ländern, die dem sogenannten *Six-Month Club* angehören. Diese benötigen einen Reisepass, der nur noch für die Dauer des geplanten Aufenthalts Gültigkeit besitzen muss. Zu diesem Kreis zählen beispielsweise Deutschland, Österreich und die Schweiz, aber noch zahlreiche andere Länder weltweit.

Six-Month Club:
Aktuelle Bestimmungen und Tipps für Reisende

Wenn Sie keinen biometrischen, sondern nur einen vorläufigen Reisepass oder einen Kinderreisepass besitzen, können Sie keine ESTA-Genehmigung erhalten, sondern müssen ein Visum beantragen. Da dieser Prozess einige Zeit in Anspruch nehmen kann, ist es häufig schneller, einen neuen (regulären) Reisepass zu beantragen.

Gültigkeit, Rechte und Pflichten

Eine erteilte ESTA-Genehmigung ist in der Regel für zwei Jahre (aber maximal bis zum Ablaufdatum des Reisepasses) gültig und kann für mehrere Einreisen in diesem Zeitraum genutzt werden. Diese Maßgaben wurden in der Vergangenheit jedoch für einzelne Länder (z.B. Ungarn und Brunei) verschärft, und wir können auch in Zukunft von einem eher dynamischen Regelwerk ausgehen. Informieren Sie sich deshalb vor Ihrer USA-Reise tagesaktuell zu den geltenden *Visa Waiver Program*-Regeln für Ihre Staatsbürgerschaft.

Wenn Ihr Reisepass abläuft oder sich grundlegende persönliche Daten wie Ihr Name, Ihr Geschlecht oder Angaben zu Sicherheitsfragen ändern, dann verfällt auch Ihre ESTA-Genehmigung. Sie müssen deshalb nach Erhalt Ihres neuen Reisepasses oder nach ESTA-relevanten Veränderungen (z.B. Visumablehnung oder Vorstrafe) auch einen neuen ESTA-Antrag stellen. Darüber hinaus garantiert eine vorliegende ESTA-Genehmigung nicht automatisch Ihre Einreise.

Reisende mit einer ESTA-Genehmigung dürfen nur für persönliche oder eingeschränkte geschäftliche Angelegenheiten in die USA reisen. Einwanderungsrechtlich bildet das *Visa Waiver Program* die Ausnahme von einem B-1/B-2-Visum. Das heißt, dass Personen, die visumfrei mit ESTA in die USA einreisen möchten, für die identischen (legalen) Aufenthaltszwecke wie Reisende mit einem B-1/B-2-Visum zugelassen sind. Dazu gehören z.B. Tourismus und Sightseeing, Besuche bei Freunden oder Verwandten, die Teilnahme an Freizeitveranstaltungen oder Wettbewerben ohne Bezahlung, medizinische Behandlungen, die Teilnahme an Kurzzeitkursen zu Hobbys oder zur Freizeitgestaltung, Transitaufenthalte in den USA, Business-Meetings und Vertragsverhandlungen, Besuche von Messen, Konferenzen, Kongressen oder vergleichbaren Veranstaltungen oder auch *after-sales* Serviceleistungen.

Andere Tätigkeiten, wie z.B. eine Arbeitsaufnahme, ein Studium oder ein Schulbesuch sind nicht gestattet.

***Tipp für Transit-Reisende**: Haben Sie eine Zwischenlandung in den USA? Dann sollten Sie statt der auswählbaren ESTA-Transit-Option trotzdem eine vollwertige ESTA-Genehmigung beantragen. Die Gebühr für einen Transit unterscheidet sich nicht von den Kosten für einen regulären ESTA-Antrag und Sie können Ihre Genehmigung so für einen längeren Zeitraum und – je nach Staatsangehörigkeit – mehrere Einreisen nutzen.*

Als Reisender unter dem *Visa Waiver Program* müssen Sie an der Grenze auf Nachfrage in der Lage sein, Ihre Rückkehrintention in Ihr Heimatland oder eine Weiterreiseintention zu beweisen. Halten Sie deshalb bei der Einreise neben Ihrem biometrischen Reisepass auch Ihr Rück- oder Weiterreiseticket bereit. Bestenfalls können Sie auch Belege für Ihre privaten oder geschäftlichen Aktivitäten vorlegen, z.B. Hotelbuchungen, Einladungen zu Meetings oder Terminbestätigungen für medizinische Behandlungen in den USA.

Die maximale Aufenthaltsdauer von 90 Tagen am Stück kann nicht verlängert werden. Die meisten ESTA-Reisenden dürfen jedoch beliebig oft in die USA einreisen (sofern die Zahl ihrer Einreisen nicht derart hoch ist, dass die US-Grenzschutzbeamten eine illegale Arbeitsaufnahme oder Einwanderungsabsicht vermuten). Hierbei ist es wichtig zu wissen, dass eine Ausreise aus den USA nach Mexiko, Kanada oder in die Karibik im Rahmen des *Visa Waiver Program* nicht als gültige Ausreise angesehen wird. Sie können also nicht die 90-Tage-Regel umgehen, indem Sie sich kurz über die Grenze begeben und dann zurück in die USA reisen. Grundsätzlich gilt: Je häufiger Sie mit ESTA in die USA einreisen und je länger Sie jeweils vor Ort sind, desto höher ist die Chance, dass Sie einer eingehenderen Überprüfung unterzogen werden, bis hin zu einer Einreiseverweigerung.

Achtung: *Sollten Sie nicht innerhalb Ihrer maximal genehmigten Aufenthaltsdauer von 90 Tagen wieder ausreisen, begehen Sie einen einwanderungsrechtlichen Regelverstoß* (»overstay«). *Dies kann zu schwerwiegenden Konsequenzen führen, einschließlich Geldstrafen und Einreisesperren. Wenn Sie schon wissen, dass Sie länger als 90 Tage in den USA bleiben müssen, dann beantragen Sie ein (geeignetes) Visum. Auch ein Statuswechsel innerhalb der USA (siehe Kapitel 14.2) ist nicht vorgesehen.*

7.3 Global Entry Program

Ständig zunehmende Sicherheitskontrollen und verlängerte Grenzabfertigungszeiten sind die neue Realität für USA-Reisende. So mancher Tourist hat schon seinen Anschlussflug verpasst, weil die Wartezeiten an den Kontrollstellen der *Transportation Security Administration (TSA)* einfach zu lang waren. Das *Global Entry Program* ermöglicht es vorab geprüften und als sogenannte *»Trusted Traveler«* (also vertrauenswürdige Reisende) eingestuften USA-Reisenden, schneller und unkomplizierter durch die Sicherheitskontrollen zu gelangen. Das Programm wird von der *U.S. Customs and Border Protection (CBP)* verwaltet und ist vordergründig für Geschäftsleute gedacht, die sehr häufig ein- und ausreisen müssen. Jedoch können sich auch alle anderen Personen, sofern sie die Zugangsvoraussetzungen erfüllen, für dieses Programm bewerben.

Eine Bewerbung für die Aufnahme in das *Global Entry Program* können Sie aktuell auf der Webseite des *U.S. Department of Homeland Security (DHS)* unter *ttp.dhs.gov* einreichen. Bitte beachten Sie jedoch die auf der Webseite ausgewiesenen Wartezeiten *(processing times),* die sich regelmäßig ändern.

Teilnahmevoraussetzungen für Reisende

Ausschließlich zuvor zugelassene, vertrauenswürdige Reisende sowie GreenCard-Inhaber (*lawful permanent residents*) und US-Bürger dürfen am *Global Entry Program* teilnehmen. Zu den zugelassenen Nationalitäten gehören auch Deutschland und die Schweiz. Die Liste der zugelassenen Länder kann sich jedoch regelmäßig ändern. Überprüfen Sie deshalb vor Ihrer Bewerbung die aktuellen Richtlinien unter:
www.cbp.gov/travel/trusted-traveler-programs/global-entry/eligibility

Entscheidend für die Teilnahmeberechtigung ist die Staatsangehörigkeit und nicht, ob Sie im jeweiligen Land leben. Je nach Staatsangehörigkeit müssen Sie unterschiedliche Anforderungen erfüllen, um ins *Global Entry Program* aufgenommen zu werden. Übergreifende Regeln für alle Bewerber sind:

- Sie sind noch nie wegen einer Straftat verurteilt worden oder haben anhängige Strafanzeigen bzw. ausstehende Haftbefehle.
- Sie haben nie gegen Zoll-, Einwanderungs- oder Landwirtschaftsvorschriften oder -gesetze in einem beliebigen Land verstoßen.

- Sie sind nicht Gegenstand einer laufenden Untersuchung durch eine Bundes-, Landes- oder lokale Strafverfolgungsbehörde.
- Ihnen wurde nie der Kauf einer Feuerwaffe verweigert.
- Sie haben noch nie einen *waiver of inadmissability* erhalten.
- Die *U.S. Customs and Border Protection (CBP)* hat keine Bedenken, dass Sie für das *Global Entry Program* ungeeignet sein könnten.

Es gibt kein Mindestalter für das *Global Entry Program*. Wenn Sie jedoch unter 18 Jahre alt sind, müssen Sie die Zustimmung Ihrer Eltern oder Ihres gesetzlichen Vertreters haben, um teilnehmen zu können. Das *Global Entry Program* kann mit dem *Visa Waiver Program* (ESTA), mit bestimmten Nichteinwanderungsvisa oder mit einer GreenCard genutzt werden.

Gut zu wissen: *Neben* Global Entry *gibt es noch weitere* Trusted Traveler-*Programme, die Ihre nächste Ein- oder Ausreise wesentlich vereinfachen können. Hierzu gehören z.B.* TSA-Pre, Sentri *und* FAST.

Schnellere Einreise mit *Global Entry:*
Aktuelle Informationen und häufige Fragen

Antragstellung

Es handelt sich bei der *Global Entry*-Registrierung um ein mehrstufiges Verfahren, welches sich je nach Teilnehmerland unterscheiden kann. In einem ersten Schritt muss zunächst für jeden Antragsteller ein eigener Account über die *Trusted Traveler*-Webseite unter *ttp.dhs.gov* erstellt werden. Im Onlineprofil werden umfassende personenbezogene Angaben erfragt.

Je nach Staatsangehörigkeit müssen für die *Global Entry*-Teilnahme Vorabprüfungen durchlaufen werden. Dieser sogenannte *PreCheck* gestaltet sich länderspezifisch unterschiedlich. Für deutsche Staatsangehörige beinhaltet die Vorprüfung beispielsweise einen persönlichen Termin bei der deutschen Bundespolizei. Der *PreCheck* für deutsche Staatsbürger kann erst nach erfolgter Übermittlung des *Global Entry*-Antrags durchgeführt werden.

Erst nach erfolgreich durchgeführtem *PreCheck* erfolgt die Überprüfung bzw. weitere Bearbeitung Ihres Onlineantrags durch die US-Zoll- und Grenzschutzbehörde *CBP*. Die Benachrichtigung über eine Ablehnung oder vorläufige Genehmigung *(conditional approval notification)* erhält der Bewerber über seinen *Global Entry*-Account und zusätzlich per E-Mail.

Mit dem Erhalt einer vorläufigen Genehmigung wird die Funktion der Terminbuchung für das dann abschließende, obligatorische persönliche Interview bei der nächsten Einreise in einem *Global Entry Enrollment Center* in den USA freigeschaltet. Zum Termin selbst müssen bestimmte Antragsdokumente vorbereitet und dem Beamten zur Prüfung vorgelegt werden. Die Entscheidung über die Genehmigung oder Ablehnung des *Global Entry*-Mitgliedschaftsantrags erhält ein Bewerber im Anschluss per E-Mail und über das Onlineprofil. Wurde die Mitgliedschaft genehmigt, kann ab diesem Zeitpunkt das *Global Entry Program* genutzt werden.

Derzeit gilt die Mitgliedschaft für fünf Jahre. Die erneute Teilnahme am *Global Entry Program* ist nach Ablauf der fünf Jahre möglich. Wenn ein Verlängerungsantrag vor Ablauf der Mitgliedschaft gestellt wird, können die Vorteile für einen bestimmten Zeitraum über das Ablaufdatum hinaus genutzt werden.

Die Gebühr für die *Global Entry*-Mitgliedschaft liegt bei aktuell 100 $ (bzw. ab Oktober 2024 bei 120 $), wird pro Person fällig und ist auch bei einer Ablehnung nicht erstattungsfähig. Die Bezahlung erfolgt per Kreditkarte über das Onlineprofil.

Einreise als *Trusted Traveler*

In den meisten internationalen Flughäfen der USA weisen Schilder auf die *Global Entry*-Kioske hin. Bei der Ankunft an einem US-Flughafen scannen registrierte Nutzer selbstständig ihren Reisepass oder ihre *Permanent Resident Card* (GreenCard). Zusätzlich wird hier ein digitales Foto angefertigt und es werden Fingerabdrücke per Scanner genommen. Am Schluss füllen *Global-Entry*-Reisende eine digitale Zollerklärung aus und erhalten daraufhin einen Beleg, den sie beim Verlassen des Flughafens bei einem Beamten der US-Zollbehörde abgeben müssen. Dieses Verfahren bedeutet eine erhebliche Zeitersparnis und das Umgehen der langen Warteschlagen für Standardreisende

Achtung: *Die Nutzung von* Global Entry *beschleunigt lediglich die Sicherheitskontrolle bzw. das Einreiseverfahren. Selbstverständlich müssen sich auch* Global Entry-*Reisende an alle einwanderungsrechtlichen Auflagen halten und jederzeit mit einer persönlichen Befragung rechnen.*

An welchen Flughäfen Sie die *Global Entry*-Schalter nutzen können, erfahren Sie auf der Webseite der US-Zoll- und Grenzschutzbehörde: *www.cbp.gov/travel/trusted-traveler-programs/global-entry/locations*

8 Visa für temporären Arbeitsaufenthalt

8.1 C-1/D-Visum (Crew Member): Besatzungsmitglieder auf Schiffen und Flugzeugen

Das C-1/D-Visum ermöglicht es Besatzungsmitgliedern von internationalen Fluggesellschaften oder Beschäftigten auf (Kreuzfahrt-)Schiffen im Rahmen ihrer Tätigkeit an Bord, für einen temporären Aufenthalt in die USA einzureisen.

Voraussetzungen

Als Antragsteller für das C-1/D-Visum müssen Sie Besatzungsmitglied eines Schiffes oder eines Flugzeuges sein, das sich für den Zeitraum Ihrer Visumgültigkeit auf amerikanischen Gewässern bzw. im Luftraum der Vereinigten Staaten von Amerika befinden wird. Qualifizieren können sich Piloten/Kapitäne, Flugbegleiter, Techniker, Seeleute, Rettungskräfte sowie weitere Personen, die für den regulären Betrieb des Schiffes oder Flugzeuges an Bord notwendig sind (z.B. Köche, Musiker, Entertainer oder Beauty-Dienstleister).

Um ein C-1/D-Visum für einen Mitarbeiter beantragen zu können, muss die in den USA operierende Fluggesellschaft bzw. Reederei oder Schifffahrtsgesellschaft als ein kommerzielles, internationales Unternehmen bei den US-Behörden registriert sein.

Antragstellung

Den Antrag für ein C-1/D-Visum stellen Sie bei einem Konsulat der Vereinigten Staaten, das für Ihren Wohnort zuständig ist. Wie bei allen anderen Visumanträgen müssen Sie auch als C-1/D-Visumantragsteller ein elektronisches DS-160-Formular ausfüllen und übermitteln. Nach der Zahlung der Visumgebühr kann dann ein Interviewtermin vereinbart werden, es sei denn, Sie qualifizieren sich für ein Visumantragsverfahren ohne Interview *(interview waiver)*. In diesem Fall können Sie den Antrag im »*mail-in*«-Verfahren auf postalischem Weg einreichen.

Dokumente

Im US-Konsulat bzw. bei der postalischen Einreichung sollten neben den Standardunterlagen (siehe Teil II, Einleitung, »Dokumente für das Visainterview«) auch Nachweise über das Arbeitsverhältnis, den Einreisezweck und sonstige Belege für Ihre Rückkehrabsicht nach Ende Ihres Arbeitseinsatzes in den USA vorgelegt werden. Folgende Unterlagen gehören deshalb zusätzlich in Ihre Dokumentenmappe:

- ein Nachweis über Ihre Listung als Besatzungsmitglied und die Kopie Ihres Arbeitsvertrages

- ein Schreiben Ihres Arbeitgebers bzw. des Agenten des Schiffes oder der Airline mit folgendem Inhalt:
  - Mitarbeitername
  - Bestätigung des Arbeitsverhältnisses und Gehaltsregelung
  - Einsatzort und -dauer
  - Name/Bezeichnung des Schiffes bzw. Flugzeugs

Gültigkeit, Rechte und Pflichten

In der Regel wird das C-1/D-Visum für zehn Jahre ausgestellt (abhängig von Ihrer Staatsangehörigkeit als Antragsteller). Mit diesem Visum ist ein maximaler Aufenthalt in den USA von bis zu 29 Tagen pro Einreise erlaubt.

Ehepartner, Kinder oder Lebensgefährten von Besatzungsmitgliedern können entweder über das *Visa Waiver Program* (siehe Kapitel 7.2) reisen oder ein B-2-Visum (siehe Kapitel 7.1) beantragen.

C-1/D-Visum:
Aktuelle Informationen und häufige Fragen

8.2 E-1-Visum (Treaty Trader) / E-2-Visum (Treaty Investor): Visum für Handeltreibende und Investoren

Die E-Visumkategorie beruht auf bilateralen (Handels- oder Investitions-)Verträgen zwischen den Vereinigten Staaten und bestimmten Ländern weltweit. Im Unterschied zu anderen Arbeitsvisa erhalten bei der ersten Genehmigung eines E-1- oder E-2-Visums nicht nur die Mitarbeiter und/oder Firmeninhaber ein Visum und damit eine Arbeitserlaubnis für die USA, sondern es wird auch das US-Unternehmen im US-Konsulat automatisch »registriert« (= E-Registrierung). Auf Basis dieser E-Registrierung können im Anschluss weitere Mitarbeiter in einem stark vereinfachten Verfahren mit E-1 bzw. E-2-Visa für den Einsatz am US-Standort ausgestattet werden. Gerade im Vergleich zum teuren L-Visaverfahren (siehe Kapitel 8.7) stellt das E-Visum deshalb immer eine prüfenswerte Alternative dar.

8.2.1 E-1-Visum (Treaty Trader)

Die Ausstellung des E-1-Handelsvisums erfolgt auf der Basis von gegenseitigen Verträgen zwischen den USA und den mit ihnen in Handelsbeziehungen stehenden Ländern. Eine Liste aller Länder, die einen E-1-fähigen Vertrag mit den Vereinigten Staaten abgeschlossen haben, finden Sie auf der Webseite des *U.S. Department of State* unter *travel.state.gov/content/visas/en/fees/treaty.html*. Länder wie beispielsweise Deutschland, Österreich und die Schweiz gehören dazu.

Voraussetzungen für das E-1-Visum

Um sich für ein E-1-Visum zu qualifizieren, müssen sowohl das beantragende US-Unternehmen als auch der Mitarbeiter, der dort tätig werden soll, bestimmte Bedingungen erfüllen. Selbstständige Geschäftsleute können sich ebenso für das E-1-Visum qualifizieren wie Angestellte.

Anforderungen an das E-1-Unternehmen:

Ein Unternehmen kann sich unter folgenden Voraussetzungen für eine E-1-Registrierung qualifizieren:

- Es muss zwingend ein US-Unternehmen bestehen, das mehrheitlich (zu mindestens 50%) im Besitz des Vertragslandes (z.B. Deutschland) ist.
- Das US-Unternehmen muss sein operatives Geschäft aufgenommen haben und sollte im günstigen Fall bereits US-amerikanisches Personal beschäftigen.
- Es muss ein regelmäßiger Handel mit Gütern, Waren oder Dienstleistungen zwischen den Vertragsstaaten nachgewiesen werden.
- Dieser Handel muss beträchtlich sein, also ständige bzw. häufige Transaktionen zwischen dem Vertragsland und den USA umfassen.
- Der Handel muss hauptsächlich zwischen dem Vertragsland und den USA betrieben werden. Der Begriff »hauptsächlich« bedeutet, dass mindestens 50% des internationalen Handels zwischen den USA und dem Vertragsland betrieben werden muss.

Die Nationalität eines US-Unternehmens wird durch die Nationalität der Mehrheit ihrer einzelnen Inhaber bestimmt. Unternehmen, die als Aktiengesellschaften operieren, besitzen nach der E-1-Definition die Nationalität des Landes, in welchem sie vorrangig ihr Börsengeschäft tätigen. Insbesondere bei komplexen Unternehmenskonstellationen kann sich dieser Nachweis in der Praxis als schwierig erweisen.

Anforderungen an den Mitarbeiter/Geschäftsinhaber

Unter folgenden Voraussetzungen können Sie sich als Mitarbeiter bzw. Inhaber eines (US-) Unternehmens für ein E-1-Visum qualifizieren:

- Sie müssen die Staatsangehörigkeit des jeweiligen Vertragslandes besitzen. Befindet sich das US-Unternehmen beispielsweise mehrheitlich im deutschen Besitz, so müssen Sie als zukünftiger E-1-Visuminhaber auch die deutsche Staatsangehörigkeit besitzen.
- Sie werden beim US-Unternehmen als *executive, manager, supervisor* oder als *specialist* tätig. Es muss sich um eine reguläre Beschäftigung in den USA bzw. innerhalb der Firmengruppe handeln. Es besteht kein Mindestbeschäftigungszeitraum vor dem USA-Einsatz.
- Sie müssen »unentbehrliche Fähigkeiten« für das US-Unternehmen besitzen *(= essential employee).*

Auch Firmeninhaber selbst können zum Zwecke der Leitung und Kontrolle des US-Unternehmens ein E-1-Visum erhalten.

Antragsverfahren für die E-1-Registrierung – erstmalige Beantragung des E-1-Visums

Erst-Registrierungsanträge für ein E-1-Visum werden im Regelfall beim zuständigen US-Konsulat des jeweiligen Vertragsstaates gestellt. In diesen Antrag wird ein erster Hauptantragsteller eingebunden, der entsprechend auch das erste E-1-Visum erhalten wird. Hier fungiert offiziell das US-Unternehmen als *petitioner* für den jeweiligen Mitarbeiter bzw. den Geschäftsinhaber (*beneficiary/treaty trader*).

Es ist vorab kein Antrag an die US-Einwanderungsbehörde in den USA erforderlich, was das Verfahren wesentlich kostengünstiger gestaltet als beispielsweise die Beantragung eines L-1-Visums. Die E-1-Registrierungsakte wird direkt im US-Konsulat außerhalb der USA eingereicht. Die spezifischen Einreichungsstandards können sich je nach zuständigem US-Konsulat unterscheiden. In Deutschland ist beispielsweise ausschließlich das US-Generalkonsulat in Frankfurt/Main für E-Antragsverfahren zuständig, so auch für Erstregistrierungsanträge.

Der E-1-Visumantrag wird auf dem Standardformular für Nichteinwanderungsvisa DS-160, *Online Nonimmigrant Visa Application* gestellt. Das Onlineformular wird vor dem eigentlichen Interviewtermin an das zuständige US-Konsulat (zusammen mit einem digitalen Passfoto) übermittelt. Zeitgleich muss das Formular DS-156E, *Nonimmigrant Treaty Trader/Investor Application* von Unternehmensseite unterzeichnet und mit dem E-1-Registrierungsantrag eingereicht werden. Es bestätigt die Angaben zur Unternehmenssituation, zum Handel, zur Personalsituation und zum Mitarbeiter bzw. Inhaber sowie zu dessen zukünftiger Tätigkeit in den USA.

Der Antrag umfasst darüber hinaus umfangreiche Unterlagen zum US-Unternehmen und ggf. der Unternehmensgruppe, zur Handelsaktivität sowie zum Mitarbeiter bzw. Unternehmensinhaber. Wenn nicht der Inhaber selbst den Erst-Registrierungsantrag stellt, so empfiehlt es sich, einen Mitarbeiter einzubinden, der mit den Unternehmensgegebenheiten bestens vertraut ist.

Nach Eingang der Akte prüft das jeweilige US-Konsulat die Dokumente und es erfolgt eine Einladung zum persönlichen Interviewtermin für die Person, die im Erstantrag eingebunden ist. Die Bearbeitungszeiten variieren stark, können allerdings mehrere Wochen bis hin zu Monaten betragen. Ein beschleunigtes Verfahren ist nicht vorgesehen. Erst am Tag des Interviews entscheidet der Konsularbeamte nach einer eingehenderen Befragung über den positiven oder negativen Bescheid des Antrags, also darüber, ob die Person ein E-1-Visum erhalten kann.

E-1-Registrierung und vereinfachte E-1-Folgeanträge für Mitarbeiter

Erhält die erste Person erfolgreich das E-1-Visum, ist damit automatisch das US-Unternehmen für den Zeitraum des genehmigten Visums (im Regelfall fünf Jahre) im jeweiligen US-Konsulat »E-1-registriert«. Auf Grundlage dieser E-1-Registrierung können Unternehmen in einem sehr vereinfachten Verfahren weitere Staatsangehörige des jeweiligen Vertragslandes an den US-Standort mit E-1-Visa entsenden bzw. dort einsetzen. Das Verfahren beschreiben wir näher im Kapitel 8.2.3.

Dokumente für das E-1-Registrierungsverfahren

Zur Beweisführung für den E-1-Erstregistrierungsantrag sollten zusätzlich zu den Standardunterlagen (siehe Teil II, Einleitung, »Dokumente für das Visainterview«) folgende Dokumente eingereicht werden:

- das unterzeichnete Formular DS-156E
- ein rechtliches Begründungsschreiben *(petition letter)*
- ein Businessplan mit 5-Jahres-Finanzplanung
- Gründungsdokumente des US-Unternehmens und Belege zur operativen Tätigkeit
- falls zutreffend: Belege zum ausländischen Mutterunternehmen bzw. zur Unternehmensgruppe
- Belege zum Nachweis der Eigentumsverhältnisse (Stichwort: »Staatsangehörigkeit des US-Unternehmens), z. B. in Form von Aktienzertifikaten oder Gesellschafterverträgen
- Belege zur stetigen, umfangreichen Handelsaktivität zwischen dem Vertragsland und den USA (z. B. in Form von Frachtbriefen, Zolldokumenten oder Kaufaufträgen)
- Belege zur US-Personalsituation
- Unterlagen zum Mitarbeiter, bzw. Inhaber, der in den Hauptantrag eingebunden ist und das erste E-1-Visum erhalten soll: Kopie des Reisepasses, Stellenbeschreibung, Lebenslauf, Qualifikationsnachweise und weiteres

8.2.2 E-2-Visum (Treaty Investor)

Das E-2-(Investoren-)Visum beruht – ähnlich wie das E-1-Visum – auf bilateralen Verträgen zu Investitionsvorhaben in den USA. Gegenwärtig gibt es ca. 80 Nationen, die solche Beziehungen mit den USA unterhalten. Eine Liste aller Länder, auf die das zutrifft, finden Sie auf der Webseite des *U.S. Department of State* unter *travel.state.gov/content/visas/en/fees/treaty.html.*

Voraussetzungen für das E-2-Visum

Das E-2-Visum *(Treaty Investor)* steht Staatsangehörigen der Vertragsstaaten zur Verfügung, die in die USA einreisen wollen, um ein Geschäft/Unternehmen zu leiten, aufzubauen oder zu entwickeln, in das sie umfangreiches Kapital investiert haben oder bei dem sie nachweislich im Begriff sind, eine Investition zu tätigen. Sowohl Firmen als auch natürliche Personen können einen Antrag auf ein E-2-Investorenvisum stellen.

Sowohl das beantragende US-Unternehmen als auch der Mitarbeiter, der dort mit einem E-2-Visum tätig werden soll, müssen bestimmte Bedingungen erfüllen. Ein selbstständiger Investor kann sich ebenso für das E-2-Visum qualifizieren wie ein Angestellter einer Unternehmensgruppe.

Anforderungen an das E-2-Unternehmen:

Formell gesehen erfolgt die E-2-Antragstellung durch das US-Unternehmen *(petitioner)* für die jeweilige Person (Mitarbeiter/Investor), die das E-2-Visum erhalten soll *(beneficiary)*. Ein US-Unternehmen kann sich unter folgenden Voraussetzungen für eine E-2-Registrierung qualifizieren:

- Es muss zwingend ein US-Unternehmen bestehen, und dieses muss mehrheitlich (mindestens 50%) im Besitz des Vertragslandes (z.B. Deutschland) sein.
- Das US-Unternehmen muss sein operatives Geschäft aufgenommen haben und sollte im günstigen Fall bereits US-amerikanisches Personal beschäftigen *(real and operating)*.
- Es muss nachweislich eine substanzielle Investition in das US-Unternehmen unwiderruflich getätigt worden sein. Die Summe ist abhängig vom Geschäftsvorhaben. Der Gesetzgeber nennt keine konkreten Summen; im Regelfall sind Anträge mit einem Investitionsvolumen ab ca. 100.000$ erfolgsversprechend.
- Unter Investitionskapital versteht der Gesetzgeber verschiedenste Formen von Geldwerten. Es kann sich um Bargeld, Aktienanteile, Ausrüstung bzw. Equipment, Lagerbestände oder Firmengründungskosten handeln. Auch bereits laufende Kosten wie monatliche Mietzahlungen oder Lohnzahlungen können herangezogen werden.

Wichtig bei der Beurteilung der Frage, ob eine Investition im Sinne der E-2-Regularien substanziell ist, ist der Nachweis, dass die Unternehmung nicht nur der eigenen Existenzsicherung dient, sondern einen Mehrwert für die US-Wirtschaft darstellt. Die Schaffung von Arbeitsplätzen für US-Amerikaner spielt hier eine wesentliche Rolle. Es darf sich also nicht um ein »marginales« Geschäftsvorhaben handeln.

Die Nationalität eines US-Unternehmens wird durch die Nationalität der Mehrheit ihrer Eigentümer bestimmt. Insbesondere bei komplexen Unternehmenskonstellationen kann sich dieser Nachweis in der Praxis als schwierig erweisen.

Anforderungen an den Mitarbeiter/Investor

Unter folgenden Voraussetzungen können Sie sich als Mitarbeiter bzw. Inhaber eines (US-) Unternehmens für ein E-2-Visum qualifizieren:

- Sie müssen die Staatsangehörigkeit des jeweiligen Vertragslandes besitzen. Befindet sich das US-Unternehmen beispielsweise mehrheitlich in deutschem Besitz, so müssen Sie als zukünftiger E-2-Visuminhaber auch die deutsche Staatsangehörigkeit besitzen. Als Investor müssen Ihnen mindestens 50% des Unternehmens gehören.
- Sie werden beim US-Unternehmen als *executive, manager, supervisor* oder als *specialist* tätig. Es muss sich um eine reguläre Beschäftigung handeln (in den USA bzw. innerhalb der Unternehmensgruppe). Es besteht kein Mindestbeschäftigungszeitraum vor dem USA-Einsatz.
- Auch Firmeninhaber bzw. Investoren selbst können zum Zwecke der Leitung des US-Unternehmens ein E-2-Visum erhalten.
- Sie müssen »unentbehrliche Fähigkeiten« für das US-Unternehmen besitzen (= *essential employee*).

Antragsverfahren für die E-2-Registrierung – erstmalige Beantragung des E-2-Investorenvisums

Erst-Registrierungsanträge für ein E-2-Visum werden üblicherweise beim zuständigen US-Konsulat des jeweiligen Vertragsstaates gestellt. In diesen Antrag wird ein erster Hauptantragsteller inkludiert, der entsprechend auch das erste E-2-Visum erhalten wird. Auch hier fungiert offiziell das US-Unternehmen als *petitioner* für den jeweiligen Mitarbeiter bzw. den Investor *(beneficiary/treaty investor)*. Es ist vorab kein Antrag an die US-Einwanderungsbehörde in den USA erforderlich, was das Verfahren wesentlich kostengünstiger und komfortabler gestaltet als beispielsweise die Beantragung eines L-1-Visums.

Die E-2-Registrierungsakte wird direkt im US-Konsulat außerhalb der USA eingereicht. Die individuellen Standards zum Einreichungsprozess können sich je nach zuständigem US-Konsulat unterscheiden. In Deutschland ist ausschließlich das US-Generalkonsulat in Frankfurt/Main für E-Antragsverfahren zuständig, so auch für Erstregistrierungsanträge.

Der E-2-Visumantrag wird auf dem Standardformular für Nichteinwanderungsvisa DS-160, *Online Nonimmigrant Visa Application* gestellt. Das Onlineformular wird vor dem eigentlichen Interviewtermin an das zuständige US-Konsulat (zusammen mit einem digitalen Passfoto) übermittelt. Zeitgleich muss das Formular DS-156E, *Nonimmigrant Treaty Trader/Investor Application* von Unternehmensseite unterzeichnet und mit dem E-2-Registrierungsantrag eingereicht werden. Es bestätigt die Angaben zur Unternehmenssituation, zu den Eigentumsverhältnissen, zur Investitionstätigkeit, zur Personalsituation und zum Mitarbeiter bzw. Investor sowie zu dessen zukünftiger Tätigkeit in den USA. Der Antrag umfasst darüber hinaus umfangreiche Unterlagen zum US-Unternehmen und ggf. der Unternehmensgruppe, der Investitionstätigkeit sowie zum Mitarbeiter bzw. Unternehmensinhaber. Wenn nicht der Investor selbst den Erst-Registrierungsantrag stellt, so empfiehlt es sich, einen Mitarbeiter einzubinden, der mit der Unternehmenssituation sehr gut vertraut ist.

Nach Eingang der Akte prüft das jeweilige US-Konsulat die Dokumente. Dann erfolgt eine Einladung zum persönlichen Interviewtermin für die Person, die im Erstantrag eingebunden ist. Die Bearbeitungszeiten variieren stark und können mehrere Wochen bis hin zu Monaten betragen. Ein beschleunigtes Verfahren ist nicht vorgesehen. Erst am Tag des Interviews und einer eingehenden Befragung entscheidet der Konsularbeamte über den positiven oder negativen Bescheid des Antrags, also darüber, ob die Person ein E-2-Visum erhalten kann.

E-2-Registrierung und vereinfachte E-2-Folgeanträge für Mitarbeiter

Erhält die erste Person erfolgreich das E-2-Visum, ist damit automatisch das US-Unternehmen für den Zeitraum des genehmigten Visums (im Regelfall fünf Jahre) im jeweiligen US-Konsulat »E-2-registriert«. Auf Grundlage dieser E-2-Registrierung können Unternehmen in einem stark vereinfachten Verfahren weitere Staatsangehörige des jeweiligen Vertragslandes an den US-Standort mit E-2-Visa entsenden bzw. dort einsetzen. Das Verfahren beschreiben wir näher im Kapitel 8.2.3.

Dokumente für das E-2-Registrierungsverfahren

Zusätzlich zu den Standardunterlagen (siehe Teil II, Einleitung, »Dokumente für das Visainterview«) müssen in den E-2-Erstregistrierungsantrag folgende Dokumente zum Nachweis des Erfüllens der Zugangsvoraussetzungen integriert werden:

- das unterzeichnete Formular DS-156E
- ein rechtliches Begründungsschreiben (*petition letter)*
- ein Businessplan mit 5-Jahres-Finanzplanung
- die Gründungsdokumente des US-Unternehmens und Belege zur operativen Tätigkeit
- falls zutreffend: Belege zum ausländischen Mutterunternehmen bzw. zur Unternehmensgruppe
- Belege zum Nachweis der Eigentumsverhältnisse (Stichwort: »Staatsangehörigkeit des US-Unternehmens), z. B. in Form von Aktienzertifikaten oder Gesellschafterverträgen
- Belege zur substanziellen und unwiderruflichen Investitionstätigkeit
- Belege zur US-Personalsituation
- Unterlagen zum Mitarbeiter bzw. Investor, der in den Hauptantrag eingebunden ist und das erste E-2-Visum erhalten soll: Kopie des Reisepasses, Stellenbeschreibung, Lebenslauf und Qualifikationsnachweise

8.2.3 Das vereinfachte E-1-/E-2-Antragsverfahren auf Basis einer existierenden E-Registrierung

Wie schon erwähnt, können US-Unternehmen auf der Grundlage einer bereits existierenden und gültigen E-1- oder E-2-Registrierung – in einem sehr vereinfachten Verfahren – weitere Staatsangehörige des Vertragslandes an den US-Standort entsenden bzw. dort einsetzen. Viele Großkonzerne, mittelständische Unternehmen, aber auch Einzelunternehmer greifen auf diese zeit- und kostensparende Methode zurück, die wir im weiteren Verlauf näher erläutern.

Voraussetzungen für E-1-/E-2-Mitarbeiter (vereinfachtes Verfahren)

Damit Personen in den Genuss des vereinfachten E-Visumantragsverfahrens (egal ob E-1 oder E-2) kommen können, gilt als ultimative Zugangsvoraussetzung, dass ein konkretes Stellenangebot für ein US-Unternehmen existiert und dass für dieses Unternehmen eine gültige E-Registrierung im US-Konsulat vorliegt. Offizieller Antragsteller ist auch hier das E-registrierte US-Unternehmen *(petitioner)* für den jeweiligen (zukünftigen) Mitarbeiter *(beneficiary)*.

Darüber hinaus müssen folgende Zugangsvoraussetzungen erfüllt sein:

- Der zukünftige Mitarbeiter muss die Nationalität des entsprechenden Vertragslandes besitzen. Dies bedeutet, dass US-Unternehmen, die beispielsweise mehrheitlich in deutschem Besitz sind, ausschließlich Personal mit deutscher Staatsangehörigkeit für das E-Visum vorsehen können.

- Die zukünftige US-Position muss als *executive, manager, supervisor* oder *specialist* geplant sein.
- Der Mitarbeiter muss für die zukünftige Beschäftigung in den USA qualifiziert sein und die Notwendigkeit des US-Personaleinsatzes muss nachgewiesen werden *(essential employee)*.
- Der Nachweis einer vorherigen Mindestbeschäftigungszeit innerhalb einer Unternehmensgruppe – wie beim L-Visum – ist nicht erforderlich.

Vereinfachte E-1-/E-2-Antragstellung (»E-Folge« auf Basis einer E-Registrierung)

Alle Visumantragsteller müssen persönlich zum Interview im US-Konsulat (in Deutschland: Generalkonsulat in Frankfurt/Main) erscheinen. Ausgenommen sind lediglich Personen, die sich für das *Interview Waiver Program* (siehe Teil II, Einleitung) qualifizieren (z. B. E-Visumverlängerungsanträge).

Vorab muss das Antragsformular DS-160, *Online Nonimmigrant Visa Application* online übermittelt werden. Die Antragstellung muss hierbei in dem US-Konsulat erfolgen, bei welchem das US-Unternehmen E-registriert ist (also der Erstregistrierungsantrag vormals eingereicht wurde). Neben den allgemeinen Antragsdokumenten müssen für den zukünftigen Mitarbeiter, welcher das E-1-/bzw. E-2-Visum erhalten soll, noch Belege zur US-Position, der Qualifikation, der Notwendigkeit des Arbeitseinsatzes und der Staatsangehörigkeit erbracht werden. Belege zum US-Unternehmen selbst sind nicht mehr notwendig.

Am Tag des Interviews wird der Mitarbeiter kurz befragt, und sofern der Konsularbeamte dem Antrag zustimmt, erhält dieser auf Basis der vorhandenen E-1-bzw. E-2-Registrierung des US-Unternehmens ein E-1- oder E-2-Visum. Der Reisepass verbleibt im US-Konsulat und wird nach einer Bearbeitungszeit von rund einer Woche postalisch zugestellt. Sofern sich Personen für das postalische Einsendeverfahren qualifizieren, werden die Antragsdokumente vom US-Konsulat überprüft und bei Bewilligung der Reisepass inkl. E-Visum ebenfalls entsprechend postalisch zugestellt.

Im Vergleich zu allen anderen US-Arbeitsvisa bietet dieses Verfahren einen relativ schnellen Visumerhalt, verbunden mit einem überschaubaren Aufwand und einem günstigen Kostenrahmen. Einziger Nachteil hierbei ist die Staatsangehörigkeitsbindung, also dass z. B. deutsche Unternehmen in den USA nur deutsche Staatsangehörige mit E-Visa ausstatten können.

Tipp: *Informieren Sie sich vor Antragstellung beim zuständigen US-Konsulat über das jeweilige konkrete vereinfachte E-1-/E-2-Visumantragsverfahren auf Basis einer E-Registrierung. Die Antragsprozesse können durchaus variieren.*

Dokumente

Zusätzlich zu den Standardunterlagen (siehe Teil II, Einleitung, »Dokumente für das Visainterview«) müssen folgende Unterlagen vom Mitarbeiter zum Interview vorgelegt bzw., sofern sich die Person für das *Interview Waiver Program* (siehe Teil II, Einleitung) qualifiziert, postalisch beim zuständigen US-Konsulat eingereicht werden:

- Formular DS-156E (unterzeichnet vom Unternehmen)
- kurzer *petition letter* (Begründungsschreiben) auf Firmenkopfbogen über die Notwendigkeit des US-Personaleinsatzes
- Jobbeschreibung für zukünftiges Tätigkeitsfeld des Mitarbeiters
- englischsprachiger Lebenslauf
- Kopien von Qualifikationsnachweisen
- Kopie des (US-)Arbeitsvertrages

Gültigkeit, Rechte und Pflichten

Die Gültigkeitsdauer eines E-Visums hängt von der Nationalität des Antragstellers ab. Anhand des sogenannten *Reciprocity Schedule* entscheidet sich, wie lange das Visum erteilt werden kann. Zum Beispiel erhalten deutsche Staatsangehörige normalerweise ein fünfjähriges E-1- oder E-2-Visum.

Reisen E-Visuminhaber in die USA ein, erhalten sie vor Ort allerdings nur einen Aufenthaltsstatus (I-94, siehe Kapitel 10) von maximal zwei Jahren (pro Einreise). Die Verlängerung des Aufenthaltsstatus erfolgt über Aus- und erneute Einreisen, bis das Visum abgelaufen ist und im Konsulatsverfahren neu beantragt werden muss. Auch Statusverlängerungsanträge (I-129) über die US-Einwanderungsbehörde innerhalb der USA sind möglich, aber für E-Visa-Inhaber eher unüblich.

Visum-Verlängerungen um weitere fünf Jahre sind theoretisch unendlich möglich, solange das Unternehmen in den USA erfolgreich existiert, die gesetzlichen E-Auflagen weiterhin erfüllt sind und eine gültige E-Registrierung im US-Konsulat vorliegt.

***Wichtig**: Läuft die E-Registrierung eines US-Unternehmens ab, muss zunächst ein neuerlicher E-Registrierungsantrag (wie vorab geschildert) beim zuständigen US-Konsulat eingereicht werden, bevor weitere Personen mittels des vereinfachten Verfahrens erneut mit E-1- bzw. E-2-Visa ausgestattet werden können. US-Unternehmen mit mehr als 25 Mitarbeitern in den USA können hier sogar auf ein vereinfachtes Registrierungsverlängerungsverfahren zurückgreifen.*

Ehepartner und unverheiratete Kinder unter 21 Jahren erhalten für denselben Zeitraum wie der E-1- bzw. E-2-Hauptantragsteller ein abgeleitetes E-1- bzw. E-2-Visum. Erreichen die Kinder die amerikanische Volljährigkeitsgrenze, müssen sie ihren Nichteinwanderungsstatus wechseln oder das Land verlassen.

Unter folgenden Voraussetzungen ist es E-1- bzw. E-2 Ehepartnern möglich, in den USA einer Arbeitstätigkeit oder Selbstständigkeit nachzugehen:

- Der Aufenthaltsstatus im I-94-Einreiseformular wurde bei der Einreise als »E1S« oder »E2S« ausgestellt (S = *spouse*). Das I-94-Dokument mit dem entsprechenden Zusatz »S« ist dann ausreichend als Nachweis und berechtigt unmittelbar nach Einreise zur Arbeitstätigkeit in den USA. Dieser Vorgang geschieht automatisch bei der Einreise in die USA an der Grenze, wenn Personen mit ihrem E-1- bzw. E-2-Ehepartner-Visum einreisen. Es muss also kein gesonderter Antrag gestellt werden.

- Ehepartner ohne entsprechenden Zusatz »S« im Formular I-94, also deren Status lediglich als »E1« oder »E2« ausgewiesen wurde, benötigen weiterhin zwingend eine allgemeine Arbeitserlaubnis *(Employment Authorization Document, EAD)*, bevor sie in den USA einer Tätigkeit nachgehen können. Der *EAD*-Antrag kann erst nach der Einreise in die USA bei der US-Einwanderungsbehörde mit dem Formular I-765 gestellt werden. Da eine Arbeitsaufnahme erst nach Erhalt der *EAD* möglich ist und die *EAD*-Bearbeitungszeiten mehrere Monate dauern können, empfehlen wir alternativ, nachträglich über die *U.S. Customs and Border Protection (CBP)* eine Änderung Ihres »E1/E-2« Status in »E1S« oder »E2S« zu veranlassen.

Familienangehörige unter E-1- bzw. E-2-Status können grundsätzlich öffentliche/private Bildungseinreichungen besuchen.

E-Visum:
Aktuelle Informationen und häufige Fragen

8.3 H-1B-Visum (Specialty Occupation Workers): Chance für höherqualifizierte Arbeitnehmer

Das H-1B-Visaprogramm ermöglicht es Arbeitgebern, ausländische Arbeitskräfte in den USA vorübergehend in spezialisierten Berufen zu beschäftigen. Zahlreiche Fachkräfte wie z.B. Ingenieure, Architekten, Rechtsanwälte oder Lehrer arbeiten in den Vereinigten Staaten unter H-1B-Status. Die temporäre Arbeits- und Aufenthaltsgenehmigung steht ausschließlich Personen mit einer akademischen Ausbildung zur Verfügung und ist derart begehrt, dass die US-Regierung eine H-1B-Lotterie ins Leben gerufen hat, um die wenigen Plätze gerecht zu verteilen.

Voraussetzungen

Das H-1B-Visum unterliegt strengen Zugangskriterien. Neben der akademischen und beruflichen Qualifikation des Bewerbers ist ein konkretes Stellenangebot eines US-Unternehmens für eine Tätigkeit im Bereich der *specialty occupations* die grundlegende Voraussetzung.

Diese »Spezialistenberufe« erfordern Fähigkeiten, die durch einen entsprechenden Abschluss (mindestens ein *US bachelor's degree* oder ein Äquivalent im jeweiligen Arbeitsbereich) erworben wurden. Wichtig ist, dass nicht jeder im Ausland erworbene Abschluss von der US-Einwanderungsbehörde als gleichwertig anerkannt wird. Insbesondere der Begriff *»bachelor's degree«* taucht häufig in H-1B-Jobanzeigen auf. Diesen Abschluss erhält man in den USA normalerweise nach einer vierjährigen Ausbildung am College. Erst danach besucht man in den USA für weitere zwei bis drei Jahre die Universität, um den *master* (z.B. *Master of Business Administration, MBA*), zu erhalten.

Auch ein Studium in Deutschland schließt mit dem *bachelor's degree* ab. Nach dem »herkömmlichen« Hochschulsystem entspricht dies jedoch am ehesten dem Abschluss an einer Fachhochschule. Ein Universitätsstudium mit Diplom oder Magister hingegen bedeutet nicht automatisch, dass Sie eine dem US-amerikanischen *master's degree* entsprechende Qualifikation besitzen. Sie werden also für den Zugang zu H-1B-Jobs möglicherweise ein Aufbaustudium oder andere zusätzliche Qualifikationen benötigen.

Ausländische Abschlüsse und Qualifikationen müssen durch sogenannte *credential evaluation services* (siehe Kapitel 16.2) in den USA auf Gleichwertigkeit überprüft werden. In einigen Fällen können unzureichende akademische Abschlüsse durch andere Qualifikationen (z. B. Berufserfahrung und Lizenzen) kompensiert werden. Nachweisbar ist dies mit einer *work experience evaluation,* die die Gleichwertigkeit mindestens zu einem *US bachelor's degree* belegt.

Der Gesetzgeber setzt außerdem voraus, dass es sich bei der als H-1B-Job angebotenen Stelle um ein sogenanntes *»regular employment«* handeln muss. Es qualifizieren sich somit nur US-Arbeitsplatzangebote mit einem regulären arbeitsvertraglichen Verhältnis. Freelancer- oder reine Beraterverträge erfüllen diese Voraussetzungen nicht.

Ein Arbeitgeber muss bei Ausschreibung einer H-1B-Stelle sicherstellen, dass daraus keine negativen Auswirkungen auf amerikanische Arbeitnehmer resultieren, die in vergleichbaren Positionen tätig sind. Das bedeutet im Detail, dass die Einstellung eines Ausländers nicht dazu führen darf, dass bereits bestehende Arbeitsplätze oder Zusatzleistungen für amerikanische Arbeitnehmer abgebaut werden. Auch darf es aktuell keinen Streik oder keine Aussperrung für die jeweilige Berufsgruppe an diesem Arbeitsort geben. Zusätzlich gibt es strenge Voraussetzungen an das zukünftige Mindestgehalt des ausländischen Mitarbeiters. All diese Aspekte muss der US-Arbeitgeber im Zuge einer *Labor Condition Application* (siehe Absatz »Antragstellung«) gegenüber dem *U.S. Department of Labor* im Vorfeld attestieren.

Die Überprüfung von H-1B-Arbeitgebern seitens der US-Behörden hat in den letzten Jahren deutlich zugenommen. Um welche Unternehmensart es sich handelt, spielt für den Antrag jedoch keine Rolle. So können beispielsweise auch *non-profit*-Organisationen, US-Universitäten bzw. Bildungseinrichtungen oder Regierungsorganisationen H-1B-Visa für ausländische Mitarbeiter beantragen.

Das H-1B-Quotensystem/H-1B *cap*

Die H-1B-Kategorie ist zahlenmäßig limitiert und unterliegt einem bestimmten Quotensystem (»H-1B *cap*«), welches jeweils für ein Steuerjahr *(fiscal year, FY)* gilt. Das US-Steuerjahr beginnt jeweils am 1. Oktober und endet am 30. September des Folgejahres. Pro Steuerjahr stehen aktuell nur 65.000 H-1B-Visa zur Verfügung, das so genannte H-1B *Regular Cap,* wobei 6.500 H-1B-Visa aufgrund von Freihandelsabkommen für Staatsangehörige aus Singapur und Chile bereits reserviert sind.

Für Personen, die ein *master's degree* an einer amerikanischen Universität erworben haben, steht ein zusätzliches H-1B *master's degree cap* mit 20.000 Visa zur Verfügung. Personen mit im Ausland erworbenen vergleichbaren Abschlüssen haben jedoch keinen Anspruch darauf.

Tipp: *Nicht alle H-1B-Anträge sind von der Quote betroffen. So können beispielsweise H-1B-Verlängerungen oder Anträge von* »institutions of higher education« *(z.B. amerikanische Universitäten) oder bestimmten* non-profit-*Forschungsinstituten immer gestellt werden* (= cap exempt).

Da die Nachfrage nach dieser Kategorie im Normalfall bei Weitem das Angebot an H-1B-Visa übersteigt, kommt meist ein Lotterieverfahren zum Einsatz, welches wir im nächsten Kapital näher erläutern.

Antragstellung

US-Arbeitgeber, die für ausländische Mitarbeiter einen H-1B-Erstantrag stellen möchten, müssen sich zunächst in einem bestimmten Zeitfenster (beginnend in der Regel Anfang März für rund drei Wochen) über ein Onlineportal der US-Einwanderungsbehörde *USCIS* gegen Zahlung einer Gebühr registrieren. Die abgefragten Informationen umfassen hierbei z.B. einige Angaben zum US-Arbeitgeber, die personenbezogenen Daten des zukünftigen ausländischen Mitarbeiters sowie Informationen zur Qualifikation. Nachdem der Registrierungszeitraum abgelaufen ist, prüft die *USCIS*-Behörde, wie viele potenzielle H-1B-Gesuche registriert wurden. Übersteigt die Anzahl der H-1B-Bewerber das H-1B *cap*, also die jährliche Quote, führt die *USCIS* ein Zufallsauswahlverfahren durch, um die notwendige Anzahl von Begünstigten aus dem Pool der registrierten Anträge auszuwählen. Personen, deren Registrierungen in der Lotterie ausgewählt wurden, erhalten eine Benachrichtigung und weitere Anweisungen, wie mit der Einreichung der vollständigen H-1B-Petition fortzufahren ist.

Ausschließlich diese H-1B-Anträge können dann frühestens ab dem 1.April eines jeden Jahres für den frühestmöglichen Arbeitsbeginn ab 1. Oktober bei den zuständigen Service-Centern der *USCIS* eingereicht werden. Nach Abschluss dieses Verfahrens kann erst wieder für das darauffolgende Steuerjahr ein Antrag gestellt werden.

Nun muss der Arbeitgeber unter anderem eine umfassende H-1B-Petition im Namen des zukünftigen Visuminhabers vorbereiten und ab dem 1. April einreichen. Offizieller Antragsteller gegenüber der US-Einwanderungsbehörde *USCIS* ist beim H-1B-Prozess also das US-Unternehmen *(petitioner),* welches die nötigen Unterlagen für den zukünftigen ausländischen Mitarbeiter *(beneficiary)* einreicht. Dieses Prinzip ist allen US-Arbeitsvisaanträgen gemein. Es ist folglich nicht möglich, ein US-Arbeitsvisum ohne Unterstützung des Unternehmens zu beantragen.

Arbeitgeber und Arbeitnehmer durchlaufen nach der Auslosung im H-1B-Prozess mehrere Schritte:

1. Einreichung einer *Labor Condition Application* beim *U.S. Department of Labor* durch den Arbeitgeber
2. Einreichung des Formulars I-129, *Petition for a Nonimmigrant Worker* bei der *USCIS* durch den Arbeitgeber
3. H-1B-Visumantrag beim US-Konsulat durch den ausländischen Arbeitnehmer (sofern sich die Person außerhalb der USA aufhält)

Die vom Arbeitgeber zu erledigende *Labor Condition Application (LCA)* ist nicht zu verwechseln mit der *labor certification* (siehe Kapitel 11.1). Muss bei der *labor certification* ein US-Arbeitgeber nachweisen, dass er mittels einer Arbeitsmarktüberprüfung keine amerikanischen Arbeitskräfte für die ausgeschriebene Stelle finden konnte, ist das bei einer H-1B-Antragstellung nicht notwendig.

Die *Labor Condition Application* muss vom zukünftigen US-Arbeitgeber vor der eigentlichen Antragseinreichung bei der *USCIS* veranlasst werden. Dieser Antrag wird im Rahmen eines Onlineverfahrens über das *FLAG*-System *(Foreign Labor Application Gateway)* auf der Webseite des *U.S. Department of Labor* gestellt: *flag.dol.gov.*

Im Onlineantrag muss der US-Arbeitgeber attestieren, dass mit der Einstellung des ausländischen Mitarbeiters keine Nachteile für amerikanisches Personal entstehen. Darüber hinaus muss das US-Unternehmen das zukünftige Gehalt für den potenziellen H-1B-Bewerber angeben und damit den Nachweis erbringen, dass diese Bezahlung mindestens der *actual* oder *prevailing wage* entspricht.

Actual wage = US-Gehalt, welches anderen Arbeitnehmern am Beschäftigungsort des Unternehmens bezahlt wird, die vergleichbare Aufgaben und Qualifikationen innehaben.

Prevailing wage = Durchschnittsgehalt, welches US-Arbeitnehmern mit vergleichbaren Aufgaben und Qualifikationen in der jeweiligen Region des zukünftigen Arbeitsplatzes gezahlt wird. Welches Mindestgehalt der US-Arbeitgeber bezahlen muss, kann über das *Foreign Labor Certification Data Center (Online Wage Library)* im Internet ermittelt werden: *www.flcdatacenter.com*

Nach Erhalt der *Labor Condition Application* überprüft das *U.S. Department of Labor*, ob das US-Unternehmen den zukünftigen ausländischen Mitarbeiter korrekt bezahlen wird und ob die Stelle den Qualifikationen des Mitarbeiters entspricht. Werden keine Mängel festgestellt, wird die *LCA* innerhalb von ca. sieben Tagen genehmigt und via E-Mail an den Antragsteller versandt. Die *LCA* ist bis zu drei Jahre gültig, je nachdem, welcher Beschäftigungszeitraum angegeben wird. Nach Erhalt muss der Arbeitgeber eine öffentlich zugängliche Akte *(»public access file«)* anlegen und ist an weitere, strenge *LCA*-Auflagen gebunden.

Mit Erhalt der genehmigten *LCA* kann der US-Arbeitgeber den nächsten Schritt einleiten: die Einreichung der umfangreichen Petition bei der US-Einwanderungsbehörde *USCIS* über das Formular I-129, *Petition for a Nonimmigrant Worker: www.uscis.gov/i-129.*

Tipp: *Seit dem 1. April 2024 ist neben der postalischen Antragstellung bei den zuständigen Service-Centern auch ein* online filing *über einen* USCIS-*Account möglich.*

Im Falle der Bewilligung informiert die *USCIS* den US-Arbeitgeber schriftlich über die Bewilligung mit dem Mitteilungsschreiben I-797 *(Approval Notice),* das die Arbeitserlaubnis enthält. Befinden Sie sich als ausländischer Arbeitnehmer außerhalb der USA, müssen Sie abschließend beim zuständigen US-Konsulat einen Antrag auf ein H-1B-Visum stellen

(= Konsularverfahren). Hierfür füllen Sie das Onlineformular DS-160, *Online Nonimmigrant Visa Application* aus und schicken es ab, bevor Sie zu einem Interviewtermin im Konsulat mit den entsprechenden Unterlagen erscheinen. Bestimmte Antragsteller qualifizieren sich auch für eine postalische Antragstellung (siehe Teil II, Einleitung, »*Interview Waiver Program* – postalisches Einsendeverfahren«). Auch (mögliche) begleitende Familienangehörige, die ein Visum erhalten möchten, müssen das DS-160 einreichen und entweder persönlich vorstellig werden oder das Einsendeverfahren nutzen.

Dokumente

Die Antragstellung für die umfangreiche H-1B-Petition bei der US-Einwanderungsbehörde umfasst mindestens noch folgende Dokumente:

- das ausgefüllte Antragsformular I-129, *Petition for a Nonimmigrant Worker* inkl. aller *supplements*
- bei Eilanträgen: Formular I-907, *Request for Premium Processing Service (www.uscis.gov/i-907)*
- den Nachweis über die Zahlung der *USCIS*-Antragsgebühren
- die bewilligte *LCA* vom *U.S. Department of Labor*
- ein rechtliches Begründungsschreiben *(petition letter)*
- Nachweise zum US-Unternehmen
- Belege zu den individuellen Qualifikationen des ausländischen Mitarbeiters (falls zutreffend: inklusive Evaluierungsnachweisen)
- ausführliche Stellenbeschreibung

Nach Bewilligung des I-129-Antrags bzw. Erhalt der I-797 *Approval Notice* benötigen Sie als Arbeitnehmer für Ihr Visainterview im US-Konsulat bzw. für die postalische Einreichung zusätzlich zu den Standardunterlagen (siehe Teil II, Einleitung, »Dokumente für das Visainterview«) die folgenden Dokumente:

- eine Kopie oder das Original der I-797 *Approval Notice*
- ggf. eine Kopie des zukünftigen US-Arbeitsvertrages bzw. ein Bestätigungsschreiben des amerikanischen Unternehmens darüber, dass das Arbeitsplatzangebot noch besteht

Gültigkeit, Rechte und Pflichten

Als H-1B-Visuminhaber können Sie grundsätzlich nur für das US-Unternehmen tätig werden, welches den Antrag gestellt hat. Das heißt, Ihr Visum bzw. Status ist zunächst an den *petitioner* gebunden. Eine Ausnahme bildet das »*off-site employment*«, welches beispielsweise auch den längerfristigen Einsatz bei einem Kunden Ihres US-Arbeitgebers gestattet. Solche Konstellationen unterliegen jedoch einer strengen Prüfung und müssen im Antragsverfahren dokumentiert werden. Unter anderem muss der Nachweis erbracht werden, dass Sie bei externen Einsätzen ausschließlich Anweisungen Ihres ursprünglichen H-1B-Arbeitgebers erhalten, es sich also nicht um eine Arbeitnehmerüberlassung handelt. Auch mögliche weitere Veränderungen, z.B. hinsichtlich des Gehalts oder der Arbeitsstätte, müssen der US-Behörde gegebenenfalls mittels eines so genannten *USCIS-Amendment*-Antrags kommuniziert werden. Zum Teil bedingen diese Veränderungen auch eine neue *LCA (Labor Condition Application)*.

Praktisch: *Seit dem Jahr 2000 ist es mit einem H-1B-Visum möglich, den Arbeitgeber zu wechseln. Durch die Einführung der »H-1B* portability*« im Rahmen des* American Competitiveness in the 21st Century Act *sind ausländische Arbeitnehmer damit unter bestimmten Bedingungen davor geschützt, nach einer Kündigung sofort das Land verlassen zu müssen. Die Anwendung dieses Gesetzes wurde in den Jahren 2022 und 2023 während der großen Entlassungswellen bei Technologieunternehmen wie Google und Meta (ehemals Facebook) spürbar. Personen unter H-1B-Status, die von Entlassungen betroffen sind, können innerhalb einer bestimmten Frist (in der Regel 60 Tage) eine neue Stelle finden. Sofern der neue Arbeitgeber einen neuen H-1B-Antrag fristgerecht stellt und dieser genehmigt wird, ist eine Arbeitsaufnahme für dieses US-Unternehmen möglich.*

H-1B-Anträge können im Erstantrag auf maximal drei Jahre bewilligt werden, aber die Gesamtaufenthaltsdauer darf im Allgemeinen sechs Jahre nicht überschreiten. Diese Regel darf nur dann gebrochen werden, wenn parallel zur Arbeitserlaubnis eine arbeitsplatzbezogene GreenCard (siehe Kapitel 11) vom US-Arbeitgeber beantragt wurde. Sollte dieser Antrag mindestens 365 Tage vor Ablauf des H-1B-Status gestellt worden und vor Ablauf der sechs Jahre noch nicht bewilligt sein, verlängert sich der legale Aufenthalt automatisch um den Zeitraum bis zum Erhalt der schriftlichen Zu- oder Absage über den GreenCard-Antrag. In dieser Zeit können Sie als Mitarbeiter legal Ihrer H-1B-Tätigkeit in den USA nachgehen. H-1B-Verlängerungsanträge werden vom amerikanischen Arbeitgeber beim zuständigen *USCIS*-Service-Center in den USA gestellt.

Sollte sich Ihr Arbeitgeber dazu entscheiden, einen arbeitsplatzbezogenen GreenCard-Antrag für Sie zu stellen *(= employment-based immigrant visa),* kann Ihre zunächst befristete Arbeits- und Aufenthaltsgenehmigung nach Bewilligung im *adjustment of status*-Verfahren (siehe Kapitel 14.2) in einen Status für Einwanderer umgewandelt werden.

Ehepartner und unverheiratete Kinder unter 21 Jahren eines H-1B-Visuminhabers können ein H-4-Visum erhalten. Eine Arbeitsaufnahme für Ehepartner unter H-4-Status (wie bei anderen Arbeitsvisa-Kategorien) ist allerdings leider nicht gestattet. Einzige Ausnahme: Die Beantragung einer *EAD* (*Employment Authorization Document,* Formular I-765) ist möglich, wenn sich der H-1B-Ehepartner aufgrund eines laufenden Statusanpassungsverfahrens (I-485) auf Einwanderung bereits länger als 6 Jahre unter H-1B-Status in den USA aufgehalten hat – also ein GreenCard-Verfahren durch den US-Arbeitgeber initiiert wurde. Der H-4-Status erlaubt ansonsten nur den Schulbesuch bzw. das Studium in den Vereinigten Staaten. Soll der Aufenthaltsstatus von Familienangehörigen eines H-1B-Arbeitnehmers verlängert werden, wird dafür das Formular I-539, *Application to Extend Nonimmigrant Status* verwendet. Dieser Antrag kann zusammen mit dem eigentlichen Verlängerungsantrag des H-1B-Inhabers eingereicht werden.

H-1B-Visum:
Aktuelle Informationen und häufige Fragen

8.4 H-2B-Visum (Temporary Non-Agricultural Workers): Chance für Arbeitnehmer ohne akademischen Abschluss

Wenn Sie nicht über einen akademischen Abschluss verfügen, bzw. Ihr Stellenangebot einen solchen nicht voraussetzt und Sie somit nicht in die H-1B-Kategorie fallen, können Sie sich unter bestimmten Voraussetzungen für ein H-2B-Visum qualifizieren. Dieses ist für Personen gedacht, die in den Vereinigten Staaten für einen begrenzten Zeitraum in nicht-landwirtschaftlichen Bereichen arbeiten wollen, beispielsweise als Industriearbeiter, Lkw-Fahrer oder in der Gastronomie. Die bürokratischen Hürden zum Erhalt eines H-2B-Visums sind aufgrund der höheren Nachfrage leider deutlich höher als beim H-1B-Visum und die H-2B-Kategorie unterliegt ebenfalls einem Quotensystem mit einer jährlichen Höchstgrenze.

Voraussetzungen

Eine unmittelbare Voraussetzung für ein H-2B-Visum ist ein befristetes US-Stellenangebot und ein US-Arbeitgeber, der bereit ist, für Sie das Antragsverfahren zu starten. Offizieller *petitioner* ist also auch hier das US-Unternehmen für Sie als *beneficiary*.

Hierbei muss das US-Unternehmen nachweisen, dass die Ihnen angebotene Tätigkeit in den USA entweder einen einmaligen, saisonalen, periodischen oder zu Spitzenzeiten auftretenden temporären Bedarf deckt. Bei der angebotenen Stelle muss es sich außerdem um eine Vollzeittätigkeit handeln, für die nachweislich kein US-amerikanischer Arbeitnehmer gefunden werden konnte. Im Unterschied zum H-1B-Visum müssen Sie keine spezifischen (akademischen) Qualifikationen nachweisen. Setzt jedoch die angebotene Stelle bestimmte Kenntnisse oder Ausbildungen voraus, müssen Sie diese selbstverständlich nachweisen können. Darüber hinaus dürfen mit Ihrer Einstellung keine negativen Konsequenzen bzw. Benachteiligungen für das US-Personal einhergehen, z. B. im Hinblick auf Gehaltszahlungen, Arbeitsbedingungen oder gar Entlassungen. Der Schutz der amerikanischen Arbeitnehmer steht also im Fokus des H-2B-Antragsverfahrens (siehe Kapitel 11.1, *labor certification*).

Das *U.S. Department of Homeland Security (DHS)* veröffentlicht jährlich eine Liste von Ländern, deren Staatsangehörige sich für die H-2B-Kategorie bewerben können. Sie finden diese Liste z. B. unter dem Reiter »*H-2B Eligible Countries List*« unter *www.uscis.gov/working-in-the-united-states/temporary-workers/h-2b-temporary-non-agricultural-workers*. Gelistet sind aktuell beispielsweise Deutschland, Österreich und die Schweiz.

Das H-2B-Quotensystem/H-2B *cap*

Auch die H-2B-Kategorie ist zahlenmäßig limitiert und unterliegt einem Quotensystem (»H-2B *cap*«), welches jeweils für ein Steuerjahr *(fiscal year, FY)* gilt. Das US-Steuerjahr beginnt jeweils am 1.Oktober und endet am 30. September des Folgejahres. Pro Steuerjahr stehen aktuell nur 66.000 H-2B-Visa zur Verfügung, davon 33.000 im ersten Steuerhalbjahr (1. Oktober – 31. März) und 33.000 im zweiten Steuerhalbjahr (1. April – 30. September). Im Gegensatz zur H-1B-Kategorie, werden H-2B-Anträge in einem »*first come, first serve*«- Verfahren für das jeweilige Steuerjahr angenommen. Wird für das entsprechende Halbjahr die Obergrenze erreicht, können US-Arbeitgeber erst wieder für das kommende Steuerjahr Anträge einreichen.

Tipp: *Nicht alle H-2B-Anträge sind von der Quote betroffen. So können beispielsweise H-2B-Verlängerungen oder Anträge auf Arbeitgeberwechsel immer gestellt werden* (= cap exempt). *Aufgrund des (Fach-)Kräftemangels in den USA wurde darüber hinaus die jährliche H-2B-Quote für bestimmte Arbeitnehmer erhöht.*

Für ausländische Personen, die im landwirtschaftlichen Bereich arbeiten möchten (z.B. als Erntehelfer), existiert eine gesonderte H-2A-Kategorie *»Temporary Agricultural Workers«*. Die Voraussetzungen und der Antragsprozess sind nahezu identisch zum H-2B-Verfahren, es existiert allerdings keine zahlenmäßige Limitierung.

Antragstellung

Vor Ihrer Einstellung als H-2B-Arbeitnehmer muss Ihr zukünftiger US-Arbeitgeber mehrere Schritte durchlaufen:

1. *Foreign temporary labor certification* (= Arbeitsmarktüberprüfung)

In einem ersten Schritt muss das US-Unternehmen mittels der so genannten *labor certification* gegenüber dem *U.S. Department of Labor* nachweisen, dass kein amerikanischer Mitarbeiter für die angebotene Stelle zur Verfügung steht bzw. gefunden werden konnte. Dies erfolgt über das modernisierte *Foreign Labor Application Gateway (FLAG)* Onlinesystem (*flag.dol.gov*). In diesem Verfahren wird zunächst das zu zahlende Mindest- bzw. Durchschnittsgehalt für die angebotene Stelle ermittelt *(prevailing wage)*. Im Anschluss erfolgt die Online-Einreichung des Formulars ETA 9142B mit den entsprechenden Unterlagen (wie z.B. eine Kopie der im Vorfeld bei der *State Workforce Agency* ausgeschriebenen Stelle).

Spätestens 14 Tage nach Erhalt der *Notice of Acceptance* des *U.S. Department of Labors* im Zuge dieses Verfahrens muss Ihr US-Arbeitgeber alle dort aufgelisteten Anweisungen zur Arbeitsmarktüberprüfung veranlassen, z.B. das Schalten von Zeitungsannoncen und das Kontaktieren von früheren US-Mitarbeitern. Im Anschluss muss ein *recruitment report* (also eine Zusammenfassung aller Rekrutierungsbemühungen inklusive Nachweisen zu geführten Bewerbungsgesprächen für potenzielle US-amerikanische Bewerber) nachgereicht werden. Falls alle Auflagen erfüllt wurden, erhält der US-Arbeitgeber nach abschließender Prüfung durch das *U.S. Department of Labor* die genehmigte *labor certification (Form* ETA 9142B) über das *FLAG*-System.

Das Verfahren der *foreign temporary labor certification* unterliegt ständigen Veränderungen. Bei einer Antragstellung muss Ihr potenzieller Arbeitgeber deshalb die aktuellen Voraussetzungen, Antragsschritte und Einreichungsprozesse auf der Webseite *www.dol.gov/agencies/eta/foreign-labor/forms* überprüfen.

2. *USCIS*-Petition (= Antrag auf Arbeitsgenehmigung)

Nach Genehmigung der *foreign temporary labor certification* muss Ihr zukünftiger Arbeitgeber den eigentlichen Arbeitsgenehmigungsantrag mit dem Formular I-129, *Petition for a Nonimmigrant Worker* bei der US-Einwanderungsbehörde *USCIS* einreichen. Bei einer Bewilligung erhält das US-Unternehmen die I-797 *Approval Notice*, die Sie für Ihr konsularisches Antragsverfahren benötigen, sofern Sie sich außerhalb der USA aufhalten.

3. Konsularverfahren (= Visumerteilung)

Sie dürfen nun beim zuständigen US-Konsulat in Ihrem aktuellen Heimatland den Antrag auf ein H-2B-Visum stellen. Hierfür füllen Sie das Onlineformular DS-160, *Online Nonimmigrant Visa Application* aus und erscheinen anschließend zum Interviewtermin im Konsulat. Bestimmte Antragsteller qualifizieren sich auch für eine postalische Antragstellung (siehe Teil II, Einleitung, *Interview Waiver Program* – postalisches Einsendeverfahren). Auch (mögliche) begleitende Familienangehörige, die ein Visum erhalten möchten, müssen das DS-160 einreichen und entweder persönlich vorstellig werden oder das Einsendeverfahren nutzen.

Dokumente

Die Einreichung der H-2B-Petition bei der *USCIS*-Behörde durch den Arbeitgeber umfasst die folgenden Dokumente:

- das ausgefüllte Antragsformular I-129, *Petition for a Nonimmigrant Worker* inkl. aller *supplements*
- bei Eilanträgen: Formular I-907, *Request for Premium Processing Service* (*www.uscis.gov/i-907*)
- den Nachweis über die Zahlung der *USCIS*-Antragsgebühren
- die bewilligte *labor certification* vom *U.S. Department of Labor* (*Form* ETA 9142B)
- ein rechtliches Begründungsschreiben *(petition letter)*
- Nachweise zum US-Unternehmen
- Belege zu den individuellen Qualifikationen des ausländischen Mitarbeiters
- ausführliche Stellenbeschreibung

Nach Bewilligung des I-129-Antrags benötigen Sie für Ihren H-2B-Visumprozess im US-Konsulat zusätzlich zu den Standardunterlagen (siehe Teil II, Einleitung, »Dokumente für das Visainterview«) die folgenden Dokumente:

- eine Kopie oder das Original der I-797 *Approval Notice*
- ggf. eine Kopie des zukünftigen US-Arbeitsvertrages bzw. ein Bestätigungsschreiben des amerikanischen Unternehmens darüber, dass das Arbeitsplatzangebot noch besteht

Gültigkeit, Rechte und Pflichten

Ein H-2B-Visum kann für eine Anfangsdauer von bis zu einem Jahr genehmigt werden. Verlängerungen können gewährt werden, wenn die *foreign labor certification* noch gültig ist bzw. verlängert wurde. Für bestimmte Tätigkeitsbereiche wird diese allerdings nur auf neun Monate erteilt. Die Gesamtaufenthaltsdauer darf drei Jahre nicht überschreiten.

H-2B-Verlängerungsanträge werden vom amerikanischen Arbeitgeber beim zuständigen *USCIS*-Service-Center mit dem I-129-Formular gestellt. Bei einer Verlängerung muss auch die *temporary foreign labor certification* erneut eingereicht werden.

Ehepartner und unverheiratete Kinder unter 21 Jahren eines H-2B-Visuminhabers können ein H-4-Visum erhalten, jedoch ohne Arbeitsgenehmigung. Der H-4-Status erlaubt lediglich den Schulbesuch bzw. das Studium in den Vereinigten Staaten. Für die Verlängerung des Aufenthaltsstatus von Familienangehörigen eines H-2B-Arbeitnehmers wird das Formular I-539, *Application to Extend Nonimmigrant Status* verwendet. Dieser Antrag kann zusammen mit dem Verlängerungsantrag des H-2B-Inhabers eingereicht werden.

8.5 H-3-Visum (Nonimmigrant Trainee or Special Education Exchange Visitor): Aus- und Weiterbildung

Das H-3-Visum ermöglicht die Teilnahme an bestimmten Trainings- und Ausbildungsprogrammen in den USA:

- ***Special Education Exchange Visitor Program***
- ***Trainee Program***

Das *Special Education Exchange Visitor Program* ist für die Aus- und Weiterbildung im Bereich der Sonderpädagogik für Kinder mit körperlichen, geistigen oder seelischen Behinderungen vorgesehen. Die US-Einwanderungsbehörde *USCIS* bewilligt in diesem speziellen Bereich jährlich maximal 50 Anträge. Die Programmsponsoren sind in der Regel spezialisierte Einrichtungen mit qualifiziertem Lehrpersonal.

Das *Trainee Program* bietet (nicht-akademische) Aus- und Weiterbildungsmöglichkeiten in verschiedenen Arbeitsgebieten wie Landwirtschaft, Kommunikation, Finanzen und Verwaltung. Explizit ausgenommen ist der medizinische Bereich. Sponsoren können hier sowohl private Unternehmen als auch staatliche Einrichtungen sein.

Obwohl H-3-Visa einwanderungsrechtlich in den Bereich der »Arbeitserlaubnis« eingestuft werden, unterscheiden sie sich erheblich von regulären US-Arbeitsvisa wie H-1B oder H-2B, denn mit einem H-3-Visum sind ausschließlich Trainingsmaßnahmen unter bestimmten Zugangsvoraussetzungen gestattet, die Ihr berufliches Vorankommen im Heimatland fördern. Das H-3-Visum ersetzt also kein reguläres Arbeitsvisum und aktive *»hands-on«*- Tätigkeiten sind nur dann zulässig, wenn die Ausbildung dies explizit vorsieht.

Voraussetzungen

Eine wesentliche Voraussetzung für die Genehmigung eines H-3-Visums ist der Nachweis, dass das betreffende Training nicht in Ihrem Heimatland zur Verfügung steht. Der Programmsponsor bzw. das Unternehmen/die Organisation, bei dem Sie das Training absolvieren werden, muss außerdem nachweisen, dass Sie als Anwärter auf ein H-3-Visum nicht wie ein regulärer US-Mitarbeiter eingesetzt werden sollen, also keine »produktive« Tätigkeit in den USA ausüben werden, die nicht im Zusammenhang mit der Weiterbildung steht. Die Ausbildung in den USA darf also ausschließlich Ihrer persönlichen Karriere in Ihrem Heimatland dienen.

Die geforderten Qualifikationen für ein H-3-Programm hängen stark von der jeweiligen Fachrichtung ab. So müssen Sie als Antragsteller für das *Special Education Exchange Visitor Program* im Bereich Sonderpädagogik z.B. ein *bachelor's degree* oder einen höheren Abschluss im Bereich der Sonderpädagogik vorweisen bzw. eine umfangreiche Ausbildung oder Unterrichtserfahrung mit körperlich, geistig oder seelisch eingeschränkten Kindern nachweisen können.

Um sich für das *Trainee Program* in bestimmten Arbeitsgebieten zu qualifizieren, müssen Sie die spezifischen Voraussetzungen erfüllen, die im jeweiligen US-Programm definiert sind. Dies kann z. B. ein *college*-Abschluss (oder Äquivalent) und eine bereits vorliegende Arbeitserfahrung im Fachbereich sein.

Antragstellung

Die Genehmigung eines H-3-Visums beginnt mit dem Einreichen einer offiziellen Petition bei der *USCIS*-Behörde. Der Antragsteller (*petitioner*) ist hierbei das US-Unternehmen bzw. die Institution, die das H-3-Programm anbietet. Das Formular I-129, *Petition for a Nonimmigrant Worker* wird hierbei (genau wie beim H-1B- und H-2B-Visum) durch das *H Classification Supplement* ergänzt, das die Notwendigkeit Ihrer Aus- und Weiterbildung im Heimatland und Ihre Qualifikationen näher beschreibt. Nach Genehmigung durch die *USCIS* (I-797 *Approval Notice*) können Sie beim zuständigen Konsulat in Ihrem Heimatland einen Antrag auf ein H-3-Visum stellen.

Der Visumantrag muss über das Onlineformular DS-160, *Online Nonimmigrant Visa Application* gestellt werden, bevor Sie zu einem Interviewtermin im Konsulat erscheinen. Alternativ können Sie, sofern Sie sich dafür qualifizieren, den Antrag im Rahmen des *Interview Waiver Program* (siehe Teil II, Einleitung) postalisch einreichen.

Dokumente

Für das H-3-Programm müssen im ersten Antragsschritt vom Programmsponsor folgende Dokumente bei der *USCIS* eingereicht werden:

- das ausgefüllte Antragsformular I-129, *Petition for a Nonimmigrant Worker* inkl. aller *supplements*
- bei Eilanträgen: Formular I-907, *Request for Premium Processing Service (www.uscis.gov/i-907)*
- der Nachweis über die Zahlung der *USCIS*-Antragsgebühren
- ein rechtliches Begründungsschreiben *(petition letter)*
- Nachweise zum US-Unternehmen bzw. der US-Organisation
- Belege zu den individuellen Qualifikationen des ausländischen Programmteilnehmenden
- ausführlicher Trainingsplan

Nach Bewilligung des I-129-Antrags bzw. Erhalt der I-797 *Approval Notice* benötigen Sie als Programmteilnehmer für Ihr Visainterview im US-Konsulat bzw. für die postalische Einreichung zusätzlich zu den Standardunterlagen (siehe Teil II, Einleitung, »Dokumente für das Visainterview«) die folgenden Dokumente:

- eine Kopie oder das Original der I-797 *Approval Notice*
- ggf. ein Bestätigungsschreiben des amerikanischen Unternehmens/Programmsponsors darüber, dass das Trainingsangebot noch besteht

Gültigkeit, Rechte und Pflichten

Das H-3-Visum wird für die Dauer des Ausbildungs- oder Trainingsprogramms ausgestellt, jedoch mit einer maximalen Gültigkeitsdauer. Für Sonderpädagogik-Programme beträgt diese 18 Monate, während sie für *Trainee*-Programme bei 24 Monaten liegt. Grundsätzlich kann eine Verlängerung des H-3-Visums mit dem Formular I-129 beantragt werden. Dies ist jedoch nur möglich, wenn die maximale Aufenthaltsdauer noch nicht erreicht wurde und wenn es einen triftigen Grund für die Verlängerung des Trainingsprogramms gibt. Wenn Sie bereits die maximale Aufenthaltsdauer für ein H-3-Visum erreicht haben, können Sie keine Verlängerung beantragen.

Ehepartner und unverheiratete Kinder unter 21 Jahren von H-3-Antragstellern können ein H-4-Visum beantragen. Mit diesem Visum dürfen sie allerdings nicht arbeiten, sondern nur eine Schule besuchen oder studieren. Ehepartner, die in den USA arbeiten möchten, müssen sich selbst für ein entsprechendes Arbeitsvisum qualifizieren. Die Verlängerung des Aufenthaltsstatus von Familienmitgliedern erfolgt über das Formular I-539, *Application to Extend Time of Temporary Stay.*

8.6 I-Visum (Representative of Foreign Media): Journalisten und Medienvertreter

Das I-Visum, auch unter dem Begriff »Journalistenvisum« bekannt, ist ein Nichteinwanderungsvisum für Personen im Medienbereich, die für eine begrenzte Zeit ihren Beruf in den USA ausüben. Es beinhaltet allerdings keine reguläre Arbeitsgenehmigung für amerikanische Medienunternehmen. Zur Berufsgruppe ausländischer Medienvertreter, die ein I-Visum beantragen dürfen, gehören Mitarbeiter von Print- und audiovisuellen Medien wie z. B. Reporter, Filmcrews und Redakteure von Nachrichtenorganisationen, Zeitungen, Radio- und Fernsehstationen. Antragsteller können entweder für ihren heimischen Arbeitgeber oder als Freelancer über einen konkreten Auftrag von einer ausländischen Medienorganisation für eine begrenzte Zeit in den Vereinigten Staaten journalistisch tätig werden.

Falls Sie Journalist sind, aber zu rein touristischen Zwecken oder nur zu Meetings bzw. Konferenzen in die USA einreisen wollen, dürfen Sie dies auch mit einem B-Visum bzw. einer gültigen ESTA-Genehmigung im Rahmen des *Visa Waiver Program* (siehe Kapitel 7.2) tun. Sie dürfen dann jedoch während Ihres USA-Aufenthalts keiner journalistischen Tätigkeit nachgehen.

Voraussetzungen

Die entscheidende Voraussetzung für die Ausstellung eines I-Visums ist, dass die ausgeübte Tätigkeit zur Verbreitung von Nachrichten dient. Darunter fallen folgende journalistische Tätigkeiten:

- Berichterstattung über Ereignisse (z. B. Sport-Events, Wahlen)
- Berichte über aktuelle Themen (z. B. technische Neuheiten)
- Beiträge zur Wissensbereicherung der Allgemeinheit (z. B. Dokumentationen)

Als Antragsteller eines I-Visums müssen Sie die nötige Qualifikation bzw. Erfahrungen im Medienbereich haben und diese auch belegen. Außerdem müssen Sie weiterhin vom Arbeitgeber bzw. Auftraggeber in Ihrem Heimatland vergütet werden und dürfen keine Bezahlung aus den USA erhalten. Das produzierte Medienmaterial muss zudem größtenteils außerhalb der USA veröffentlicht werden.

Assistenten der Produktion, Korrekturleser, Bibliothekare und Bühnenbildner fallen nicht unter das I-Visum. Es wird davon ausgegangen, dass diese Tätigkeiten nicht zur Verbreitung von Nachrichten und Informationen dienen, sondern eher im künstlerischen Sektor angesiedelt sind und hierfür ein anderes Visum erforderlich wird. Alternativen können hier H-, O- oder P-Visa sein. Auch diese haben jedoch strenge Voraussetzungen und es sollte im Vorfeld genau geprüft werden, ob sie überhaupt in Betracht kommen.

Personen, die an kommerziellen Filmprojekten, Werbeaufnahmen oder an Projekten aus dem Bereich der Unterhaltungsindustrie (z. B. Reality Shows oder Aufnahmen mit Schauspielern) in den USA mitarbeiten, qualifizieren sich nicht für ein I-Visum. Auch hier wird ein reguläres Arbeitsvisum (H-, O- oder P-Visum) benötigt.

Antragstellung

Anträge für ein I-Visum werden beim zuständigen US-Konsulat in Ihrem Heimatland gestellt. Hierfür müssen Sie das Formular DS-160, *Online Nonimmigrant Visa Application* ausfüllen und elektronisch übermitteln. Antragsteller im Alter von 14–79 Jahren müssen zu einem persönlichen Interviewtermin vorstellig werden und an diesem Tag auch ihre Antragsdokumente im Original vorlegen.

Sofern Sie sich für das *Interview Waiver Program* (siehe Teil II, Einleitung) qualifizieren, können Sie Ihren Antrag gegebenenfalls auch postalisch einreichen. Gleichzeitig sollten Sie bereits Ihren Auftrag- bzw. Arbeitgeber darum bitten, ein Schreiben anzufertigen, in dem Details zur Medienorganisation, zum Auftrag (Zeitpunkt, Dauer und Art des Projekts), zu Ihrer Position im Unternehmen, zur Finanzierung sowie eine Kontaktperson für die US-Behörden ersichtlich sind.

Dokumente

Im Rahmen des Antrags für ein I-Visum bei der US-Botschaft müssen Sie als Medienschaffender zusätzlich zu den Standardunterlagen (siehe Teil II, Einleitung, »Dokumente für das Visainterview«) die folgenden Dokumente vorlegen:

- das Bestätigungsschreiben Ihres Auftrag- oder Arbeitgebers, welches insbesondere die journalistische Tätigkeit für ein ausländisches Medienunternehmen ausweist
- Ihren Presseausweis (falls vorhanden) oder andere Nachweise zur journalistischen Tätigkeit im Heimatland (z. B. Mitgliedschaft in Medienverbänden)
- Ihren gültigen Arbeitsvertrag oder andere vertragliche Freelancer-Vereinbarungen/Aufträge zum journalistischen Aufenthalt

Gültigkeit, Rechte und Pflichten

In der Regel werden I-Visa für bis zu fünf Jahre erteilt, Limitierungen sind aber möglich (je nach journalistischem Projekt). Wie lange Sie sich konkret in den USA aufhalten dürfen, entscheidet der Grenzbeamte am Tag der Einreise. Allerdings wird für I-Visuminhaber meist kein konkretes Ausreisedatum angesetzt, also kein konkreter Zeitraum festgelegt. Üblicherweise erhalten Sie den Status »*D/S*«, was für *duration of status* steht. Das ist bei erfolgter Einreise über das elektronische Einreiseformular I-94 ersichtlich. *D/S* bedeutet, dass Sie sich so lange in den USA aufhalten können, bis die journalistische Tätigkeit abgeschlossen ist. Sind z. B. die Dreharbeiten oder die Interviews beendet, müssen Sie die USA wieder verlassen.

Wenn Sie sich häufig aus journalistischen Gründen in den USA aufhalten müssen, muss das Visum nicht immer wieder neu beantragt werden, sondern es kann im genehmigten Zeitraum für (I-Visa-legitime journalistische Tätigkeiten) genutzt werden.

Ehepartner und unverheiratete Kinder unter 21 Jahren können für denselben Zeitraum ein abgeleitetes I-Visum erhalten. Eine Arbeitsaufnahme ist Ihren Familienangehörigen damit jedoch nicht gestattet. Nur der Besuch öffentlicher oder privater Bildungseinrichtungen ist für mitreisende Angehörige erlaubt.

I-Visum:
Aktuelle Informationen und häufige Fragen

8.7 L-1-Visum (Intracompany Transferee): Unternehmensinterner Mitarbeitertransfer

Das L-1-Visum ermöglicht den firmeninternen Mitarbeitertransfer innerhalb einer Unternehmensgruppe vom aktuellen ausländischen Arbeitgeber *(foreign employer)* zu einem US-Standort. L-1-Visa werden häufig im Rahmen klassischer Entsendungen für Mitarbeiter beantragt, können jedoch auch für längere Projekt- oder Montageeinsätze am US-Standort oder beim Kunden genutzt werden.

Voraussetzungen

L-1-Visa unterliegen bestimmten Zugangskriterien im Hinblick auf die Unternehmensgruppe, den US-Standort sowie den Mitarbeiter und dessen Tätigkeit, Firmenzugehörigkeit und Qualifikation.

L-1-Visumanträge können ausschließlich vom US-Unternehmen für den jeweiligen Mitarbeiter eingereicht werden *(petitioner)*. Der Nachweis der Existenz eines US-Unternehmens innerhalb einer Unternehmensgruppe ist deshalb grundlegende Voraussetzung. Sowohl das ausländische Unternehmen als auch das US-Unternehmen müssen nachweislich mindestens ein Jahr aktiv am Markt tätig sein (*»doing business«*). Für US-Standorte, die jünger als ein Jahr sind, gelten gesonderte Bestimmungen (L-1 *New Office*), auf die wir am Ende dieses Kapitels eingehen.

Da sich L-1-Visa auf einen firmeninternen Mitarbeitertransfer beziehen, muss belegt werden, dass zwischen dem ausländischen Standort, an dem der Mitarbeiter aktuell beschäftigt ist und dem US-Standort (als »aufnehmende« Unternehmenseinheit) eine qualifizierende Verbindung besteht. Diese kann zum Beispiel wie folgt aussehen:

- Die ausländische Muttergesellschaft hält mindestens 50% der Anteile an der US-Tochtergesellschaft.
- Die US-Muttergesellschaft hält mindestens 50% der Anteile am ausländischen Tochterunternehmen.
- Beide Unternehmenseinheiten sind Schwestergesellschaften und werden jeweils zu mindestens 50% von derselben Muttergesellschaft gehalten.
- Ein US-Unternehmen unterhält eine Betriebsstätte im Ausland oder die ausländische Unternehmenseinheit unterhält eine US-Betriebsstätte.

Auch weitere Konstellationen sind denkbar und müssen immer individuell geprüft werden. Beide Unternehmenseinheiten müssen also über die Eigentumsverhältnisse mehrheitlich miteinander verbunden sein. Beim L-1-Visum ist außerdem entscheidend, dass die Geschäftsaktivitäten im Ausland in Zukunft erhalten bleiben. Deshalb kann ein Kleinunternehmer sich z.B. nicht selbst in die USA versetzen und dort eine eigene Tochtergesellschaft gründen, um dann in seinem Heimatland die Firma zu schließen.

Wenn Sie als Mitarbeiter über ein L-1-Visum in die Vereinigten Staaten entsendet werden sollen, müssen Sie innerhalb der letzten drei Jahre vor der Antragstellung durchgängig für mindestens ein Jahr für einen Standort der Unternehmensgruppe (außerhalb der USA) tätig gewesen sein. Geschäftsreisen oder touristische Aufenthaltszeiten in den USA werden abgezogen, gelten aber nicht als Unterbrechung dieses zwölfmonatigen Beschäftigungszeitraums.

Es qualifizieren sich nur solche Mitarbeiter für ein L-1-Visum, die während der mindestens einjährigen Beschäftigungsphase als *manager, executive* oder *specialist* regulär am ausländischen Standort beschäftigt waren bzw. sind und auch am zukünftigen US-Standort in einer solchen Funktion tätig werden. Der Gesetzgeber unterscheidet zwischen L-1A-Visumanträgen für *manager/executives* und L-1B-Visumanträgen für *specialists*. Um welche Kategorie es sich handelt, orientiert sich an der zukünftigen Tätigkeit des Mitarbeiters am US-Standort (nicht an der aktuellen Tätigkeit). Es ist auch möglich, dass Sie beispielsweise am ausländischen Standort als *specialist* tätig sind, in den USA aber zukünftig als *manager* eingesetzt werden.

Folgende Differenzierungen werden vorgenommen:

Manager lenken das *day-by-day management*, also die täglich anfallenden Organisationsaufgaben innerhalb einer Abteilung und haben in der Regel auch Personalverantwortung – also können unterstelltes Personal nachweisen. Der Schwerpunkt liegt auf der Organisations- und Managementkompetenz (z.B. Abteilungsleiter oder Projektmanager).

Executives übernehmen als Führungskräfte und leitende Angestellte die strategische Planung, Organisation, Kontrolle und Leitung für das Unternehmen oder eine wichtige Unternehmenseinheit mit Personalverantwortung. Der Schwerpunkt liegt auf der Führungskompetenz (z. B. Geschäftsführer oder Finanzchefs).

Specialists verfügen über besondere und umfangreiche Kenntnisse zu unternehmensinternen Produkten, Prozessen und Techniken. Es darf sich nicht nur um einfaches Spezialwissen handeln, über welches auch zahlreiche andere Mitarbeiter oder Personen auf dem freien Arbeitsmarkt verfügen.

Es muss im Einzelfall entschieden werden, für welche Kategorie Sie sich qualifizieren. Insbesondere L-1B-Anträge werden von den US-Behörden streng überprüft bzw. hinterfragt. Freelancer oder Berater qualifizieren sich nicht für die L-1-Kategorie.

Antragstellung

Offizieller Antragsteller für das L-1-Visum ist das US-Unternehmen *(petitioner)* für den zukünftigen ausländischen Mitarbeiter *(beneficiary)*.

Der Prozess führt die beiden Parteien durch die folgenden Antragsschritte:

1. Einreichen des Formulars I-129, *Petition for a Nonimmigrant Worker* bei der *USCIS* in den USA durch das US-Unternehmen (= Arbeitsgenehmigungsverfahren) *www.uscis.gov/i-129*
2. Antragstellung für das L-1-Visum im US-Konsulat durch den Arbeitnehmer

Die Petition, die der Arbeitgeber bei der US-Einwanderungsbehörde einreicht, umfasst neben den Antragsformularen auch umfangreiche Unterlagen zum US-Unternehmen, zur offenen Stelle in den USA, zu Ihrer Tätigkeit als ausländischer Mitarbeiter sowie zu Ihren Qualifikationen. Zusätzlich müssen Angaben zum Aufgabenbereich während der vergangenen drei Jahre, den voraussichtlichen Aufgaben in den USA und den Beziehungen zwischen dem amerikanischen und dem ausländischen Unternehmensstandort gemacht werden.

Im Falle einer Bewilligung informiert die *USCIS* den US-Arbeitgeber schriftlich über die Bewilligung mittels des Mitteilungsschreibens I-797 *(Approval Notice)*, welche die Arbeitsgenehmigung beinhaltet.

Befinden Sie sich als ausländischer Arbeitnehmer außerhalb der USA, müssen Sie abschließend beim zuständigen US-Konsulat in Ihrem Heimatland das L-1-Visum beantragen (= Konsularverfahren). Hierfür füllen Sie das Onlineformular DS-160, *Online Nonimmigrant Visa Application* aus und schicken es ab, bevor Sie zu einem Interviewtermin im Konsulat mit den entsprechenden Unterlagen erscheinen. Bestimmte Antragsteller qualifizieren sich auch für eine postalische Antragstellung (siehe Teil II, Einleitung, »*Interview Waiver Program* – postalisches Einsendeverfahren«). Auch (mögliche) begleitende Familienangehörige, die ein Visum erhalten möchten, müssen das DS-160 einreichen und entweder persönlich vorstellig werden oder das Einsendeverfahren nutzen.

Dokumente

Die Antragstellung für das *USCIS*-I-129-Arbeitsgenehmigungsverfahren in den USA umfasst im Regelfall folgende Dokumente:

- das ausgefüllte Antragsformular I-129, *Petition for a Nonimmigrant Worker* inkl. aller *supplements*
- bei Eilanträgen: Formular I-907, *Request for Premium Processing Service* (*www.uscis.gov/i-907*)
- den Nachweis über die Zahlung der *USCIS*-Antragsgebühren
- ein rechtliches Begründungsschreiben *(petition letter)*
- Nachweise zum US-Unternehmen und zur ausländischen Unternehmenseinheit bzw. zur Unternehmensgruppe
- Belege zu den individuellen Qualifikationen und der mindestens 12-monatigen Beschäftigung des ausländischen Mitarbeiters
- ausführliche Stellenbeschreibungen zur aktuellen und zukünftigen Funktion in den USA

Nach Bewilligung des I-129-Antrags bzw. Erhalt der I-797 *Approval Notice* benötigen Sie für Ihre L-1-Visumbeantragung im US-Konsulat bzw. für die postalische Einreichung zusätzlich zu den Standardunterlagen (siehe Teil II, Einleitung, »Dokumente für das Visainterview«) die folgenden Dokumente:

- eine Kopie oder das Original der I-797 *Approval Notice*
- ggf. eine Kopie des zukünftigen US-Arbeitsvertrages bzw. ein Bestätigungsschreiben des amerikanischen Unternehmens darüber, dass das Arbeitsplatzangebot noch besteht

Gültigkeit, Rechte und Pflichten

Ein L-1-Antrag kann zunächst für einen Zeitraum von bis zu drei Jahren genehmigt werden. Verlängerungsanträge (in 2-Jahres-Schritten) werden auf Formular I-129 eingereicht und müssen neben den gängigen Antragsunterlagen auch ein Schreiben enthalten, das darlegt, warum eine Verlängerung notwendig wird. Die Gesamtaufenthaltsdauer im Rahmen des L-1-Status darf allerdings sieben Jahre für L-1A-*manager/executives* und fünf Jahre für L-1B-*specialists* nicht überschreiten.

Ehepartner und unverheiratete Kinder unter 21 Jahren erhalten für denselben Zeitraum wie der L-1-Hauptantragsteller ein abgeleitetes L-2-Visum. Erreichen die Kinder die amerikanische Volljährigkeitsgrenze, müssen sie ihren Nichteinwanderungsstatus wechseln oder das Land verlassen. Unter folgenden Voraussetzungen ist es L-2-Ehepartnern möglich, in den USA einer Arbeitstätigkeit oder Selbstständigkeit nachzugehen:

- Der Aufenthaltsstatus im I-94-Einreiseformular wurde bei der Einreise als »L2S« ausgestellt (»S« = *spouse*). Das I-94-Dokument mit dem entsprechenden Zusatz »S« ist dann ausreichend als Nachweis und berechtigt unmittelbar nach Einreise zur Arbeitstätigkeit in den USA. Dieser Vorgang geschieht automatisch bei der Einreise an der Grenze, wenn Personen mit ihrem L-2-Ehepartner-Visum einreisen. Es muss also kein gesonderter Antrag gestellt werden.

- Ehepartner ohne entsprechenden Zusatz »S« im Formular I-94, also deren Status lediglich als »L-2« ausgewiesen wurde, benötigen weiterhin zwingend eine allgemeine Arbeitserlaubnis *(Employment Authorization Document, EAD),* bevor sie in den USA einer Tätigkeit nachgehen können. Der *EAD*-Antrag kann erst nach der Einreise in die USA bei der US-Einwanderungsbehörde *(U.S. Citizenship and Immigration Services, USCIS)* mit dem Formular I-765 gestellt werden. Da eine Arbeitsaufnahme erst nach Erhalt der *EAD* möglich ist und die *EAD*-Bearbeitungszeiten mehrere Monate dauern können, empfehlen wir alternativ, über die *U.S. Customs and Border Protection (CBP)* eine Änderung Ihres »L-2« Status nachträglich in »L-2S« zu veranlassen, bzw. dies korrigieren zu lassen.

Familienangehörige unter L-2-Status können darüber hinaus öffentliche/private Bildungseinrichtungen besuchen. Soll der Aufenthaltsstatus von Familienmitgliedern eines L-1-Inhabers innerhalb der USA verlängert werden, wird dafür das Formular I-539, *Application to Extend Nonimmigrant Status* verwendet.

Sollten Sie während Ihres Arbeitsaufenthalts in den USA die Voraussetzungen für eine GreenCard durch das Arbeitsangebot eines US-Arbeitgebers erfüllen, so kann bei rechtzeitiger Beantragung Ihr befristeter Arbeitsaufenthalt in einen Einwandererstatus umgewandelt werden. Dieses Verfahren bietet sich besonders für bestimmte L-1A-Visuminhaber an, weil die Voraussetzungen für eine EB1C *Multinational Executives/Manager*-GreenCard ähnlich sind.

L-1-Visa sind unternehmensgebunden, weshalb Sie als Mitarbeiter in den USA ausschließlich für das Unternehmen tätig werden können, welches den Antrag gestellt hat. Eine Ausnahme bildet nur das *off-site employment,* das unter bestimmten Voraussetzungen den Mitarbeitereinsatz z.B. beim Kunden erlaubt.

L-1 *New Office* – ein Sonderfall

Falls ein Mitarbeiter in die USA entsandt wird, um einen neuen Standort zu eröffnen bzw. in einem solchen zu arbeiten, welcher noch nicht ein Jahr operativ tätig ist, müssen für einen L-1-Antrag zusätzlich zu den bereits erwähnten Dokumenten und Informationen noch die folgenden Unterlagen eingereicht werden:

- der Businessplan für die nächsten drei bis fünf Jahre
- ein Nachweis, dass ausreichend Bürofläche erworben wurde, um alle avisierten Arbeitsplätze für die nächsten 12 Monate einzurichten
- ein Nachweis, dass das neue US-Unternehmen über die finanziellen Mittel verfügt, die Geschäftstätigkeit in den USA aufzunehmen und den dorthin versetzten Mitarbeiter zu bezahlen

Für L-1 *New Office*-Anträge qualifizieren sich sowohl L-1A als auch L-1B-Mitarbeiter. Nachteil: Die Arbeitsgenehmigung wird in solchen Fällen auf zunächst ein Jahr beschränkt, kann dann allerdings verlängert werden.

L-1-Visum:
Aktuelle Informationen und häufige Fragen

8.8 L-1-Blanket-Visum (Intracompany Transferee): Vereinfachtes Verfahren für unternehmensinternen Mitarbeitertransfer

Üblicherweise gestalten sich reguläre L-1 (*Individual*)-Visumanträge sehr zeit- und kostenaufwendig, denn sie gliedern sich (wie in Kapitel 8.7 erläutert) in zwei Verfahrensschritte:

1. Erstantrag beim zuständigen Service-Center der *USCIS*-Einwanderungsbehörde in den USA
2. Ausstellung des Visums durch das US-Konsulat im jeweiligen Heimatland des Mitarbeiters

Ein schneller unternehmensinterner Transfer ist daher kaum zu realisieren und stellt viele Unternehmen vor große Herausforderungen. Für multinationale Unternehmen sieht der US-Gesetzgeber deshalb ein vereinfachtes Verfahren vor: das sogenannte L-1-*Blanket*-Verfahren.

Basierend auf der Registrierung einer Unternehmensgruppe können hierbei alle im Antrag gelisteten Standorte weltweit auf ein vereinfachtes Entsendungsverfahren für ihre Mitarbeiter zurückgreifen. L-1-*Blanket* ermöglicht damit genau wie das L-1-Visum einen befristeten Mitarbeitereinsatz innerhalb der USA, jedoch auf schnellere und kostengünstigere Weise.

Entscheidender Vorteil des L-*Blanket*-Antragsverfahrens: Die aufwendige und teure Erstbeantragungsphase bei der US-Einwanderungsbehörde entfällt komplett. L-*Blanket*-Anträge können direkt im Konsulatsverfahren (bei den zuständigen US-Konsulaten weltweit) beantragt werden.

Voraussetzungen für eine L-*Blanket* Registrierung

Nicht alle Unternehmen qualifizieren sich automatisch für das vereinfachte L-Beantragungsverfahren. Offizieller Antragsteller der L-*Blanket*-Registrierungspetition ist immer das US-Unternehmen *(petitioner)* für die gesamte Unternehmensgruppe.

Folgende Voraussetzungen müssen erfüllt sein:

- Alle zu registrierenden US- und ausländischen Standorte müssen profitorientiert arbeiten (keine *non-profit*-Organisationen) und bereits mindestens ein Jahr operativ tätig sein.
- Die Unternehmensgruppe muss mindestens drei Unternehmenseinheiten weltweit unterhalten, eine davon in den USA.

- Der US-Standort bzw. die US-Standorte gemeinschaftlich erfüllen eines der folgenden drei Kriterien:
  - mindestens zehn bewilligte reguläre L-1 *(Individual)*-Anträge innerhalb der letzten zwölf Monate für die Unternehmensgruppe oder
  - 25 Millionen US-Dollar erwirtschafteter Umsatz oder
  - Mindestens 1.000 US-Mitarbeiter

Es können nur Unternehmen gelistet werden, die eine sogenannte »qualifizierende Verbindung« zum US-Antragsteller *(petitioner)* besitzen. Diese kann zum Beispiel wie folgt aussehen:

- Die Muttergesellschaft sitzt außerhalb der USA und hält mindestens 50% der Anteile am US-Tochterunternehmen und allen weiteren Standorten weltweit.
- Eine US-Muttergesellschaft hält mindestens 50% der Anteile an ausländischen Tochtergesellschaften.
- Die Unternehmenseinheiten sind Schwestergesellschaften und werden jeweils zu mindestens 50% von derselben Muttergesellschaft gehalten.
- Ein US-Unternehmen unterhält eine Betriebsstätte im Ausland oder die ausländische Unternehmenseinheit unterhält eine US-Betriebsstätte.

Alle Unternehmenseinheiten müssen folglich über die Eigentumsverhältnisse mehrheitlich miteinander verbunden sein.

Antragstellung für eine L-*Blanket* Registrierung

Offizieller Antragsteller der L-*Blanket*-Registrierung ist immer das US-Unternehmen (*petitioner*). Registrierungsanträge müssen mit dem Antragsformular I-129, *Petition for a Nonimmigrant Worker* beim zuständigen Service-Center der *USCIS* eingereicht werden und umfassen eine detaillierte Beweisführung zum Erfüllen der Zugangsvoraussetzungen. Die US-Einwanderungsbehörde informiert den *petitioner* schriftlich über die Bewilligung der Petition. Dieser Bescheid erfolgt mittels der I797 *Approval Notice*. Diesem Bewilligungsschreiben hängt eine Liste mit allen Standorten weltweit an, die dann auf Basis dieser L-*Blanket* Registrierung auf das vereinfachte Antragsverfahren für ihre Mitarbeiter zurückgreifen können.

Gültigkeit der L-*Blanket* Registrierung

Die L-Blanket Registrierung wird in einem Erstbeantragungsschritt auf maximal drei Jahre genehmigt. Innerhalb dieses Zeitraums kann das vereinfachte Verfahren für Mitarbeiter der gelisteten Standorte genutzt werden. Nach Ablauf der drei Jahre muss ein Verlängerungsantrag eingereicht werden (analog zum oben beschriebenen Verfahren). Die L-*Blanket* Registrierung wird dann jedoch *»indefinitely«* erteilt, also unbegrenzt.

Voraussetzungen für das vereinfachte Antragsverfahren bei vorliegender L-*Blanket* Registrierung für Mitarbeiter

Grundlegende Voraussetzung für die Nutzung des vereinfachten (konsularischen) L-1-*Blanket*-Verfahrens ist eine gültige und aktuelle L-*Blanket* Registrierung für die Unternehmensgruppe. Folgende weitere Anforderungen müssen erfüllt sein:

- Der Standort, bei dem der Mitarbeiter aktuell beschäftigt ist und der US-Standort, bei dem die Person zukünftig tätig werden soll, müssen beide auf der L-*Blanket* Registrierung (I-797 *Approval Notice*) gelistet sein.
- Der Mitarbeiter muss innerhalb der letzten drei Jahre mindestens zwölf Monate (durchgängig) bei einem gelisteten Standort in einem regulären Arbeitsverhältnis außerhalb der USA beschäftigt gewesen sein. Freelancer, *consultants* und Zeitarbeiter qualifizieren sich nicht für L-1-*Blanket*-Visa.
- Es können nur für solche Mitarbeiter L-1-*Blanket*-Visa beantragt werden, die während dieser mindestens einjährigen Beschäftigungsphase als *»manager/executive«* oder *»specialist knowledge professional«* tätig waren.
- Auch bei der zukünftigen Tätigkeit des Mitarbeiters am US-Standort muss es sich um eine Position als *»manager/executive«* (L-1A-*Blanket*) oder *»specialist professional knowledge«* (L-1B-*Blanket*) handeln.

Antragstellung für ein L-1-*Blanket*-Visum (auf Basis einer L-*Blanket*-Registrierung)

L-1-*Blanket*-Visa können direkt im US-Konsulat des jeweiligen Heimatlandes des Mitarbeiters beantragt werden. Antragsteller müssen persönlich bei einem Interview in einem der zuständigen US-Konsulate vorstellig werden. Vorab muss das Antragsformular DS-160, *Online Nonimmigrant Visa Application* online übermittelt werden. Am Tag des Termins müssen neben den allgemeinen Antragsdokumenten nur noch Unterlagen zum aktuellen und zukünftigen Arbeitsverhältnis des Mitarbeiters sowie seinen Qualifikationen (nicht mehr zum Unternehmen selbst) eingereicht werden.

Dokumente

Die Antragstellung für das L-1-Blanket-Visum umfasst zusätzlich zu den Standardunterlagen (siehe Teil II, Einleitung, »Dokumente für das Visainterview«) im Regelfall folgende Dokumente:

- die I-797 *Approval Notice* der L-*Blanket*-Registrierung in dreifacher Ausfertigung
- Formular I-129S in dreifacher Ausfertigung
- *Petition letter* (Begründungsschreiben) auf Firmenkopfbogen in dreifacher Ausfertigung
- Jobbeschreibung für das aktuelle und zukünftige Tätigkeitsfeld des Mitarbeiters
- Kopie des Arbeitsvertrages
- Qualifikationsnachweise des Mitarbeiters
- Kreditkarte zur Zahlung der *fraud fee* (Zahlung nur vor Ort im Konsulat möglich)

Gültigkeit, Rechte und Pflichten

Ein L-1-*Blanket*-Visumantrag kann zunächst für einen Zeitraum von bis zu drei Jahren genehmigt werden. Verlängerungsanträge (in 2-Jahres-Schritten) sind möglich. Die Gesamtaufenthaltsdauer im Rahmen des L-1-Status darf allerdings sieben Jahre für L-1A-*manager/executives* und fünf Jahre für L-1B-*specialized knowledge professionals* nicht überschreiten.

Ehepartner und unverheiratete Kinder unter 21 Jahren erhalten für denselben Zeitraum wie der L-1-Hauptantragsteller ein abgeleitetes L-2-Visum. Erreichen die Kinder die amerikanische Volljährigkeitsgrenze, müssen sie ihren Nichteinwanderungsstatus wechseln oder das Land verlassen.

Unter folgenden Voraussetzungen ist es L-2-Ehepartnern möglich, in den USA einer Arbeitstätigkeit oder Selbstständigkeit nachzugehen:

- Der Aufenthaltsstatus im I-94-Einreiseformular wurde bei der Einreise als »L-2S« ausgestellt (»S« = *spouse*). Das I-94-Dokument mit dem entsprechenden Zusatz »S« ist dann ausreichend als Nachweis und berechtigt unmittelbar nach Einreise zur Arbeitstätigkeit in den USA. Dieser Vorgang geschieht automatisch bei der Einreise an der Grenze, wenn Personen mit ihrem L-2-Ehepartner-Visum einreisen. Es muss also kein gesonderter Antrag gestellt werden.
- Ehepartner ohne entsprechenden Zusatz »S« im Formular I-94, also deren Status lediglich als »L-2« ausgewiesen wurde, benötigen weiterhin zwingend eine allgemeine Arbeitserlaubnis *(Employment Authorization Document, EAD)*, bevor sie in den USA einer Tätigkeit nachgehen können. Der *EAD*-Antrag kann erst nach der Einreise in die USA bei der US-Einwanderungsbehörde *USCIS* mit dem Formular I-765 gestellt werden. Da eine Arbeitsaufnahme erst nach Erhalt der *EAD* möglich ist und die *EAD*-Bearbeitungszeiten mehrere Monate dauern können, empfehlen wir alternativ, über die *U.S. Customs and Border Protection (CBP)* eine Änderung Ihres L-2-Status nachträglich in »L-2S« zu veranlassen, bzw. dies korrigieren zu lassen.

Familienangehörige unter L-2-Status können darüber hinaus öffentliche/private Bildungseinreichungen besuchen.

8.9 O-1-Visum (Extraordinary Ability): Personen mit außergewöhnlichen Fähigkeiten

Das O-1-Visum soll besonders talentierten Personen einen Anreiz geben, in den USA zu arbeiten und einen zeitlich begrenzten Beitrag zur US-amerikanischen Gesellschaft bzw. Wirtschaft zu leisten. Es steht vor allem Personen mit außergewöhnlichen Fähigkeiten in Wissenschaft, Kunst, Bildung, Wirtschaft und Sport zur Verfügung, aber auch erfolgreiche Künstler, Filmschaffende und Angehörige der Fernsehindustrie können das Visum unter strengen Zugangsvoraussetzungen erhalten. Personen mit außergewöhnlichen Fähigkeiten werden beim O-Visum in zwei Kategorien eingeteilt:

- **O-1A:** Wissenschaft, Bildung, Wirtschaft oder Sport
- **O-1B:** Kunst, Film- oder Fernsehindustrie oder vergleichbare Bereiche (wie z. B. Musik)

Praktisch: *Personen, die für die Umsetzung einer Tätigkeit eines O-1-Antragstellers/Inhabers unentbehrlich sind, können ein O-2-Visum erhalten. Dies ist allerdings beschränkt auf die Bereiche O-1A Sport (z. B. Trainer) und O-1B Künstler (z. B. begleitendes Filmteam) und an strenge Zugangskriterien geknüpft.*

Der O-1-Antrag kann nicht eigenständig veranlasst werden. Liegt ein US-Stellenangebot aus den oben genannten Bereichen vor, so fungiert immer das US-Unternehmen bzw. die US-Organisation als offizieller Antragsteller *(petitioner)*. Eine Tätigkeit ist dann ausschließlich für diese Organisation möglich.

Insbesondere für den künstlerischen Bereich (O-1B) existiert eine Besonderheit: Liegt kein konkretes Job-Angebot vor, so ist es möglich, dass ein US-Agent oder eine US-Agentur den Antrag für den potenziellen O-1-Kandidaten stellt (z. B. Schauspielagentur oder Musikagent). Natürlich ist der spätere O-1B-Visuminhaber an diese Agentur gebunden, kann dann aber über diese für unterschiedliche Projekte (z. B. Filmprojekte) tätig werden. Es muss sich zwingend um eine amerikanische Agentur handeln. Ausländische Agenten qualifizieren sich nicht. Um Missbrauch vorzubeugen, müssen US-Agenten bzw. US-Agenturen zahlreiche weitere Bedingungen erfüllen, so beispielsweise den Nachweis, bereits länger in diesem Bereich tätig zu sein und das Offenlegen aller vertraglichen Modalitäten.

Voraussetzungen

Neben dem Vorliegen eines konkreten US-Stellenangebots, bzw. eines US-Agenturvertrags muss der O-1-Anwärter nachweisen, auf seinem jeweiligen Gebiet der außerordentlichen Fähigkeiten auch zukünftig tätig werden zu wollen. Die angestrebte Tätigkeit muss also in direktem Zusammenhang mit den Qualifikationen und Fertigkeiten stehen, und dies muss auch mittels Stellenbeschreibungen oder Arbeits- bzw. Agenturverträgen nachgewiesen werden.

Zentrale Voraussetzung zum Erhalt eines O-1-Visums und somit Dreh- und Angelpunkt des Antrags bleibt allerdings der Nachweis des Vorhandenseins der *»extraordinary ability«*. Je nach Fachbereich, in dem die Person tätig werden möchte, gibt es unterschiedliche einwanderungsrechtliche Interpretationen dieses Begriffs:

O-1A (Wissenschaft, Bildung, Wirtschaft oder Sport): *extraordinary ability* = Außergewöhnliche Fähigkeiten, verbunden mit einem hohen Maß an Fachwissen. Die Person gehört damit zu einem kleinen Prozentsatz an Experten an der Spitze ihres Fachgebiets.

O-1B (Kunst): *extraordinary ability/high level of achievement* = Außergewöhnliche Fähigkeiten als Künstler bedeuten einen hohen Grad an Anerkennung und Fähigkeiten, die wesentlich über dem üblichen Niveau liegen. Die Person verfügt also auf dem Gebiet der Kunst über eine bestimmte Prominenz, bzw. einen höheren Bekanntheitsgrad und ist dort eine führende Persönlichkeit.

O-1B (Film/TV): *extraordinary achievement* = Außergewöhnliche Leistungen im Bereich der Film- und/oder Fernsehindustrie beziehen sich auf ein hohes Maß an Erfolg und Anerkennung, die über dem üblichen Niveau liegen. Personen aus der Film- und Fernsehbranche müssen sich also von der Masse abheben, hervorragende Leistungen erbracht haben und als »namhaft« gelten.

Der Nachweis der geforderten Fertigkeiten, die eine Person O-1-fähig werden lassen, hängt vom jeweiligen Fachgebiet ab, in dem sie tätig werden möchte. Haben Sie einen besonders renommierten, international anerkannten Preis in Ihrem Fachbereich erhalten, so kann bereits diese Auszeichnung als Nachweis genügen. Dazu zählen allerdings nur bedeutende Ehrungen wie beispielsweise ein Nobelpreis, ein Oscar, ein Emmy oder Grammy oder eine olympische Medaille. Können Sie eine solche Auszeichnung nicht belegen, dann greifen für die jeweiligen Fachbereiche unterschiedliche Kriterienkataloge, aus denen mindestens drei Kriterien belegt werden müssen.

Kriterienkatalog für O-1A (Wissenschaft, Bildung, Wirtschaft oder Sport):

- Erhalt eines national oder international anerkannten Preises im Fachgebiet
- Mitgliedschaft in Vereinigungen, die nur Personen mit außergewöhnlichen Fähigkeiten im Fachgebiet aufnehmen
- Veröffentlichungen in führenden oder anerkannten Fachzeitschriften oder anderen einschlägigen Medien über Sie bzw. Ihre Tätigkeit
- eine Rolle als Jurymitglied bzw. Juror bei großen Fachveranstaltungen oder Wettbewerben im jeweiligen Fachgebiet
- bedeutende Beiträge zur wissenschaftlichen, pädagogischen oder geschäftlichen Entwicklung im jeweiligen Fachgebiet (z. B. Patente)
- Publikationen Ihrer Arbeit in Fachzeitschriften oder anderen wichtigen Medien
- Nachweis Ihrer Tätigkeit für eine im jeweiligen Fachgebiet renommierte/anerkannte Organisation
- eine überdurchschnittliche Vergütung bzw. ein überdurchschnittliches Gehalt für Ihre Tätigkeit im Fachbereich

Kriterienkatalog für O-1B (Kunst, Film- und Fernsehindustrie):

- Mitwirkung bei bedeutenden Veranstaltungen oder Produktionen, die einen ausgezeichneten Ruf genießen, oder Engagement als Hauptdarsteller/herausragende Nebenrolle in solchen
- Nachweis der nationalen und internationalen Anerkennung für die jeweilige Tätigkeit (z. B. Veröffentlichungen/Berichterstattung in großen Zeitungen, Medien oder anderen Publikationen)
- Tätigkeit in einer führenden bzw. leitenden Funktion für eine bedeutende, anerkannte Organisation im Fachgebiet (z. B. Jurymitgliedschaft)
- Nachweise über große kommerzielle Erfolge, bzw. herausragende Kritiken zur Tätigkeit (z. B. Verkaufszahlen, Einschaltquoten etc.)
- bedeutende Anerkennungen durch Organisationen, Kritiker, Regierungsbehörden oder andere renommierte Experten im Fachbereich
- eine überdurchschnittliche Vergütung bzw. ein überdurchschnittliches Gehalt für Ihre Tätigkeit im Fachbereich

Wie erwähnt sollten mindestens drei der genannten Punkte nachgewiesen werden können. Ihnen ist jedoch freigestellt, weitere Nachweise zu erbringen, die Ihre außergewöhnlichen Fähigkeiten abseits der genannten Kriterien belegen können. Eine O-1-Dokumentation ist daher meist sehr umfänglich.

Antragstellung

Die O-1A- bzw. O-1B-Antragstellung erfolgt in einem mehrstufigen Verfahren, wobei das US-Unternehmen bzw. die US-Agentur als offizieller Antragsteller *(petitioner)* für Sie *(beneficiary)* fungiert:

1. *Consultation/advisory opinion*
2. *USCIS*-Petition (= Arbeitsgenehmigungsverfahren)
3. Visumantrag beim US-Konsulat

Bevor Ihr US-Arbeitgeber bzw. Ihre US-Agentur den offiziellen Arbeitsgenehmigungsantrag bei der *USCIS*-Einwanderungsbehörde einreichen kann, muss vorab bei einem amerikanischen Berufsverband oder einer anderen Interessenvertretung Ihres Berufsstandes ein so genannter *no objection letter* angefordert werden. Es handelt sich hierbei um eine Art Empfehlungsschreiben, in dem der jeweilige Verband zum einen Ihre außergewöhnlichen Fähigkeiten bestätigt und zum anderen validiert, dass er keine Einwände gegen Ihre Beschäftigung hat. Sollte für Ihr spezifisches Fachgebiet keine Berufsorganisation oder Gewerkschaft existieren, so kann auch eine *advisory opinion* (= Gutachten) von geeigneten Experten aus dem Bereich angefordert werden. Für O-1B-Anträge aus dem Bereich Film- und Fernsehindustrie müssen dem späteren Arbeitsgenehmigungsverfahren sogar zwei *consultations* beigefügt werden: eines von einer US-Gewerkschaft und eines von einer Berufsorganisation im Fachgebiet. Die US-Einwanderungsbehörde stellt unter folgendem Link eine (nicht abschließende) Liste von Organisationen zur Verfügung, die solche *consultation letters* ausstellen: *www.uscis.gov/working-in-the-united-states/temporary-workers/address-index-for-i-129-o-and-p-consultation-letters.*

Die meisten der genannten Organisationen verlangen zur Ausstellung eines solchen Schreibens die Zahlung einer Gebühr sowie die Vorlage der komplett vorbereiteten Petition, die dann in einem zweiten Schritt bei der *USCIS* eingereicht werden soll. Liegt das Schreiben, bzw. liegen die Schreiben vor, kann die Einreichung bei der *USCIS* mit dem Formular I-129, *Petition for a Nonimmigrant Worker* beim zuständigen *USCIS*-Service-Center erfolgen. Der Antrag muss alle genannten Zugangsvoraussetzungen hinlänglich mit aussagekräftigen Nachweisen dokumentieren. Die US-Einwanderungsbehörde informiert Ihren US-Arbeitgeber bzw. US-Agenten durch das Mitteilungsschreiben I-797 *(Approval Notice)* über eine Zusage. Auf der Grundlage dieses Bescheids können Sie sich nun an Ihr heimisches US-Konsulat wenden und ein O-1-Visum beantragen. Hierfür müssen Sie das Onlineformular DS-160, *Online Nonimmigrant Visa Application* ausfüllen und zusammen mit einem digitalen Passfoto vor Ihrem Interviewtermin an das zuständige US-Konsulat übermitteln. Sofern Sie sich für das *Interview Waiver Program* (siehe Teil II, Einleitung) qualifizieren, können Sie Ihren O-1-Visumantrag auch postalisch stellen.

Dokumente

Im ersten Schritt des O-1-Verfahrens werden umfangreiche Dokumentationen für die *USCIS*-Petition verlangt:

- das ausgefüllte Antragsformular I-129, *Petition for a Nonimmigrant Worker* inkl. aller *supplements*
- bei Eilanträgen: Formular I-907, *Request for Premium Processing Service* (*www.uscis.gov/i-907*)
- *Consultation letter(s)*
- der Nachweis über die Zahlung der *USCIS*-Antragsgebühren
- ein rechtliches Begründungsschreiben *(petition letter)*
- Nachweise zum US-Unternehmen bzw. zur US-Agentur oder dem US-Agenten
- umfassende Belege zur außergewöhnlichen Fähigkeit im jeweiligen Fachgebiet mittels des dargelegten Kriterienkatalogs
- Nachweise zum konkreten Stellenangebot, bzw. den vertraglichen Modalitäten

Nach Erhalt der I-797 *Approval Notice* benötigen Sie für Ihre O-1-Visumbeantragung im US-Konsulat bzw. für die postalische Einreichung zusätzlich zu den Standardunterlagen (siehe Teil II, Einleitung, »Dokumente für das Visainterview«) die folgenden Dokumente:

- eine Kopie oder das Original der I-797 *Approval Notice*
- ggf. eine Kopie des zukünftigen US-Arbeitsvertrages bzw. ein Bestätigungsschreiben des amerikanischen Unternehmens oder Agenten darüber, dass das Arbeitsplatzangebot noch besteht

Gültigkeit, Rechte und Pflichten

In der Erstbewilligungsphase werden O-1-Anträge meistens auf die tatsächliche Länge des konkreten Arbeitsplatzangebotes bzw. Projekts oder Agenturvertrages beschränkt, maximal aber auf zunächst drei Jahre. Verlängerungen von jeweils einem weiteren Jahr sind dennoch ohne Begrenzung möglich, solange der US-Arbeitsplatz bzw. das Engagement besteht. Ehepartner von O-1-Visuminhabern und unverheiratete Kinder bis zum Alter 21 Jahren können auf Antrag ein O-3-Visum erhalten. Dieses berechtigt jedoch leider nicht zur Arbeitsaufnahme in den USA, es können aber öffentliche und private Bildungseinrichtungen besucht werden.

Die Verlängerung eines O-1-Aufenthalts muss mittels des *USCIS*-Formulars I-129 beantragt werden. Für Familienangehörige wird die Verlängerung mit Formular I-539, *Application To Extend/Change Nonimmigrant Status* beantragt, das zusammen mit dem Formular I-129 des O-1-Visuminhabers eingesandt werden kann.

Tipp: *Als O-1-Visuminhaber sollten Sie prüfen, ob Sie sich auch direkt für eine GreenCard qualifizieren könnten. Im Bereich der* employment based immigrant visa *existiert die Kategorie EB1A* (Extraordinary Ability) *mit ähnlichen Zugangsvoraussetzungen. Die »Messlatte« hängt allerdings etwas höher.*

O-1-Visum:
Aktuelle Informationen und häufige Fragen

8.10 P-Visum (Athlete/Entertainment Group/Artist): Sportler, Künstler und Entertainer

Leistungssportler, Künstler und Entertainer, die als Teil einer Gruppe oder Mannschaft in den Vereinigten Staaten tätig werden wollen, können sich unter bestimmten Voraussetzungen für das P-Visum qualifizieren. Diese Visumkategorie ist in verschiedene Typen unterteilt:

P-1A:	*Athlete*
P-1B:	*Member of Internationally Recognized Entertainment Group*
P-2:	*Individual Performer or Part of a Group Performing Under a Reciprocal Exchange Program*
P-3:	*Artist or Entertainer as Part of a Culturally Unique Program*

Die jeweilige Unterkategorie definiert dann nochmals genau, welche spezifischen Personenkreise hierunter fallen. So qualifizieren sich beispielsweise nicht nur international anerkannte Sportler und Mitglieder von renommierten Sportteams für P-1A-Visa, sondern auch professionelle Athleten und Trainer, die an Turnieren, Tourneen oder Spielzeiten in den USA teilnehmen.

Die P-1B-Kategorie kann auf Sie zutreffen, wenn Sie Mitglied einer international bekannten Entertainment- oder Künstlergruppe sind (z. B. Band oder Orchester), die Auftritte in den USA absolvieren soll. Einzelkünstler qualifizieren sich nicht.

Künstler, Darsteller und Mitglieder von Theatergruppen, die an einem von den USA und einer ausländischen Institution organisiertem Austauschprogramm teilnehmen wollen, können dies unter der P-2-Kategorie tun.

Künstler oder Darstellergruppen, die für ihre ausgezeichneten, kulturell einzigartigen Aufführungen bekannt sind, sollten für ihre Auftritte in den USA den P-3-Status in Betracht ziehen. Als »kulturell einzigartig« gelten Leistungen, wenn sie spezifisch für ein bestimmtes Land, eine bestimmte Religion oder eine bestimmte Ethnie stehen.

Personen, die P-Visuminhaber fachlich begleiten und hierfür von wesentlicher Bedeutung sind, können ebenfalls ein entsprechendes P-Visum beantragen. Es muss jedoch bewiesen werden, dass in den USA keine Person zur Verfügung steht, die diese Aufgaben entsprechend übernehmen könnte.

Voraussetzungen

Für die verschiedenen Kategorien von P-Visa gibt es jeweils unterschiedliche Zugangsvoraussetzungen.

So müssen P-1A-Einzelathleten und Mitglieder international anerkannter Sportteams während ihrer USA-Reise auch an einem renommierten sportlichen Wettkampf teilnehmen, der die Teilnahme dieser Personen unbedingt erfordert. Darüber hinaus qualifizieren sich nur Athleten und Sportteams, die über eine internationale Reputation verfügen. Für Amateurbereiche gelten weitere Bedingungen.

Für das P-1B-Visum müssen Sie Mitglied einer international renommierten Unterhaltungsgruppe sein. 75% der Mitglieder der Gruppe müssen dieser seit mindestens einem Jahr angehören und als solche auftreten. Ausnahmen sind denkbar, so beispielsweise für Zirkusgruppen.

Ein P-2-Visum wird nur ausgestellt, wenn der Künstler oder die Künstlergruppe im Rahmen eines anerkannten Austauschprogramms in die USA eingeladen wurde und dort auftritt.

Anwärter für das P-3-Visum müssen kulturelle Leistungen nachweisen, die in einem bestimmten Land, einer gesellschaftlichen Gruppe oder einer Religion einzigartig sind. Sie müssen in diesem Zusammenhang an Aufführungen, Lehrveranstaltungen oder einem Training teilnehmen.

Für die genannten Personenkreise gibt es wiederum spezifische Kriterienkataloge, die dokumentiert werden müssen.

Merke: *Obwohl die Kriterien für das P-Visum denen des O-Visums ähneln, können beispielsweise Solokünstler keinen P-1-Status und Mitglieder einer Gruppe keinen O-1 Status erhalten.*

Darüber hinaus muss ein konkretes Stellenangebot/Engagement bzw. eine Teilnahme an einem konkreten sportlichen/künstlerischen Event vorliegen. Die Antragstellung kann nicht durch den Künstler oder Sportler bzw. die Gruppe selbst veranlasst werden. Offizieller Antragsteller muss wiederum eine US-Organisation, ein US-Unternehmen oder eine US-Agentur sein.

Antragstellung

Die initiale Antragstellung für ein P-Visum erfolgt durch das US-Unternehmen, die Organisation oder einen US-Agenten *(petitioner)* für den ausländischen Künstler oder Sportler *(beneficiary)*.

Das Verfahren verläuft in drei Schritten:

1. *Consultation/advisory opinion*
2. *USCIS*-Petition (= Arbeitsgenehmigungsverfahren)
3. Visumantrag beim US-Konsulat

Unabhängig davon, wer den Antrag stellt, muss auch beim P-Visum (analog zum O-1-Verfahren in Kapitel 8.9.) zunächst eine so genannte *consultation* durchgeführt werden. Dieses auch »*no objection letter*« genannte Bestätigungsschreiben dient im Schwerpunkt dem Nachweis der Qualifizierung des Künstlers, bzw. Sportlers und dem Schutz von US-amerikanischen Athleten und Künstlern vor ausländischer Konkurrenz. Dazu ist es erforderlich, dass die antragstellende Organisation *(petitioner)* ein Gutachten der für sie zuständigen amerikanischen Gewerkschaft bzw. des US-Berufsverbandes einholt, aus dem hervorgeht, dass es keine Bedenken gibt, Ihnen eine temporäre Arbeitsgenehmigung auszustellen und Sie die entsprechenden Qualifikationen mitbringen.

Die meisten Berufsverbände bzw. Gewerkschaften in den USA verlangen zur Ausstellung eines solchen Schreibens die Zahlung einer Gebühr sowie die Vorlage der komplett vorbereiteten P-Petition, die dann in einem zweiten Schritt bei der *USCIS*-Einwanderungsbehörde eingereicht werden soll. Sobald ein positives Gutachten vorliegt, kann der Antrag auf Arbeitsgenehmigung beim zuständigen *USCIS*-Service-Center mit dem Formular I-129, *Petition for a Nonimmigrant Worker* gestartet werden. Dem Antrag müssen die Belege zur Erfüllung der jeweiligen individuellen Zugangsvoraussetzungen (je nach P-Unterkategorie) beigefügt werden. Die US-Einwanderungsbehörde informiert den *petitioner* durch ein Mitteilungsschreiben namens I-797 *(Approval Notice)* über die Bewilligung.

Mit diesem Schreiben können Sie sich nun an Ihr heimisches US-Konsulat wenden und ein P-Visum beantragen. Hierfür müssen Sie das Onlineformular DS-160, *Online Nonimmigrant Visa Application* ausfüllen und zusammen mit einem digitalen Passfoto vor Ihrem Interviewtermin an das zuständige US-Konsulat übermitteln. Sofern Sie sich für das *Interview Waiver Program* (siehe Teil II, Einleitung) qualifizieren, können Sie Ihren P-Visumantrag auch postalisch stellen.

Dokumente

Das US-Unternehmen oder die Agentur müssen als *petitioner* im P-Visaverfahren die folgenden Dokumente vorlegen:

- das ausgefüllte Antragsformular I-129, *Petition for a Nonimmigrant Worker* inkl. aller *supplements*
- bei Eilanträgen: Formular I-907, *Request for Premium Processing Service* (*www.uscis.gov/i-907*)
- *Consultation letter*
- den Nachweis über die Zahlung der *USCIS*-Antragsgebühren
- ein rechtliches Begründungsschreiben *(petition letter)*
- Nachweise zum US-Unternehmen bzw. der US-Organisation oder zur US-Agentur bzw. dem US-Agenten
- umfassende Belege zur Erfüllung des jeweiligen P-Kriterienkatalogs der spezifischen Unterkategorien
- Nachweise zum konkreten Stellenangebot, Engagement, Event oder Konzert

Nach Erhalt der I-797 *Approval Notice* benötigen Sie für Ihre P-Visumbeantragung im US-Konsulat bzw. für die postalische Einreichung zusätzlich zu den Standardunterlagen (siehe Teil II, Einleitung, »Dokumente für das Visainterview«) die folgenden Dokumente:

- eine Kopie oder das Original der I-797 *Approval Notice*
- ggf. eine Kopie des zukünftigen US-Arbeitsvertrages bzw. ein Bestätigungsschreiben des amerikanischen Unternehmens oder Agenten darüber, dass das Arbeitsplatzangebot noch besteht

Gültigkeit, Rechte und Pflichten

Der anfängliche Aufenthaltszeitraum beträgt für Inhaber von P-Visa und ihr unterstützendes Personal ein Jahr (Verlängerung in Jahresschritten möglich). Einzige Ausnahme ist der P-1A-Status für international anerkannte Leistungssportler. Diese können ihre Aufenthaltsdauer direkt für fünf Jahre beantragen und bis zu einem Gesamtzeitraum von zehn Jahren verlängern lassen. Ehepartner und unverheiratete, minderjährige Kinder eines P-Visuminhabers können ein P-4-Visum beantragen. Mit dem Status P-4 darf jedoch keine Arbeit aufgenommen werden, es ist aber der Besuch von Bildungseinrichtungen gestattet.

Verlängerungsanträge für den P-Status können auf dem Formular I-129 gestellt werden. Für Familienangehörige müssen die Verlängerungen jedoch auf einem gesonderten Formular (I-539, *Application to Extend/Change Nonimmigrant Status*) beantragt werden. Dieses kann zusammen mit dem I-129-Antrag des Hauptantragstellers eingereicht werden.

P-Visum:
Aktuelle Informationen und häufige Fragen

8.11 R-1-Visum (Temporary Religious Workers): Mitarbeiter von Kirchen und Glaubensgemeinschaften

Das R-1-Visum steht Ihnen zur Verfügung, wenn Sie während eines temporären Arbeitsaufenthalts in den USA mindestens 20 Wochenstunden bei einer gemeinnützigen religiösen Organisation als z. B. Priester/Pfarrer, Rabbi oder in einem vergleichbaren religiösen Beruf arbeiten möchten.

Voraussetzungen

R-1-Anträge können ausschließlich von Organisationen amerikanischer Religionsgemeinschaften für ausländische Mitarbeiter gestellt werden. Auch Organisationen, welche mit Religionsgemeinschaften verbunden sind, qualifizieren sich als sogenannte R-1-*petitioner*. Der Begriff der Religionsgemeinschaft ist hierbei durchaus weit gefasst und wird im US-Einwanderungsrecht ausführlich definiert. Die antragstellende religiöse Organisation muss als *petitioner* im R-1-Verfahren folgende Anforderungen erfüllen:

- Sie muss eine anerkannte und gemeinnützige religiöse Organisation oder einer solchen angeschlossen sein.
- Sie muss steuerbefreit sein *(tax-exempt religious organization)*.
- Sie muss Sie für Ihre zukünftige religiöse Tätigkeit in den USA angemessen bezahlen (seltene Ausnahmen sind bei Missionarstätigkeiten möglich).
- Die in den USA zu besetzende Stelle muss offiziell als religiöse Tätigkeit innerhalb der jeweiligen Religionsgemeinschaft vorgesehen sein (z. B. Priester, Pfarrer, Rabbi, Pastor, Imam oder vergleichbare Positionen).

Aufgrund eines häufigen Missbrauchs des R-1-Visums in der Vergangenheit behält die US-Einwanderungsbehörde sich vor, *on-site inspections* (Vor-Ort-Besichtigungen) beim US-Antragsteller durchzuführen.

Als Anwärter auf ein R-1-Visum müssen Sie folgende Voraussetzungen erfüllen:

- Sie müssen zum Zeitpunkt der Antragstellung seit mindestens zwei Jahren nachweislich der Religionsgemeinschaft angehören.
- Sie müssen bisher bereits als Priester, Pfarrer, Rabbi, Pastor, Imam oder in vergleichbarer Position gearbeitet haben.
- Sie müssen für die angestrebte Tätigkeit in den USA die entsprechende Qualifikation besitzen (z. B. durch Ordination und Ausbildung).

Auch Nonnen, Mönche, Ordensschwestern, Kantoren und Missionare können im Einzelfall entsprechend klassifiziert werden. Wenn Sie einer dieser Gruppen angehören, eine formelle religiöse Ausbildung durchlaufen haben und wesentliche religiöse Funktionen innerhalb Ihrer Religionsgemeinschaft ausüben, könnten Sie als *religious worker* eingestuft werden.

Antragstellung

Offizieller Antragsteller für das R-1-Visum ist die religiöse Gemeinschaft in den USA *(petitioner)* für den zukünftigen ausländischen Mitarbeiter *(beneficiary)*. Der Prozess führt beide Parteien durch die folgenden Antragsschritte:

1. Einreichung des Formulars I-129, *Petition for a Nonimmigrant Worker* inkl. einer umfangreichen Petition bei der US-Einwanderungsbehörde *(USCIS)*
2. Antragstellung für das R-1-Visum im US-Konsulat (sofern sich die Person außerhalb der USA aufhält)

Die I-129-Petition umfasst neben den Antragsformularen auch umfangreiche Unterlagen zur Religionsgemeinschaft, zur angebotenen Stelle sowie zu den Qualifikationen des ausländischen Mitarbeiters.

Die US-Einwanderungsbehörde informiert die antragstellende Religionsgemeinschaft schriftlich über die Bewilligung oder Ablehnung der R-1-Petition. Wird der R-1-Antrag bewilligt, kommt die sogenannte I-797 *Approval Notice* per Post und kann bereits als Arbeitsgenehmigung angesehen werden.

Auf der Grundlage des positiven Bescheids der *USCIS* wenden Sie sich nun an Ihr heimisches US-Konsulat und beantragen dort mit dem Onlineformular DS-160, *Online Nonimmigrant Visa Application* das R1-Visum. Dies geschieht entweder im Rahmen eines persönlichen Interviewtermins oder, sofern Sie sich dafür qualifizieren, mittels des postalischen Einsendeverfahrens (siehe Teil II, Einleitung, »*Interview Waiver Program* – postalisches Einsendeverfahren«).

Dokumente

Die Antragstellung für das I-129-Arbeitsgenehmigungsverfahren in den USA umfasst im Regelfall im ersten Schritt folgende Dokumente:

- das ausgefüllte Antragsformular I-129, *Petition for a Nonimmigrant Worker* inkl. aller *supplements*
- bei Eilanträgen: Formular I-907, *Request for Premium Processing Service* (*www.uscis.gov/i-907*)
- den Nachweis über die Zahlung der *USCIS*-Antragsgebühren
- ein rechtliches Begründungsschreiben *(petition letter)*
- Nachweise zur religiösen Organisation, insbesondere deren Steuerbefreiung
- Belege zu Ihrer Qualifikation als *religious worker* und zu Ihrer bisherigen Mitgliedschaft innerhalb der religiösen Organisation
- ausführliche Stellenbeschreibungen, Arbeitsvertrag bzw. Stellenangebot und dem Nachweis der Vergütung

Nach Bewilligung des I-129-Antrags benötigen Sie für Ihren R-1-Visumprozess im US-Konsulat zusätzlich zu den Standardunterlagen (siehe Teil II, Einleitung, »Dokumente für das Visainterview«) die folgenden Dokumente:

- eine Kopie oder das Original der I-797 *Approval Notice*
- ggf. eine Kopie des zukünftigen US-Arbeitsvertrages bzw. ein Bestätigungsschreiben der religiösen Organisation darüber, dass das Arbeitsplatzangebot noch besteht

Gültigkeit, Rechte und Pflichten

Der R-1-Status kann für eine Anfangsdauer von maximal 30 Monaten genehmigt werden. Verlängerungen werden auf maximal weitere 30 Monate gewährt. Die Gesamtaufenthaltsdauer mit diesem Visum darf folglich fünf Jahre nicht überschreiten. Haben Sie sich bereits fünf Jahre unter R-1-Status in den USA aufgehalten, so ist kein weiterer Verlängerungsantrag mehr möglich. Sie müssen sich dann mindestens ein Jahr lang außerhalb der USA aufhalten, um sich erneut für den R-1-Status qualifizieren zu können. Unter bestimmten Voraussetzungen ist allerdings auch eine Anpassung des Nichteinwanderungsstatus R-1 auf den Einwanderungsstatus EB-4 (GreenCard) möglich. Mehr hierzu erfahren Sie in Kapitel 11.5.

Ehepartner und unverheiratete Kinder unter 21 Jahren eines R-1-Visuminhabers können auf Antrag ein R-2-Visum erhalten. Familienangehörigen ist es mit diesem Visum jedoch nicht erlaubt zu arbeiten. Sie dürfen allerdings Bildungseinrichtungen besuchen. Soll der Aufenthaltsstatus von Familienangehörigen eines R-1-Arbeitnehmers verlängert werden, wird dafür das Formular I-539, *Application to Extend/Change Nonimmigrant Status* genutzt und zusammen mit dem eigentlichen Verlängerungsantrag des R-1-Inhabers (I-129) eingereicht.

9 Visa für Bildung und Kulturaustausch

Der Austausch zwischen den Vereinigten Staaten und anderen Nationen ist eine wichtige Säule der amerikanischen Diplomatie. Er fördert nicht nur das Kennenlernen der amerikanischen Kultur, Philosophie, Wirtschaft und des Bildungssystems, sondern hilft den Amerikanern im Gegenzug, ein besseres Verständnis für ausländische Kulturen und Gesellschaften zu entwickeln.

Die übergeordnete Instanz im Bildungs- und Kulturaustausch mit den USA ist das *U.S. Department of Homeland Security (DHS)*, das unter anderem teilnehmende Sponsoren *(designated sponsors)* ernennt und mithilfe von *SEVIS* alle Prozesse überwacht.

Was ist *SEVIS?*

Das *Student and Exchange Visitor Information System*, kurz *SEVIS*, bezeichnet eine webbasierte Datenbank der US-Regierung, die es dem *U.S. Department of Homeland Security (DHS)* und dem *U.S. Department of Labor (DOL)* ermöglicht, die Daten von Austauschbesuchern einzusehen. *SEVIS* beinhaltet u.a. Angaben zum Aufenthaltsort, der Bildungseinrichtung bzw. dem Gastunternehmen und dem legalen Status des Visuminhabers. Auch die sogenannte *SEVIS fee* muss zusätzlich zur regulären Visagebühr gezahlt werden. Dies muss auf der folgenden Webseite vor der eigentlichen Visumantragstellung erfolgen: *fmjfee.com*.

9.1 J-1-Visum (Exchange Visitor): Praktika, Forschungsaufenthalte und Austauschprogramme

J-1-Visa ermöglichen ausländischen Personen einen temporären USA-Aufenthalt zu Bildungs- oder Trainingszwecken. Jedes Jahr stellt das *U.S. Department of State* designierten Visumsponsoren eine bestimmte Anzahl von Formularen zur Verfügung, die an J-1-Bewerber verteilt werden können. Ein solches Formular DS-2019 *(Certificate of Eligibility for Exchange Visitor Status)* ist zwingend erforderlich, um ein J-1-Visum beantragen zu dürfen und kann ausschließlich durch die offizielle Organisation als *designated sponsor* ausgestellt werden. Derzeit gibt es 15 *exchange visitor*-Programme zum Unterrichten, Studieren, Forschen oder zur Teilnahme an berufsbezogenen Trainings:

Au-Pair (Kinderbetreuer in Gastfamilien)

- Dauer: zwölf Monate
- Kann um weitere sechs, neun oder zwölf Monate verlängert werden.
- Mehrere *au-pair*-Aufenthalte sind im Abstand von zwei Jahren möglich.

Camp Counselor (Betreuer für Schülergruppen)

- Dauer: je nach Camp und *sponsor* unterschiedlich
- Teilnehmer erhalten ein Gehalt und Leistungen, die denen ihrer amerikanischen Kollegen entsprechen.
- Teilnehmer müssen gelegentlich auch »Nichtbetreuungsaufgaben« (z.B. Verwaltung, Küche oder Hausmeistertätigkeiten) wahrnehmen.

College and University Student (Studierende mit Regierungsstipendium)

- Dauer: maximal 24 Monaten für *non-degree students* und abhängig von Programmlänge für *degree students*
- Teilzeitarbeit ist von bis zu 20 Wochenstunden möglich *(on-campus)*.
- Erlaubnis zu Vollzeitarbeit *(on-campus)* in den Semesterferien

Government Visitor (Offizielle Regierungsgäste)

- Maximale Programmdauer: 18 Monate
- Teilnehmer müssen für die Dauer des Austauschprogramms über eine Krankenversicherung für sich selbst und etwaige Angehörige verfügen.

Intern (Studierende oder Absolventen im Praktikum)

- Maximale Dauer: zwölf Monate
- Die Wartezeit zwischen zwei Praktika beträgt mind. ein Semester.

International Visitor (Kulturbotschafter)

- Die Dauer darf ein Jahr nicht überschreiten.

Physician (Arzt in Weiterbildung)

- Dauer: max. fünf Jahre
- Das Programm darf nur dem Zweck der Beobachtung, Konsultation, Forschung oder Lehre dienen.
- Der Teilnehmer darf keine Diagnosen stellen oder Therapien veranlassen.
- Patientenkontakt darf nur gelegentlich und unter Beobachtung des Supervisors stattfinden.

Professor (Professor)

- Maximale Dauer: fünf Jahre
- Der Einsatz darf nur temporärer Natur sein.
- Die Programmdauer ist abhängig von der Länge des geplanten Projekts in den USA.
- Wartezeit zwischen zwei Teilnahmen: 24 Monate

Research Scholar (Forschungsstipendiaten)

- Maximale Dauer: fünf Jahre
- Der Einsatz darf nur temporärer Natur sein.
- Die Programmdauer ist abhängig von der Länge des geplanten Projekts in den USA.
- Wartezeit zwischen zwei Teilnahmen: 24 Monate

Secondary School Student (*high school*-Austauschschüler)

- Der Einstieg ist oft nur im Sommersemester möglich.
- Austauschschüler können an von der Schule genehmigten und geförderten außerschulischen Aktivitäten teilnehmen.
- Austauschschüler bekommen eine angemessene Unterkunft, drei hochwertige Mahlzeiten am Tag und Transport zu und von schulischen Aktivitäten gestellt.

Short-term Scholar (Akademiker auf Forschungs- oder Lehrreise)

- Dauer: max. sechs Monate (Verlängerung nicht möglich)
- Die Teilnahme an kulturübergreifenden Programmen ist nicht verpflichtend.
- Teilnehmer müssen eine Krankenversicherung für sich selbst und Angehörige haben und über ausreichende finanzielle Mittel verfügen.

Specialist (Experten im Austausch mit US-Kollegen)

- Maximale Dauer: zwölf Monate (Verlängerung nicht möglich)

Summer Work Travel (Studierende mit Sommerjobs)

- Arbeitserlaubnis für vier Monate zwischen Mai und Oktober
- Mit ein paar Ausnahmen kann jeder Saison-Job angenommen werden (jedoch z.B. nicht in Verkaufspositionen, als Fahrer, in Nachtschichten, in der Unterhaltungsindustrie, in Jobs, die Lizenzen erfordern, in der Schädlingsbekämpfung, als private Haushaltshilfe oder in Jobs mit Patienten- bzw. Körperkontakt).
- Teilnehmer bekommen den ortsüblichen Lohn gezahlt.
- Programmwiederholungen sind möglich, solange der Studentenstatus besteht.

Teacher (Vollzeitlehrer aus dem Ausland)

- Dauer: initial bis zu drei Jahre, verlängerbar auf max. fünf Jahre
- Der Einsatz ist nur als temporärer Vollzeitlehrer an einer anerkannten Grund- oder Oberschule möglich.
- Die Austauschlehrkraft muss jährlich eine Aktivität anbieten, die einen Überblick über kulturelle Aspekte des Heimatlandes vermittelt und einen Dialog zwischen US-Schülern und Schülern im Heimatland ermöglicht.
- Eine Wiederholung ist erst nach 24 Monaten Wartezeit im Ausland möglich.

Trainee (Absolventen in berufsbezogenem Praktikum)

- Dauer: max. 18 Monate
- Der Einsatz darf nur temporärer Natur sein.
- Wartezeit zwischen zwei Teilnahmen: 24 Monate

Eine Liste aller designierten Visumsponsoren und jeweiligen Programme finden Sie unter *j1visa.state.gov/participants/how-to-apply/sponsor-search*.

Voraussetzungen für ein J-1-Visum

Jede der J-1-Visumkategorien stellt unterschiedliche Anforderungen an einen *exchange visitor*, die von den jeweiligen J-1-Visumsponsoren akribisch geprüft werden:

Voraussetzungen: J-1 *Au-Pair*

- Alter: 18 bis 26 Jahre
- grundlegende Englischkenntnisse
- abgeschlossene Schulbildung
- Führerschein Klasse 3
- Kinderbetreuungserfahrung
- Führungszeugnis ohne Eintrag

Voraussetzungen: J-1 *Camp Counselor*

- Alter: mindestens 18 Jahre alt
- gute Englischkenntnisse
- praktische Erfahrung in der Arbeit mit Kindern oder Jugendlichen
- gute sportliche oder künstlerisch-kreative Fähigkeiten

Voraussetzungen: J-1 *College and University Student*

- Einschreibung als Vollzeitstudent
- Teilnahme an kulturellen Aktivitäten
- Förderung durch die US-Regierung, die Regierung im Heimatland, internationale Organisationen oder andere externe Fördergelder

Voraussetzungen: J-1 *Government Visitor*

- ausgewählt durch eine US-amerikanische Bundes-, Landes- oder Kommunalbehörde
- nachweisbarer Einfluss bzw. Ansehen in einem Spezialfeld
- Bereitschaft zur Teilnahme an Touren, Diskussionen, Konsultationen, professionellen Geschäftstreffen, Konferenzen, Workshops und Reisen

Voraussetzungen: J-1 *Intern*

- Der Bewerber ist Vollzeitstudent an einer anerkannten Hochschule außerhalb der USA oder Absolvent (innerhalb von zwölf Monaten nach dem Studienabschluss).
- Das Praktikum muss einen klaren Bezug zum Studium haben.
- *internship placement plan* (Formular DS-7002)
- gültige *workers' compensation policy*

Voraussetzungen: J-1 *International Visitor*

- Bewerberauswahl vom *U.S. Department of State*
- Bewerber muss Führungskraft oder potenzielle Führungskraft in einem Spezialfeld im Heimatland sein.
- Engagement in Konsultationen, Beobachtungen, Forschungen, Diskussionen, Konferenzen, Workshops und Trainings in den USA

Voraussetzungen: J-1 *Physician*

- medizinische Aus- und Weiterbildung an einer anerkannten medizinischen Einrichtung in den USA (Beobachtung, Konsultation, Lehren und Forschen)
- ausreichend Erfahrung und Ausbildung im Bereich des geplanten Programms
- gute Englischkenntnisse
- Bestehen der für das Programm vorgeschriebenen Tests (z. B. *medical examination tests*)
- Bestätigung der Heimatregierung über die Notwendigkeit der Weiterbildung in den USA
- Rückkehrintention ins Heimatland zur Fortsetzung der Arbeit

Voraussetzungen: J-1 *Professor*

- Bewerber wird an einer (post-)akademischen Einrichtung in den USA (Universität, Museum, Bibliothek oder ähnliche Institution) lehren, Vorlesungen halten, hospitieren oder beraten und hat keine akademische Stelle mit fester Laufbahnzusage *(»tenure track position«)*.

Voraussetzungen: J-1 *Research Scholar*

- Bewerber wird an einer post-sekundären akademischen Einrichtung in den USA (Museum, Bibliothek oder ähnliche Institution) Forschung betreiben, hospitieren und beraten und gleichzeitig den engen Zusammenhang mit dem Forschungsprojekt wahren und hat keine akademische Stelle mit fester Laufbahnzusage *(»tenure track position«)*.

Voraussetzungen: J-1 *Secondary School Student*

- Alter: 15 bis 18,5 Jahre oder
- Bewerber hat nicht mehr als elf Jahre Grund- und weiterführende Schule absolviert.
- kein vorheriger Schulbesuch in den USA innerhalb bestimmter F-1- oder J-1-Programme
- gute Englischkenntnisse
- mindestens befriedigende Schulleistungen

Voraussetzungen: J-1 *Short-term Scholar*

- Bewerber müssen Professoren, Wissenschaftler oder Personen mit ähnlicher Ausbildung und/oder Erfahrung sein.

Voraussetzungen: J-1 *Specialist*

- besondere Kenntnisse oder Fähigkeiten im Fachbereich
- Wissens- oder Fähigkeitenaustausch darf nur durch Beobachtung, Präsentation oder Konsultation mit amerikanischen Kollegen aus dem Fachbereich stattfinden.
- keine Besetzung einer Vollzeit- oder Langzeitstelle in den USA

Voraussetzungen: J-1 *Summer Work Travel*

- laufendes Studium an einer deutschen Hochschule ab dem 2. Semester
- Empfehlungsschreiben von einem Dozenten oder Arbeitgeber
- mindestens befriedigende Englischkenntnisse
- konkretes Stellenangebot (Ausnahme: Staatsangehörige von *Visa Waiver Program*-Ländern)

Voraussetzungen: J-1 *Teacher*

- qualifizierter Abschluss als Lehrer
- mindestens ein dem amerikanischen *bachelor* gleichwertiger Abschluss im zu unterrichtenden Bildungsbereich
- mindestens zwei Jahre Vollzeit-Arbeitserfahrung als Lehrer
- Anstellung an einer Grund- oder Oberschule im Heimatland
- ausreichend Englischkenntnisse im mündlichen und schriftlichen Bereich, um in den USA zu unterrichten und tagtägliche Angelegenheiten zu klären
- Führungszeugnis ohne Eintrag

Voraussetzungen: J-1 *Trainee*

- abgeschlossenes Studium mit mindestens einem Jahr Berufserfahrung außerhalb der USA oder insgesamt mindestens fünf Jahre Berufserfahrung
- Training muss einen klaren Bezug zur vorigen Arbeitserfahrung haben.
- *training placement plan* (Formular DS-7002)
- gültige *workers' compensation policy*

Antragstellung für ein J-1-Visum

Bevor Sie Ihren Antrag auf ein J-1-Visum an das entsprechende US-Konsulat in Ihrem Heimatland übermitteln können, müssen Sie alle notwendigen Anmeldungen und Auflagen erfüllen und von Ihrem *sponsor* das Formular DS-2019 erhalten. Auf diesem Formular finden Sie die *SEVIS*-Nummer sowie die Programmnummer des J-1-*sponsors* – zwei sehr wichtige Identifikationsnummern für Ihren späteren Visumantrag und auch für den weiteren Aufenthalt.

Beachten Sie, dass für jedes der beschriebenen J-1-Programme unterschiedliche Arbeitsschritte erforderlich sind und Sie unter Umständen auch Eignungstests durchlaufen und Führungszeugnisse einholen müssen. Befolgen Sie also unbedingt die Anweisungen Ihres *sponsors* und erkundigen Sie sich im Vorfeld, für welches Programm Sie sich individuell qualifizieren.

Ihren Visumantrag beim US-Konsulat stellen Sie mit dem Formular DS-160, *Online Nonimmigrant Visa Application*. Danach müssen Sie einen persönlichen Interviewtermin im Konsulat absolvieren, bei dem Sie zur Beweisführung alle relevanten Dokumente vorlegen müssen. Qualifizieren Sie sich für das *Interview Waiver Program* (siehe Teil II, Einleitung), so können Sie Ihren Antrag gegebenenfalls auch auf postalischem Weg einreichen.

Dokumente

Für Ihren J-1-Visumantrag müssen Sie zusätzlich zu den Standardunterlagen (siehe Teil II, Einleitung, »Dokumente für das Visainterview«) in der Regel folgende Dokumente vorlegen bzw. postalisch einreichen:

- den Nachweis über die Zahlung der *SEVIS*-Gebühr
- Formular DS-2019
- weitere Belege, je nach individueller J-1-Programmkategorie
- mögliche Rückkehrintentionsnachweise (wie z. B. Kopie des Mietvertrages oder Kopie der Immatrikulationsbescheinigung)
- für mitreisende Ehepartner und Kinder: jeweils ein eigenes Formular DS-2019

Ein- und Ausreise mit dem J-1-Visum

Ihr J-1-Visum ist in der Regel ab dem Tag der Genehmigung bis zum Ende des auf dem DS-2019-Formular angegebenen Datums gültig. Bitte beachten Sie, dass bei Ein- und Ausreise sowohl das Visum als auch das DS-2019-Formular im Original vorgelegt werden müssen. Ihr Visum ist ohne das zugehörige DS-2019-Formular nicht gültig. Programmteilnehmern ist es in der Regel gestattet, 30 Tage vor dem offiziellen Programmbeginn in die USA einzureisen. Während dieser sogenannten *grace period* können Sie sich in den USA einleben oder Urlaub machen. Das eigentliche Austauschprogramm darf während dieser 30 Tage aber noch nicht begonnen werden.

Nach Beendigung des J-1-Programms steht es Ihnen frei, sich noch weitere 30 Tage in den USA aufzuhalten. Während dieser zweiten *grace period* soll der Kulturaustausch weiter vertieft werden. Spätestens am 30. Tag müssen Sie die USA dann aber verlassen, um keinen illegalen *overstay* zu riskieren.

Two-year-home-country physical presence requirement

Das J-1-Visum wird in einigen Fällen an die Bedingung geknüpft, dass die Person nach Beendigung des Programms zunächst für zwei Jahre im Heimatland lebt, bevor sie wieder berechtigt ist, eine permanente Aufenthaltsgenehmigung (GreenCard) oder ein Visum der Kategorie H, L oder K zu beantragen. Dies trifft allerdings in der Regel nur auf Personen zu, deren Programm mithilfe einer staatlichen Förderung, z.B. von der US-Regierung, der Regierung des Heimatlandes oder einer internationalen Organisation finanziert wird. Auch Mediziner fallen unter diese Regelung, ebenso wie Personen, die sich während des Aufenthalts in den USA spezifisches Fachwissen aneignen, das auf der sogenannten *Exchange Visitor Skills List* ihres Heimatlandes steht. Unter gewissen Umständen kann eine Ausnahmegenehmigung von der *2-year-rule* beantragt werden.

Familienangehörige von J-1-Visuminhabern

Ehepartner und unverheiratete Kinder unter 21 Jahren von J-1-Visuminhabern erhalten für denselben Zeitraum wie der Hauptantragsteller ein abgeleitetes J-2-Visum. Sowohl der Ehepartner als auch die Kinder können auf Antrag eine eigene Arbeitsaufnahmeerlaubnis *(Employment Authorization Document, EAD)* erhalten. Diese muss nach der Einreise in die USA bei der US-Einwanderungsbehörde beantragt werden (Formular I-765) und ist zunächst für bis zu zwei Jahre gültig; eine Verlängerung ist möglich. Bitte beachten Sie, dass die Arbeitsaufnahme des begleitenden J-2-Ehepartners bzw. Kindes nachweislich nicht dazu dienen darf, die Lebenshaltungskosten des Hauptantragstellers zu decken.

J-2-Visuminhaber können darüber hinaus öffentliche und private Bildungseinrichtungen besuchen.

J-1-Visum:
Aktuelle Informationen und häufige Fragen

9.2 F-1-Visum (Academic Student): Besuch von bestimmten Bildungseinrichtungen, College, Universität

Die meisten Ausbildungsprogramme in den USA erfordern die Beantragung eines F-1-Visums. Als Visumsponsoren fungieren in diesem Zusammenhang die jeweiligen amerikanischen Bildungseinrichtungen – allerdings nur solche, die die strengen Auflagen des *U.S. Department of Homeland Security* erfüllen. Dazu gehören Privatschulen ab dem Kindergarten bis zur zwölften Klasse (K-12), *colleges*/Universitäten, Sprachschulen bzw. vergleichbare Bildungseinrichtungen und Konservatorien. Nicht alle Schulen (insbesondere öffentliche Schulen) qualifizieren sich für das F-1-Programm.

Voraussetzungen

Das F-1-Visum für ausländische Studenten wird nur an Bewerber mit einem Formular I-20, *Certificate of Eligibility for Nonimmigrant Student Status* ausgestellt, welches sie vorher von der jeweiligen Bildungseinrichtung erhalten haben. Eine Schule oder Universität muss hierfür über eine *SEVIS*-Registrierung verfügen, um den Status als offizieller F-1-*sponsor* bzw. als »*SEVIS-approved school*« zu erhalten.

Ausschließlich diese Schulen sind in der Lage, Ihnen ein zwingend erforderliches I-20-Formular auszustellen. Zur Suche nach einer geeigneten Bildungseinrichtung können Sie z. B. die Webseite des *U.S. Department of Homeland Security* besuchen: *studyinthestates.dhs.gov/school-search*.

Je nach Art und Programm der amerikanischen Bildungseinrichtung werden unterschiedliche Anforderungen gestellt. So muss es sich bei einem Studium in den USA z. B. um ein Vollzeitstudium mit einer regulären Anzahl an Kursen handeln. Bei Sprachkursen müssen mehr als 18 Stunden pro Woche über einen Zeitraum von 90 Tagen absolviert werden.

Einige kategorieübergreifende Voraussetzungen für F-1-Studenten sind:

- die Zusage bzw. Aufnahme an einer Bildungseinrichtung
- der Erhalt des I-20-Formulars
- die Finanzierbarkeit des Studienaufenthalts
- gegebenenfalls eine entsprechende Vorbildung im Heimatland
- ausreichende Englischkenntnisse (außer bei Sprachschulen)

Tipp: *Sprachkurse unter 18 Wochenstunden, die kürzer als 90 Tage sind, können visumfrei mit einer ESTA-Genehmigung absolviert werden. Alternativ kann auch ein B-2-Visum beantragt werden.*

Antragstellung

Der erste Schritt zum Erhalt eines F-1-Visums ist die Bewerbung und Annahme an einer *SEVIS*-registrierten Bildungseinrichtung. Diese kann Ihnen dann das Formular I-20 ausstellen, mit dem Sie sich an das US-Konsulat in Ihrem Heimatland wenden. Für die Recherche zu Universitäten und *colleges* empfehlen wir die Bildungswebseite des *U.S. Department of State: educationusa.state.gov/your-5-steps-us-study/research-your-options*.

Nach dem Erhalt der I-20-Bescheinigung stellen Sie mithilfe des Online-Antragsformulars DS-160, *Online Nonimmigrant Visa Application* Ihren Visumantrag und vereinbaren einen persönlichen Interviewtermin, sofern Sie sich nicht für das postalische Verfahren (siehe Teil II, Einleitung, »*Interview Waiver Program* – postalisches Einsendeverfahren«) qualifizieren. Den Antrag auf ein F-1-Visum dürfen Sie maximal 365 Tage vor Beginn Ihrer Aus- bzw. Weiterbildung in den USA stellen. Bei der F-1-Visumantragstellung im US-Konsulat müssen Sie nachweisen, dass Sie die USA nach Ablauf der geplanten Studiendauer wieder verlassen wollen. Dies kann durch den Beleg von Bindungen an Ihr Heimatland (z. B. familiäre Verpflichtungen, laufende Arbeitsverträge oder Immatrikulationsbescheinigung der ausländischen Universität) geschehen. Wichtig ist auch, dass Sie ausreichende finanzielle Mittel vorweisen können, um Ihre Lebenshaltungskosten während der gesamten Aufenthaltsdauer in den USA decken zu können.

Dokumente

Die Antragstellung für das F-1-Visum im US-Konsulat umfasst zusätzlich zu den Standardunterlagen (siehe Teil II, Einleitung, »Dokumente für das Visainterview«) folgende Dokumente:

- den Nachweis über die Zahlung der *SEVIS*-Gebühr
- Formular I-20
- weitere Belege zur Finanzierung des Aufenthalts
- mögliche Rückkehrintentionsnachweise (z.B. eine Kopie des Mietvertrages oder der Immatrikulationsbescheinigung)

Es ist möglich, dass der Nachweis einer Krankenversicherung für die Dauer Ihres Aufenthalts in den USA verlangt wird. Unabhängig davon, ob dies in Ihrem Fall zutrifft, ist der Abschluss einer Auslandskrankenversicherung in jedem Fall sinnvoll.

Gültigkeit, Rechte und Pflichten

Eine Einreise mit einem F-1-Visum ist nur dann möglich, wenn Sie immer das I-20-Formular parallel vorlegen können. Der F-1-Aufenthaltsstatus wird zunächst für den Zeitraum des Studiums bzw. Bildungsprogramms (vermerkt auf dem I-20) an der Grenze erteilt. Zudem wird eine Kulanzfrist von 60 Tagen als *grace period* gewährt, um die USA nach Beendigung des Studiums zu bereisen.

Bitte beachten Sie, dass Sie sich nur dann bis zu 60 Tage nach Ablauf ihres I-20-Formulars in den USA aufhalten dürfen, wenn auch ein Studienabschluss erfolgt ist bzw. ein Programm erfolgreich abgeschlossen wurde. Falls Sie ein Programm vorzeitig abbrechen, müssen Sie die USA unmittelbar verlassen. Von vielen Hochschulen wird darüber hinaus ein bloßer Semesteraufenthalt als unvollständiger Abschluss gewertet. Dies hat zur Folge, dass die *grace period* statt für 60 Tage nur für 15 Tage gewährt wird. Bei kürzeren Studienaufenthalten sollten Sie daher Rücksprache mit ihrer Bildungseinrichtung halten, um einen illegalen *overstay* zu vermeiden.

Als F-1-Visuminhaber haben Sie auch die Möglichkeit (unter restriktiven Regularien), die Bildungseinrichtung bzw. das Bildungsprogramm zu wechseln. Je nachdem, ob Sie sich zum Zeitpunkt dieser Entscheidung noch in Ihrem Heimatland oder schon in den USA befinden, gibt es hierfür unterschiedliche Verfahren. Die richtige Vorgehensweise sollten Sie stets beim jeweiligen *DSO (designated school official)* der beteiligten Bildungseinrichtungen erfragen, um einen korrekten Ablauf garantieren zu können.

Als Student an einer akademischen Einrichtung mit einem F-1-Visum in den USA haben Sie zwei Möglichkeiten, nebenbei Geld zu verdienen:

- *On-campus employment* innerhalb Ihrer Bildungseinrichtung
- *Off-campus employment* außerhalb Ihrer Bildungseinrichtung

An beide Erwerbsmöglichkeiten sind bestimmte Zugangsvoraussetzungen geknüpft. Während der Vorlesungszeit in den USA besteht die Möglichkeit, auf dem Campus eine Teilzeitstelle von bis zu 20 Stunden pro Woche anzunehmen; in den Semesterferien sogar auf Vollzeitbasis. Hierbei muss es sich um eine Arbeit auf dem Gelände der Bildungseinrichtung, z.B. in der Buchhandlung oder in der Cafeteria, handeln. Auch eine Arbeit außerhalb des Campus ist erlaubt, wenn diese in einer Einrichtung stattfindet, die der Bildungsinstitution angeschlossen ist. Nicht erlaubt sind Arbeiten, die keine direkten Dienstleistungen für die

Studenten Ihrer Bildungseinrichtung darstellen (z. B. für ein Bauunternehmen, welches dort ein neues Gebäude errichtet).

Vergütete Arbeiten außerhalb Ihrer Bildungseinrichtung *(off-campus employment)* dürfen Sie nur verrichten, wenn eine unerwartete finanzielle Notsituation (*unforeseen economic hardship*) eingetreten ist, auf deren Umstände Sie keinen Einfluss hatten. Damit sind Fälle gemeint, die unerwartete Finanzierungsschwierigkeiten des Studiums betreffen wie z. B. die Aufhebung des Stipendiums oder die Einstellung von Zahlungen seitens der Familie, die eine unzumutbare soziale Härte darstellen.

Voraussetzung für ein *off-campus employment* ist außerdem, dass bereits ein volles Studienjahr absolviert und gute Studienergebnisse erzielt wurden. Sofern der *DSO* Ihnen bescheinigt, sich in einer solchen Notsituation zu befinden, wird dies im *SEVIS* vermerkt und anschließend ein neues Formular I-20 ausgestellt. Danach müssen Sie Ihre Arbeitserlaubnis mithilfe des Formulars I-765, *Application for Employment Authorization* direkt bei der US-Einwanderungsbehörde *USCIS* beantragen.

Ehepartner und unverheiratete Kinder unter 21 Jahren von F-1-Visuminhabern können für denselben Zeitraum wie der Hauptantragsteller ein eigenes I-20-Formular und damit ein abgeleitetes F-2-Visum erhalten. Eine Arbeitsaufnahme ist den Familienangehörigen jedoch nicht gestattet. F-2-Visuminhaber können lediglich eine öffentliche oder private Bildungseinrichtung besuchen.

Praktikumsmöglichkeiten während und nach dem Studium

Für F-1-Studenten gibt es zwei Optionen, während oder nach Beendigung ihres Studiums Praxiserfahrung zu sammeln: das *curricular practical training (CPT)* und das *optional practical training (OPT)*. Für beide Formen der Tätigkeiten kann der Student eine Bezahlung erhalten. Der wesentliche Unterschied zwischen *CPT* und *OPT* liegt in der Struktur, dem Zeitpunkt des Praktikums und seiner Zielsetzung bezüglich der praktischen Ausbildung. Beide Programme müssen immer vom *DSO* offiziell bestätigt werden und erfordern die Beantragung einer allgemeinen Arbeitserlaubnis (*EAD*, I-765).

Das *curricular practical training (CPT)* kann während des laufenden Semesters für eine Dauer von maximal zwölf Monaten absolviert werden. Teilnehmen können nur Studenten, die seit mindestens einem Jahr an der Universität eingeschrieben sind. Die Bildungseinrichtung schließt zu diesem Zweck diverse Kooperationsverträge mit Arbeitgebern, die potenzielle Praktikumsplätze anbieten können. Eine Beschränkung der maximal zulässigen Arbeitsstunden pro Woche besteht nicht, aber sie sollten beachten, dass eine Vollzeitbeschäftigung (mehr als 20 Stunden pro Woche) zur Folge hätte, nicht mehr für ein *optional practical training (OPT)* in Frage zu kommen.

Das *optional practical training (OPT)* ist sowohl für Studenten, die noch an der Universität eingeschrieben sind *(pre-completion OPT)*, als auch für diejenigen gedacht, die ihren Abschluss bereits absolviert haben *(post-completion OPT)*. In der Regel ist die Arbeitstätigkeit hierbei somit nicht Teil des Studiencurriculums, sondern – wie der Name schon sagt – optional. Für Studenten, die einen Abschluss in den sogenannten *STEM*-Fächern *(Science, Tech-*

nology, Engineering, Mathematics) erhalten haben, besteht die Möglichkeit, das *OPT* von normalerweise zwölf Monaten auf maximal 24 Monate auszudehnen.

F-1-Visum:
Aktuelle Informationen und häufige Fragen

9.3 M-1-Visum (Non-Academic & Vocational): Besuch von nicht-akademischen/berufsbezogenen Bildungseinrichtungen

Das M-1-Visum ermöglicht Ihnen den Besuch einer anerkannten, nicht-akademischen oder berufsbezogenen Bildungseinrichtung in den USA. Dies kann z.B. eine Flugschule, eine technische Berufsschule, eine Kochschule oder auch eine Kosmetikschule sein. Analog zum F-1-Visum qualifizieren sich leider nur bestimmte Bildungsinstitute für den Erhalt eines M-1-Visums.

Voraussetzungen

Um sich für das M-1-Visum zu qualifizieren, müssen Sie unter anderem:

- mindestens 18 Stunden pro Woche an einer anerkannten, nicht-akademischen oder berufsbezogenen US-Bildungseinrichtung eingeschrieben sein,
- genügend finanzielle Mittel für Ihren gesamten USA-Aufenthalt zur Verfügung haben,
- einen festen Wohnsitz im Heimatland haben,
- nachweisen können, dass Sie nach Beendigung der Weiterbildung wieder in Ihr Heimatland zurückkehren wollen.

Weitere Voraussetzungen können je nach Bildungseinrichtung spezielle Anforderungen an Ihren Gesundheitszustand, Ihre persönliche Eignung, Ihre Englischkenntnisse oder Ihr Alter sein. Viel entscheidender ist aber, dass die amerikanische Bildungseinrichtung zwingend über eine *SEVIS*-Registrierung verfügen muss, um den Status als offizieller M-1-*sponsor* bzw. *SEVIS-approved school* zu erhalten. Ausschließlich diese Bildungseinrichtungen sind in der Lage, Ihnen ein zwingend erforderliches I-20-Formular auszustellen.

Antragstellung

Bevor Sie beim zuständigen US-Konsulat vorstellig werden, müssen Sie sich an einer vom *Student and Exchange Visitor Program (SEVP)* zertifizierten weiterführenden Bildungseinrichtung bewerben und angenommen werden. Auf der Webseite des *U.S. Department of Homeland Security* bekommen Sie unter *studyinthestates.dhs.gov/school-search* beispielsweise über den *Education Type »Technical/Vocational«* oder der Auswahl *»M-1«* eine Liste aus Bildungseinrichtungen angezeigt, die zu Ihren nicht-akademischen Plänen in den USA passen könnten.

Die Bildungseinrichtung muss Ihnen nach der Zusage das Formular I-20, *Certificate of Eligibility for Nonimmigrant Student Status* ausstellen, mit dem Sie Formular DS-160, *Online Nonimmigrant Visa Application* ausfüllen und abschicken und sich dann beim US-Konsulat im Rahmen des Visainterviews vorstellen können, sofern Sie sich nicht für das postalische Einsendeverfahren (siehe Teil II, Einleitung, »*Interview Waiver Program* – postalisches Einsendeverfahren«) qualifizieren. Den Antrag auf ein M-1-Visum dürfen Sie maximal 365 Tage vor Beginn Ihrer Aus- bzw. Weiterbildung in den USA stellen.

Beim M-1-Antragsverfahren über das US-Konsulat müssen Sie nachweisen, dass Sie die USA nach Ablauf des geplanten Bildungsaufenthalts wieder verlassen wollen, beispielsweise über die Glaubhaftmachung von festen Bindungen an Ihr Heimatland (z. B. Arbeitsverträge, Immatrikulationsbescheinigungen oder Mietvertrag). Wichtig ist auch, dass Sie ausreichende finanzielle Mittel vorweisen können, um Ihre Lebenshaltungskosten während der gesamten Aufenthaltsdauer in den USA decken zu können.

Dokumente

Die Antragstellung für das M-1-Visum im US-Konsulat beinhaltet zusätzlich zu den Standardunterlagen (siehe Teil II, Einleitung, »Dokumente für das Visainterview«) folgende Dokumente:

- den Nachweis über die Zahlung der *SEVIS*-Gebühr
- Formular I-20
- weitere Belege zur Finanzierung des Aufenthalts
- mögliche Rückkehrintentionsnachweise (z. B. Kopie des Mietvertrages, der Immatrikulationsbescheinigung oder des Arbeitsvertrages)

Gültigkeit, Rechte und Pflichten

Eine Einreise mit einem M-1-Visum ist nur dann möglich, wenn Sie immer das I-20-Formular parallel vorlegen können. Ihr Aufenthaltsstatus in den USA richtet sich nach der Dauer Ihrer Aus- oder Weiterbildung und kann für bis zu einem Jahr erteilt werden. Als Visuminhaber dürfen Sie sich während des auf dem I-20-Formular angegebenen Zeitraums – zuzüglich einer *grace period* von 30 Tagen vor und nach der Ausbildung – in den USA aufhalten.

Sollte die Ausbildung länger dauern als vorgesehen, kann eine Verlängerung von bis zu einem Jahr bei der jeweiligen Bildungseinrichtung beantragt werden. Unter Umständen können Sie sich nach Abschluss der Weiterbildung zusätzlich für ein »*practical training*« qualifizieren. Die Dauer des Trainings wird dann in der Regel vom *designated school official (DSO)* der Bildungseinrichtung festgelegt. Hierbei gilt, dass das Training im Anschluss an die abgeschlossene Ausbildung für maximal sechs Monate absolviert werden kann (oder ein Monat praktisches Training pro abgeschlossener viermonatiger Weiter- bzw. Ausbildungseinheit). Zudem muss das Training in einem eindeutigen Bezug zu der vorangegangenen Weiter- bzw. Ausbildung stehen und Sie müssen einen gültigen M-1-Status über die gesamte Trainingszeit nachweisen können. Die Arbeitsaufnahme ist nur nach Erhalt der über den *DSO* zu beantragenden *EAD* (*Employment Authorization Document*, I-765) möglich.

Ehepartner und unverheiratete Kinder unter 21 Jahren von M-1-Visuminhabern können für denselben Zeitraum wie der Hauptantragsteller ein eigenes I-20-Formular und damit ein abgeleitetes M-2-Visum erhalten. Die Beantragung einer Arbeitserlaubnis ist unter dem M-2-Status jedoch nicht möglich. Somit ist Familienangehörigen keine Arbeitsaufnahme, sondern nur der Besuch von öffentlichen oder privaten Bildungseinrichtungen gestattet.

M-1-Visum:
Aktuelle Informationen und häufige Fragen

10 Wichtige Hinweise zum Nichteinwanderungsvisum

10.1 Einreise in die USA mit einem Nichteinwanderungsvisum – Visum versus Status

Haben Sie ein US-Nichteinwanderungsvisum erfolgreich erhalten und freuen sich, mit diesem endlich in die Vereinigten Staaten einreisen zu dürfen, sollten Sie noch einige Punkte beachten.

Das durch ein US-Konsulat ausgestellte Visum berechtigt den Inhaber formal gesehen nur dazu, seine Einreise in die Vereinigten Staaten an der US-Grenze (also z.B. nach der Landung an einem US-Flughafen) zu beantragen, es garantiert jedoch nicht die Einreise. Allein der Grenzbeamte entscheidet, ob und für wie lange ein Visuminhaber in die USA einreisen darf. Die Beamten der *U.S. Customs and Border Protection (CBP)* haben jede Möglichkeit, Sie näher zu befragen oder Ihnen die Einreise zu verweigern und Ihr Visum ungültig zu machen. Auch die tatsächliche Dauer Ihres Aufenthaltes wird vom Grenzbeamten festgelegt. Es ist also bei Reisen in die USA enorm wichtig, dass Sie den Unterschied zwischen Visum und Aufenthaltsstatus kennen:

Visum	=	Reisedokument für spezifische Reisezwecke mit festem Gültigkeitszeitraum zur Vorlage an der Grenze
Aufenthaltsstatus	=	Von US-Grenzschutzbeamten genehmigter Aufenthaltszeitraum, der auf Grundlage des ausgestellten Visums bzw. einer ESTA-Genehmigung und mithilfe von Formular I-94 erteilt und zeitlich eingegrenzt wird (pro Einreise)

Wir empfehlen deshalb jedem USA-Reisenden dringend, direkt nach erfolgter Einreise einen Blick in das digitale Formular I-94, *Arrival/Departure Record* unter der Webadresse *i94.cbp.dhs.gov/I94* zu werfen. Hier können Sie neben Angaben zur jüngsten Einreise *(»get most recent* I-94*«)* auch Ihren Reiseverlauf für die zurückliegenden fünf Jahre abfragen *(»get travel history«)*.

Im I-94 wird bei jeder Einreise vermerkt, wann Sie mit welchem Visum (oder im Rahmen der visumfreien Einreise) eingereist sind, aber vor allen Dingen, wie lange Sie sich physisch in den USA aufhalten dürfen. Die Form und Dauer Ihrer Aufenthaltsgenehmigung werden zum Teil auch noch mit einem Stempel in Ihrem Pass vermerkt. Der Grenzbeamte trägt hierbei die Visakategorie, den Zeitpunkt der Einreise sowie den spätesten Zeitpunkt der Ausreise ein.

News: *Bereits im Jahr 2022 hat die Grenzbehörde* (CPB) *angekündigt, die Einreisestempel schrittweise entfallen zu lassen. An immer mehr Flughäfen erhalten Sie also zukünftig kei-*

nen gesonderten Stempel mehr in den Reisepass, sondern können Ihren Aufenthaltsstatus nur noch über das elektronische I-94 nachträglich abrufen.

Der Ihnen an der Grenze erteilte Aufenthaltsstatus kann kürzer oder auch länger sein als die Laufzeit Ihres US-Visums. Diese Information ist enorm wichtig, denn Sie dürfen das vom US-Grenzschutzbeamten notierte Ausreisedatum keinesfalls überschreiten.

Sonderfall: *Bei bestimmten Visakategorien (z. B. F-1 oder J-1) wird aufgrund einer variablen* »grace period« *vor und nach einem Aufenthalt in den USA kein Ausreisedatum, sondern* »D/S« *für* »duration of status« *vermerkt. Mehr dazu erfahren Sie in den Kapiteln 9.1 – 9.3.*

Wenn Sie sich mit einem Nichteinwanderungsvisum legal in den USA aufhalten (also über ein I-94 einen gültigen Aufenthaltsstatus besitzen und gegen keine Einwanderungsbestimmung verstoßen haben), können Sie unter bestimmten Voraussetzungen bei der US-Einwanderungsbehörde *USCIS* einen Statuswechsel auf eine andere Nichteinwanderungskategorie beantragen, ohne vorher die Vereinigten Staaten zu verlassen. Hierfür stehen Ihnen zwei Formulare zur Auswahl:

1. I-129, *Petition for a Nonimmigrant Worker* für den Wechsel in eine Arbeitsvisa-Kategorie
2. I-539, *Application to Extend/Change Nonimmigrant Status* für den Wechsel in alle anderen Kategorien (abseits von US-Arbeitsvisa)

Reisen Sie beispielsweise mit einem Touristenvisum B-2 in die USA ein, erhalten an der Grenze einen B-2 Aufenthaltsstatus von 180 Tagen und beschließen dann, sich an einer US-Universität einzuschreiben, so können Sie mittels des I-539-Formulars ihren Status innerhalb der USA von B-2 auf F-1 *Student* wechseln, natürlich unter Beachtung aller generellen Zugangsvoraussetzungen zur F-1-Kategorie. Oder aber, Sie befinden sich unter F-1-Status in den USA und erhalten ein Arbeitsplatzangebot eines amerikanischen Unternehmens. Dann kann dieser Arbeitgeber mit Hilfe des Formulars I-129 einen Wechsel von Ihrem bisherigen F-1-Status in eine Arbeitsvisakategorie (z. B. H-1B) beantragen. Natürlich auch hier unter Beachtung aller Auflagen.

Tipp: *Statuswechselverfahren unterliegen ganz bestimmten einwanderungsrechtlichen Auflagen und Fristen. Bevor Sie einen Antrag einreichen, erkundigen Sie sich nach den aktuellen Zugangsvoraussetzungen, aber auch den individuellen Antragszeiten. Gerade I-539-Statuswechselverfahren sind mit zum Teil monatelangen Bearbeitungszeiten verbunden. Im Regelfall darf die neue Art der Tätigkeit erst dann aufgenommen werden, wenn der Statuswechselantrag offiziell durch die* USCIS *genehmigt wurde.*

Statuswechselanträge müssen rechtzeitig vor Ablauf Ihres I-94-Aufenthaltsstaus eingereicht werden. Verlassen Sie die USA, während ein Antrag auf Statuswechsel bei der *USCIS* läuft, gilt dieser als zurückgezogen. Wird Ihr Statuswechsel genehmigt, wird Ihnen mittels der I-797 *Approval Notice* der *USCIS* ein neues I-94 erteilt. Dieses weist dann Ihren neuen Status und den genehmigten Zeitraum aus.

Achtung: *Wechseln Sie den Aufenthaltsstatus innerhalb der USA zu einer anderen Kategorie und verlassen irgendwann später das Land, benötigen Sie zur Wiedereinreise zunächst erneut ein gültiges US-Visum. Sie müssen dann also erst erneut das konsularische Antragsverfahren durchlaufen. Der Grund: Innerhalb der USA wurde nur Ihr Status gewechselt, nicht aber Ihr Visum. Beachten Sie also immer die einwanderungsrechtliche Unterscheidung zwischen Visum und Status.*

Wird Ihr Antrag auf Statuswechsel abgelehnt, so müssen Sie die USA, sofern Ihr altes I-94 bereits abgelaufen ist, unmittelbar verlassen. Unter Umständen generieren Sie dann einen *overstay*. Zum Teil wird die Behörde Ihnen auch mitteilen, dass parallel zur Ablehnung Ihres Statuswechselantrags Ihr bereits erteiltes Visum (im Reisepass) für ungültig erklärt wurde, um eine kurzfristige Wiedereinreise zu verhindern.

Grundsätzlich ist bei einem Wechsel des Aufenthaltsstatus immer Vorsicht geboten. Vor allen Dingen aber, wenn ein USA-Besucher schon nach kurzer Zeit (in der Regel innerhalb von 60 Tagen nach Einreise) Schritte unternimmt, die nicht im Einklang mit dem ursprünglich beim Grenzübertritt angegebenen Aufenthaltszweck stehen. Reisen Sie also beispielsweise mit einem B-2-Visum ein und beantragen zwei Tage später über einen Arbeitgeber einen Wechsel auf H-2B-Status, könnte man Ihnen unterstellen, dass Sie beim Visumantrag und/oder bei der Einreise gelogen haben, Ihre eigentliche Einreiseintention also nicht »Urlaub«, sondern von Beginn an »Arbeitsaufnahme« war.

Es gibt darüber hinaus auch Personen, die trotz legalen Aufenthalts keinen Statuswechsel in den USA beantragen dürfen. Dies sind z. B. Personen, die mit ESTA visumfrei in die USA eingereist sind oder auch Inhaber von C-, D-, oder K-Visa. Im Dschungel des Visa-Statuswechsels gibt es außerdem einige »gesperrte« Routen, die einen (eigentlich logischen) Wechsel in eine andere Visumkategorie erschweren. So dürfen z. B. Teilnehmer an bestimmten J-1-Austauschprogrammen keinen Statuswechsel vollziehen, solange die *2-year-rule* greift (also die Verpflichtung, nach Programmende die USA für mindestens zwei Jahre zu verlassen und diese Zeit im Heimatland zu verbringen).

Die oben genannten Themen gelten übrigens auch für die meisten Statusverlängerungsverfahren, die ebenfalls über die Formulare I-129 oder I-539 abgewickelt werden. Gemeint sind Fälle, in denen jemand ohne Aus- und Wiedereinreise seinen Aufenthalt in den USA verlängern möchte.

Wollen Sie Ihren Nichteinwanderungsstatus direkt auf eine GreenCard, also einen Einwanderungsstatus innerhalb der USA wechseln, so kommt das so genannte Statusanpassungsverfahren (I-485, *adjustment of status*) zum Tragen. Mehr zu dieser Option erfahren Sie in Kapitel 14.2.

Statusverlängerung und Statuswechsel in den USA:
Voraussetzungen und Antragsverfahren

TEIL III: EINWANDERUNGSVISA (GREENCARDS)

Einleitung

Für viele Personen ist es immer noch der ultimative Traum: der Erhalt einer GreenCard für die Vereinigten Staaten. Denn nur ein Einwanderungsvisum bietet die Möglichkeit einer unbegrenzten Arbeits- und Aufenthaltsgenehmigung für die USA – wenn auch unter bestimmten Auflagen.

Bevor wir in das Thema »GreenCard« genauer einsteigen, sei gesagt: Im US-Einwanderungsrecht gibt es diesen Begriff offiziell nicht. Vielmehr ist »Grüne Karte« nur eine Art Spitzname für die unbefristete Aufenthalts- und Arbeitserlaubnis *(lawful permanent residence)* in den Vereinigten Staaten. Der Name entstand, weil die ersten für Einwanderer ausgestellten Identitätsdokumente *(Alien Registration Receipt Cards)* in den 1940er-Jahren eine grüne Farbe hatten. Nachdem die GreenCard ein paar Jahre lang in wechselnden Farben herausgegeben wurde (erst gelb, dann pink, dann lila-blau), entschied sich die US-Regierung im Jahr 2010 dazu, die Karten wieder im grünen Design herstellen zu lassen. Obwohl die US-Einwanderungsbehörde *USCIS* den Begriff »GreenCard« durchaus auf ihren Webseiten verwendet, wird im offiziellen Schriftverkehr meistens von der *Permanent Resident Card* gesprochen. Eine andere, eher selten benutzte Bezeichnung ist »*Form* I-551.«

Die Hürden zum Erhalt eines Einwanderungsvisums für die USA sind leider recht hoch. Über drei große Bereiche können Sie eine GreenCard erhalten:

- ***Employment-based immigrant visa***: die Einwanderung über eine Arbeitsstelle bzw. einen Arbeitgeber und/oder eine Investitionstätigkeit
- ***Family-based immigrant visa***: die Einwanderung im Rahmen der Familienzusammenführung
- ***Diversity Visa Program***: die GreenCard-Lotterie mit einer Portion Glück

Die Einwanderungskategorien über die Arbeitsstelle und über die Familienzusammenführung werden in weitere Unterkategorien unterteilt. Alle Einwanderungsvisa differieren darüber hinaus nach bestimmten Zugangsvoraussetzungen, Beantragungswegen, Kosten, Besonderheiten, Wartezeiten und behördlichen Zuständigkeiten.

Für die meisten GreenCard-Antragsprozesse müssen Sie Geduld mitbringen. Sie gestalten sich häufig langwierig und aufwendig. Sollten Sie mit dem Gedanken spielen, dauerhaft in den USA zu leben bzw. zu arbeiten oder beispielsweise einen Amerikaner oder eine Amerikanerin zu heiraten, informieren Sie sich rechtzeitig. In vielen Fällen bietet sich eine fachliche Beratung bei einwanderungsrechtlichen Experten an, um zunächst eine Einschätzung zu erhalten. Um Enttäuschungen zu vermeiden, setzen Sie sich frühzeitig mit der Thematik auseinander. In den weiteren Kapiteln bringen wir Ihnen die wichtigsten Aspekte der jeweiligen GreenCard-Optionen näher.

11 GreenCard durch die Arbeitsstelle

Eine der größten Einwanderergruppen in den USA sind die *employment-based* (EB)-Green-Card-Inhaber, die entweder über Arbeitsangebote von US-Firmen oder aufgrund ihrer außergewöhnlichen Fähigkeiten in die USA kommen dürfen. Wer eine arbeitsplatzbasierte GreenCard in einer der fünf verfügbaren Kategorien erhält, darf unbegrenzt in den Vereinigten Staaten leben und arbeiten. Auch ausländische Investoren qualifizieren sich für diese Kategorie. Die *employment-based* Einwandererkategorien umfassen:

1. ***first preference*** (EB1): Prioritätskategorien für hochqualifizierte Personen mit außergewöhnlichen Fähigkeiten, herausragende Professoren und Forscher sowie bestimmte *manager* und Führungskräfte von multinationalen Konzernen
2. ***second preference*** (EB2): Fachkräfte mit höheren Abschlüssen oder außergewöhnlichen Fähigkeiten bzw. Personen von nationalem Interesse
3. ***third preference*** (EB3): Akademiker, spezielle Fachkräfte oder andere Arbeitskräfte
4. ***fourth preference*** (EB4): Besondere Einwandererkategorien wie *»special immigrants«* und *»religious workers«*
5. ***fifth preference*** (EB5): Ausländische Investoren

Für jede der genannten EB-Kategorien können Sie sich auf unterschiedliche Weise qualifizieren. Es existieren also sehr unterschiedliche Zugangsvoraussetzungen und Antragswege. Für die meisten der Kategorien gilt, dass Sie sich nicht selbst für die GreenCard bewerben können. Sie benötigen ein konkretes Arbeitsplatzangebot und einen US-Arbeitgeber, der als so genannter *petitioner* bereit ist, die oft komplexen und langwierigen Antragsprozesse mit Ihnen *(dem beneficiary)* zu durchlaufen.

Von diesem Grundprinzip gibt es allerdings auch Ausnahmen, beispielsweise für Personen mit außergewöhnlichen Fähigkeiten oder für Fachkräfte, die für die USA von nationalem Interesse sind. Diese können unter strengen Zugangsvoraussetzungen GreenCard-Anträge für sich selbst (also ohne konkreten US-Arbeitgeber) stellen.

Das mehrstufige Verfahren zum Erhalt einer EB-GreenCard gliedert sich in zwei Phasen:

1. Einreichung der Petition bei der US-Einwanderungsbehörde *USCIS* – dies erläutern wir für alle EB-Kategorien ausführlich in den Kapiteln 11.2 – 11.6.
2. Beantragung des US-Einwanderungsvisums (EB-GreenCard) nach Bewilligung der Petition. Hier stehen Ihnen zwei Wege offen: entweder das Statusanpassungsverfahren innerhalb der USA *(adjustment of status)* oder das Antragsverfahren außerhalb der USA über das *National Visa Center*, bzw. die zuständigen US-Konsulate weltweit *(consular processing)*. Beides beschreiben wir in den Kapiteln 14.1 und 14.2

Die minimale Anzahl an Einwanderungsvisa, die aufgrund von arbeitsplatzbasierter Einwanderung pro Jahr von den US-Behörden vergeben werden, beläuft sich auf 140.000 GreenCards. Diese verteilen sich prozentual auf die jeweiligen EB-Kategorien.

Besteht eine hohe Nachfrage an bestimmten Visa, kann es zu einer »Überzeichnung« kommen. Das heißt, es werden mehr GreenCards angefragt als in der jeweiligen Kategorie jährlich zur Verfügung stehen. Eventuell müssen Sie dann zunächst in der Schlange stehen, bis wieder Visa in Ihrer Kategorie freigegeben werden, Sie also den Prozessschritt 2 angehen können. Die jeweiligen Wartezeiten für die einzelnen Kategorien können Sie dem vom *U.S. Department of State* monatlich veröffentlichten *Visa Bulletin* entnehmen: *travel.state.gov/content/travel/en/legal/visa-law0/visa-bulletin.html*. Mehr Informationen zu dieser Thematik finden Sie in Kapitel 11.7.

Derivativer Status für weitere Familienangehörige

Wer das Recht auf den Erhalt einer arbeitsplatzbasierten GreenCard hat, kann dieses an seine unmittelbaren Verwandten (Ehepartner und Kinder unter 21 Jahren) weitergeben, ohne eine gesonderte Einwanderungspetition für diese initiieren zu müssen. Wird für Sie also ein Antrag auf eine EB-GreenCard gestellt, können im Zuge desselben Verfahrens Ihre direkten Verwandten unter bestimmten Auflagen selbst eine GreenCard erhalten. Diese werden dann in dieselbe *employment-based*-Einwanderungskategorie eingestuft wie Sie selbst.

11.1 Labor certification: Voraussetzung für die arbeitsplatzbezogene Einwanderung

Sie werden in den folgenden Kapiteln häufiger den Begriff *»labor certification«* als Voraussetzung zum Erhalt einer arbeitsplatzbezogenen GreenCard lesen. Hierbei handelt es sich um eine Bescheinigung, die Arbeitgeber in fast allen *employment-based*-Einwanderungskategorien vom *U.S. Department of Labor (DOL)* einholen müssen, wenn sie ausländische Arbeitnehmer einstellen wollen.

Einerseits haben die Vereinigten Staaten zwar ein Interesse daran, besonders gut qualifizierte Fachkräfte ins Land zu holen, andererseits möchte man amerikanische Arbeitskräfte aber auch vor Benachteiligungen in diesem Zusammenhang schützen. Daher müssen in bestimmten EB-Kategorien US-Unternehmen zunächst nachweisen, dass auf dem heimischen Arbeitsmarkt kein US-Arbeitnehmer für die ausgeschriebene Stelle gefunden werden konnte. Diese Bestätigung wird *»(permanent) labor certification«* (= Arbeitsmarktüberprüfung) genannt. Der zu durchlaufende Prozess wird auch als *»PERM« (program electronic review management)* bezeichnet und findet vor der eigentlichen Einreichung des Einwanderungsantrags statt. Die am Ende des Prozesses erteilte Bewilligung muss dem späteren EB-Visa-Antrag beigefügt werden. Für eine GreenCard über einen Arbeitsplatz ist die amerikanische Arbeitsbescheinigung deshalb meistens (aber nicht immer) erforderlich.

Das *labor certification*-Verfahren gliedert sich in mehrere Antragsschritte, die nahezu alle über das *FLAG* Online-System *(Foreign Labor Application Gateway)* auf der Webseite *flag.dol.gov* erfolgen. US-Arbeitgeber finden dort alle aktuellen Informationen zu den erforderlichen Maßnahmen, die jedoch häufigen Veränderungen unterliegen. Über den *FLAG*-Online-Account werden folgenden Schritte koordiniert:

1. *prevailing wage determination* (*Form* ETA-9141): Feststellung des marktüblichen Gehalts für die ausgeschriebene Stelle
2. *pre-filing recruitment:* Rekrutierungsmaßnahmen und offizielle Ausschreibung der Stelle für mindestens 30 Tage nach strengen Vorgaben (z. B. Veröffentlichung in Tageszeitungen und auf Online-Plattformen). Die Suche nach amerikanischem Personal muss spätestens 30 Tage, darf aber frühestens 180 Tage vor geplanter Einreichung der *labor certification* über das *FLAG*-System erfolgen. Abschließende Erstellung eines *»recruitment reports«*.
3. *PERM Online Application Filing* (*Form* ETA-9089): Einreichung des offiziellen Antrags über die *FLAG*-Plattform

Sofern das *U.S. Department of Labor* dem Antrag zustimmt, erhält das US-Unternehmen eine genehmigte *labor certification* (*Form* ETA-9089) mit einem Gültigkeitszeitraum von üblicherweise 6 Monaten. Innerhalb dieses Zeitraums muss dann der eigentliche Antrag auf das *employment-based immigrant visa* bei den US-Behörden eingereicht werden, ansonsten verfällt die Bescheinigung. Diese weiteren Verfahrensschritte auf dem Weg zur GreenCard beschreiben wir für die jeweiligen EB-Kategorien in den folgenden Kapiteln und gehen natürlich auch darauf ein, ob die jeweilige Kategorie vom *PERM*-Verfahren betroffen ist oder nicht.

Achtung: *Mitte des Jahres 2024 betrug die durchschnittliche* labor certification*-Bearbeitungszeit rund 6-12 Monate. Es handelt sich für Ihren zukünftigen US-Arbeitgeber um einen langwierigen, kostenintensiven und aufwendigen Prozess auf dem Weg zu Ihrer GreenCard.*

Permanent labor certification (PERM):
Aktuelle Informationen und häufige Fragen

11.2 EB-1 (Priority Workers): Personen von hohem nationalem Interesse für die USA

Die Vereinigten Staaten haben ein großes Interesse daran, hochqualifizierte Fachkräfte in die USA zu »locken« – natürlich nicht ganz uneigennützig. Um dieses Ziel zu erreichen, wurde die Vorzugskategorie der *Priority Workers* (EB1) geschaffen, mit deren Hilfe den besten und begabtesten Arbeitnehmern auf dem internationalen Markt eine GreenCard ausgestellt werden kann. Die begehrten *Priority Workers* unterteilen sich in drei Untergruppen:

- EB1A *(Extraordinary Ability)*
- EB1B *(Outstanding Professors/Researchers)*
- EB1C *(Multinational Manager/Executive)*

I. EB1A *(Extraordinary Ability)*: Personen mit außergewöhnlichen Fähigkeiten

Personen mit außergewöhnlichen Fähigkeiten in den Bereichen Wirtschaft, Bildung, Wissenschaft, Kunst oder Sport werden bei der Einwanderung in die USA bevorzugt behandelt. *Extraordinary ability* bedeutet hierbei, dass eine Person über Fähigkeiten verfügt, die ihr absolute Spitzenleistungen auf ihrem Gebiet ermöglichen und die dafür national/international bekannt ist. Die Messlatte ist also recht hoch.

EB-1A-Voraussetzungen

Wer eine bedeutende internationale Auszeichnung, wie z.B. den Nobelpreis, eine Olympische Medaille oder einen Oscar erhalten hat, kann sich automatisch als eine Person betrachten, die eine EB1A-GreenCard auf der Grundlage außergewöhnlicher Fähigkeiten bekommen kann. Da die Zahl der hochrangigen Preisträger jedoch sehr klein ist, haben die amerikanischen Einwanderungsbehörden die Zugangsberechtigung auf Personen aus Wirtschaft, Wissenschaft, Kunst, Bildung und Sport erweitert. Bewerber auf eine EB1A-GreenCard müssen (sofern kein international anerkannter und renommierter Preis nachgewiesen werden kann) mindestens drei der zehn nachfolgend aufgeführten Kriterien erfüllen:

- anerkannte (»kleinere«) nationale oder internationale Preise bzw. Auszeichnungen für besondere Leistungen auf dem entsprechenden Gebiet
- Mitgliedschaft in Vereinigungen des Fachgebiets, die hervorragende Leistungen als Zulassungsvoraussetzung festlegen
- Veröffentlichungen über die Person in bekannten Fachzeitschriften oder anderen bedeutenden Medien
- Teilnahme als Juror bei der Bewertung der Arbeit anderer Fachleute im jeweiligen Berufsgebiet
- Beiträge von außerordentlicher Bedeutung in den Bereichen Wirtschaft, Wissenschaft, Bildung, Sport oder Kunst
- Autorenschaft wichtiger wissenschaftlicher Artikel in renommierten Fachzeitschriften oder bei größeren Handelspublikationen
- Ausstellung der eigenen Kunst/Arbeit in beispielsweise Galerien, Museen oder Kunsthallen
- wichtige Beiträge zur Arbeit von (Fach-)Organisationen, die selbst einen hervorragenden Ruf genießen
- ein überdurchschnittlich hohes Gehalt oder andere Vergütungen im Vergleich zu der Entlohnung von anderen Personen im jeweiligen Fachgebiet
- kommerzieller Erfolg in der darstellenden Kunst, nachweisbar durch Karten-, Platten- oder Videoverkäufe

Neben diesen Kriterien ist es möglich, weitere Unterlagen einzureichen, die die außergewöhnlichen Fähigkeiten auf dem jeweiligen Gebiet beweisen können.

Üblicherweise erhalten EB-GreenCard-Anwärter das Einwanderungsvisum nur auf Basis eines konkreten Stellenangebots eines amerikanischen Arbeitgebers. Die USA sind allerdings derart interessiert an talentierten Personen, dass diese auch unabhängig von einem solchen Stellenangebot einen Antrag auf Einwanderung stellen können *(self-petitioning)*. Diese Option steht jedoch nur sehr wenigen EB-Kandidaten überhaupt zur Verfügung. Die Person muss in diesem Fall nachweisen, dass sie in den USA weiterhin aktiv im jeweiligen »*extraordinary ability*«-Gebiet arbeiten wird und damit einen erheblichen positiven Beitrag für die Zukunft der Vereinigten Staaten leisten wird. Darüber hinaus muss sie über ausreichende finanzielle Mittel verfügen, um in den USA selbst für ihren Lebensunterhalt aufzukommen.

EB1A-Anträge können auch über einen konkreten US-Arbeitgeber als *petitioner* gestellt werden. In diesem Fall muss das Unternehmen im Vorfeld kein Arbeitsmarktüberprüfungsverfahren (= *labor certification,* siehe Kapitel 11.1) durchlaufen, also nicht den Nachweis erbringen, dass kein amerikanisches Personal für die angebotene Stelle gefunden werden konnte. Jedoch muss das Unternehmen dokumentieren, dass es über ausreichende Mittel verfügt, um das angebotene Gehalt an den zukünftigen Einwanderer zu entrichten.

EB-1A-Antragstellung

Egal, ob eine Person mit außergewöhnlichen Fähigkeiten den Antrag für sich selbst *(self-petitioner)* oder über ein konkretes US-Arbeitsplatzangebot eines Arbeitgebers *(petitioner)* stellt, verlangen die US-Behörden in jedem Fall eine umfangreiche Beweisführung. Dies beginnt mit dem Einreichen des Formulars I-140, *Petition for Immigrant Workers* beim zuständigen Service-Center der amerikanischen Einwanderungsbehörde *USCIS*. Das Formular muss entweder vom zukünftigen amerikanischen Arbeitgeber oder bei einer Selbstpetition vom zukünftigen Einwanderer eingereicht werden. Die *USCIS* informiert den *petitioner* schriftlich über eine Zusage. Dieser Bescheid erfolgt durch ein Mitteilungsschreiben mit dem Namen I-797 *(Approval Notice).*

Auf der Grundlage des positiven Bescheids durchlaufen Sie als zukünftiger Einwanderer das abschließende GreenCard-Antragsverfahren über das zuständige US-Konsulat *(consular processing),* sofern Sie sich noch außerhalb der USA aufhalten. Wenn Sie sich aber bereits legal in den Vereinigten Staaten befinden, durchlaufen Sie das Statusanpassungsverfahren *(adjustment of status).* Beide Verfahren stehen Ihnen jedoch erst dann offen, wenn laut *Visa Bulletin* keine Wartezeit (mehr) besteht. Wir beschreiben diese Prozesse ausführlich in den Kapiteln 14.1 und 14.2.

Dokumente

Für den EB1A-GreenCard-Antrag über die US-Einwanderungsbehörde müssen Sie bzw. Ihr Arbeitgeber unter anderem die folgenden Dokumente vorlegen:

- Formular I-140, *Immigrant Petition for Alien Worker*
- bei Eilanträgen: Formular I-907, *Request for Premium Processing Service* (*www.uscis.gov/i-907*)
- den Nachweis über die Zahlung der *USCIS*-Antragsgebühren
- ein umfassendes rechtliches Begründungsschreiben (*petition letter*)
- ggf. Nachweise zum US-Unternehmen bzw. der US-Organisation
- ausführliche Unterlagen, die Ihre außergewöhnlichen Fähigkeiten anhand des beschriebenen Kriterienkatalogs beweisen

- bei einem Jobangebot: Nachweise über die gesicherte Gehaltszahlung durch den Arbeitgeber (z. B. Jahresberichte oder Steuerdokumente)
- bei *self-petition:* Nachweise darüber, in welcher Form die Arbeit auf dem Fachgebiet in den USA fortgesetzt werden soll und wie die Finanzierung des Lebensunterhalts erfolgt

II. EB-1B *(Outstanding Professors/Researchers):* Herausragende Professoren und Forscher

Die zweite Untergruppe der EB-1-GreenCards bezieht sich auf Hochschullehrer und Forscher, die innerhalb der akademischen Gemeinschaft für ihre herausragenden Leistungen internationale Anerkennung genießen.

EB-1B-Voraussetzungen

Um es gleich vorwegzunehmen: Wenn Sie sich für diese Kategorie bewerben möchten, müssen Sie ein konkretes Stellenangebot in den USA vorweisen und sind somit nicht berechtigt, eine Selbstpetition einzureichen (wie beispielsweise in der EB-1A-Kategorie). Um sich im Rahmen dieser Gruppe qualifizieren zu können, müssen Sie außerdem Hochschullehrer oder Forscher mit internationaler Anerkennung auf ihrem akademischen Gebiet sein. Dies kann durch das Erfüllen von mindestens zwei der nachfolgenden Kriterien nachgewiesen werden:

- bedeutende Preise oder Auszeichnungen für herausragende Leistungen im betreffenden akademischen Gebiet
- Mitgliedschaft in Vereinigungen des akademischen Fachgebietes, die von ihren Mitgliedern herausragende Leistungen verlangen
- Veröffentlichungen über Ihre Arbeit durch andere Experten in Fachpublikationen
- die Teilnahme als Juror an der Bewertung der Arbeit anderer in Ihrem akademischen Bereich
- eigene (bedeutende) wissenschaftliche Beiträge zum akademischen Bereich
- Autorenschaft bei wissenschaftlichen Büchern und Artikeln in Fachzeitschriften, die international publiziert werden

Neben diesen Kriterien steht es Ihnen frei, auch andere Unterlagen einzureichen, von denen Sie glauben, dass dadurch Ihre herausragenden Fähigkeiten nachgewiesen werden können. Die Zugangsberechtigung zur EB-1B-GreenCard hängt darüber hinaus von folgenden Voraussetzungen ab:

1. Sie müssen mindestens drei Jahre Lehr- oder Forschungstätigkeit in Ihrem akademischen Bereich nachweisen können.
2. Für Hochschullehrer/Professoren: Ihre Stelle muss eine feste Anstellung an einer US-amerikanischen Universität oder anderen Hochschuleinrichtung und auf Lebenszeit *(tenured)* erteilt sein oder darauf hinauslaufen *(tenure-track).*
3. Für Forscher: Ihr Stellenangebot muss von einer US-amerikanischen Universität, einem Institut oder einer anderen Hochschuleinrichtung ausgeschrieben und unbefristet sein.
4. Erfolgt die Anstellung bei einem privaten US-Arbeitgeber, muss dieser mindestens drei Forscher in Vollzeit beschäftigen und bereits nachweislich besondere akademische Leistungen im Fachgebiet erbracht haben.

Der Arbeitgeber in den USA muss außerdem in der Lage sein, Ihnen das angebotene Gehalt zu zahlen und dies auch nachweisen. Es muss allerdings von Seiten des potenziellen US-Arbeitgebers kein Nachweis auf vorherige Arbeitsmarktüberprüfung (*labor certification*; Kapitel 11.1) erbracht werden.

EB-1B-Antragstellung

Der Antrag auf Einstufung als herausragender Hochschullehrer oder Forscher muss zunächst von einer Bildungs- oder Forschungseinrichtung oder dem entsprechenden US-Arbeitgeber *(petitioner)* auf dem Formular I-140, *Petition for Immigrant Workers* beim zuständigen Service-Center der *USCIS* für Sie als *beneficiary* eingereicht werden. Zusammen mit dem Formular benötigt die Einwanderungsbehörde auch umfangreiche Unterlagen, die Ihre Qualifikationen nachweisen. Genehmigt die *USCIS* den Antrag, erhält der Arbeitgeber das Genehmigungsschreiben I-797 *(Approval Notice)*. Auf der Grundlage dieses positiven Bescheids durchlaufen Sie als zukünftiger Einwanderer das abschließende GreenCard-Antragsverfahren über das zuständige US-Konsulat *(consular processing)*, wenn Sie sich noch außerhalb der USA aufhalten. Sofern Sie sich aber bereits legal in den Vereinigten Staaten befinden, durchlaufen Sie das Statusanpassungsverfahren *(adjustment of status)*. Beide Verfahren stehen Ihnen jedoch erst dann offen, wenn laut *Visa Bulletin* keine Wartezeit (mehr) besteht. Wir beschreiben diese Prozesse ausführlich in den Kapiteln 14.1 und 14.2.

Dokumente

Als Antragsteller auf eine EB-1B-GreenCard müssen Sie und Ihr zukünftiger Arbeitgeber im *USCIS*-Verfahren unter anderem die folgenden Dokumente vorlegen:

- Formular I-140, *Immigrant Petition for Alien Worker*
- bei Eilanträgen: Formular I-907, *Request for Premium Processing Service* (*www.uscis.gov/i-907*)
- den Nachweis über die Zahlung der *USCIS*-Antragsgebühren
- ein rechtliches Begründungsschreiben (*petition letter*)
- Nachweise zum zukünftigen US-Arbeitgeber
- Unterlagen, die Ihre mindestens dreijährige Lehr- oder Forschungstätigkeit beweisen
- ausführliche Unterlagen, die Ihre herausragende Tätigkeit als Professor bzw. Forscher anhand des beschriebenen Kriterienkatalogs beweisen
- die unbefristete Stellenzusage Ihres zukünftigen Arbeitgebers inklusive einer Tätigkeitsbeschreibung
- Nachweise über die gesicherte Gehaltszahlung durch den zukünftigen Arbeitgeber

III. EB-1C *(Multinational Manager/Executive)*: Leitende Angestellte und *manager* multinationaler Firmen

Die dritte Gruppe von *Priority Workers* sind leitende Angestellte (Führungskräfte) und *manager* von multinationalen Unternehmensgruppen, denen die Einwanderung in die USA erleichtert werden soll. Hierbei geht es vor allem um die interne Versetzung eines bereits für das Unternehmen tätigen Mitarbeiters in höheren Funktionen vom Ausland zu einem Standort in den USA.

EB-1C-Voraussetzungen

Wie die Konstellation schon verrät, benötigen Sie als EB-1C-Anwärter in jedem Fall ein konkretes Stellenangebot aus den USA. Offizieller *petitioner* wäre in diesem Fall somit erneut der zukünftige US-Arbeitgeber für Sie als *beneficiary*. Ein *self-petitioning* ist nicht möglich.

Sowohl das Unternehmen, bzw. die Unternehmensgruppe als auch der potenzielle GreenCard-Inhaber müssen spezifische Zugangsvoraussetzungen erfüllen. Das Unternehmen muss die folgenden Kriterien nachweisen können:

- Da sich EB-1C-Visa auf einen firmeninternen Mitarbeitertransfer beziehen, muss belegt werden, dass zwischen dem ausländischen Standort und dem US-Standort (als »aufnehmende« Unternehmenseinheit) eine qualifizierende Verbindung besteht (= *qualifying relationship*). Diese kann zum Beispiel wie folgt aussehen:
- Die ausländische Muttergesellschaft hält mindestens 50% der Anteile an der US-Tochtergesellschaft.
- Die US-Muttergesellschaft hält mindestens 50% der Anteile am ausländischen Tochterunternehmen.
- Beide Unternehmenseinheiten sind Schwestergesellschaften und werden jeweils zu mindestens 50% von derselben Muttergesellschaft gehalten.
- Ein US-Unternehmen unterhält eine Betriebsstätte im Ausland oder die ausländische Unternehmenseinheit unterhält eine US-Betriebsstätte.
- Beide Unternehmenseinheiten (die ausländische und zukünftig US-amerikanische) müssen mindestens seit einem Jahr operativ tätig sein.

Als Person, die in die USA versetzt werden soll, müssen Sie folgende Bedingungen erfüllen:

- Sie waren zum Zeitpunkt der Antragstellung bereits für mindestens ein Jahr innerhalb der letzten drei Jahre in der Unternehmensgruppe außerhalb der USA regulär beschäftigt.
- Sie hatten außerhalb der USA eine leitende oder geschäftsführende Position als *manager* oder *executive* in der Firma.
- Sie werden auch in den USA als *manager* oder *executive* tätig sein.

Unter *manager/executive* versteht der Gesetzgeber Personen, die in leitender Funktion, beispielsweise in der Geschäftsführung (z.B. CEO, CFO oder COO) die unternehmerischen Strategien/Ziele festlegen und deren Umsetzung überwachen. *Manager* führen eine bestimmte Abteilung eines Unternehmens und haben entweder personelle Verantwortung für unterstelltes Personal oder verantworten einen entscheidenden Bereich innerhalb der Unternehmensgruppe.

Praktisch: *Die Zugangskriterien für eine EB-1C-GreenCard sind nahezu identisch mit denen eines L-1A-Arbeitsvisums aus dem Bereich der Nichteinwanderungskategorien (Kapitel 8.7). Nicht selten befinden sich Mitarbeiter von Unternehmensgruppen bereits seit einigen Jahren unter L-1A-Status in den USA, bevor für sie ein Antrag auf EB-1C eingereicht wird. In diesem Fall wird der Nachweis der mindestens einjährigen Beschäftigung innerhalb der Unternehmensgruppe außerhalb der USA für den Zeitraum erbracht, bevor der Mitarbeiter mit einem L-1A oder einem anderem Arbeitsvisum in die USA eingereist ist.*

EB-1C-Antragstellung

Ein EB-1C-GreenCard-Antrag für einen *manager* oder *executive* einer multinationalen Unternehmensgruppe muss durch den amerikanischen Arbeitgeber *(petitioner)* auf dem Formular I-140, *Petition for Immigrant Workers* beim zuständigen *USCIS*-Service-Center eingereicht werden. Gleichzeitig werden Nachweise über die Qualifikationen des zukünftigen Einwanderers sowie die Geschäftsbeziehungen zwischen den an der Versetzung beteiligten Unternehmenseinheiten benötigt. Ein Begleitschreiben sollte das gegenwärtige und zukünftige Aufgabengebiet des Mitarbeiters detailliert beschreiben. Zusätzlich muss nachgewiesen werden, dass der US-Arbeitgeber in der Lage ist, das zukünftige Gehalt zu bezahlen. Genehmigt die *USCIS* den Antrag, erhält der Arbeitgeber das Genehmigungsschreiben I-797 *(Approval Notice)*.

Die Bewilligung der I-140-Petition durch die *USCIS* ist jedoch nicht der letzte Schritt in Richtung Einwanderung. Wenn Sie sich noch außerhalb der USA aufhalten, durchlaufen Sie auf Grundlage des positiven Bescheids das abschließende GreenCard-Antragsverfahren über das zuständige US-Konsulat *(consular processing)*. Sofern Sie sich aber bereits legal in den Vereinigten Staaten befinden, durchlaufen Sie das Statusanpassungsverfahren *(adjustment of status)*. Beide Verfahren stehen Ihnen jedoch erst dann offen, wenn gemäß *Visa Bulletin* keine Wartezeit (mehr) besteht. Wir beschreiben diese Prozesse ausführlich in den Kapiteln 14.1 und 14.2.

Dokumente

Als Antragsteller auf eine EB-1C-GreenCard müssen Sie und Ihr zukünftiger US-Arbeitgeber bzw. die Unternehmensgruppe unter anderem die folgenden Dokumente vorlegen:

- Formular I-140, *Immigrant Petition for Alien Worker*
- bei Eilanträgen: Formular I-907, *Request for Premium Processing Service* (*www.uscis.gov/i-907*)
- den Nachweis über die Zahlung der *USCIS*-Antragsgebühren
- ein rechtliches Begründungsschreiben (*petition letter*)
- Nachweise zum US-Unternehmen und zur ausländischen Unternehmenseinheit bzw. zur Unternehmensgruppe
- Belege zu Ihren individuellen Qualifikationen und Ihrer mindestens 12-monatigen Beschäftigung im Unternehmen
- ausführliche Stellenbeschreibungen zu Ihrer aktuellen und zukünftigen Funktion in den USA
- Nachweise über die gesicherte Gehaltszahlung durch den zukünftigen Arbeitgeber

Auch bei der EB-1C-Kategorie ist vorab keine *labor certification* (siehe Kapitel 11.1) durch den US-Arbeitgeber notwendig. Das US-Unternehmen vermeidet somit das teure und langwierige Arbeitsmarktüberprüfungsverfahren im Vorfeld der I-140-Antragstellung. Deshalb sollte diese Kategorie von Konzernen bzw. Unternehmensgruppen immer als Option geprüft werden.

11.3 EB-2 (Members of Professions holding Advanced Degrees or Aliens of Exceptional Ability): Personen mit höherem Bildungsabschluss oder besonderen Fähigkeiten

Personen mit höheren akademischen Abschlüssen oder herausragenden Fähigkeiten in Wirtschaft, Wissenschaft oder dem Bereich der Kunst können sich für eine GreenCard in der Kategorie EB-2 qualifizieren. Hierbei ermöglicht die Einteilung in zwei Gruppen der US-Einwanderungsbehörde eine präzise Festlegung der GreenCard-Voraussetzungen.

1. ***Advanced Degree:*** Als Person mit einem höheren akademischen Abschluss und einem konkreten US-Stellenangebot, welches eben diesen Abschluss voraussetzt, können Sie im Rahmen der *advanced degree*-Kategorie eine EB-2-GreenCard erhalten. Ein *advanced degree* ist jeder Abschluss über dem *bachelor's degree* (z.B. ein *master*-Abschluss oder eine Promotion).
2. ***Exceptional Ability:*** Als Person mit besonderen Fähigkeiten in Wirtschaft, Wissenschaft oder Kunst können Sie im Rahmen der EB-2-GreenCard-Kategorie in die USA einwandern. Hierbei benötigen Sie ein konkretes Jobangebot und einen Grad an Fachwissen, der deutlich über dem Durchschnitt liegt, jedoch nicht an das Level der EB-1A *(extraordinary ability)* heranreicht.

Voraussetzungen für EB-2 *(Advanced Degree)*

Um sich im Rahmen der EB-2-Kategorie zu qualifizieren, benötigen Sie zunächst ein Vollzeit-Stellenangebot aus den USA. Der US-Arbeitgeber fungiert auch hier als *petitioner* für Sie als *beneficiary*.

Die Voraussetzungen für eine EB-2-*advanced-degree*-GreenCard sind, dass das betreffende US-Stellenangebot ein *advanced degree* voraussetzt und Sie auch über diesen bzw. einen vergleichbaren ausländischen Abschluss verfügen. Sie müssen die Vergleichbarkeit Ihres im Ausland erworbenen Abschlusses mit einem US-Abschluss jedoch nachweisen können. Dies muss durch zertifizierte Evaluierungsorganisationen in den USA *(academic credentials evaluation service)* veranlasst werden. Hilfreiche Adressen finden Sie in Kapitel 16.2.

Falls Sie kein *advanced degree* besitzen, aber über einschlägige Berufserfahrung sowie einen akademischen Abschluss verfügen, können Sie sich unter Umständen trotzdem für die EB-2-Kategorie qualifizieren. Ein Äquivalent zu einem höheren Abschluss (z.B. *master*) wäre in diesem Fall z.B. ein *bachelor's degree* plus fünf Jahre Berufserfahrung im entsprechenden Fachgebiet *(»five years of progressive experience«)*. Das Fehlen eines *bachelor*-Abschlusses kann allerdings nicht durch Berufserfahrung ausgeglichen werden.

Voraussetzungen für EB-2 *(Exceptional Ability):*

Für eine EB-2-*exceptional-ability*-GreenCard müssen folgende Voraussetzungen erfüllt sein:

- Sie haben ein konkretes Stellenangebot eines US-Arbeitgebers, welches besondere Fähigkeiten auf dem Gebiet der Wissenschaft, Kunst oder Wirtschaft voraussetzt

- Sie erfüllen mindestens drei der nachfolgenden Kriterien für diesen Fachbereich:
  - offizieller Abschluss, Diplom, Zertifikat oder eine ähnliche Auszeichnung von einer Universität oder anderen Bildungseinrichtung im Fachbereich
  - Bestätigungsschreiben von aktuellen bzw. früheren Arbeitgebern, die eine mindestens 10-jährige Vollzeitbeschäftigung in Ihrem Fachgebiet belegen
  - Berufszulassung oder Lizenz zur Ausübung des Berufes
  - Gehaltszahlungen oder andere Vergütung während der Ausübung der Tätigkeit im Bereich Ihrer besonderen Fähigkeiten
  - Mitgliedschaft in einer Berufsvereinigung
  - offizielle Anerkennung Ihrer Leistungen und bedeutenden Beiträge im Fachbereich durch Vertreter Ihrer Branche (z. B. Wirtschaftsverbände, Experten oder staatliche Stellen)

Falls Sie es nicht schaffen, mindestens drei dieser Kriterien zu erfüllen, steht es Ihnen frei, vergleichbare Beweise für Ihre außerordentlichen Fähigkeiten einzureichen.

Antragstellung

Bevor ein Antrag bei der US-Einwanderungsbehörde *USCIS* gestellt werden kann, muss Ihr US-Arbeitgeber zunächst das aufwendige und leider auch zeitintensive *labor certification*-Verfahren (siehe Kapitel 11.1) durchlaufen. Er muss also mittels einer Arbeitsmarktüberprüfung nachweisen, für die angebotene Stelle kein geeignetes US-amerikanisches Personal gefunden zu haben. In bestimmten Ausnahmefällen sieht der Gesetzgeber aber beim EB-2-Antragsverfahren davon ab.

Ausnahme: EB-2 *self-petitioning* ohne *labor certification* auf Basis eines *national interest waiver (NIW)*

Bei vorliegendem besonderem nationalem Interesse kann in Einzelfällen beim EB-2-Verfahren nicht nur auf die *labor certification*, sondern auch auf das US-Stellenangebot verzichtet werden und Sie können Ihre Einwanderung als *self-petitioner* selbst beantragen. Dies ist allerdings nur erlaubt, wenn Sie mit einem sogenannten *national interest waiver (NIW)* ein hohes nationales Interesse an Ihrer Einwanderung nachweisen können. Der Begriff *»national interest«* ist in diesem Zusammenhang wirklich wörtlich zu nehmen. Es genügt nicht, beispielsweise einen wirtschaftlichen *benefit* für eine bestimmte US-Region nachzuweisen. Vielmehr müssen drei hohe Standards erfüllt sein:

- Ihre zukünftige Tätigkeit wird von sehr großem Wert für die USA und von nationaler Bedeutung sein.
- Sie verfügen nicht nur über einen konkreten Plan zur Umsetzung Ihrer zukünftigen Tätigkeit in den USA, sondern auch über die dazu notwendigen Qualifikationen/Erfahrungswerte sowie die Unterstützung und das Interesse von bestimmten Interessengruppen an deren Umsetzung.
- Es wäre für die USA von Vorteil, auf eine Arbeitsmarktüberprüfung für Ihr EB-2-Verfahren zu verzichten (z. B., weil Ihr Vorhaben weitere Arbeitsplätze in den USA schafft).

Die genannten Punkte (und natürlich auch alle generellen EB-2-Zugangskriterien) müssen ausführlich im späteren I-140-*USCIS*-Antragsverfahren gegenüber der US-Behörde begründet werden. Dem Antrag muss auch das Formular ETA 9089, *Application for Alien Employment Certification* beigefügt werden. Dieses Formular wird zwar auch beim regulären *labor certification*-Verfahren genutzt, aber direkt von Ihnen bzw. Ihrem US-Arbeitgeber beigefügt (ohne das Arbeitsmarktüberprüfungsverfahren durchlaufen zu haben und ohne offizielle Bestätigung durch das *U.S. Department of Labor).*

Tipp: *Auch bestimmte Berufsgruppen, für die ein Fachkräftemangel besteht, können über die vom* U.S. Department of Labor *veröffentlichte* »Schedule A List« *ohne* labor certification *eine EB-2-GreenCard erhalten. Ein* self-petitioning *ist dann allerdings nicht möglich, d.h., es wird ein konkretes Stellenangebot benötigt. In diesen Genuss kommen derzeit allerdings nur Physiotherapeuten und Krankenpfleger bzw. Krankenschwestern. Auch auf der* Schedule A List *befinden sich Personen, die über herausragende Fähigkeiten in ihrem Fachgebiet verfügen. Die* DOL-*Standards sind ähnlich zu den generellen EB-2-Voraussetzungen, unterscheiden sich aber in einigen Punkten.*

Wenn alle Fragen rund um die *labor certification* geklärt sind, stellt Ihr zukünftiger Arbeitgeber den Antrag für Ihre Einwanderung auf dem Formular I-140, *Petition for Immigrant Workers* beim zuständigen Service-Center der *USCIS*. Sofern Sie sich für ein EB-2 *national interest waiver*- Verfahren qualifizieren, können Sie den Antrag auch für sich selbst stellen. Die Petition muss zusammen mit einer umfangreichen Beweisführung zu den beschriebenen Zugangsvoraussetzungen eingereicht werden. Die US-Einwanderungsbehörde *USCIS* informiert den *petitioner* (also in der Regel Ihren amerikanischen Arbeitgeber oder Sie selbst) schriftlich über die Zusage. Dieser Bescheid erfolgt durch ein Mitteilungsschreiben mit dem Namen I-797 *(Approval Notice).*

Sofern die Petition genehmigt wurde, ist Ihr GreenCard-Verfahren damit leider noch nicht abgeschlossen. Zum finalen Erhalt der Aufenthaltsgenehmigung stehen Ihnen jetzt zwei Wege offen: Befinden Sie sich bereits legal in den USA, kann vor Ort eine Statusanpassung *(adjustment of status)* von »Nichteinwanderer« auf »Einwanderer« vorgenommen werden. Befinden Sie sich außerhalb der USA oder eine Statusanpassung ist nicht gewollt bzw. möglich, müssen Sie das Einwanderungsvisum über Ihr heimisches US-Konsulat beantragen *(consular processing).* Beide Verfahren beschreiben wir ausführlich im Kapitel 14.1 bzw. 14.2, können aber erst dann durchlaufen werden, wenn laut *Visa Bulletin* keine Wartezeit (mehr) besteht.

Dokumente für den EB-2-Antrag

Folgende Unterlagen müssen bei einem EB-2-Antrag über die US-Einwanderungsbehörde unter anderem eingereicht werden:

- Formular I-140, *Immigrant Petition for Alien Worker*
- bei Eilanträgen: Formular I-907, *Request for Premium Processing Service* (*www.uscis.gov/i-907*)

- *Labor certification* oder nicht zertifiziertes Formular ETA 9089, *Application for Alien Employment Certification*
- der Nachweis über die Zahlung der *USCIS*-Antragsgebühren
- ein umfassendes rechtliches Begründungsschreiben *(petition letter)*
- ggf. Nachweise zum US-Unternehmen bzw. der US-Organisation
- die Stellenzusage Ihres zukünftigen Arbeitgebers inklusive einer Tätigkeitsbeschreibung und Gehaltsangabe (falls notwendig)
- Nachweise über die gesicherte Gehaltszahlung durch den zukünftigen Arbeitgeber (sofern notwendig)

- für *advanced degree*-Anträge:
  - beglaubigter Nachweis eines höheren Abschlusses (oder vergleichbare Qualifikationen inklusive Bestätigungsschreiben von aktuellen und ehemaligen Arbeitgebern)

- für *exceptional ability*-Anträge:
  - Bestätigungsschreiben von aktuellen und ehemaligen Arbeitgebern, die Ihre mindestens zehnjährige Berufserfahrung nachweisen
  - Nachweise über Ihre besonderen Fähigkeiten in Wirtschaft, Wissenschaft oder Kunst
  - Nachweise über das Erfüllen von mindestens drei der sechs *exceptional ability*-Kriterien

- zusätzlich für *NIW*-Anträge:
  - umfassende Dokumentation, Nachweise und Begründungsschreiben zur Bestätigung des *national interest*
  - Nachweise darüber, in welcher Form die Arbeit auf dem Fachgebiet in den USA fortgesetzt werden soll und wie die Finanzierung des Lebensunterhalts erfolgt

Die Auflistung dient nur einer groben Orientierung. EB-2-Petitionen, insbesondere auf Basis eines »*national interest waiver*«, bedürfen nicht nur vorab einer eingehenden Prüfung und einer guten Antragsstrategie, sondern insbesondere einer starken Beweisführung anhand einer gut vorbereiteten Antragsdokumentation. Sie sollten sich hierfür von einem auf EB-2-Verfahren spezialisierten Anwalt beraten lassen.

11.4 EB-3 (Professionals, Skilled Workers, or Other Workers): Fachkräfte, qualifizierte und sonstige Arbeitnehmer

In die arbeitsplatzbasierte Einwanderungskategorie EB-3 fallen all diejenigen Personen, die sich nicht auf Basis besonderer Fähigkeiten, eines höheren akademischen Abschlusses oder einer leitenden Position in einem Konzern qualifizieren (EB-1 oder EB-2). Sie können trotzdem eine GreenCard erhalten, allerdings sind die Hürden zum Erhalt einer solchen recht hoch, denn:

- Es gibt eine wesentlich größere Anzahl an Bewerbern.
- Der Nachweis, dass Ihre Tätigkeit nicht auch von amerikanischen Arbeitnehmern ausgeübt werden kann, bzw. diese nicht zur Verfügung stehen, ist wesentlich schwieriger.

Die EB-3-Kategorie ist in drei Untergruppen aufgeteilt:

- ***Professionals***: Personen mit einem akademischen Abschluss *(bachelor´s degree)* oder einer gleichwertigen Qualifikation
- ***Skilled Workers***: Personen, deren Job eine Ausbildung oder Berufserfahrung von mindestens zwei Jahren erfordert
- ***Unskilled Workers/Other Workers***: Personen, die für »unqualifizierte« Tätigkeiten eingestellt werden, die weniger als zwei Jahre Ausbildung oder Erfahrung erfordern

EB-3-Voraussetzungen

Grundsätzliche Zugangsvoraussetzung für die EB-3-GreenCard ist, dass Sie über ein konkretes, dauerhaftes Vollzeit-Stellenangebot aus den USA verfügen. Ausnahmen, wie beispielsweise beim EB-1A oder EB-2 *NIW* sind nicht möglich. Der US-Arbeitgeber muss auch bereit sein, das sehr aufwendige Verfahren mit Ihnen zu durchlaufen, fungiert also immer als offizieller Antragsteller *(petitioner)* für Sie als *beneficiary*. Darüber hinaus müssen Sie sich für eine der drei oben genannten Unterkategorien qualifizieren, und die angebotene Stelle muss die jeweiligen Kriterien auch voraussetzen:

Professionals

Hier müssen Sie über ein *bachelor's degree* verfügen oder ein entsprechendes Äquivalent nachweisen können. Die Vergleichbarkeit Ihres (ausländischen) Abschlusses muss mittels eines Evaluierungsverfahrens durch zertifizierte Stellen *(academic credential evaluation services)* in den USA bestätigt werden. Hilfreiche Adressen finden Sie in Kapitel 16.2.

Achtung: *Im Gegensatz zum H-1B-Verfahren (*nonimmigrant visa*; Kapitel 8.3) kann bei einer EB-3-Antragsstellung das Äquivalent eines* bachelor's degree *nicht über eine Kombination aus Ausbildung und langjähriger Berufserfahrung abgeleitet werden. Es wird also in jedem Fall ein akademischer (vergleichbarer) Abschluss benötigt.*

Skilled Workers

Wollen Sie sich für diese EB-3-Kategorie bewerben, müssen Sie über mindestens zwei Jahre Berufserfahrung, Ausbildung oder Training verfügen, die die Ihnen angebotene Stelle auch voraussetzt.

Unskilled Workers (Other Workers)

Diese Unterkategorie bildet das »Auffangbecken« für alle Personen, die einer dauerhaften Tätigkeit nachgehen möchten, für die weniger als zwei Jahre Berufserfahrung oder Ausbildung notwendig sind. Ob ein bestimmter Beruf die Bedingungen für die Beantragung einer EB-3-GreenCard erfüllt, wird vom *U.S. Department of Labor* in der regelmäßig aktualisierten *O*NET OnLine*-Datenbank festgelegt: *www.onetonline.org*.

Sobald Sie Ihren Beruf in der Datenbank gefunden haben, schauen Sie sich die Zuordnung in eine der fünf *»Job Zones«* an. Diese spiegeln mit der sogenannten *»SVP Range« (SVP = Spe-*

cific Vocational Preparation) den Ausbildungs-, Erfahrungs- und Ausbildungshintergrund wider, der typischerweise für die Ausübung eines Berufs erforderlich ist. Hierbei gibt es neun verschiedene *Levels*, wobei *Level 1* die kürzeste Einarbeitungszeit *(»short demonstration only«)* erfordert und *Level 9* die längste *(»over 10 years«)*. Für die EB-3-Kategorie der *»Unskilled Workers«*, sind Positionen relevant, die eine *SVP Range* von weniger als 2 haben.

Antragstellung

Obwohl sich die drei Gruppen der EB-3-Kategorie stark unterscheiden, ist das Antragsverfahren identisch. Um den Schutz des amerikanischen Arbeitsmarktes zu gewährleisten, muss bei EB-3-Anträgen – egal, für welche der drei genannten Unterkategorien – immer vom US-Arbeitgeber in einem ersten Schritt das aufwendige, teure und zeitintensive *labor certification*-Verfahren durchlaufen werden. Dieses dient dem Nachweis, dass für die ausgeschriebene Stelle kein amerikanischer Arbeitnehmer gefunden werden konnte und keine weiteren Benachteiligungen mit der Einstellung des EB-3-Kandidaten für US-Personal einhergeht. Ausnahmen, wie beispielsweise beim EB-1 oder EB-2 existieren leider nicht. Nähere Informationen zum Arbeitsmarktüberprüfungsverfahren finden Sie in Kapitel 11.1.

Erhält Ihr Arbeitgeber einen positiven Bescheid über die bewilligte *labor certification*, kann dieser als *petitioner* mit dem Formular I-140, *Petition for Immigrant Workers* Ihren Einwanderungsantrag beim zuständigen *USCIS*-Service-Center einreichen und fügt alle Unterlagen an, die Ihre Qualifikation für diese GreenCard-Kategorie beweisen.

Die *USCIS*-Behörde informiert den *petitioner* schriftlich über eine Zusage. Dieser Bescheid erfolgt durch ein Mitteilungsschreiben mit dem Namen I-797 *(Approval Notice)*. Auf der Grundlage des positiven Bescheids können Sie als *beneficiary* nun Ihren persönlichen Einwanderungsantrag stellen.

Sollten Sie sich bei der Bewilligung der Petition I-140 durch die *USCIS* noch außerhalb der USA befinden, müssen Sie Ihren Antrag auf ein Einwanderungsvisum beim US-Konsulat in Ihrem Heimatland stellen *(consular processing)*. Falls Sie sich zum Zeitpunkt der Bewilligung Ihrer Petition I-140 bereits legal in den USA aufhalten, können Sie unter bestimmten Auflagen durch das *adjustment of status*-Verfahren den weiteren Weg bis zum Erhalt der GreenCard innerhalb der USA abschließen. Beide Optionen beschreiben wir ausführlich im Kapitel 14.1 bzw. 14.2, Sie können sie aber erst dann nutzen, wenn laut *Visa Bulletin* keine Wartezeit (mehr) besteht.

Dokumente

Für eine EB-3-Petition über die US-Einwanderungsbehörde muss Ihr Arbeitgeber unter anderem folgende Unterlagen einreichen:

- Formular I-140, *Immigrant Petition for Alien Worker*
- bei Eilanträgen: Formular I-907, *Request for Premium Processing Service* (*www.uscis.gov/i-907*)
- *Certified labor certification* Formular ETA 9089, *Application for Alien Employment Certification*

- den Nachweis über die Zahlung der *USCIS*-Antragsgebühren
- ein rechtliches Begründungsschreiben *(petition letter)*
- Nachweise zum US-Unternehmen bzw. zur US-Organisation
- Belege zu Ihren individuellen Qualifikationen (falls zutreffend: inklusive Evaluierungsnachweisen)
- ausführliche Stellenbeschreibung
- Nachweise über die gesicherte Gehaltszahlung durch den Arbeitgeber

11.5 EB-4 (Special Immigrants/Religious Workers): Spezielle Einwanderer, Mitarbeiter von Kirchen und Glaubensgemeinschaften

Bei den EB-4 *special immigrants* und *religious workers* haben wir es mit mehreren Personengruppen zu tun, denen die US-Regierung aus politischen, humanitären oder religiösen Gründen die Einwanderung ermöglichen möchte. Hierzu gehören z. B.:

- religiöse Mitarbeiter von anerkannten Glaubensgemeinschaften, die seit mindestens zwei Jahren als Priester, Pfarrer, Rabbi, Pastor, Imam oder in vergleichbarer Position arbeiten
- Kinder, die aufgrund von Missbrauch, Vernachlässigung oder ähnlichen Notsituationen besonderen Schutz benötigen
- Personen, die für die *USAGM (United States Agency for Global Media)* tätig werden (z. B. als Reporter oder Producer)
- Personen im Ruhestand, die als Beamte oder Angestellte bei internationalen Organisationen der Gruppe G-4 oder als zivile Mitarbeiter bei der NATO im Rahmen des NATO-6-Status tätig waren
- Mitarbeiter der US-Regierung im Ausland
- Mitglieder der US-Streitkräfte
- Mitarbeiter der Panama-Kanal-Gesellschaft oder der Regierung der Kanalzone
- Mediziner, die seit dem 9. Januar 1978 in einem US-Bundesstaat lizenziert und praktizierend tätig sind
- Personen, die wichtige Informationen über kriminelle oder terroristische Organisationen bereitgestellt haben (S-Visa)

Da nur die wenigsten unserer Leser sich für den sehr überschaubaren Personenkreis aus dieser Liste qualifizieren, gehen wir in diesem Kapitel ausschließlich auf die Mitarbeiter kirchlicher Einrichtungen ein. Diese Gruppe stellt den weitaus größten Teil der EB-4-Antragsteller dar.

Voraussetzungen für eine EB-4-*religious worker* GreenCard

Zur Gruppe der Mitarbeiter von Kirchen und Glaubensgemeinschaften zählen Personen, die mindestens seit zwei Jahren (nach dem vierzehnten Lebensjahr und unmittelbar vor Antragstellung) geistliche Pflichten innerhalb einer ausländischen kirchlichen Organisation ausgeübt haben, die mit einer ähnlichen Organisation in den USA verbunden ist. Diese Arbeit kann außerhalb oder innerhalb der USA geleistet worden sein. Falls Sie den geistlichen Pflichten innerhalb der USA nachgekommen sind, müssen Sie sich während dieser Zeit legal dort aufgehalten haben (z.B. unter R-Status). Für die Einwanderung in die USA müssen Sie einen ähnlichen Vollzeit-Aufgabenbereich (mindestens 35 Stunden pro Woche) in der amerikanischen Partnerorganisation übernehmen. Folgende Tätigkeitsbereiche qualifizieren sich:

- *minister:* Ordinierte und qualifizierte Priester, Pfarrer, Rabbiner und Imame etc. (keine Laienprediger) bestimmter Religionsgemeinschaften
- *religious occupation:* Tätigkeiten, deren Aufgaben, sich in erster Linie auf eine traditionelle religiöse Funktion beziehen und innerhalb der Konfession anerkannt sind, beispielsweise Kantore, Missionare oder liturgisches Personal. Rein administrative Aufgaben qualifizieren sich nicht (z.B. Spendensammler)
- *religious vocation:* Tätigkeiten, die eine formelle, lebenslange Verpflichtung zu einer bestimmten religiösen Lebensweise beinhalten, die beispielsweise durch ein Gelübde oder eine Zeremonie zum Ausdruck gebracht wird. Beispiele sind Nonnen, Mönche oder Ordensbrüder und –schwestern

Nur bestimmte amerikanische Religionsgemeinschaften qualifizieren sich für das EB-4-Verfahren. Der Begriff der »Religionsgemeinschaft« ist durchaus weit gefasst und wird im US-Einwanderungsrecht genau definiert: *www.uscis.gov/policy-manual/volume-6-part-b-chapter-2.*

In den USA gibt es Dutzende von Freikirchen und nicht-kirchlich gebundene Vereinigungen, die nach US-Recht als religiöse Organisationen anerkannt sind. Aufgrund eines häufigen Missbrauchs der EB-4-GreenCard in der Vergangenheit behält die US-Einwanderungsbehörde sich jedoch mittlerweile vor, *on-site inspections* (Vor-Ort-Besichtigungen) durchzuführen. Die antragstellende Organisation muss folgende Kriterien erfüllen:

- Sie muss nachweisen können, dass sie eine anerkannte, gemeinnützige und religiöse Organisation ist.
- Sie muss steuerbefreit sein *(tax-exempt religious organization).*
- Sie muss Sie als zukünftigen Einwanderer für Ihre Tätigkeit bezahlen. Für bestimmte Berufsgruppen (z.B. Nonnen oder Mönche) ist unter bestimmten Auflagen auch eine unbezahlte Tätigkeit möglich.

Generell werden EB-4-Anträge auf Basis der *religious workers* streng überprüft. Trotz allem ist keine vorherige Arbeitsmarktüberprüfung *(labor certification)* durch den zukünftigen Arbeitgeber in den USA notwendig. Es muss also nicht nachgewiesen werden, dass kein Amerikaner die Stelle besetzen könnte.

Antragstellung

Der erste Schritt zur EB-4-GreenCard ist die Einreichung des Formulars I-360, *Petition for Amerasian, Widow(er), or Special Immigrant* durch die amerikanische Glaubensgemeinschaft *(petitioner)* in Ihrem Namen als Arbeitnehmer *(beneficiary)* beim zuständigen *USCIS*-Service-Center. Im Gegensatz zu vielen weiteren *employment-based*-GreenCard-Verfahren besteht allerdings auch die Möglichkeit, dass Sie den Antrag auf Basis des *»self-petitioning«* einreichen – also für sich selbst. Dies bedeutet allerdings nicht, dass Sie den Antrag ohne konkretes Stellenangebot (siehe Zugangsvoraussetzungen) auf den Weg bringen können. In der Petition müssen alle Unterlagen angefügt werden, die die Qualifikation der Religionsgemeinschaft im EB-4-GreenCard-Verfahren sowie Ihre Qualifikation als religiöser Mitarbeiter beweisen können.

Die US-Einwanderungsbehörde *USCIS* informiert den *petitioner* schriftlich über die Zusage. Dieser Bescheid erfolgt durch ein Mitteilungsschreiben mit dem Namen I-797 *(Approval Notice)*. Befinden Sie sich nach der Bewilligung der Petition I-360 durch die *USCIS* noch außerhalb der USA, müssen Sie Ihren Antrag auf ein Einwanderungsvisum beim US-Konsulat in Ihrem Heimatland stellen *(consular processing)*. Falls Sie sich zum Zeitpunkt der Bewilligung bereits legal in den USA aufhalten, können Sie unter bestimmten Auflagen das *adjustment of status*-Verfahren bis zum Erhalt der GreenCard durchlaufen. Beide Wege beschreiben wir ausführlich im Kapitel 14.1 bzw. 14.2. Sie können jedoch erst dann beschritten werden, wenn gemäß *Visa Bulletin* keine Wartezeit (mehr) besteht.

Dokumente

Für die EB-4-Petition müssen bei der US-Einwanderungsbehörde unter anderem folgende Unterlagen eingereicht werden:

- Formular I-360, *Petition for Amerasian, Widow(er), or Special Immigrant*
- der Nachweis über die Zahlung der *USCIS*-Antragsgebühren
- ein Nachweis über die Steuerbefreiung der Religionsgemeinschaft (z. B. *tax exemption certificate*) und weitere Belege
- ein Nachweis Ihrer religiösen Qualifikation (z. B. Ausbildungszertifikate)
- ein Nachweis darüber, dass Sie mindestens zwei Jahre nach Ihrem vierzehnten Lebensjahr und unmittelbar vor Einreichen des I-360-Antrags geistliche Arbeiten für die religiöse Organisation verrichtet haben
- das Stellenangebot in den USA inklusive Tätigkeitsbeschreibung
- Nachweise über Ihre zukünftige Vergütung

11.6 EB-5 (Immigrant Investor Program): Investoren-GreenCard

Wenn Sie über genügend finanzielle Mittel verfügen, so bietet das EB5-Programm für Sie eine gute Option, um an eine GreenCard zu gelangen. Die (insbesondere finanziellen) Hürden sind aber recht hoch und Sie müssen tief in die Tasche greifen, um in den Genuss einer Investoren-GreenCard zu gelangen – mindestens 800.000 $ und die Schaffung von 10 Arbeitsplätzen sind unter anderem derzeit notwendig.

Gleich vorab sei gesagt: Das EB-5-Programm unterliegt häufigen Veränderungen, sei es im Hinblick auf die individuellen Zugangsvoraussetzungen, aber auch auf die Antragswege und Kosten. Wir empfehlen Ihnen deshalb, sich immer auf der Seite der US-Einwanderungsbehörde aktuell zu informieren: *www.uscis.gov/working-in-the-united-states/permanent-workers/eb-5-immigrant-investor-program*.

Im Idealfall lassen Sie sich hinsichtlich Ihres Vorhabens von einem auf EB-5-Abwicklungen spezialisierten Einwanderungsanwalt beraten. Die Voraussetzungen für eine Einwanderung als *immigrant investor* beziehen sich auf das betreffende US-Unternehmen, aber insbesondere auch auf die zu tätigende Investition.

Voraussetzungen an das US-Unternehmen

Damit eine EB-5-GreenCard beantragt werden kann, müssen Sie in ein neues, kommerzielles US-Unternehmen investieren *(new commercial enterprise)*. *Non-profit*-Organisationen oder Unternehmen qualifizieren sich nicht. Ansonsten spielt die Unternehmensform keine Rolle (Corp., Inc., Partnership, LLC) – selbstverständlich muss es sich aber um legale Geschäftsaktivitäten handeln. Als »neu« gelten Wirtschaftsunternehmen, wenn:

- sie nach dem 29. November 1990 gegründet wurden
- sie als ein am bzw. vor dem 29. November 1990 gegründetes Unternehmen gekauft und so umstrukturiert werden, dass daraus ein neues Unternehmen hervorgeht bzw. durch das Investment die Anzahl der Mitarbeiter oder der Nettowert um mindestens 40% steigt

Sie haben also die Möglichkeit, entweder ein eigenes, neues US-Unternehmen zu gründen und in dieses zu investieren, oder bestimmte Unternehmen zu kaufen bzw. in diese zu investieren. Derzeit haben Sie auch noch die Option, über die so genannten *»regional centers«* ein Investment zu tätigen. Dazu mehr im nächsten Kapitel »Voraussetzungen an die Investition«.

Praktisch: *Dasselbe US-Unternehmen kann von mehreren Investoren als Grundlage für eine EB-5-GreenCard genutzt werden. Voraussetzung ist aber, dass jede Person die erforderliche Mindestinvestition tätigt und die entsprechende Anzahl von Arbeitsplätzen schafft.*

Voraussetzungen an die Investition

Der US-Gesetzgeber sieht zwei Arten von Investitionstätigkeiten vor:

- **Aktives (direktes) Investment** in ein US-Unternehmen *(= standalone investor)*
- **Passives (indirektes) Investment** über ein EB-5 *regional center (= regional center investor)*

Je nach Art des Investments gibt es dann wiederum spezifische Voraussetzungen.

1. Aktives (direktes) Investment in ein US-Unternehmen *(standalone investor)*

Der minimale Investitionsbetrag für die Einwanderung im Rahmen der EB-5-Kategorie über ein direktes Investment in ein US-Unternehmen beträgt derzeit 1.050.000 $ bzw. in strukturschwachen Regionen *(targeted employment areas)* 800.000 $.

> ***Targeted employment areas (TEAs)***
>
> Strukturschwache Regionen werden vom *U.S. Department of Homeland Security (DHS)* ausgewiesen. Sie befinden sich entweder in ländlichen Gebieten mit einer weniger stark ausgeprägten Wirtschaft oder in Regionen, in denen die Arbeitslosenquote bei oder über 150 % des nationalen Durchschnitts liegt.

Achtung: *Die Höhe der Mindestinvestitionssummen ist an die Inflation bzw. an den US-Verbraucherpreisindex gekoppelt. Die Überprüfung und Anpassung erfolgen alle fünf Jahre.*

Als geeignete Investition in ein US-Unternehmen für die EB-5-GreenCard gilt die Bereitstellung von Kapital, welches die unterschiedlichsten Formen haben kann. Dazu gehören Bargeld, Ausrüstung, Inventar oder auch Darlehen, die durch Vermögenswerte des Investors gesichert sind. Das Kapital muss sich im Besitz des Investors befinden, bzw. von ihm kontrolliert werden.

Die Investition muss *»at risk«* erfolgen, also risikobehaftet sein. Es darf keine Möglichkeit geben, die Summe einfach zurückzuziehen. Das bedeutet, dass EB-5-Investoren das finanzielle Risiko eingehen müssen, ihre Investition auch zu verlieren.

Unabhängig von der Form des investierten Kapitals in ein neues oder bestehendes Unternehmen, dürfen keinerlei Vermögenswerte eingesetzt werden, die direkt oder indirekt durch nicht legale Mittel erworben wurden. Ein Nachweis über die Herkunft des Geldes muss also erbracht werden.

Im Rahmen eines direkten Investments geht der Gesetzgeber davon aus, dass Sie als Investor zukünftig eine aktive Rolle im US-Unternehmen wahrnehmen werden. Das heißt, Sie können nicht rein als passiver Geldgeber fungieren, sondern müssen nach Erhalt der EB-5-GreenCard an der Leitung bzw. am Management des Unternehmens beteiligt sein.

2. Passives (indirektes) Investment über ein EB-5 *regional center (regional center investor)*

Möchten Sie nicht selbst ein Unternehmen gründen oder zwingend aktiv in diesem Verantwortung übernehmen, können Sie über ein rein passives Investment in eines der so genannten *»regional centers«* Ihr Geld einbringen. Das »EB-5-*Regional Center Program*« wurde erst im Jahr 2022, nach einer kurzen Phase der Unterbrechung, bis Ende September 2027 verlängert.

Bei *regional centers* handelt es sich um Unternehmen, die in der Lage sind, das Kapital von mehreren EB-5-Investoren zu bündeln, um ein bestimmtes unternehmerisches Projekt und damit die Wirtschaft in den USA zu fördern. Die *USCIS* verwaltet und genehmigt diese *regional centers* unter strengen Zugangsvoraussetzungen. Derzeit existieren mehr als 600 *regional centers* (in privater oder öffentlicher Hand), die auf der Webseite der US-Einwanderungsbehörde veröffentlicht werden.

Der Großteil der *regional center*-Projekte liegt in den strukturschwachen Regionen der USA *(targeted employment areas)*. Das heißt, es muss dann lediglich eine Investitionssumme von 800.000 $ eingebracht werden. Oft handelt es sich um groß angelegte Hotel- oder Immobilienprojekte bzw. den Bau von Altersheimen oder Krankenhäusern.

Bei den meisten *regional center*-Projekten können EB-5-Investoren ihr Investment passiv tätigen, also auf ein Treuhandkonto einzahlen. Die Gelder werden dann bis zur Genehmigung des EB-5-Antrags dort aufbewahrt. Durch diese Vereinbarung erfüllen Sie trotzdem die Voraussetzung der Investitionstätigkeit *»at risk«*, während Ihr Antrag geprüft wird. Darüber hinaus müssen Sie als Investor über ein *regional center* nicht den Nachweis erbringen, aktiv am US-Unternehmen (z.B. in einer Management- oder Führungsposition) beteiligt zu sein. Das heißt, Sie nehmen eine passive Rolle ein, die sich auf Ihr Stimmrecht bei Entscheidungen beschränkt. Dieser Faktor kann aber gleichzeitig auch ein Nachteil sein, denn Sie haben somit kaum eine entscheidende Einflussnahme. Darüber hinaus erheben viele *regional centers* eine zusätzliche Bearbeitungsgebühr, die typischerweise bei ca. 50.000 $ liegt.

Achtung: *Die* USCIS *hat mittlerweile die Zugangsvoraussetzungen für* regional centers *(insbesondere im Hinblick auf das Thema* »compliance«*) verschärft. Leider gab es im Zusammenhang mit diesen EB-5-Projekten einige Betrugsfälle. Erwägen Sie ein solches Vorhaben, sollten Sie sich von Experten unabhängig beraten lassen.*

Egal, für welche Form der Investition Sie sich entscheiden: Ihr Investment muss eine weitere zentrale Zugangsvoraussetzung erfüllen, die der *job creation*. Durch Ihre Investitionstätigkeit müssen mindestens 10 Vollzeitarbeitsstellen im US-Unternehmen geschaffen werden, und zwar für »qualifizierte Arbeitnehmer«, also US-Amerikaner, GreenCard-Inhaber oder ausländische Personen mit gültiger Arbeitserlaubnis. Diese Arbeitsplätze müssen auch zwei Jahre nach Erhalt der EB-5-GreenCard nachweislich noch existieren. Auch der reine Erhalt von US-Arbeitsplätzen kann für eine EB-5-GreenCard ausreichend sein. Dies ist der Fall, wenn das US-Unternehmen, in welches Sie investieren, als gefährdet gilt, also in finanzielle Schieflage geraten ist. Als Richtwert gilt hier ein Nettoverlust von mindestens 20% des Nettowertes der Firma (vor Eintritt der Gefährdung) innerhalb der letzten 12 bzw. 24 Monate vor Einreichung des EB-5-Antrags.

Die genaue Kalkulation der notwendigen *»job creation«* richtet sich nach der Art der Investitionstätigkeit und des US-Unternehmens. So kann beispielsweise bei einem Investment über die *regional centers* auch die Schaffung von indirekten Arbeitsplätzen ausreichen (also der Nachweis, dass durch das Unternehmen der Arbeitsmarkt belebt wird).

Antragstellung

Im Gegensatz zu vielen anderen GreenCard-Kategorien können Sie als Investor alles selbst erledigen und benötigen weder einen *sponsor* noch einen US-Arbeitgeber, von dem Sie abhängig sind. Der Einwanderungsantrag muss auf Formular I-526, *Immigration Petition by Standalone Investor* beim zuständigen *USCIS*-Service-Center erfolgen. Reichen Sie Ihren Antrag als *regional center investor* ein, dann benötigen Sie das Formular I-526E, *Immigrant Petition by Regional Center Investor.* Begleitend zu Ihrem Antrag reichen Sie eine Reihe von Dokumenten zur Beweisführung ein. Sobald Formular I-526 bzw. I-526E von der *USCIS* genehmigt wurde, erhalten Sie das I-797-Bewilligungsschreiben *(= Approval Notice)* von der *USCIS*.

Wird die Petition genehmigt, ist dies leider noch nicht der letzte Schritt auf dem Weg zur GreenCard. Sie haben dann als Investor zwei Optionen: Befinden Sie sich zum Zeitpunkt der Genehmigung bereits legal in den USA, können Sie unter bestimmten Voraussetzungen innerhalb der Vereinigten Staaten Ihren Status auf »Einwanderer« anpassen lassen *(= adjustment of status)*. Verweilen Sie aktuell außerhalb der USA oder können bzw. wollen Ihren Status nicht anpassen lassen, so müssen Sie das *consular processing* über das heimische US-Konsulat zum Erhalt der GreenCard durchlaufen. Alles Wichtige hierzu finden Sie in den Kapiteln 14.1 und 14.2. Beide Verfahren stehen Ihnen aber erst dann offen, wenn gemäß *Visa Bulletin* keine Wartezeit (mehr) besteht.

Achtung: *Als EB-5-Investor erhalten Sie Ihre GreenCard zunächst »auf Probe«, also unter Vorbehalt. Die* »conditional permanent residence« *wird auf zwei Jahre erteilt. Sie müssen innerhalb von 90 Tagen vor Ablauf Ihrer vorläufigen GreenCard rechtzeitig einen Antrag auf die »unbefristete« GreenCard bei der* USCIS *stellen, und zwar mit dem Formular I-829,* Petition by Investor to Remove Conditions. *In diesem Verfahren müssen Sie nachweisen, dass Sie die grundsätzlichen Zugangsvoraussetzungen zur EB-5-GreenCard weiter erfüllen, insbesondere aber die Schaffung oder den Erhalt von Arbeitsplätzen. Erst dann erhalten Sie Ihre dauerhafte* Permanent Resident Card.

Dokumente

Im Antragsverfahren für die EB-5-GreenCard müssen Sie der US-Einwanderungsbehörde die folgenden Unterlagen vorlegen:

- I-526, *Immigration Petition by Alien Entrepreneur*
- den Nachweis über die Zahlung der *USCIS*-Antragsgebühren
- ein rechtliches Begründungsschreiben *(petition letter)*
- einen umfassenden Businessplan
- die Beschreibung der Position, die Sie im Unternehmen innehaben werden (sofern es sich um keine *regional center*-Antragstellung handelt)
- Investitionsvereinbarungen
- den Nachweis über die getätigte Investition
- den Nachweis über die Herkunft des Kapitals
- Gründungsurkunden (falls zutreffend)
- Vertragsunterlagen über den Firmenzusammenschluss, das *joint venture* oder die Teilhaberschaft, bzw. den Erwerb (falls zutreffend)
- geprüfte Bilanzen (falls zutreffend)
- Kreditvereinbarungen, Schuldscheine, Bürgschaftsvereinbarungen oder andere Schuldverschreibungen (falls zutreffend)
- Belege über die Schaffung oder den Erhalt von mindestens zehn Vollzeitarbeitsplätzen

Achtung: *EB-5-Antragsteller müssen Geduld mitbringen, denn die aktuellen Bearbeitungszeiten bis zum Erhalt der GreenCard liegen im Durchschnitt bei mindestens 2-3 Jahren. Die US-Einwanderungsbehörde arbeitet daran, die internen Prozessschritte zu beschleunigen.*

11.7 Visa Bulletin – die Warteliste für Einwanderer

Wie bereits erwähnt, stehen jährlich lediglich 140.000 arbeitsplatzbasierte Einwanderungsvisa zur Verfügung. Diese verteilen sich nach einem bestimmten Prozentsatz auf die jeweiligen EB (*employment-based*) -Kategorien. Haben Sie die erste Antragshürde genommen und eine Genehmigung Ihrer *USCIS*-Petition erhalten, so bedeutet das leider nicht automatisch, dass Sie nun alle weiteren Prozessschritte auf dem Weg zur GreenCard direkt angehen können. Übersteigt nämlich die Nachfrage nach bestimmten EB-Visa das Angebot, so kann sich eine Warteschlange bilden. Ist die jährliche Quote für eine Kategorie erschöpft, können erst wieder für das kommende Jahr EB-GreenCards ausgestellt werden. Ob es Wartezeiten gibt und wenn ja, für welche Kategorien und Personenkreise diese bestehen, kann dem monatlich durch das *U.S. Departement of State* veröffentlichten *Visa Bulletin* entnommen werden: *travel.state.gov/content/travel/en/legal/visa-law0/visa-bulletin.html.*

Die zahlreichen Tabellen wirken zunächst schwer verständlich, aber wenn Sie einmal das Grundprinzip der Behörden bei der Aktualisierung dieser »Warteliste für Einwanderer« verstanden haben, wird Ihnen beim Blick auf das *Visa Bulletin* nicht mehr schwindelig werden. Hier sind die wichtigsten Fakten zum *Visa Bulletin:*

- Es gibt eigene Bereiche für die verschiedenen GreenCard-Kategorien *(family-sponsored preferences, employment-based preferences* und *Diversity Immigrant (DV) category).* Für Sie als Anwärter auf eine arbeitsplatzbezogene GreenCard ist der Bereich der *employment-based preferences* entscheidend.
- Es gibt zwei Tabellen, die nach den jeweiligen EB-Kategorien und bestimmten Ländern unterteilt sind. Die Länderliste bezieht sich auf das Geburtsland der GreenCard-Antragsteller (nicht die Staatsangehörigkeit). Nur wenige Länder werden hier namentlich ausgewiesen, nämlich China, Indien, Mexiko und die Philippinen. Alle anderen Länder verbergen sich hinter der »*All Chargeability*«-Kategorie. Entscheidend für Sie ist also die Zeile Ihrer EB-Kategorie und die Spalte Ihres Geburtslandes.
- Im für Sie relevanten Feld der Tabelle befindet sich entweder ein konkretes Datum oder ein Buchstabe. Wenn in Ihrer Kategorie ein »C« für »*current*« zu sehen ist, steht für Sie ein Visum zur Verfügung und Sie können ohne weitere Wartezeit die nächsten Prozessschritte durchlaufen. Ein »U« steht für *unavailable*, was bedeutet, dass bis zum Beginn des nächsten Finanzjahres (1. Oktober) keine Visa für die Region verfügbar sind. Ist ein Datum angegeben (*cut-off date* oder *final action date*), so ist die jeweilige Kategorie »überzeichnet«. Das heißt, Sie müssen auf eine GreenCard warten, bis die Behörden sich laut Tabelle bis zu Ihrem *priority date* vorgearbeitet haben. Dies ist übrigens das Datum, an dem Ihre ursprüngliche Petition bei der *USCIS* eingegangen ist. Sie bekommen Ihr *priority date* im offiziellen Schriftverkehr mit den US-Behörden kommuniziert, z.B. oben links auf der I-797, *Receipt Notice.*
- Es existieren zwei Tabellen, was zusätzlich für Verwirrung sorgen kann: Tabelle A *(final action dates)* und Tabelle B *(dates for filing applications).* Tabelle A gibt Auskunft darüber, ob Wartezeiten bestehen und wenn ja, vor welchem Datum in der Vergangenheit eine Einwanderungspetition eingereicht worden sein muss, damit eine GreenCard final ausgestellt werden kann. Tabelle B gibt Auskunft darüber, ob Sie die abschließenden Prozessschritte für Ihre GreenCard bereits veranlassen können. Also, wann Sie beispielsweise Ihren Antrag auf Statusanpassung *(adjustment of status)* stellen oder Ihre

Unterlagen beim *National Visa Center* (für das *consular processing*) einreichen dürfen. Aber auch hier gilt: Nur Antragsteller, deren *priority date* vor diesen Daten liegt, können die weiteren Schritte einleiten.

- Das *Visa Bulletin* und die dazugehörigen Wartezeiten ändern sich von Monat zu Monat. Je nach Kategorie und Geburtsland bestehen zum Teil nicht unerhebliche, manchmal jahrelange Wartezeiten, bis Sie endlich an der Reihe sind.

Beispiel: *Ihr Arbeitgeber hat für Sie eine EB-3-GreenCard* (»professionals«) *beantragt, indem er die I-140-Petition bei der* USCIS *eingereicht hat. Das Eingangsdatum* (priority date) *war der 1. Januar 2023. Sie sind in Deutschland geboren. Zwischenzeitlich wurde Ihre Petition genehmigt. Wie geht es jetzt weiter? Werfen Sie im* Visa Bulletin *zunächst einen Blick in Tabelle A, Zeile* »3rd«, *Spalte* »all chargeability areas«. *Dort ist leider nicht »C« für* current, *sondern das Datum* 22NOV22 *vermerkt. Es besteht somit aktuell noch eine Wartezeit. Erst wenn Ihr* priority date *zeitlich vor dem in der Tabelle stehenden Datum liegt, sind in Ihrer Kategorie wieder Einwanderungsvisa verfügbar. Das* Visa Bulletin *schreitet monatlich voran, und so können Sie den Fortschritt beobachten. Werfen Sie jetzt einen zweiten Blick in Tabelle B. Dort ist für die EB-3-Kategorie mit Geburtsland Deutschland das Datum* 01FEB23 *vermerkt. Da Ihr* priority date *(1. Januar 2023) vor diesem Datum liegt, dürfen Sie bereits die nächsten Antragsschritte einleiten, also z. B. die Unterlagen für das Statusanpassungs- oder Konsularverfahren bei den entsprechenden US-Behörden einreichen. Aber Achtung: Die US-Behörden dürfen Ihnen trotzdem erst final eine GreenCard ausstellen, wenn Ihr* priority date *auch in Tabelle A erreicht ist.*

Tabelle A: *FINAL ACTION DATES FOR EMPLOYMENT-BASED PREFERENCE CASES* (Stand 04/24)

Vorzugs-kategorie	Alle Länder außer den angegebenen *(all chargeability)*	China (auf chinesischem Festland geboren)	Indien	Mexiko	Philippinen
1st	C	01SEP22	01MAR21	C	C
2nd	15JAN23	01FEB20	15APR12	15JAN23	15JAN23
3rd	22NOV22	01SEP20	15AUG12	22NOV22	22NOV22
Other Workers	08OCT20	01JAN17	15AUG12	08OCT20	01MAY20
4th	01NOV20	01NOV20	01NOV20	01NOV20	01NOV20
Certain Religious Workers	U	U	U	U	U
5th Unreserved (non regional center)	C	15DEC15	01DEC20	C	C
5th Set Aside: (regional center)	C	C	C	C	C

Tabelle B: *DATES FOR FILING OF EMPLOYMENT-BASED VISA APPLICATIONS* (Stand 04/24)

Vorzugs-ategorie	Alle Länder außer den angegebenen *(all chargeability)*	China (auf chinesischem Festland geboren)	Indien	Mexiko	Philippinen
1st	C	01JAN23	01APR21	C	C
2nd	15FEB23	01JUN20	15MAY12	15FEB23	15FEB23
3rd	01FEB23	01JUL21	15SEP12	01FEB23	01JAN23
Other Workers	15DEC20	01JUN17	15SEP12	15DEC20	15MAY20
4th	01DEC20	01DEC20	01DEC20	01DEC20	01DEC20
Certain Religious Workers	01DEC20	01DEC20	01DEC20	01DEC20	01DEC20
5th Unreserved	C	01JAN17	01APR22	C	C
5th Set Aside:	C	C	C	C	C

»Age out« und der *»Child Status Protection Act«*

Wird für Sie ein Antrag auf eine EB-Einwanderungskategorie gestellt, können auf Basis des *derivative status* Ihr Ehepartner sowie unverheiratete Kinder vor Erreichen des 21. Lebensjahres im selben Verfahren auch eine GreenCard erhalten. Für viele Familien resultiert aus den oben beschriebenen Warteschlangen jedoch ein *worst-case*-Szenario: Die Sorge, dass ein Kind das 21. Lebensjahr erreicht, bevor das Einwanderungsvisum genehmigt wurde *(= age out)*. Nicht selten können die Prozesse mehrere Jahre dauern, was für Ihr erwachsenes Kind im schlimmsten Fall bedeuten könnte, dass es kein Einwanderungsvisum mehr auf Basis des abgeleiteten Status erhalten würde. Um ein solches Szenario zu verhindern, wurde der *»Child Status Protection Act«* ins Leben gerufen. Der Gesetzgeber sieht vor, dass – je nach Einwanderungskategorie – das Alter eines Kindes unter 21 Jahren zu einem bestimmten Zeitpunkt im Prozess quasi »eingefroren« werden kann. Im Jahr 2023 wurde das Gesetz nochmals korrigiert und mit einem noch besseren Schutz versehen. Die neuen Berechnungen bzw. Voraussetzungen finden Sie unter: *www.uscis.gov/green-card/green-card-processes-and-procedures/child-status-protection-act-cspa*.

12 GreenCard durch Heirat oder Verwandtschaft

Neben der Einwanderung über eine Arbeitsstelle bildet der Erhalt einer GreenCard im Rahmen der Familienzusammenführung die zweite große Einwanderergruppe: die *family-based immigrants*.

Wer eine *family-based*-GreenCard erhält, kann unbegrenzt in den USA leben und arbeiten, aber nicht alle Verwandtschaftsgrade qualifizieren sich für das Antragsverfahren. Nur sehr enge Verwandte in den Vereinigten Staaten sind berechtigt, für Sie als zukünftigen Einwanderer einen Antrag auf Familienzusammenführung zu stellen. So können US-Staatsbürger z. B. für ihre Ehepartner, Kinder, Eltern sowie Geschwister GreenCard-Anträge einreichen. Auch GreenCard-Inhaber können – wenn auch äußerst eingeschränkt und verbunden mit langen Wartezeiten – für Ehepartner und Kinder Einwanderungsanträge initiieren.

Je nachdem, ob die Antragstellung über einen US-Staatsbürger oder über einen GreenCard-Inhaber erfolgt und in welchem Verwandtschaftsverhältnis die Personen jeweils zueinander stehen, ergeben sich im US-Einwanderungsrecht unterschiedliche Priorisierungen. So haben beispielsweise Ehepartner, Eltern oder minderjährige Kinder von US-Staatsangehörigen Vorrang vor allen anderen Anträgen auf Familienzusammenführung. Was das in der Praxis bedeutet, welche *family-based immigrant visa*-Kategorien existieren und welche individuellen Zugangsvoraussetzungen und Antragswege für diese bestehen, erläutern wir in den nächsten Kapiteln.

12.1 Vorzugskategorien der Einwanderung über Familienzusammenführung

Nicht nur qualifizieren sich ausschließlich sehr enge Verwandte für ein Einwanderungsverfahren, sondern die Anzahl der *family-based*-GreenCards ist außerdem zum Teil begrenzt. Das US-Einwanderungsrecht unterscheidet zwischen zwei Hauptkategorien:

- ***immediate relatives:*** Ehepartner, unverheiratete Kinder unter 21 Jahren und Eltern eines US-Staatsbürgers (sofern bereits 21 Jahre alt) gelten als unmittelbare Verwandte *(immediate relatives)* und werden bevorzugt behandelt. Sie unterliegen bei ihrer Einwanderung keiner zahlenmäßigen Beschränkung, was heißt, dass für sie jederzeit uneingeschränkt GreenCards zur Verfügung stehen.
- ***family preference immigrants:*** Alle anderen Personen werden je nach Verwandtschaftsgrad zum Antragsteller (US-Staatsbürger oder GreenCard-Inhaber) in so genannte Vorzugskategorien *(family preference categories)* eingeordnet. Diese unterliegen einer jährlichen zahlenmäßigen Limitierung von 226.000 GreenCards und verteilen sich nach bestimmten Prozentsätzen auf die jeweiligen Kategorien.

Kategorien für die Familien-Einwanderung im Überblick	
Immediate relatives:	Ehepartner, unverheiratete Kinder unter 21 Jahren und Eltern von US-Staatsbürgern (Elternteile nur dann, wenn das amerikanische Kind mind. 21 Jahre alt ist.)
First preference (F1):	Unverheiratete Kinder (über 21 Jahre) amerikanischer Staatsbürger
Second preference (F2A):	Ehepartner und ledige Kinder unter 21 Jahren von GreenCard-Inhabern
Second preference (F2B):	Unverheiratete Kinder über 21 Jahren von GreenCard-Inhabern
Third preference (F3):	Verheiratete Kinder von amerikanischen Staatsbürgern
Fourth preference (F4):	Geschwister von über 21 Jahre alten US-Staatsbürgern

Aufgrund der zahlenmäßigen Begrenzung gibt es in nahezu allen familienbasierten Einwanderungskategorien (außer *immediate relatives*) zum Teil sehr lange Wartezeiten für die finale Erteilung eines Einwanderungsvisums. Die Wartezeiten können Sie dem *Visa Bulletin* unter *travel.state.gov/content/travel/en/legal/visa-law0/visa-bulletin.html* entnehmen. Näheres zu dieser Thematik erläutern wir auch in Kapitel 12.4.

12.2 Familienzusammenführung durch einen US-Staatsbürger

Bei den Familienangehörigen, die sich über eine Verwandtschaft zu einem US-Staatsbürger für ein GreenCard-Verfahren qualifizieren, profitiert eine Gruppe mehr als alle anderen. Wie erwähnt, haben direkte Verwandte *(immediate relatives)* von US-Staatsbürgern nämlich Vorrang und werden nicht auf die zahlenmäßig begrenzte Einwanderungsquote angerechnet. Zu den glücklichen Einwanderern ohne Wartezeit von US-Staatsangehörigen gehören Ehepartner, ledige Kinder unter 21 Jahren und Eltern von über 21 Jahre alten US-Staatsbürgern.

1. Ehepartner von US-Staatsbürgern

Ehepartner von US-amerikanischen Staatsangehörigen sind zur sofortigen Einwanderung in die Vereinigten Staaten berechtigt, wenn die folgenden Voraussetzungen erfüllt sind:

- Die Ehe war zum Zeitpunkt der Trauung im jeweiligen Land rechtsgültig. Sie muss nicht in den USA geschlossen worden sein, darf aber nicht gegen die öffentliche Ordnung der Vereinigten Staaten verstoßen (z. B. polygame Ehen).
- Die Ehe ist noch immer rechtskräftig.
- Die Ehe wurde nicht zum Zweck der Einwanderung geschlossen.

Seit dem 26. Juni 2013 gilt dies auch für gleichgeschlechtliche Ehen, sofern sie in einem Land geschlossen wurden, in dem sie rechtmäßig anerkannt sind. Wenn Sie sich als ausländischer Partner bereits legal in den USA aufhalten (z.B. mit einem Arbeitsvisum) und dann einen US-Staatsbürger heiraten, ist eine Anpassung Ihres Aufenthaltsstatus (*adjustment of status*, siehe Kapitel 14.2) unter bestimmten Voraussetzungen möglich. In diesem Fall dürfen Sie sich unabhängig von Ihrem derzeitigen Visum bzw. Status bis zur Genehmigung der GreenCard in den USA aufhalten. Dies ist eine gute Möglichkeit, den konsularischen Antragsprozess außerhalb der USA zu umgehen.

Mit einer offensichtlich bestehenden Heiratsabsicht in die USA zu reisen, kann jedoch problematisch sein. Es ist höchst unwahrscheinlich, dass Ihnen ein Besuchervisum oder eine ESTA-Genehmigung ausgestellt werden, wenn US-Konsulate oder Grenzschutzbeamte von den wahren Gründen für Ihre geplante Einreise in die USA erfahren. Sie gelten dann nämlich als *intending immigrant* (beabsichtigter Einwanderer), was einer der Ausschlussgründe für die Erteilung von B-Visa oder Reisen im Rahmen des *Visa Waiver Program* ist.

Auch im Nachhinein kann eine verschleierte Heirats- oder Einwanderungsabsicht von der US-Einwanderungsbehörde *U.S. Citizenship and Immigration Services* (*USCIS*) festgestellt oder unterstellt werden. Wenn Sie z.B. als Tourist einreisen und innerhalb kürzester Zeit einen Antrag auf Statusänderung stellen, weil Sie geheiratet haben, wird der zeitliche Ablauf genau geprüft. Stellt die *USCIS* fest, dass Sie innerhalb weniger Wochen nach der Einreise Schritte unternommen haben, die mit einem Aufenthalt als Tourist nicht vereinbar sind, wird angenommen, dass Sie bei der Einreise falsche Angaben gemacht haben. Denken Sie daran, dass auch öffentlich gemachte Angaben (z.B. in sozialen Medien) gegen Sie verwendet werden können. Im Falle von konkreten Hochzeitsplänen sollten Sie sich also eingehend über mögliche (aktuell geltende) Fristen und Antragshürden beraten lassen.

2. Kinder von US-Staatsbürgern

Das Kind eines amerikanischen Staatsbürgers kann als *immediate relative* ohne Wartezeit in die USA einwandern, wenn es nicht verheiratet ist und das 21. Lebensjahr noch nicht vollendet hat. Auch Stief- sowie Adoptivkinder und Waisen (unter 21 und unverheiratet) können sich unter bestimmten Auflagen für diese Kategorie qualifizieren.

3. Elternteile von US-Staatsbürgern

Als Elternteil eines US-Staatsangehörigen können Sie in die USA einwandern, wenn Ihr Kind (das im Einwanderungsprozess als *petitioner* auftritt) bereits 21 Jahre oder älter ist. Auch Stiefeltern können auf dieser Basis in die USA einwandern, sofern die Ehe, die die Stiefelternbeziehung begründet hat, vor dem 18. Geburtstag des Kindes geschlossen worden ist. Adoptiveltern können sich unter bestimmten Voraussetzungen ebenfalls qualifizieren.

Weitere Verwandte von US-Bürgern

Kinder von US-Staatsbürgern, die über 21 Jahre alt sind und nicht durch Geburt in den USA oder eine »Statusableitung« *(derived citizenship)* die US-Staatsbürgerschaft erhalten haben, werden leider nicht als unmittelbare Verwandte eingestuft und haben somit einen niedrigeren Status. Während also eine (unverheiratete) 18 Jahre alte Tochter als *immediate relative* ohne Wartezeit einwandern kann, muss ihre 21 Jahre alte Schwester auf ihr Einwanderungsvisum länger warten.

Eine weitere Unterscheidung wird zwischen unverheirateten und verheirateten Kindern von US-Staatsangehörigen vorgenommen. Diese fallen in die so genannten Vorzugskategorien *(preference categories)* F1 oder F3, sind also zahlenmäßig jährlich limitiert.

Kategorie F4 für Geschwister von US-Staatsbürgern ist die niedrigste Prioritätsstufe. Sie ermöglicht die Einwanderung meist nur mit einem langen Atem, denn in der Praxis sind Wartezeiten von zehn Jahren und mehr oft die Realität.

Alle anderen Verwandtschaftsgrade, wie z. B. Tanten oder Cousins qualifizieren sich nicht für eine Einwanderung auf Basis einer Familienzusammenführung über einen US-Staatsbürger.

12.3 Familienzusammenführung durch einen GreenCard-Inhaber

Ist der Personenkreis bereits für US-Staatsbürger stark eingeschränkt, so können GreenCard-Inhaber *(legal permanent residents)* ein Einwanderungsverfahren nur für sehr wenige Verwandte starten, nämlich für Ehepartner (F2A), ledige Kinder unter 21 Jahren (F2A) und unverheiratete Kinder über 21 Jahren (F2B). Ehepartner und Kinder von GreenCard-Inhabern müssen sich bei der Einwanderung in die USA auf eine mehr oder weniger lange Wartezeit vorbereiten, da sie entweder in die Vorzugskategorie F2A für Ehepartner und unverheiratete Kinder unter 21 Jahren oder in die Kategorie F2B für unverheiratete Kinder über 21 Jahren fallen. Auch Stief- und Adoptivkinder qualifizieren sich unter bestimmten Auflagen.

Eltern, die zwar GreenCard-Inhaber, aber noch keine US-Staatsbürger sind, können nicht als Bürgen für verheiratete Kinder auftreten. Auch andere Verwandtschaftsgrade wie Geschwister oder Eltern von Inhabern einer GreenCard qualifizieren sich nicht für ein Antragsverfahren auf Familienzusammenführung. Dies ist lediglich US-Staatsbürgern vorenthalten.

Praktisch: *Beantragen Sie als GreenCard-Inhaber nach einigen Jahren die US-Staatsbürgerschaft, ergeben sich daraus für bestimmte Verwandte von Ihnen neue Wege zur Einwanderung. Ihre Verwandten qualifizieren sich dann für eine andere FB-(*family-based*)-Kategorie, die ggf. mit keinen oder wesentlich geringeren Wartezeiten verbunden ist.*

Besondere Rechte haben Babys von GreenCard-Inhabern, die nicht in den USA geboren wurden und somit nicht automatisch die US-Staatsbürgerschaft erhalten haben. Laut Gesetz ist ein im Ausland geborenes Kind, dessen Eltern GreenCard-Inhaber sind, automatisch ein *legal permanent resident,* wenn die folgenden Voraussetzungen erfüllt sind:

- Das Kind ist bei der ersten USA-Einreise jünger als zwei Jahre.
- Es ist die erste Einreise der Eltern nach der Geburt des Kindes.
- Das Kind ist nach dem Erhalt der GreenCard der Eltern geboren.
- Die (physischen) GreenCards der Eltern sind noch gültig.

- Die Eltern können belegen, dass sie ihren *permanent resident*-Status aufrechterhalten haben.
- Die Geburtsurkunde wird samt beglaubigter Übersetzung bei der Wiedereinreise an der US-Grenze vorgelegt.

12.4 Einwanderungsverfahren im Rahmen der Familienzusammenführung

Haben Sie eine verwandtschaftliche Beziehung zu einem US-Staatsbürger oder einem GreenCard-Inhaber und ist diese Person bereit, einen Antrag auf Familienzusammenführung für Sie zu stellen, dann können Sie selbst in den Genuss einer GreenCard kommen. Der Weg dorthin ist allerdings komplex und zum Teil mit sehr langen Wartezeiten verbunden, je nachdem, für welche der *family-based immigrant visa*-Kategorien Sie sich qualifizieren und ob Sie sich bereits legal in den USA aufhalten oder nicht. Das mehrstufige Verfahren zum Erhalt einer FB-GreenCard gliedert sich in zwei Phasen:

1. Einreichung der Petition *(immigration petition)* bei der US-Einwanderungsbehörde *USCIS*. Als offizieller Antragsteller *(petitioner)* fungiert immer der US-Staatsbürger oder der GreenCard-Inhaber für den jeweiligen Verwandten *(beneficiary)*. Diesen Prozess erläutern wir näher in diesem Kapitel.
2. Beantragung des US-Einwanderungsvisums (FB-GreenCard) nach Bewilligung der Petition. Hier stehen Ihnen zwei Wege offen: entweder das Statusanpassungsverfahren, sofern Sie sich bereits in den USA aufhalten *(adjustment of status)*, oder das Antragsverfahren außerhalb der USA über das *National Visa Center* bzw. die zuständigen US-Konsulate weltweit *(consular processing)*. Beides beschreiben wir in den Kapiteln 14.1 und 14.2.

Antrag auf Einwanderung *(immigration petition)*

Der erste Schritt zur Einwanderung als Familienmitglied eines US-Staatsbürgers oder GreenCard-Inhabers ist in jedem Fall das Einreichen von Formular I-130, *Immigration Petition for Alien Relative* bei der amerikanischen Einwanderungsbehörde *USCIS*. Beachten Sie, dass dieser Antrag immer von Ihrem amerikanischen Verwandten und nicht von Ihnen selbst eingereicht werden muss. Ihr US-Verwandter ist damit gegenüber den US-Behörden gleichzeitig der *petitioner* (Antragsteller) und der *sponsor* (finanzieller Bürge). Sie als potenzieller Einwanderer werden im Prozess als *beneficiary* (Begünstigter) bezeichnet. Nur in seltenen Ausnahmefällen und unter strengen Auflagen können Personen selbst einen Antrag auf Familienzusammenführung stellen, so beispielsweise misshandelte Ehepartner und Kinder oder Witwen/Witwer.

Formular I-130 dient vor allem dazu, das Verwandtschafts- oder Eheverhältnis zwischen den Familienmitgliedern darzulegen. Abgefragt werden unter anderem Angaben zum ausländischen Familienmitglied, das einwandern will, Angaben zum US-Staatsbürger bzw. GreenCard-Inhaber, der für sein ausländisches Familienmitglied bürgt, bzw. den Antrag stellt und Angaben zu den verwandtschaftlichen bzw. ehelichen Beziehungen zwischen *petitioner* und *beneficiary*. Außerdem müssen zahlreiche Beweisdokumente eingereicht werden, die das Verwandtschafts- oder Eheverhältnis, die Eignung des *beneficiary* als Einwanderer sowie die

Eignung des *petitioners* als finanzieller Bürge belegen. Falls Sie sich zum Zeitpunkt des I-130-Antrags bereits legal in den USA aufhalten und sich für eine Statusanpassung (siehe Kapitel 14.2) qualifizieren, kann Ihr Einwanderungsantrag unter bestimmten Auflagen direkt zusammen mit Formular I-485, *Application to Register Permanent Residence or Adjust Status* bei der *USCIS* eingereicht werden. Sie schließen dann das Verfahren bis zur Ausstellung Ihrer eigentlichen GreenCard innerhalb der USA ab.

Was sind die Pflichten des *sponsors?*

Die Aufgabe des US-amerikanischen Familienmitglieds als *sponsor* ist nicht nur, die Einwanderungsbehörden davon zu überzeugen, dass eine echte Beziehung zum *beneficiary* besteht, sondern auch sicherzustellen, dass der *beneficiary* nach der Einwanderung in die USA nicht auf öffentliche Mittel angewiesen ist. Das Einkommen des *sponsors* muss hierbei mindestens 125% der *HHS Poverty Guidelines* (= Armutsgrenze) entsprechen. Diese werden jährlich neu auf der Webseite der *USCIS* veröffentlicht. Ein *sponsor* füllt hierfür im Antragsprozess zusätzlich das Formular I-864, *Affidavit of Support* aus. Dies geschieht entweder im Zuge des Statusanpassungsverfahrens oder während des *consular processing* über das *National Visa Center* bzw. die US-Konsulate. Wenn der *sponsor* die finanziellen Anforderungen nicht erfüllt, können das Einkommen und Vermögen anderer Haushaltsmitglieder hinzugezogen werden, wenn diese das Formular I-864A unterschreiben. Andernfalls muss eine andere Person ein separates *Affidavit of Support* als *joint sponsor* ausfüllen. Mit der Unterzeichnung der Unterstützungserklärung übernimmt der *sponsor* die rechtliche Verantwortung in der Regel so lange, bis der *beneficiary* die US-Staatsbürgerschaft erhält oder 40 Arbeitsquartale angerechnet bekommt.

Falls Sie sich jedoch noch außerhalb der USA aufhalten, müssen Sie auf die Bewilligung der Petition I-130 durch die *USCIS* warten (in diesem Fall bekommen Sie die I-797*Approval Notice* zugeschickt) und danach den Antrag auf Ihr Einwanderungsvisum bei dem für Sie zuständigen US-Konsulat stellen *(consular processing)*. Dieses Verfahren beschreiben wir im Kapitel 14.1. Beide Wege stehen Ihnen nur dann direkt offen, wenn Ihr Antrag entweder auf Basis der Kategorie *»immediate relative«* gestellt wurde (da hier immer ausreichend GreenCards verfügbar sind) oder gemäß *Visa Bulletin* die Einwanderungsvisa in Ihrer Vorzugskategorie an der Reihe sind – also keine Wartezeiten (mehr) bestehen.

Das *Visa Bulletin* für familienbasierte Einwanderung

Haben Sie die erste Antragshürde genommen und eine Genehmigung Ihrer I-130-*USCIS*-Petition erhalten, so bedeutet das leider nicht immer, dass Sie nun alle weiteren Prozessschritte auf dem Weg zur finalen GreenCard direkt angehen können. Übersteigt die Nachfrage nach bestimmten FB-Einwanderungsvisa das Angebot, so müssen Sie in der Warteschlange stehen, bis für Ihre Kategorie wieder *immigrant visa* verfügbar sind. Ist die jährliche Quote für eine Kategorie ausgeschöpft, können erst wieder für das kommende Jahr FB-GreenCards ausgestellt werden. Betroffen davon sind allerdings nur die *family preference categories* (F1 – F4), da für diese jährlich nur 226.000 Einwanderungsvisa ausgestellt werden. *Immediate relative*-Anträge können ohne Wartezeiten immer gestellt werden.

Ob es Wartezeiten gibt und wenn ja, für welche Kategorien und Personenkreise diese bestehen, können Sie dem durch das *U.S. Departement of State* monatlich veröffentlichten *Visa Bulletin* unter *travel.state.gov/content/travel/en/legal/visa-law0/visa-bulletin.html* entnehmen. Hier sind die wichtigsten Fakten zum *Visa Bulletin* und den dort veröffentlichten Tabellen, die nicht selten für Verwirrung sorgen:

- Es gibt eigene Bereiche für die verschiedenen GreenCard-Kategorien *(family-sponsored preferences, employment-based preferences* und *Diversity Immigrant (DV) Category).* Für Sie als Anwärter auf eine GreenCard im Rahmen der Familienzusammenführung ist der Bereich der *family-sponsored preferences* entscheidend.
- Dort finden Sie zwei Tabellen, die nach den jeweiligen FB-Kategorien und bestimmten Ländern unterteilt sind. Die Länderliste bezieht sich auf das Geburtsland der GreenCard-Antragsteller (nicht die Staatsangehörigkeit). Als Geburtsländer werden lediglich ausgewiesen: China, Indien, Mexiko und die Philippinen. Hinter der *All Chargeability*-Kategorie verbergen sich alle anderen Länder weltweit. Entscheidend für Sie ist also die Zeile Ihrer FB-Kategorie und die Spalte Ihres Geburtslandes.
- In der Tabelle befindet sich entweder ein konkretes Datum oder ein Buchstabe: Ein Visum ist sofort verfügbar, wenn in Ihrer Kategorie ein »C« für *»current«* genannt ist. D.h., Sie können ohne weitere Wartezeit die weiteren Prozessschritte durchlaufen. Ein »U« steht für *unavailable*, was bedeutet, dass bis zum Beginn des nächsten Finanzjahres (der 1. Oktober jeden Jahres) keine Visa für die Region verfügbar sind. Ist ein Datum angegeben (*cut-off date* oder *final action date*), so ist die jeweilige Kategorie »überzeichnet«. Sie müssen dann auf eine GreenCard warten, bis die Behörden sich laut Tabelle bis zu Ihrem *»priority date«* vorgearbeitet haben. Dies ist das Datum, an dem die ursprüngliche I-130-Petition bei der *USCIS* eingegangen ist.
- Es existieren zwei Tabellen (A und B), die zusätzlich für Verwirrung sorgen können: *»final action dates«* und *»dates for filing applications«*. Die erste Tabelle *(final action dates)* gibt Auskunft darüber, ob Wartezeiten bestehen und wenn ja, vor welchem Datum in der Vergangenheit eine Einwanderungspetition eingereicht worden sein muss, damit eine GreenCard final ausgestellt werden kann. Die zweite Tabelle *(dates for filing applications)* gibt Auskunft darüber, wann Sie die abschließenden Prozessschritte für Ihre GreenCard veranlassen können, also wann Sie beispielsweise Ihren Antrag auf Statusanpassung *(adjustment of status)* stellen oder Ihre Unterlagen beim *National Visa Center* (für das *consular processing*) einreichen dürfen. Aber auch hier gilt: Nur Antragsteller, deren *priority date* vor diesem Datum liegt, können starten.

Ändert sich Ihre Vorzugskategorie, dann gilt für Sie weiterhin das *priority date* des Ursprungsantrags I-130 – Sie rutschen dann aber in die neue Vorzugskategorie. Das wäre beispielsweise der Fall, wenn ein GreenCard-Inhaber, der für Sie einen Antrag gestellt hat, zwischenzeitlich die US-Staatsbürgerschaft erhalten hat.

Beispiel: *Ihr US-amerikanischer Ehepartner verfügt über eine GreenCard und hat für Sie den I-130-Antrag für die F2A-Kategorie gestellt. Das Eingangsdatum* (priority date) *ist der 1. August 2023. Sie sind in Österreich geboren und Ihre Petition wurde genehmigt. Was wären die nächsten Schritte? Werfen Sie zunächst einen Blick in die erste Tabelle A, hier in Zeile »F2A«und in die Spalte* »all chargeability areas«. *Dort ist leider nicht »C«, sondern ein Datum* 08SEP20 *vermerkt. Das heißt, es besteht aktuell eine Wartezeit, bis Sie die weiteren Schritte* *zur Ausstellung der GreenCard abschließen können. Erst wenn Ihr* priority date *vor dem dort vermerkten Datum liegt, wären in Ihrer Kategorie wieder Einwanderungsvisa verfügbar. Das* Visa Bulletin *schreitet monatlich voran, und so können Sie den Fortschritt beobachten. Die aktuelle Wartezeit für Sie wären rund 3 Jahre, wobei dies nur grobe Angaben sind. Prüfen Sie jetzt Tabelle B. Dort ist für die F2A-Kategorie mit Geburtsland Österreich das Datum* 01SEP23 *vermerkt. Da Ihr* priority date *(1. August 2023) vor diesem Datum liegt, dürfen Sie bereits die nächsten Antragsschritte einleiten, also beispielsweise die Unterlagen für das Statusanpassungsverfahren oder das Konsularverfahren bei den entsprechenden US-Behörden einreichen. Aber Achtung: Die* USCIS *bzw. das US-Konsulat darf Ihnen trotzdem erst gemäß Tabelle A eine GreenCard final ausstellen.*

Tabelle A: *FINAL ACTION DATES FOR FAMILY-SPONSORED PREFERENCE CASES* (Stand 04/24)

Vorzugs-kategorie	Alle Länder außer den angegebenen *(all chargeability)*	China (auf chinesischem Festland geboren)	Indien	Mexiko	Philippinen
F1	08FEB15	08FEB15	08FEB15	01MAY01	01MAR12
F2A	08SEP20	08SEP20	08SEP20	15AUG20	08SEP20
F2B	22NOV15	22NOV15	22NOV15	22OCT03	22OCT11
F3	01OCT09	01OCT09	01OCT09	08SEP98	08JUN02
F4	08JUN07	08JUN07	15DEC05	15OCT00	15JUN03

Tabelle B: *DATES FOR FILING FAMILY-SPONSORED VISA APPLICATIONS* (Stand 04/24)

Vorzugs-kategorie	Alle Länder außer den angegebenen *(all chargeability)*	China (auf chinesischem Festland geboren)	Indien	Mexiko	Philippinen
F1	01SEP17	01SEP17	01SEP17	01APR05	22APR15
F2A	01SEP23	01SEP23	01SEP23	01SEP23	01SEP23
F2B	01JAN17	01JAN17	01JAN17	01AUG04	01OCT13
F3	01MAR10	01MAR10	01MAR10	15JUN01	08NOV03
F4	01MAR08	01MAR08	08APR06	15APR01	22APR05

Für Staatsangehörige einiger Länder (China, Indien, Mexiko und die Philippinen) können die Wartezeiten für die Einwanderung in die USA besonders lang sein, da aus diesen Ländern überdurchschnittlich viele Personen eine GreenCard für Familienangehörige beantragen. So kann es beispielsweise vorkommen, dass die philippinische Schwester eines US-

Bürgers um die 20 Jahre auf ein Einwanderungsvisum warten muss. Es gibt jedoch eine Möglichkeit, die Wartezeit zu verkürzen: das Konzept der *»cross-chargeability«*. Dieses Verfahren ermöglicht es bestimmten Einwanderungswilligen, sich nicht in ihrem eigenen Geburtsland, sondern in dem Land registrieren zu lassen, in dem ihr Ehepartner oder ein Elternteil geboren wurde. Wenn die Philippinin aus diesem Beispiel also mit einem Japaner verheiratet ist, könnte sie durch *cross-chargeability* schneller ein Einwanderungsvisum erhalten, da die Wartezeiten für Japaner wesentlich kürzer sind als für Philippiner. Dieses Prinzip findet allerdings nur Anwendung bei Anträgen auf Familienzusammenführung, nicht aber bei *employment-based immigrant visa*.

Das *Visa Bulletin* und die dazugehörigen Wartezeiten ändern sich von Monat zu Monat. Je nach Kategorie und Geburtsland bestehen für *preference categories* zum Teil jahrelange Wartezeiten und keine der Vorzugskategorien ist zum Zeitpunkt der Entstehung dieses Buches *»current«*.

Die *immediate relatives* unterliegen zwar keiner jährlichen Quote und somit keinen langen Wartezeiten wie bei den *preference categories*. Aufgrund von langen Bearbeitungszeiten bei den US-Behörden müssen aber selbst unmittelbare Verwandte von US-Staatsbürgern große Geduld mitbringen, um letztlich ihre GreenCard zu erhalten.

Dokumente

Für den ersten Antragsschritt der *family-based immigration petition* müssen unter anderem die folgenden Dokumente bei der US-Einwanderungsbehörde *USCIS* vorgelegt werden:

- Formular I-130, *Immigration Petition for Alien Relative*
- sofern zutreffend: Formular I-130A, *Supplemental Information for a Spouse Beneficiary*
- der Nachweis über die Zahlung der *USCIS*-Antragsgebühren
- ein Nachweis des staatsbürgerlichen bzw. Einwanderungsstatus des *petitioners* (z.B. US-Geburtsurkunde, US-Einbürgerungsurkunde, amerikanischer Pass, GreenCard)
- ein Nachweis des Verwandtschaftsverhältnisses (z.B. Heiratsurkunde oder Geburtsurkunde)
- falls zutreffend: Belege zu vorherigen Ehen bzw. Scheidungsunterlagen
- falls zutreffend: Belege zu begleitenden Familienangehörigen (Ehepartner und unverheiratete Kinder unter 21 Jahren)

Zusätzlich können je nach persönlicher Situation weitere Unterlagen erforderlich sein. Es ist wichtig, dass alle Dokumente vollständig und korrekt eingereicht werden, um Verzögerungen oder Ablehnungen zu vermeiden. Die exakten Anweisungen zum Ausfüllen des Formulars und der dokumentarischen Beweisführung finden Sie unter *www.uscis.gov/i-130*.

Praktisch: *Insbesondere für* immediate relative-*Anträge, bei denen sich die Verwandten bereits in den USA aufhalten, besteht die Option, das I-130-Antragspaket direkt mit allen weiteren Antragsunterlagen für das anstehende Statusanpassungsverfahren zur Ausstellung der GreenCard (I-485 bzw. I-864) gemeinsam einzureichen, siehe Kapitel 14.2.*

Bona fide marriage: Wann gilt eine Ehe als echt?

Um einer Einwanderung auf Basis einer »Scheinehe« vorzubeugen, werden GreenCard-Anträge im Zuge einer Heirat streng überprüft. Deshalb sollten beide Ehepartner auch getrennt voneinander beweisen können, dass die Heirat *»bona fide«* ist. Zur Beweisführung können zum Beispiel Nachweise eines gemeinsamen Bankkontos, ein Mietvertrag für eine gemeinsame Wohnung, gemeinsame Versicherungen, Briefe von Dritten, die an beide Partner adressiert sind, gemeinsame Steuererklärungen, gemeinsame Kreditkarten, eidesstattliche Erklärungen von Freunden, Nachbarn oder Verwandten, persönliche Aufzeichnungen, die zeigen, dass Ihr Ehepartner Ihre Kontaktperson in Notsituationen ist, gemeinsame Rechnungen (z. B. Telefonrechnung) oder gemeinsame Fotos (Hochzeit, Reisen o. ä.) herangezogen werden.

Conditional permanent residence: GreenCard unter Vorbehalt

Ein wichtiges Instrument der US-Behörden gegen Scheinehen ist die *conditional permanent residence,* also die Ausstellung einer GreenCard zunächst unter Vorbehalt auf zwei Jahre. 90 Tage vor Ablauf dieses Zeitraums müssen Sie beweisen, dass Sie die Bedingungen für eine *permanent residence* tatsächlich erfüllen, also weiterhin verheiratet sind. Sie müssen dann mithilfe von Formular I-751, *Petition to Remove Conditions on Residence* die unbefristete GreenCard beantragen.

USCIS Form I-751 – *Petition to Remove Conditions:*
Hintergrundinformationen, Antragsprozess und häufige Fragen

Derivativer Status für weitere Familienangehörige

Wer das Recht auf den Erhalt einer familienbasierten GreenCard hat, kann dieses an seine unmittelbaren Verwandten weitergeben, ohne, dass eine gesonderte Einwanderungspetition für diese Personen initiiert werden muss. Wird also für Sie ein Antrag auf eine GreenCard im Rahmen der Familienzusammenführung gestellt, können wiederum Ihre direkten Verwandten im Zuge desselben Verfahrens unter bestimmten Auflagen selbst eine GreenCard erhalten. Dies gilt allerdings nur für Ehepartner und unverheiratete Kinder unter 21 Jahren. Diese werden dann in dieselbe *family-based-* Einwanderungskategorie eingestuft wie Sie selbst. Das gilt jedoch ausschließlich für die Vorzugskategorien F1-F4, die einer jährlichen Obergrenze unterliegen. *»Immediate relatives«* können ihren Status nicht an Familienmitglieder weitergeben. Für diese müssten jeweils gesonderte I-130-Anträge gestellt werden.

Beispiel: *Sie heiraten einen GreenCard-Inhaber, bringen allerdings ein minderjähriges Kind mit in die neue Ehe. Stellt Ihr Ehepartner jetzt einen I-130-Einwanderungsantrag, kann dieser direkt für Sie und Ihr Kind (bzw. das Stiefkind des GreenCard-Inhabers) gestellt werden. Würden Sie jedoch in derselben Konstellation einen US-Staatsangehörigen heiraten, dann müsste dieser zwei Einwanderungspetitionen auf den Weg bringen: einmal für Sie und einmal für das minderjährige Stiefkind.*

»Age out« und der *»Child Status Protection Act«*

Können Familien auf Basis des abgeleiteten Status einen gemeinsamen Antrag auf Familienzusammenführung stellen, ergibt sich aus den langen Antrags- und Wartezeiten häufig folgendes Risiko: Nicht selten können die Prozesse mehrere Jahre dauern, was für Kinder im schlimmsten Fall bedeuten könnte, dass sie während des Verfahrens das 21. Lebensjahr erreichen und somit kein Einwanderungsvisum mehr auf Basis des abgeleiteten Status erhalten können *(= age out)*. Es müsste dann für dieses (mittlerweile erwachsene) Kind ein eigener Antrag auf Grundlage der Familienbeziehung zu einem Elternteil mit einer GreenCard neu begonnen werden. Um ein solches Szenario zu verhindern, wurde im Jahr 2002 der *»Child Status Protection Act«* durch die US-Behörden verabschiedet. Der Gesetzgeber sieht vor, dass – je nach Einwanderungskategorie – das Alter eines Kindes, welches noch nicht das 21. Lebensjahr erreicht hat, zu einem bestimmten Zeitpunkt im Prozess »eingefroren« wird. Im Jahr 2023 wurde das Gesetz nochmals korrigiert und mit einem noch besseren Schutz versehen. Die neuen Berechnungen bzw. Voraussetzungen finden Sie unter *www.uscis.gov/green-card/green-card-processes-and-procedures/child-status-protection-act-cspa*.

12.5 Weitere Visa-Optionen für Ehepartner und Verlobte von US-Staatsangehörigen

Die nachfolgenden Visa-Optionen beziehen sich auf Ehepartner, Kinder und Verlobte von US-Staatsangehörigen. Verwandte von GreenCard-Inhabern profitieren nicht von diesen Kategorien.

K-3-Visum

Das K-3-Visum dient der vorübergehenden Zusammenführung von Familien in den USA, die lange Wartezeiten bei der Bearbeitung ihres Einwanderungsverfahrens befürchten müssen. So zumindest der Grundgedanke. Ehepartner von US-Staatsbürgern erhalten auf Antrag ein K-3-Visum, deren unverheiratete Kinder unter 21 Jahren ein K-4-Visum. Die Visa sind in der Regel zwei Jahre (bzw. bis zum 21. Geburtstag des Kindes) gültig. Technisch gesehen handelt es sich dabei um eine *nonimmigrant*-Kategorie.

Voraussetzungen für ein K-3-Visum

Um sich für den K-3-Status zu qualifizieren, müssen Sie unter anderem folgende Bedingungen erfüllen:

- Sie müssen als Ehepartner eines US-Staatsbürgers *beneficiary* eines I-130-Antrags sein, der bereits bei der *USCIS* gestellt wurde, aber dessen Genehmigung noch aussteht.
- Ihre Ehe mit einem US-Bürger muss noch gültig sein.

Sollte das I-130-Verfahren bereits abgeschlossen sein, wird kein K-3-Visum mehr ausgestellt. In diesem Fall müssen Sie dann zwingend das konsularische Antragsverfahren durchlaufen, sofern Sie sich nicht zwischenzeitlich für eine Statusanpassung qualifizieren.

Antragstellung

Um ein K-3-Visum zu erhalten, muss Ihr US-amerikanischer Ehepartner nach erfolgreicher I-130-Einreichung das Formular I-129F, *Petition for Alien Fiancé(e)* bei der US-Einwanderungsbehörde einreichen. Für Kinder ist kein separates Formular erforderlich. Sie müssen stattdessen auf dem Formular I-129F mit aufgeführt werden.

Sobald die US-Einwanderungsbehörde den Antrag genehmigt hat, erfolgt das abschließende (und zeitaufwendige) Verfahren über das zuständige US-Konsulat im aktuellen Heimatland zur Ausstellung des K-3- bzw. K-4-Visums. Hierbei sind auch Angaben zur finanziellen Bürgschaft sowie medizinische Untersuchungen notwendig. Sobald Sie mit dem Visum eingereist sind und die I-130-Petition abschließend genehmigt wurde, können Sie Ihren Status innerhalb der USA auf *»legal permanent immigrant«* anpassen lassen.

K-1-Visum für Verlobte *(fiancé/fiancée visa)*

Ein US-Staatsbürger kann ein K-1-Visum für seine(n) Verlobte(n) beantragen, das ihn oder sie zur Einreise in die USA bis zur Heirat berechtigt. Technisch gesehen handelt es sich auch hier um ein Nichteinwanderungsvisum. Sind Sie mit einem GreenCard-Inhaber verlobt, qualifizieren Sie sich leider nicht für diese K-1-Kategorie.

Voraussetzungen für K-1-Visum

Ein K-1-Visum kann ausgestellt werden, wenn es eine klare Heiratsabsicht gibt und die Voraussetzungen für eine legale Eheschließung gegeben sind.

Antragstellung für ein K-1-Visum

Für das K-1-Visum für Verlobte von US-Staatsbürgern wird das Formular I-129F ausgefüllt und von Ihrem US-amerikanischen Verlobten (als *petitioner*) für Sie eingereicht. Nach Bearbeitung durch die *USCIS* wird der Antrag über das *National Visa Center* an das zuständige US-Konsulat im Heimatland weitergeleitet. Als ausländische(r) Verlobte(r) können Sie nach einem erfolgreichen Interview im Konsulat in die USA einreisen und müssen dort innerhalb von 90 Tagen den antragstellenden US-Staatsbürger heiraten. Nach der Eheschließung muss Ihr Ehepartner einen I-130-Antrag bei der US-Einwanderungsbehörde stellen und parallel das *»adjustment of status«*-Verfahren zum Erhalt Ihrer GreenCard (siehe Kapitel 14.2) einleiten.

Wenn Sie Kinder haben, die unverheiratet und unter 21 Jahre alt sind, können diese Sie mit einem K-2-Visum in die USA begleiten. Es ist nicht notwendig, ein separates I-129F-Formular für die Kinder einzureichen, da sie auf Ihrem Formular bereits aufgeführt sind.

Achtung: *Obwohl beide K-Kategorien geschaffen wurden, um lange Trennungsphasen von Ehepartnern, bzw. Verlobten von US-Staatsbürgern und deren Kindern zu vermeiden, gibt es in der Praxis derzeit für viele Betroffene keine wirklichen Vorteile. Aufgrund langer Bearbeitungszeiten der I-129F-Petition bei der US-Einwanderungsbehörde sowie dem dann zuständigen* National Visa Center *und den US-Konsulaten weltweit ergibt sich durch eine K-1- bzw.*

K-3-Antragstellung nämlich kaum ein Zeitgewinn. Oft dauern K-Visa-Anträge genauso lange wie das eigentliche I-130-Verfahren bis zum Erhalt der GreenCard. Prüfen Sie also im Vorfeld anhand der aktuellen Bearbeitungszeiten genau, ob ein K-Antragsverfahren überhaupt Vorteile für Sie bringt.

Dokumente zur Beantragung eines K-Visums

Zur Erlangung Ihrer Aufenthaltsgenehmigung müssen Sie und Ihr(e) Verlobte(r) oder Ehepartner einige Beweisdokumente vorlegen. Dazu gehören unter anderem:

- I-129F, *Petition for Alien Fiancé(e)*
- ggf. Formular I-134, *Affidavit of Support*
- für K-3-/K-4-Visa: *Receipt Notice* (I-797) der eingereichten I-130-Petition
- finanzielle Nachweise des US-Staatsbürgers
- ein Beweis, dass Sie die Eheschließung planen (K-1) oder die Ehe bereits vollzogen wurde und legal ist (K-3)
- falls zutreffend: Geburtsurkunden der Kinder
- Nachweis des staatsbürgerlichen Status des *petitioners* (z. B. US-Geburtsurkunde, US-Einbürgerungsurkunde oder amerikanischer Pass)
- falls zutreffend: Beweis für die Auflösung aller vorherigen Ehen (Scheidungsurkunden)
- Beweise für die Echtheit der Ehe *(bona fide marriage)* oder der Verlobung

Die exakten Anweisungen zur dokumentarischen Beweisführung und zum Ausfüllen der Formulare finden Sie unter: *www.uscis.gov/i-130*, *www.uscis.gov/i-129f* und *www.uscis.gov/i-134*. Wurde der Antrag durch die *USCIS* genehmigt, müssen Sie noch das konsularische Verfahren im Heimatland abschließen, welches zunächst über das *National Visa Center* koordiniert wird.

Achtung: *Ein K-Visum enthält keine direkte Arbeitsgenehmigung. Diese muss nach erfolgter Einreise gesondert mit dem Formular I-765 bei der USCIS beantragt werden. Erst nach Erhalt des* Employment Authorization Document (EAD) *ist eine Arbeitsaufnahme gestattet.*

13 GreenCard-Lotterie

13.1 Überblick

Die GreenCard-Verlosung ist eine einzigartige Möglichkeit, durch die es fast jeder – mit ein bisschen Glück – schaffen kann, seinen amerikanischen Traum zu leben. Sie wurde mit dem *Immigration Act of 1990* ins Leben gerufen, um Personen aus Ländern mit geringer Einwanderungsrate die Möglichkeit zu geben, in die USA auszuwandern. Ausschlaggebend waren folgende Punkte:

1. Diversifizierung der Einwanderung und Erhalt der multikulturellen Vielfalt in den USA, da Personen aus Ländern/Regionen mit geringer Einwanderungsquote bevorzugt werden
2. Imagegewinn für die USA, weil fast jede Person mit gewisser Mindestbildung, auch ohne höhere Qualifikation oder familiäre Kontakte in den USA, in der Lotterie gewinnen und also den »American Dream« träumen kann

Der Vorläufer des heutigen *Diversity Visa Program* war das NP-5 *Lottery Program*. Dieses wurde durch den *Immigration and Control Act 1986 (IRCA)* begründet, stellte aber nur für zwei Jahre je 5.000 Visa zur Verfügung, die unter Angehörigen von insgesamt 36 Nationen verteilt wurden. Im Jahr 1988 wurde das Programm um zwei Jahre verlängert und auf 15.000 Visa erhöht. In den Jahren 1990 und 1991 wurden 10.000 GreenCards im Rahmen des neuen OP-1 Programms ausgegeben und in den darauffolgenden zwei Jahren wurden durch das nun »AA-1« genannte Programm immerhin 40.000 Visa vergeben. Allerdings waren weiterhin nur 37 bislang in der Einwanderungsgeschichte unterrepräsentierte Nationen teilnahmeberechtigt, und ganze 16.000 Visa (40%) waren ausschließlich für Nordirland reserviert. Im Jahr 1994 kam es erstmals zur Durchführung des *Diversity Visa Program*.

Pro Fiskaljahr werden seither jeweils 55.000 GreenCards im Losverfahren vergeben. Der offizielle Name des Programms leitet sich von der Jahreszahl ab und trägt zum Beispiel im Jahr 2024 den Namen »DV-2026« für das Steuerjahr, welches am 1. Oktober 2025 beginnt und bis zum 30. September 2026 läuft. Damit stellt es den Zeitrahmen dar, in dem die GreenCards an die Gewinner dieses Programms ausgegeben werden. Die Abkürzung »DV« steht für *Diversity Visa* und weist darauf hin, dass mit dieser Visakategorie eine Diversifizierung, also »Vielfältigkeit« der Einwanderergruppen erreicht werden soll.

Aufgrund der de facto Bevorzugung einiger Länder bei der Einwanderung in früheren Jahren und der hohen Einwanderungsraten bestimmter Nationen (z.B. Mexiko und China) wurde ein System festgelegt, nachdem es ein bestimmtes Kontingent für die einzelnen Kontinente und auch eine Höchstgrenze zu vergebender GreenCards pro Land gibt. Dadurch, dass Europa in den letzten Jahren immer den »Löwenanteil« (ca. 23.000 der insgesamt zu vergebenden 55.000 GreenCards) erhielt, sind gerade hier die Chancen besonders gut. Auf fast

1:45 belaufen sich nach unseren eigenen Auswertungen die Chancen, als Europäer in der GreenCard-Lotterie den »Hauptgewinn« zu erhalten. Allerdings dürfen in keinem Land mehr als 3.850 GreenCards pro Jahr ausgegeben werden, auch wenn aufgrund des Zufallsprinzips vielleicht mehr als 3.850 in einem Land ausgelost wurden. In diesem Fall gehen die letztgezogenen im Zweifelsfall leer aus.

Einige Länder sind aufgrund zu hoher Einwanderungsraten in anderen Kategorien auch ganz von der Verlosung ausgeschlossen. Das heißt, sie dürfen gar nicht erst teilnehmen. Diese Ausschlussländer können sich allerdings jederzeit ändern. Nicht teilnahmeberechtigte Länder sind zum Zeitpunkt der Veröffentlichung dieses Buches Bangladesch, Brasilien, China (Volksrepublik inkl. Hongkong), die Dominikanische Republik, El Salvador, Haiti, Honduras, Indien, Jamaika, Kanada, Kolumbien, Mexiko, Nigeria, Pakistan, die Philippinen, Südkorea, Venezuela und Vietnam.

Dabei handelt es sich nicht um eine willkürliche Diskriminierung einzelner Nationen, sondern um ein einfaches mathematisches Prinzip. Jedes Land, aus dem in den letzten fünf Jahren mehr als 50.000 Personen auf legalem Weg in die USA eingewandert sind, ist automatisch ausgeschlossen. Da z. B. aufgrund der Vielzahl der bereits legal in den USA lebenden Mexikaner jedes Jahr Zigtausende von Anträgen für den Nachzug von Familienangehörigen gestellt werden, ist es ziemlich sicher, dass Mexiko auch in Zukunft niemals an der Lotterie teilnehmen kann.

Viele Personen, die über ihre Familie einwandern, haben eine relativ ungenügende Ausbildung. Über berufliche Qualifikationen muss man im Rahmen der Familienzusammenführung nicht verfügen. Um dieser »unqualifizierten Einwanderung« entgegenzuwirken, wurde für die GreenCard-Lotterie noch eine weitere Hürde eingebaut: Man muss – allerdings erst im Gewinnfall – nachweisen, dass man über eine dem *high school*-Abschluss entsprechende Schulausbildung verfügt. In Deutschland ist bereits ein Realschulabschluss/MSA ausreichend, sonst wird normalerweise eine zwölfjährige Schulbildung vorausgesetzt. Alternativ reicht es aus, wenn man in den letzten fünf Jahren mindestens zwei Jahre in einem Beruf gearbeitet hat, für den eine zweijährige Ausbildungs- oder Einarbeitungszeit vorgeschrieben ist.

Da die USA keine duale Ausbildung wie in Deutschland kennen, ist nicht unbedingt immer eine deutsche Berufsausbildung Voraussetzung. Wie viele Jahre Training oder Ausbildung ein Beruf erfordert, ist in der *O*NET OnLine*-Datenbank des *U.S. Department of Labor* im Internet unter *www.onetonline.org* einzusehen. Unter dieser Internetadresse können Sie (leider nur auf Englisch) recherchieren, ob Ihr derzeitiger Beruf den oben genannten Bestimmungen genügt. Ist dies der Fall, so können Sie sich über den ausgewählten Beruf für die Teilnahme qualifizieren. Dies dient vorerst nur Ihrer Information, denn der Nachweis der Qualifikation muss erst im Gewinnfall erbracht werden. Generell gilt: Um sich für ein *Diversity Visa* zu qualifizieren, muss der Job in der *O*NET* -Datenbank in die *Jobzone* 4 – 5 eingeordnet sein bzw. einen *Specific Vocational Preparation*-Rang von mindestens 7.0 oder höher besitzen.

Beispiel: *Sie haben in Deutschland einen Hauptschulabschluss und danach eine einfache Lehre gemacht. Dies allein reicht in der Regel nicht aus, auch wenn eine Anerkennung der Lehre als schulischer Abschluss entsprechend dem MSA bei einigen Landesschulbehörden möglich ist. Sind Sie aber mittlerweile seit über fünf Jahren selbstständig, so wäre die Aus-*

wahl eines Job Titels wie »Regulatory Affairs Manager« *oder* »Sales Manager« *möglich. Diese Jobbeschreibung besagt, dass man eine leitende Position ausübt und auch wirtschaftliche Entscheidungen zu treffen sowie Personal und alle operativen und finanziellen Angelegenheiten zu verantworten hat. Sie fallen damit in Job Zone 4 und wären teilnahmeberechtigt.*

Übrigens muss nur der Hauptantragsteller die Bildungsvoraussetzungen erfüllen. Ehepartner und minderjährige Kinder kommen im Gewinnfall ebenfalls in den Genuss der GreenCard, ohne dass sie Bildungsnachweise erbringen müssen.

Weitere Voraussetzungen sind lediglich ein sauberes Führungszeugnis, ein ärztliches Attest, aus dem hervorgeht, dass Sie nicht an offener Tuberkulose, Syphilis oder anderen gefährlichen oder ansteckenden Krankheiten erkrankt sind, und der Nachweis, dass Sie bei einem Umzug in die USA nicht zum Sozialfall werden würden. Näheres dazu steht im Kapitel 14.1, »Das Visainterview«, da erst dann alle Voraussetzungen nachgewiesen werden müssen.

Die »Geburtsland«-Regelung

Für die Antragstellung zählt nur das Geburtsland in den heutigen Grenzen, nicht aber zum Zeitpunkt der Geburt. Die gegenwärtige Nationalität spielt überhaupt keine Rolle. So muss ein im ehemaligen Sudetenland Geborener die Tschechische Republik als Geburtsland angeben und statt »Jugoslawien« muss sich der Antragsteller für Bosnien-Herzegowina, Kroatien, Nordmazedonien, Serbien, Montenegro oder Kosovo entscheiden. Die Beweggründe der US-Regierung sind nachvollziehbar: Es gab einfach zu viele Veränderungen der Staatsgrenzen in den letzten Jahrzehnten, als dass man allen Gebietsveränderungen bei einem weltweit durchgeführten Programm Rechnung tragen könnte. Um nun nicht bei vielen Tausend Personen jährlich eine Einzelfallprüfung durchführen zu müssen (die vom Aufwand her bei einem so umfangreichen Programm fast unmöglich wäre), wurde die Regel bewusst einfach gefasst: Es gelten die heutigen Grenzen.

Ausnahmen für Personen aus den Ausschlussländern

Personen, die in einem Ausschlussland geboren sind, können unter Umständen doch an der GreenCard-Lotterie teilnehmen, wenn:

- der Ehepartner in einem der aktuell zugelassenen Länder geboren ist oder
- die Eltern sich zum Zeitpunkt der Geburt des Teilnehmers nur vorübergehend in einem der nicht zugelassenen Länder aufgehalten haben, aber beide nicht in dem Ausschlussland geboren, sondern z. B. für einen vorübergehenden Arbeitseinsatz oder ein Studium im betreffenden Ausschlussland wohnhaft waren.

In diesen Fällen kann das Geburtsland des Ehepartners bzw. der Eltern für die GreenCard-Lotterie unter dem Punkt »*Native Country*« angegeben werden.

Beispiel 1: *Eine Kolumbianerin, die mit einer deutschen Person verheiratet ist, darf das Geburtsland »Deutschland« ihres Partners für sich beanspruchen und mit der Angabe »Geburtsland: Kolumbien,* Native Country: *Deutschland«, an der Lotterie teilnehmen.*

Beispiel 2: *Ein Antragsteller ist in Brasilien geboren. Seine Eltern kommen beide aus Österreich. Zur Zeit seiner Geburt waren sie lediglich zwei Jahre lang für einen Arbeitsaufenthalt in Brasilien und kurz nach seiner Geburt zurück in Europa. Daher darf er an der Lotterie teilnehmen und Österreich als teilnahmeberechtigtes* »Native Country« *angeben.*

Altersbeschränkung

Es gibt im Rahmen des GreenCard-Programms keine Altersbeschränkung. Allerdings sind de facto Personen unter ca. 16 Jahren von der Teilnahme ausgeschlossen, da sie kaum über eine ausreichende schulische oder berufliche Qualifikation verfügen können.

Familienangehörige

Ehepartner und Kinder, die zum Zeitpunkt der Antragstellung noch unter 21 und unverheiratet sind, müssen im Antrag aufgeführt werden und bekommen im Gewinnfall ebenfalls eine GreenCard. Ehepartner können also ihre Chancen verdoppeln, indem jeder einen eigenen Antrag stellt. Personen unter 21 Jahren, die bereits einen qualifizierten Bildungsabschluss haben, können ihre Chancen sogar verdreifachen, indem sie selbst teilnehmen und zusätzlich beide Elternteile an der Lotterie teilnehmen lassen.

Hinweis: *Bei der Beantragung müssen wie eingangs erwähnt alle Familienangehörigen angegeben werden. Dies betrifft uneheliche Kinder genauso wie den Ehepartner, solange die Ehe auf dem Papier noch besteht. Im Gewinnfall darf der Hauptantragsteller allerdings frei entscheiden, welche der aufgelisteten Personen tatsächlich mit ihm auswandern dürfen.*

Auf der anderen Seite wird es unverheirateten Paaren erlaubt, nach der Gewinnmitteilung innerhalb von sechs bis zwölf Monaten (wichtig ist ein Zeitpunkt vor der Ausstellung des Einwanderungsvisums) noch zu heiraten, um gemeinsam Ihren amerikanischen Traum zu beginnen.

Zusammenfassung: Voraussetzungen für die Teilnahme am GreenCard-Programm

Der Teilnehmer muss in einem für die GreenCard-Lotterie zugelassenen Land geboren sein. Die Nationalität spielt dabei keine Rolle; es zählt lediglich das Geburtsland innerhalb seiner heutigen Grenzen. Teilnehmen darf außerdem, wer zwar in einem Ausschlussland geboren wurde, dessen Ehepartner jedoch aus einem teilnehmenden Land stammt, oder wessen Eltern sich nur vorübergehend in dem Land seiner Geburt aufhielten und selbst aus einem teilnehmenden Land stammen. Der Teilnehmer muss außerdem über eine der *high school* entsprechenden Schulausbildung verfügen (Realschulabschluss/MSA oder zwölfjährige Schulbildung) oder eine zweijährige Berufserfahrung innerhalb der letzten fünf Jahre in einem Beruf vorweisen, für den laut der *O*NET OnLine*-Datenbank eine zweijährige Ausbildung benötigt wird.

Wichtig: *Die Qualifikationen müssen erst im Gewinnfall nachgewiesen werden. Bei der Teilnahme werden diese noch nicht abgefragt.*

13.2 Die formalen Bestimmungen

Die Angaben zur Person, die bei der Antragstellung gemacht werden müssen, erscheinen zunächst einmal als sehr gering. Außer dem Familienstatus und der höchsten erreichten Schulbildung des Antragstellers müssen lediglich der Vor- und Nachname, Geburtsdatum, Geburtsort und Geburtsland jedes Bewerbers sowie seiner engeren Familie einschließlich aller unverheirateten Kinder unter 21 Jahren angegeben werden. Dabei sind auch uneheliche Kinder und Kinder des Ehepartners anzugeben, egal ob ein Sorgerecht besteht oder nicht. Ferner muss eine gültige Kontaktanschrift angegeben und ein digitales biometrisches Passfoto aller gelisteten Personen eingereicht werden. Viele Bewerber vermuten daher, dass die Antragstellung sehr einfach und ein Gewinn reine Glückssache wäre. Gerade deshalb werden aber zahlreiche Fehler gemacht. In jedem Jahr wird eine Vielzahl von Bewerbern aufgrund formal falsch angegebener Daten bzw. unzureichender Fotos disqualifiziert.

Hohe Anzahl von Disqualifikationen

Bis zum Jahr 2003 mussten GreenCard-Lotterie-Anträge per Post innerhalb eines kurzen Zeitraums bei der zuständigen Behörde in den USA eingehen. Disqualifiziert wurden nicht nur falsch ausgefüllte, sondern auch außerhalb der Frist eingehende oder falsch adressierte Einsendungen. Damalige offizielle Statistiken lagen bei etwa 40% aller Einsendungen, die disqualifiziert wurden.

Nach Einführung der digitalen Einreichung wurde zunächst angenommen, dass die Disqualifikationsrate zurückgehen müsse, denn ein Onlineformular korrekt auszufüllen, erschien nicht allzu schwierig, auch wenn die Zugangsvoraussetzungen für Personen ohne gute Englischkenntnisse, ohne Internetzugang oder die Möglichkeit einer digitalen Bildbearbeitung erschwert wurden. Durch ein Gerichtsurteil im Jahr 2023 wurden zuvor unter Verschluss gehaltene Akten des für die Durchführung des GreenCard-Programms zuständigen *Kentucky Consular Centers* öffentlich, wo in einem internen Vermerk vom 24. Januar 2020 festgehalten wurde, dass von 143.000 zunächst per Zufallsprogramm ausgewählten Personen ca. 60.000, also fast 42%, allein aufgrund unzureichender Qualität der digitalen Passfotos disqualifiziert wurden. In einer erst darauffolgenden Qualitätsprüfung wurde eine ungenannte Zahl weiterer Personen aufgrund anderer Unstimmigkeiten disqualifiziert.

Auch wenn die US-Regierung keine genauen Daten veröffentlicht, kann somit als gesichert angenommen werden, dass Jahr für Jahr über die Hälfte aller Antragsteller wegen Formfehlern disqualifiziert wird. Antragsteller erhalten keinerlei Benachrichtigung darüber, ob ihr Antrag disqualifiziert oder im automatischen Losverfahren einfach nicht ausgewählt wurde. Angesichts der recht komplexen Regeln haben die US-Behörden daher auch die Inanspruchnahme professioneller Agenturen grundsätzlich empfohlen *(Public Notice 4446* im *Federal Register/Vol. 68, No. 159).*

Bewerbungszeitraum

Jedes Jahr wird Ende September meist sehr kurzfristig ein Zeitfenster bekannt gegeben, innerhalb dessen die Anträge eingehen müssen. Eine Antragstellung ist nur in diesem Zeitraum möglich. In den vielen Jahren ihres Bestehens fand die Lotterie bereits viermal im Februar oder März, meist jedoch im Zeitraum Oktober/November statt. Seit einiger Zeit gilt ein Einreichungszeitraum von ca. 30 Tagen, der meist zwischen Anfang Oktober und Anfang November eines Jahres liegt.

Passbildbestimmungen

Da wie erwähnt über 40% der Bewerbungen allein aufgrund eines mangelhaften Passbildes abgelehnt werden, sollte Ihr Hauptaugenmerk auf der Erstellung eines korrekten biometrischen Fotos liegen. Das Foto muss im JPG-Format eingereicht werden, quadratisch sein, und in der Abmessung 600 x 600 Pixel betragen. Die Dateigröße darf 240 KB nicht überschreiten. Achten Sie bei der Erstellung darauf, einen neutralen, hellen Hintergrund zu wählen, und eine Umgebung, in der kein Schatten auf Ihr Gesicht fällt. Es ist durchaus möglich, das Foto mit einem guten Smartphone oder einer Digitalkamera selbst zu erstellen. Allerdings sollten sie sich von einer dritten Person fotografieren lassen, denn Selfies verzerren oft die Gesichtszüge. Das Gesicht (vom Kinn bis zum Haaransatz) muss zwischen 50% und 69% der Gesamthöhe des Fotos ausmachen und darf nicht von Haaren oder einer Kopfbedeckung verdeckt sein. Eine Kopfbedeckung ist überhaupt nur aus religiösen Gründen erlaubt und darf niemals Teile des Gesichts unterhalb des Haaransatzes verdecken oder überschatten. Eine Brille ist auf dem Foto nicht erlaubt; auch Brillenträger müssen diese absetzen. Schwarzweiß-Bilder sind ebenfalls nicht erlaubt. Achten Sie darauf, dass das Foto zum Zeitpunkt des Uploads nicht nachweislich älter als sechs Monate ist. Diese Regelungen gelten für die Fotos aller Familienmitglieder, auch wenn bei Säuglingen etwas mehr Verständnis für Abweichungen gezeigt wird.

GreenCard-Fotoanforderungen:
Detaillierte Anleitung und häufige Fragen

Weitere Teilnahmebedingungen

Da die aktuellen Teilnahmebestimmungen jedes Jahr neu festgelegt werden, kann in diesem Buch keine verbindliche Bewerbungstechnik aufgezeigt werden. Gesetzlich ist lediglich vorgeschrieben, dass die Lotterie einmal im Jahr stattfinden soll. In den ersten Jahren war dazu eine Bewerbung ohne Foto ausreichend, lange Jahre reichte danach ein einzelnes Foto des Hauptantragstellers, und mittlerweile muss eines von jedem Familienmitglied hochgeladen werden. In den Jahren 2020 und 2021 mussten zusätzlich alle Daten eines gültigen Reisepasses hochgeladen werden. Diese Regelung wurde aus formalen Gründen wieder aufgehoben, ist aber noch nicht ganz vom Tisch. Weitere Details werden Jahr für Jahr bekannt gegeben. Auch die Liste der teilnehmenden Länder ändert sich jährlich, wenn auch geringfügig.

In Ihrem eigenen Interesse wollen wir Ihnen daher keine Informationen geben, die schon bald überholt sein könnten. Anders als bei allen anderen Formen der Einwanderung ist nicht gesetzlich vorgeschrieben, welche Regeln für die Bewerbung gelten. Diese werden vom *U.S. Department of State* jährlich neu festgelegt. Die vielen Änderungen in den letzten Jahren sprechen nicht für eine zukünftige einheitliche und konstante Regelung.

Aktuelle Informationen finden Sie im Internet unter *travel.state.gov*. Ganz sicher und bequem nehmen Sie über einen Lotterie-Service, wie auch The American Dream ihn anbietet, an diesem Programm teil. Sie haben oft nur diese eine Chance, vertrauen Sie also nur aktuellen Informationen des *U.S. Department of State,* der Konsulate oder einer zuverlässigen Agentur.

13.3 Beauftragung einer Agentur

Neben der Erfüllung der Teilnahmevoraussetzungen (d. h., Geburtsland und Bildungsstand) ist eine fehlerfreie und fristgerechte Bewerbung bei der GreenCard-Lotterie unerlässlich, um nicht disqualifiziert zu werden. Wie bereits erwähnt, werden Bewerber im Falle einer Disqualifizierung nicht einmal informiert, was dazu führt, dass viele USA-Fans immer wieder die gleichen Fehler machen und sich wundern, dass auch nach vielen Jahren kein Gewinn herausspringt. Natürlich gehört beim Zufallsprinzip der Lotterie auch eine Portion Glück zum Erfolg. Aber bei den sehr hohen Gewinnchancen in der GreenCard-Lotterie handelt es sich im Gegensatz zum Lottospielen tatsächlich um eine realistische und greifbare Chance. Es wäre schade, sie aus Unachtsamkeit, Zeitmangel oder übertriebener Sparsamkeit (die Dienste von The American Dream gibt es ab ca. 50 €) verstreichen zu lassen.

The American Dream ist seit 1996 auf dem internationalen Markt tätig. Kurz nach der Gründung erhielt die Agentur als erstes GreenCard-Service-Unternehmen überhaupt die staatliche Zulassung als autorisierte Auswanderungsberatungsstelle für die USA. Im Jahr 2013 wurde das Auswanderungsschutzgesetz reformiert und ein erneutes Zulassungsverfahren sowie eine umfangreiche Prüfung notwendig. Im Dezember 2013 erhielten die Teams der The American Dream – US GreenCard Service GmbH sowie der The American Dream – US Visa Service GmbH die neue unbefristete Erlaubnis zur Auswanderungsberatung nach § 1 AuswSG vom 12. März 2013. Die Erlaubnis wird durch das Bundesverwaltungsamt geregelt. Zu den GreenCard-Lotterie-Services von The American Dream gehören unter anderem:

- die Möglichkeit, Ihre Bewerbung ganzjährig einzureichen
- eine persönliche Kontrolle und Korrektur Ihrer Unterlagen
- ein spezielles Tool für die einfache Einreichung korrekter Fotos
- 365 Tage im Jahr Beratung per Telefon oder Online-Chat
- die frist- und formgerechte Einreichung bei den US-Behörden
- ein persönliches Kundenkonto und Teilnahmezertifikat
- eine umfangreiche Gewinnerberatung
- die Kostenübernahme für Ihren USA-Hin-und Rückflug im Gewinnfall
- die gemeinsame Vorbereitung auf das GreenCard-Interview
- ein fester Ansprechpartner für alle Auswanderungsfragen
- die kostenlose Weiterleitung Ihrer GreenCard und *Social Security card* über unser Büro in den USA
- die Übernahme der Vervollständigung des »gefürchteten« Onlineformulars DS-260 inklusive Übersetzung
- die Zusammenstellung Ihrer kompletten Antragsdokumente im Gewinnfall

Über 21.000 Personen gewannen in den letzten Jahren mit The American Dream. Jedes Jahr können mehr und mehr zufriedene Kunden betreut werden. Über qualifizierte Mitarbeiter und die US-Visa-Berater der verbundenen Unternehmen kann The American Dream Ihnen zu fast jedem Thema, welches einen längeren USA-Aufenthalt betrifft, weiterhelfen.

Während den Konsulaten egal sein kann, ob Sie einen korrekten Antrag stellen oder nicht (wenn Ihr Antrag disqualifiziert wurde, kann die US-Behörde immer noch unter Millionen von anderen Anträgen wählen), kümmert sich The American Dream um Ihre Belange. So erhalten Sie im Gewinnfall umfangreiche deutschsprachige Unterlagen, lebenslangen Zugang zu einem geschützten Gewinnerforum (von Gewinnern für Gewinner), persönliche Beratung zu Ihrem individuellen Interview im Konsulat sowie eine ausführliche Beantwortung von Fragen in Bezug auf Umzug, *Social Security*, Arbeitssuche und vieles mehr.

The American Dream – US Visa Service GmbH

www.usvisaservice.de

The American Dream – US GreenCard Service GmbH

www.americandream.de

13.4 Ergebnisse

Gewinnbenachrichtigung

Die Ziehung der Gewinner des im Herbst stattfindenden GreenCard-Programms findet jeweils im darauffolgenden Jahr Anfang Mai statt. Dies geschieht in einem automatischen Prozess im reinen Zufallsprinzip ohne Berücksichtigung der persönlichen Qualifikation der Bewerber.

Die Teilnehmer der Lotterie müssen sich online auf der offiziellen Webseite des *U.S. Department of State* einloggen und den Status ihrer Bewerbung selbst abrufen. Im Gewinnfall gibt es weiterführende Links zur Annahme des Gewinns. Die erfolgreich Ausgelosten werden für das anschließende Finanzjahr vorgesehen, welches am 1. Oktober beginnt und am 30. September des Folgejahres endet. Gewinner, die z. B. im Mai 2025 ausgelost werden, erhalten Ihre Genehmigung zur Einreise zwischen dem 01.10.2025 und dem 30.09.2026. Der Anspruch auf ein Visum, welches bis zum 30. September nicht ausgestellt worden ist, verfällt. Wer nicht gewinnt, kann jedes Jahr einen neuen Antrag stellen.

An jede im Rahmen des DV-Programms ausgewählte Person wird eine Nummer vergeben, die sogenannte *case number* (auch als *rank number* bezeichnet). Die zuerst gezogenen Personen haben niedrigere Nummern. Die Vergabe erfolgt aber zufällig und richtet sich nicht nach dem Zeitpunkt der Einreichung der Bewerbung. Es werden mehr Personen benachrichtigt als GreenCards vergeben werden, da es sehr wahrscheinlich ist, dass nicht alle benachrichtigten Personen die Beantragung einer GreenCard weiterverfolgen werden oder am Ende die nötige Qualifikation dafür besitzen. So werden jedes Jahr zwischen 85.000 und

100.000 Personen benachrichtigt; die Zahl richtet sich nach der statistisch berechneten Rückmeldequote der Vorjahre. Die hohe Zahl der benachrichtigten Personen soll sicherstellen, dass auch alle 55.000 Einwanderungsvisa im jeweiligen Finanzjahr aufgebraucht werden. Trotzdem wird ernsthaften Bewerbern empfohlen, die Anweisungen auf der Webseite des *U.S. Department of State* zügig zu befolgen und das bis zu 72-seitige Onlineformular DS-260 innerhalb weniger Wochen auszufüllen und abzuschicken oder eine Agentur wie The American Dream mit der Abwicklung zu beauftragen.

Im *Visa Bulletin* kann nachgeschaut werden, wann für die jeweilige *case number*, die Ihnen im Gewinneranschreiben mitgeteilt wird, Einwanderungsvisa zur Verfügung stehen. Die dort für die entsprechende Region jeweils genannte Nummer ist die sogenannte *cut-off number*. Visa sind im jeweiligen Monat nur für Personen mit einer niedrigeren *case number* erhältlich. Das monatliche Visa Bulletin können Sie im Internet unter *travel.state.gov/content/travel/en/legal/visa-law0/visa-bulletin.html* abrufen.

Ergebnisse: Gewinnverteilung des Programms DV-2024 nach Ländern

Die Visa werden auf sechs verschiedene Regionen aufgeteilt.

AFRICA			
Algeria 5142	Cote D'ivoire 672	Liberia 2208	Sierra Leone 735
Angola 582	Djibouti 333	Libya 257	Somalia 2383
Benin 1002	Egypt 5509	Madagascar 25	South Africa 199
Botswana 16	Eq. Guinea 19	Malawi 42	South Sudan 59
Burkina Faso 191	Eritrea 211	Mali 119	Sudan 5435
Burundi 876	Eswatini 2	Mauritania 274	Tanzania 348
Cabo Verde 15	Ethiopia 3034	Mauritius 4	Togo 2105
Cameroon 3485	Gabon 86	Morocco 4250	Tunisia 221
CentR. Afr. Rep. 30	Gambia 156	Mozambique 7	Uganda 1515
Chad 490	Ghana 2088	Namibia 10	Zambia 85
Comoros 10	Guinea 1362	Niger 93	Zimbabwe 216
Congo 660	Guinea-Bissau 21	Rwanda 1604	
Congo, Dem. Rep. 2580	Kenya 3760	Senegal 504	

ASIA			
Afghanistan 4536	Israel 71	Mongolia 300	Syria 692
Bahrain 8	Japan 200	Nepal 3863	Taiwan 279
Bhutan 347	Jordan 1188	North Korea 2	Thailand 467
Burma 1667	Kuwait 162	Oman 20	UAE 211
Cambodia 340	Laos 27	Qatar 74	Yemen 3485
Indonesia 104	Lebanon 214	Saudi Arabia 619	
Iran 5077	Malaysia 32	Singapore 6	
Iraq 1348	Maldives 1	Sri Lanka 2622	

EUROPE			
Albania 2667	Estonia 33	Latvia 97	Russia 5514
Andorra 2	Faroe Islands 1	Lithuania 106	Serbia 186
Armenia 3869	Finland 29	Macau 4	Sint Maarten 1
Aruba (NL) 1	France 327	Malta 1	Slovakia 33
Austria 34	French Polynesia (FR) 1	Moldova 950	Slovenia 2
Azerbaijan 2046	Georgia 3194	Monaco 1	Spain 137
Belarus 2418	Germany 466	Montenegro 21	Sweden 31
Belgium 35	Greece 66	Netherlands 39	Switzerland 30
Bosnia & Herzegovina 31	Hungary 102	New Caledonia (FR) 4	Tajikistan 3580
Bulgaria 142	Iceland 5	North Macedonia 258	Turkey 3684
Croatia 30	Ireland 18	Northern Ireland 1	Turkmenistan 1313
Curacao (NL) 1	Italy 256	Norway 9	Ukraine 4286
Cyprus 25	Kazakhstan 2728	Poland 497	Uzbekistan 5555
Czech Rep. 46	Kosovo 463	Portugal 39	
Denmark 16	Kyrgyzstan 4464	Romania 267	
NORTH AMERICA			
Bahamas 15			
OCEANIA			
Australia 795	Fiji 2936	New Zealand 256	Solomon Islands 22
Christmas Island 1	Kirabati 21	Palau 4	Tonga 246
Cocos Islands (AU) 3	Micronesia 1	Papua New Guinea 15	Tuvalu 11
Cook Islands (NZ) 69	Nauru 32	Samoa 9	Vanuatu 29
SOUTH AMERICA, CENTRAL AMERICA, AND THE CARRIBEAN			
Antigua and Barbuda 1	Costa Rica 68	Nicaragua 117	St Vincent and the Grenadines 2
Argentina 127	Cuba 3081	Panama 17	
Barbados 4	Dominica 6	Paraguay 9	Suriname 4
Belize 5	Ecuador 814	Peru 742	Trinidad and Tobago 37
Bolivia 85	Guatemala 146	St. Kitts and Nevis 2	Uruguay 7
Chile 51	Guyana 9	Saint Lucia 3	

GreenCard-Lotterie-Gewinnerverteilung
Aktuelle Zahlen und Ergebnisse für alle Jahre seit 2001

Nach dem Gewinn – wie geht es weiter?

Wenn Sie Ihre Onlineformulare vorschriftsmäßig ausgefüllt und elektronisch an die zuständige US-Behörde übermittelt haben, heißt es zunächst einmal abwarten. In welchem Monat Sie einen Interviewtermin erhalten, hängt mit Ihrer *case number* zusammen. Sie sollten also in regelmäßigen Abständen das *Visa Bulletin* überprüfen. Sobald Ihre *case number »current«* (aktuell) ist, können Sie sich online unter *dvprogram.state.gov/ESC/checkstatus.aspx* mit Ihrer *confirmation number*, Ihrem Nachnamen und Ihrem Geburtsjahr einloggen und den Interviewtermin abrufen. In Deutschland findet dieser immer in Frankfurt am Main statt.

Bringen Sie bitte alle geforderten Dokumente mit, z. B. Führungszeugnis, Heiratsurkunde, Sorgerechtsregelung (besonders wichtig bei Alleinerziehenden), Geburtsurkunde, Impfpass, Nachweis der Schul- oder Berufsausbildung, die Bestätigung des Interviewtermins, zwei Passfotos und Bargeld in US-Dollar oder eine Kreditkarte für die Entrichtung der Bearbeitungsgebühr *(Diversity Visa fee)* in Höhe von 330 $. Grundsätzlich gilt: Alle Dokumente, die auf Englisch oder der Landessprache ausgestellt sind, in der der Interviewtermin stattfindet, müssen nicht noch einmal übersetzt werden. In Deutschland werden deutschsprachige Dokumente anerkannt. Falls Sie Ihren Interviewtermin außerhalb Deutschlands haben, so fragen Sie am besten kurz bei dem jeweiligen Konsulat nach.

Das Interview selbst entspricht im Großen und Ganzen dem, wie es alle Anwärter auf eine GreenCard absolvieren müssen. Wichtige Tipps und Hinweise zum Ablauf finden Sie in Kapitel 14.1.

Die einzige weitere Voraussetzung für die Erteilung eines Einwanderungsvisums ist ein Besuch bei einem von den USA für diesen Zweck zugelassenen Arzt, der bestätigt, dass Sie alle für die USA benötigten Impfungen haben und bescheinigt, dass Sie kein Gesundheitsrisiko darstellen. Sie sollten diesen Arzttermin kurz vor Ihren Interviewtermin legen.

Spätestens 180 Tage nach dem Arzttermin und nach Erteilung Ihres Visums müssen Sie und alle Familienangehörigen, die ebenfalls ein Visum erhalten haben, in die USA einreisen. Die eigentliche »grüne Karte« wird dann normalerweise innerhalb von wenigen Wochen an die im Formular DS-260 genannte Adresse in den USA zugesandt. Dies kann die Adresse von zuverlässigen Bekannten oder auch die Anschrift von The American Dream sein.

Diese erste »Aktivierungsreise« darf übrigens durchaus eine Urlaubsreise beliebiger Länge an einen beliebigen Ort in den USA sein. Herzlich willkommen im Land der nun auch für Sie unbegrenzten Möglichkeiten!

Wenn Sie die GreenCard erst einmal haben, sollten Sie allerdings auch einige Regeln beachten. Beispielsweise müssen Sie mindestens einmal alle 365 Tage in die USA einreisen (auf vorherigen Antrag hin auch nach spätestens zwei Jahren) und auf Nachfrage glaubhaft versichern können, dass Sie noch immer Interesse daran haben, sich irgendwann dauerhaft in den USA niederzulassen. Die genauen Regelungen lesen Sie ab Kapitel 14.3.

14 Ausstellung des Einwanderungsvisums und Gültigkeit

Die Einwanderung in die USA ist auf drei Wegen möglich: über eine arbeitsplatzbezogene GreenCard, im Rahmen der Familienzusammenführung oder per Losglück im Zuge der *Diversity Visa Lottery*. Die individuellen Voraussetzungen und Antragswege haben wir Ihnen in den Kapiteln 11, 12 und 13 ausführlich erläutert. Sie kennen nun auch das Grundprinzip, dass im ersten Schritt für alle Einwanderungskategorien (mit Ausnahme der GreenCard-Lotterie) eine Einwanderungspetition bei der US-Einwanderungsbehörde *USCIS* gestellt werden muss. Während dieses Verfahrens prüft die Behörde zunächst, ob Sie sich für die jeweilige Kategorie qualifizieren. Erst wenn Ihnen eine Genehmigung der Einwanderungspetition seitens der *USCIS* vorliegt, können Sie die abschließende Antragsphase starten. Dieser letzte Antragsschritt beinhaltet die finale Prüfung im Rahmen des Einwanderungsverfahrens und lässt Sie am Ende hoffentlich die langersehnte GreenCard in Händen halten.

Ihnen stehen für den finalen Antragsschritt zwei Wege offen:

1. **Statusanpassung *(adjustment of status):*** Halten Sie sich bereits legal in den USA auf, können Sie Ihren Nichteinwanderungsstatus direkt innerhalb der USA über dieses Verfahren anpassen lassen – natürlich unter bestimmten Zugangsvoraussetzungen.
2. **Konsularverfahren *(consular processing):*** Halten Sie sich außerhalb der USA auf bzw. können oder wollen nicht das Statusanpassungsverfahren durchlaufen, kommt für Sie nur die abschließende Bearbeitung Ihres Einwanderungsantrags durch die zuständigen US-Konsulate in Frage.

Wie bereits erläutert, sind die meisten Einwanderungskategorien durch eine jährliche Quote zahlenmäßig limitiert. Weil üblicherweise mehr Petitionen eingereicht werden als GreenCards zur Verfügung stehen, werden die überzähligen Antragsteller auf eine Art Warteliste gesetzt. Die daraus resultierenden Wartezeiten werden im monatlich neu veröffentlichten *Visa Bulletin* (siehe Kapitel 11.7 und 12.4) ausgewiesen. Ob Sie sich zwischen der Bewilligung der Petition und dem Start des finalen Antragsschrittes (also Ihrem *adjustment of status* oder dem *consular processing*) in Geduld üben müssen, hängt von Ihrer Einwanderungskategorie und Ihrem Geburtsland ab.

Praktisch: *Nicht alle Einwanderungsgruppen sind von einer (möglichen) Wartezeit zwischen Schritt 1 und Schritt 2 betroffen. So gibt es beispielsweise keine zahlenmäßigen Beschränkungen der Visa für* immediate relatives *von US-Staatsangehörigen. Diese Personen können deshalb das Einwanderungsverfahren direkt abschließen, ohne vorher auf einer Warteliste zu stehen.*

Die beiden abschließenden Verfahren zum Erhalt Ihrer GreenCard beschreiben wir Ihnen in den nächsten beiden Kapiteln.

14.1 Bearbeitung durch das Konsulat (consular processing)

Liegt Ihnen eine genehmigte I-130-, I-360-, I-140- bzw. I-526-Petition durch die US-Einwanderungsbehörde vor und ist ein Einwanderungsvisum in Ihrer Kategorie sofort verfügbar, durchlaufen Sie den letzten Antragsschritt zum Erhalt Ihrer GreenCard. Sofern Sie sich zu diesem Zeitpunkt außerhalb der USA aufhalten oder sich nicht für ein Statusanpassungsverfahren in den USA qualifizieren bzw. sich gegen ein solches entschieden haben, ist im weiteren Prozess das *National Visa Center* bzw. das US-Konsulat Ihres Heimatlandes für Sie zuständig. Für glückliche Gewinner der GreenCard-Lotterie gibt es eine Ausnahme: Hier liegt die behördliche Zuständigkeit zunächst beim *Kentucky Consular Center (KCC)*. In diesem abschließenden Prozess entscheidet das US-Konsulat darüber, ob Sie sich als Einwanderer eignen bzw. prüft, ob bestimmte Gründe vorliegen, Ihnen die GreenCard nicht zu erteilen. Näheres zu eventuellen Ausschlussgründen erfahren Sie in Kapitel 15.1. Unterschätzen Sie diesen letzten Antragsschritt nicht, denn er beinhaltet unterschiedliche Einzelprozesse, Antragsformulare, Dokumente und behördliche Zuständigkeiten. Harmlose Fehler verzögern manchmal den gesamten Prozess oder können ihn sogar zum Scheitern bringen. Darum bereiten Sie Ihren Antrag und die jeweiligen ergänzenden Dokumente gründlich vor.

Obwohl die *USCIS* Ihre Einwanderungspetition genehmigt hat, hat der US-Konsulatsbeamte jede Befugnis, Ihren Antrag auf Einwanderung in dieser letzten Phase abzulehnen – natürlich nicht wahllos, sondern auf Basis z. B. fehlerhafter/mangelnder Dokumentation oder bei Vorliegen spezifischer Ausschlussgründe. Einen guten Überblick über das *consular processing* gibt das *U.S. Department of State* auf der Webseite *travel.state.gov/content/travel/en/us-visas/immigrate.html* oder speziell für die deutschen US-Konsulate unter *www.ustraveldocs.com/de/en/immigrant-visa*. Auch andere US-Konsulate veröffentlichen detaillierte Informationen und Ausfüllanleitungen für die notwendigen Antragsformulare auf ihren Webseiten.

1. Das *National Visa Center*-Verfahren

Wurde Ihre Einwanderungspetition durch die *USCIS* genehmigt und Sie befinden sich außerhalb der USA, wird Ihr Fall zur Vorbereitung des konsularischen Verfahrens an das *National Visa Center* weitergeleitet.

Was ist das *National Visa Center*?

Das *National Visa Center (NVC)* ist Teil des *U.S Department of State* und fungiert als eine Art Schnittstelle zwischen der US-Einwanderungsbehörde und den US-Konsulaten. Das *NVC* ist zuständig für die Koordinierung und Vorabbearbeitung Ihres abschließenden (konsularischen) Einwanderungsverfahrens. Die Behörde bereitet für das US-Konsulat sowohl familien- als auch arbeitsbezogene GreenCard-Anträge für Personen vor, die derzeit außerhalb der USA leben. Es bearbeitet und prüft die Visa-Anträge, sammelt die erforderlichen Dokumente und Antragsgebühren ein und koordiniert abschließend den Interviewtermin mit dem US-Konsulat.

Das *NVC* kann allerdings erst dann mit der Vorbearbeitung Ihres abschließenden GreenCard-Antrags beginnen, wenn für Sie in Ihrer jeweiligen Kategorie ein Einwanderungsvisum verfügbar ist. Dies ist der Fall, wenn entweder keine zahlenmäßige Beschränkung vorliegt (z.B. für *immediate relative immigrant visa,* siehe Kapitel 12.2), derzeit für Ihre Kategorie keine Wartezeit besteht oder aber Ihr *priority date* im *Visa Bulletin* in der Tabelle »*date for filing application*« aktuell wird (siehe Kapitel 11.7 und 12.4). Da die »Warteschlange« in manchen Kategorien mehrere Jahre dauern kann, ist es wichtig, das *National Visa Center* stets über Ihre aktuellen Kontaktdaten informiert zu halten.

Das *NVC* informiert Sie schriftlich oder per E-Mail mit einem *welcome letter* darüber, wann der Prozess für Sie gestartet werden kann. Auf diesem Schreiben finden Sie die Zugangsdaten zu Ihrem persönlichen *CEAC*-Account im *Consular Electronic Application Center*, Ihre spezifische *case number*, die Zahlungsmodalitäten zu den notwendigen Antragsgebühren und weitere Hinweise zu den nächsten Antragsschritten.

National Visa Center oder _Kentucky Consular Center?_

Für Gewinner der GreenCard-Lotterie, die sich für das konsularische Verfahren entschieden haben, ist nicht das *National Visa Center*, sondern das *Kentucky Consular Center (KCC)* als Koordinierungsstelle zuständig. Nach Übermittlung Ihres DS-260-Formulars prüft das *KCC* Ihre Angaben, teilt Ihnen mit, welche Unterlagen für das weitere Verfahren notwendig sind und koordiniert abschließend den Interviewtermin im zuständigen US-Konsulat. Der weitere Ablauf ist dann aber gleich. Nähere Informationen hierzu finden Sie im Kapitel 13.

Tipp: *Sollte gemäß Ihrer Kategorie oder laut* Visa Bulletin *ein Einwanderungsvisum verfügbar sein, aber Sie haben kein Schreiben erhalten, dann kontaktieren Sie bitte proaktiv das* NVC, *bzw. im Fall des Gewinns in der GreenCard-Lotterie das* KCC.

Die meisten Prozessschritte können Sie über Ihren *CEAC*-Account auf der Webseite *ceac.state.gov/IV* abwickeln bzw. einsehen. Je nach Einwanderungskategorie (*family-based* oder *employment-based*) können unterschiedliche Formulare und Gebühren anfallen. In jedem Fall müssen Sie aber die *Immigrant Visa Application Processing Fee* entrichten.

Antragsteller im familienbasierten GreenCard-Verfahren müssen zusätzlich die *Affidavit of Support Fee* vorab bezahlen und im Anschluss das Formular I-864, *Affidavit of Support Under Section 213A of the INA* und die notwendigen Finanzbelege beifügen. Es handelt sich hierbei um eine eidesstattliche Versicherung (meist des *petitioners)*, mit welchem sich eine Person verpflichtet, den zukünftigen Einwanderer als *sponsor* finanziell zu unterstützten, bzw. zu unterhalten, sollte dieser nicht selbst in den USA für seinen Lebensunterhalt aufkommen können. Die Vermögensverhältnisse des Bürgen werden anhand der »*HHS Poverty Guidelines*« geprüft, um festzustellen, ob dessen Einkommen mindestens 25% über der Armutsgrenze liegt; siehe auch: *www.uscis.gov/i-864p*. Sie können auch den *Poverty Guidelines Calculator* auf der Webseite des *U.S. Department of State* nutzen.

Sie (und alle begleitenden Familienangehörigen im Antrag) müssen das Onlineformular DS-260 in Ihrem Account ausfüllen und alle erforderlichen Antragsdokumente hochladen. Die geforderte Dokumentation ist abhängig von Ihrer individuellen Einwanderungskategorie und umfasst beispielsweise Kopien von Heirats- und Geburtsurkunden, Passfotos, Reisepasskopien, polizeiliche Führungszeugnisse und weitere Unterlagen.

Wichtig: *Die über das Onlineportal hochgeladenen Dokumente für das* NVC *müssen Sie beim späteren Interviewtermin im US-Konsulat nochmals im Original vorlegen. Bewahren Sie diese also in jedem Fall gut auf.*

Nachdem das *NVC* alle erforderlichen Dokumente erhalten hat und der Antrag bereit zur finalen Bearbeitung ist, wird er an das zuständige US-Konsulat weitergeleitet. Sie erhalten über das *NVC* eine Mitteilung über den obligatorischen Interviewtermin. Die Einladung erfolgt rechtzeitig ca. vier bis sechs Wochen vor dem eigentlichen Termin, so dass Sie noch genügend Zeit haben, die weiteren notwendigen Schritte zu veranlassen und alle Unterlagen zusammenzustellen.

Die hier beschriebenen Prozesse und Abläufe unterliegen regelmäßigen Veränderungen. Erkundigen Sie sich also im Ernstfall aktuell nach den derzeitigen Auflagen.

2. Die ärztliche Untersuchung *(immigration medical examination)*

Bereits vor Ihrem Interviewtermin müssen Sie bzw. alle Antragsteller – egal welchen Alters – eine Untersuchung bei einem Vertragsarzt des US-Konsulats *(panel physician)* durchlaufen. Diese ist meist harmlos und dauert oft nur eine halbe Stunde. Der Termin umfasst eine allgemeine Untersuchung, eine Röntgenaufnahme Ihres Oberkörpers zum Ausschluss von Tuberkulose sowie eine Blutuntersuchung und bestimmte Gesundheitstests. Ein HIV-Test ist seit einigen Jahren nicht mehr erforderlich. Insbesondere wird auch Ihr Impfstatus überprüft. Informieren Sie sich deshalb rechtzeitig über die aktuellen, notwendigen Impfnachweise zum Erhalt einer GreenCard und die mitzubringenden Dokumente. Und machen Sie sich vor dieser Untersuchung keine Sorgen, denn Ausschlussgründe für die Ausstellung einer GreenCard sind in den meisten Fällen nur offene Tuberkulose, Syphilis oder Krankheiten, die mit großer Wahrscheinlichkeit (z. B. durch nötige Operationen) zu einer Belastung des amerikanischen Sozialsystems führen würden. Ansonsten ist dieser Arzttermin eine reine Routineuntersuchung.

Die Untersuchung kann nur bei den von der US-Regierung akkreditierten Ärzten durchgeführt werden; Dokumente von anderen Ärzten werden nicht anerkannt. Die derzeit in Deutschland ansässigen *panel physicians* erreichen Sie unter *www.praevenio-berlin.de* (Berlin), *www.internisten-im-westend.de* (Frankfurt), *www.praxis-dr-redlich.de* (München) und *www.internisten-am-klosterstern.de* (Hamburg).

Panel physicians in anderen Ländern können Sie auf den Webseiten der jeweiligen Konsulate nachschlagen. Nutzen Sie hierfür die Webadresse *travel.state.gov/content/travel/en/us-visas/visa-information-resources/list-of-posts.html.*

Nach der Untersuchung wird der Vertragsarzt die Ergebnisse entweder direkt an das für Sie zuständige US-Konsulat übermitteln oder sie Ihnen in einem versiegelten Umschlag für den Interviewtermin aushändigen.

Immigration medical examination:
Das erwartet Sie bei der ärztlichen Untersuchung und so können Sie sich optimal vorbereiten

3. Das Visainterview im US-Konsulat

Alle Antragsteller ab 14 Jahren müssen zum angegebenen Interviewtermin persönlich im US-Konsulat erscheinen. Seien Sie rechtzeitig vor Ort und beachten Sie die strengen Sicherheitsvorkehrungen, die je nach US-Konsulat variieren können. Metall- und metallähnliche Gegenstände sowie Mobiltelefone, Laptops und andere technische Geräte dürfen nicht mitgenommen werden. Rechnen Sie mit peniblen Taschenkontrollen, erscheinen Sie mit allen Familienangehörigen, die Bestandteil Ihres Visumantrags sind, und bringen Sie alle geforderten Dokumente mit. Diese variieren je nach individueller Einwanderungskategorie und Ihren persönlichen Umständen, umfassen aber in jedem Fall die beim *NVC* vorab eingereichten Dokumente im Original oder als beglaubigte Kopien bzw. die vom *KCC* geforderten Unterlagen für Lotteriegewinner:

- Reisepässe
- *interview appointment letter*
- *confirmation page* DS-260
- zwei Passfotos pro Person nach US-Behördenstandards
- I-693, *Report of Immigration Medical Examination and Vaccination Record* (bzw. versiegelter Vertragsarzt-Umschlag)
- I-797 *Approval Notice* von der *USCIS* (falls zutreffend)
- falls zutreffend: polizeiliche Führungszeugnisse
- Nachweise zum Familienstand, Sorgerechtsregelungen, Geburtsurkunden, finanzielle Mittel, Qualifikationen und andere fallspezifische Dokumente
- alle weiteren Dokumente, die zur Beweisführung für Ihren Einwanderungsantrag dienen

Gewinner der GreenCard-Lotterie müssen zusätzlich die *Diversity Visa fee* in Höhe von 330$ in bar oder per Kreditkarte vor Ort bezahlen. Das Interview selbst beschränkt sich häufig auf wenige Minuten. Im Gespräch werden Ihre Angaben überprüft und Sie werden auf deren Richtigkeit vereidigt. Sie müssen in jedem Fall Ihre Einwanderungsabsicht nochmals unterstreichen und versichern, dass Sie ernsthaft vorhaben, in den USA zu leben.

Bewerben Sie sich für eine arbeitsplatzbezogene GreenCard, werden Fragen zu Ihrer Tätigkeit, Ihrer Qualifikation oder Ihrem US-Arbeitgeber gestellt. Sind Sie für eine familienbasierte GreenCard vor Ort, wird der Fokus auf Ihren Verwandtschaftsverhältnissen liegen. Gewinner der GreenCard-Lotterie sollten plausibel erklären, wann und wie sie ihren Lebensmittelpunkt in die USA verlegen wollen. »Beweise« sind hierbei nicht notwendig, aber Sie sollten einen glaubhaften Plan vorlegen können.

Natürlich wird der Beamte auch versuchen, mögliche Ablehnungsgründe für eine GreenCard auszuschließen. So können Sie nochmals nach möglichen Vorstrafen oder einwanderungsrechtlichen Verstößen befragt werden. Auch Fragen nach Ihren finanziellen Verhältnissen und danach, wie Sie Ihren (Dauer-)Aufenthalt finanziell absichern wollen, können nochmals auftauchen. Insbesondere Gewinner der Lotterie sind davon betroffen. Als Richtwert gilt hier ein Vermögensnachweis von etwa 5.000 € bis 10.000 € pro Einzelperson und etwa 1.500 € zusätzlich pro weiteres Familienmitglied. Ein bestätigtes Jobangebot aus den USA kann die Summe reduzieren oder finanzielle Nachweise sogar überflüssig machen. Liegen alle Unterlagen und keine weiteren Bedenken vor, werden Sie direkt am Tag des Termins vom Beamten eine offizielle Zusage zum Erhalt Ihres Einwanderungsvisums erhalten.

4. Ausstellung des Einwanderungsvisums (I-551-*stamp*)

Wird Ihr GreenCard-Antrag genehmigt, bekommen Sie zunächst Ihr temporär gültiges Einwanderungsvisum (auch I-551-*stamp* genannt) in Ihren Reisepass eingetragen. Das Konsulat stellt keine physische (Plastik-)GreenCard für Sie aus – diese bekommen Sie erst nach erfolgter Aktivierungsreise in den USA (siehe Punkt 5) zugesandt.

Das Visum in Ihrem Pass wird zunächst auf sechs Monate erteilt und erhält den Zusatz: UPON ENDORSEMENT SERVES AS TEMPORARY I-551 EVIDENCING PERMANENT RESIDENCE FOR 1 YEAR. Sie müssen spätestens bis zum Ablaufdatum in die Vereinigten Staaten einreisen, um den Anspruch auf die Ausstellung Ihrer GreenCard zu sichern. Läuft Ihre ärztliche Untersuchungsbestätigung (I-693, *Report of Immigration Medical Examination and Vaccination Record*) schon früher ab, so gilt dieser frühere Termin.

Zusätzlich zu Ihrem Reisepass inkl. Visum bekommen Sie einen verschlossenen gelben Umschlag an die von Ihnen angegebene Adresse in Ihrem Heimatland geschickt. Der Umschlag mit der Aufschrift »IMPORTANT NOTICE: TO BE OPENED ONLY BY A U.S. IMMIGRATION OR PUBLIC HEALTH SERVICE OFFICER.« darf nicht geöffnet werden, sondern muss bei Ihrer ersten Einreise in die USA dem *CBP*-Beamten an der Grenze übergeben werden.

5. Aktivierungsreise und Anfertigung Ihrer GreenCard

Bevor Sie Ihre erstmalige Einreise als Einwanderer antreten, müssen Sie die *Immigrant Visa Fee* bezahlen. Dies ist erst nach Erhalt Ihres Einwanderungsvisums im Reisepass möglich, muss aber zwingend vor Reiseantritt erfolgen. Die Gebühr fällt für die Ausstellung Ihrer Daueraufenthaltskarte (GreenCard) in den USA an und ist über die Webseite der US-Einwanderungsbehörde *USCIS* zahlbar. Bei der Einreise legen Sie Ihren Reisepass inklusive Ihres Visums plus den verschlossenen Umschlag dem Grenzbeamten vor. Ihre Unterlagen werden geprüft, intern zur Weiterverarbeitung weitergeleitet, und sofern keine Einwände bestehen, reisen Sie dann offiziell erstmalig als »*lawful permanent resident*« in die USA ein. Sie erhalten vom Grenzbeamten einen Stempel in den Reisepass, der den Tag Ihrer Einreise dokumentiert und Sie in Kombination mit dem Visum als Einwanderer ausweist. Der Stempel gilt in der Regel für maximal ein Jahr bzw. so lange, bis Sie die eigentliche GreenCard in den Händen halten. Sie können sich damit bis zum Erhalt der physischen Karte gegenüber den US-Behörden, Arbeitgebern und anderen Personen bzw. Stellen bereits als legaler *permanent resident* ausweisen.

Ihre eigentliche GreenCard (also die Plastikkarte) wird Ihnen nach wenigen Monaten an die von Ihnen im DS-260 angegebene US-Adresse postalisch zugestellt. Dieses Dokument ist zehn Jahre gültig und kann nach Ablauf oder Verlust wie andere Ausweisdokumente auch verlängert bzw. ersetzt werden. Ausnahmen von der Zehn-Jahres-Regel gelten nur für Ehepartner von US-Staatsbürgern oder GreenCard-Inhabern bzw. Investoren, welche zunächst eine temporäre GreenCard auf zwei Jahre erhalten und dann einen Antrag auf Verlängerung stellen müssen.

Tipp: *GreenCard-Lotterie-Gewinner haben die Möglichkeit, das US-Büro von The American Dream mit der Entgegennahme und der Weiterleitung der GreenCard zu beauftragen, wenn Sie im DS-260 Einwanderungseintrag noch keine eigene amerikanische Adresse angeben können.*

Wichtige Regeln und Auflagen, die es im Zusammenhang mit Ihrer GreenCard zu beachten gibt, finden Sie in Kapitel 14.3 »Gültigkeit, Rechte und Pflichten der GreenCard«.

14.2 Statusanpassung in den USA (adjustment of status)

Wer sich bereits in den USA aufhält, kann unter bestimmten Voraussetzungen durch den Prozess der Statusanpassung *(adjustment of status)* eine GreenCard erhalten, ohne die Vereinigten Staaten verlassen zu müssen. Offiziell handelt es sich bei diesem Verfahren um den Wechsel Ihres Nichteinwanderungs- auf einen Einwanderungsstatus, der über die US-Einwanderungsbehörde *USCIS* abgewickelt wird. Das klingt zunächst nach einem praktischen »*loophole*« für eine stressfreie Einwanderung in die USA. Doch bevor Sie jetzt Ihre Koffer packen: So einfach ist es nicht. Das *adjustment of status*-Verfahren unterliegt strengen Auflagen und ist nur bestimmten Personengruppen zugänglich.

Das Statusanpassungsverfahren bietet nach Genehmigung Ihrer familienbasierten oder arbeitsplatzbezogenen Einwandererpetition sowie für GreenCard-Lotterie-Gewinner die Möglichkeit, im Gegensatz zum in Kapitel 14.1 beschriebenen konsularischen Verfahren den letzten Prozessschritt zum Erhalt Ihrer GreenCard innerhalb der USA abzuschließen. Hierbei prüft die US-Einwanderungsbehörde, ob Sie sich als Einwanderer eignen oder ob bestimmte Gründe vorliegen, Ihnen die GreenCard nicht zu erteilen. Diese können vielfältig sein. Näheres dazu finden Sie in Kapitel 15.1.

Auch wenn die *USCIS* Ihre Einwanderungspetition bereits genehmigt hat, kann Ihr Einwanderungsverfahren in diesem zweiten Schritt – also auf der Zielgeraden – noch abgelehnt werden. Das Statusanpassungsverfahren ist zeitaufwendig, umfasst viele Dokumente und ist nicht zu unterschätzen. Einen guten Überblick finden Sie unter: *www.uscis.gov/green-card/green-card-processes-and-procedures/adjustment-of-status*.

Die Anforderungen für eine Statusanpassung sehen unter anderem wie folgt aus:

- Sie sind legal in die USA eingereist, halten sich also dort aktuell auf und verfügen über einen gültigen Aufenthaltsstatus (d.h. Ihre Aufenthaltsgenehmigung ist noch nicht abgelaufen).
- Sie haben Anspruch auf die Einwanderung, d.h., Ihnen liegt eine genehmigte I-130-, I-360-, I-140- bzw. I-526-Petition durch die *USCIS* vor bzw. Sie zählen zu den glücklichen Gewinnern der GreenCard-Lotterie.
- Es gibt in Ihrer Kategorie derzeit verfügbare Einwanderungsvisa bzw. gemäß *Visa Bulletin* besteht für Ihre Einwanderungskategorie keine Wartezeit (siehe Kapitel 11.7 und 12.4).
- Sie halten sich nicht unter folgendem Status in den USA auf:
  - *Visa Waiver Program*-Reisende mit ESTA-Genehmigung
  - Transit-Reisende (C-Status)
  - Crewmitglieder (C1/D- bzw. D-Status)
  - Austauschbesucher (J-Status mit *2-year foreign residency requirement*)
  - Handelstreibende und Investoren (E-1- bzw. E-2-Status)
  - Regierungsbeamte oder Diplomanten unter A- bzw. G-Status (auch bestimmte Personen mit NATO-Status)
- Bei Ihnen liegen keine Verstöße gegen das US-Einwanderungsrecht vor.
- Sie können nachweisen, dass Sie über finanzielle Mittel verfügen, um ihren Lebensunterhalt zu bestreiten (z.B. durch ein konkretes Jobangebot) oder alternativ dadurch, dass Ihre Verwandten Sie bei einer familienbasierten Einwanderung finanziell versorgen werden *(sponsoring)*.
- Es liegen keine Ausschlussgründe (wie z.B. bestimmte Vorstrafen oder gesundheitliche Gründe) vor.

Ausnahmeregelungen

Beim Statusanpassungsverfahren gibt es eine Vielzahl von Ausnahmeregelungen. Das kann für potenzielle Einwanderer im Einzelfall bedeuten, dass sie trotz Erfüllen eines Ausschlusskriteriums doch die Möglichkeit haben, das GreenCard-Verfahren über die *USCIS* abzuschließen. So gibt es z.B. bei unmittelbaren Verwandten von US-Bürgern eine reelle Chance, trotz vorherigem illegalem Aufenthalt, illegaler Arbeit in den USA oder einem derzeitigen Aufenthalt unter dem *Visa Waiver Program* (ESTA) eine Statusanpassung in den USA zu realisieren.

Bei Personen mit E-, A- oder G-Visum kann ein *adjustment of status*-Verfahren trotz des eigentlichen Verbots möglich gemacht werden, wenn eine offizielle Ausnahmegenehmigung beantragt wird. Dies können Sie mithilfe des Formulars I-508, *Request for Waiver of Certain Rights, Privileges, Exemptions and Immunities* veranlassen. Auch nach Beendigung eines J-1-Austauschprogramms (siehe Kapitel 9.1) und dem Vorliegen einer 2-Jahres-Sperre sind Ausnahmen möglich. Hierzu sollten Sie sich allerdings fachkundigen Rat einholen.

Antragstellung

Mit dem *USCIS*-Formular I-485, *Application to Register Permanent Residence or Adjust Status* können Sie bei Erfüllung aller Voraussetzungen Ihren Status anpassen und eine dauerhafte Aufenthaltsgenehmigung (GreenCard) für die USA erhalten. Der Antrag auf Statusanpassung kann jedoch in den meisten Fällen nicht losgelöst von einem offiziellen Einwanderungsantrag (z. B. I-130, *Petition for Alien Relative* oder I-140, *Immigrant Petition for Alien Workers*) gestellt werden. Das bedeutet, Sie müssen zunächst abwarten, bis Ihre Einwanderungspetition von der *USCIS* bewilligt wurde und (sofern eine Wartezeit besteht) gemäß *Visa Bulletin* ein Einwanderungsvisum in Ihrer Kategorie verfügbar ist. Erst dann können Sie den Prozess innerhalb der USA starten.

Praktisch: *Eine gleichzeitige Einreichung (=* concurrent filing*) Ihrer Einwanderungspetition (z. B. I-130 oder I-140) direkt mit Ihrem Antrag auf Statusanpassung (I-485) ist bei allen Kategorien ohne Beschränkung bzw. Wartezeit möglich (z. B.* immediate relatives *von US-Staatsangehörigen).*

Bevor Sie Ihren Antrag auf den Weg bringen können, müssen Sie zahlreiche Unterlagen zusammenstellen, die sich – je nach Ihrer individuellen Situation und der zu beantragenden Einwanderungskategorie – unterscheiden. Im Regelfall werden die folgenden Dokumente benötigt:

- Formular I-485, *Application to Register Permanent Residence or Adjust Status*
- der Nachweis der Zahlung der *USCIS*-Antragsgebühren
- eine Kopie Ihres Reisepasses
- zwei Passfotos nach US-Behördenstandards
- ein Nachweis Ihres früheren sowie aktuellen legalen Aufenthaltsstatus
- I-693, *Report of Immigration Medical Examination and Vaccination Record* (medizinische Untersuchung durch einen *USCIS*-Vertragsarzt)
- I-797 *Approval Notice* von der *USCIS* (sofern zutreffend)
- Nachweise zum Familienstand, Geburtsurkunde, finanzielle Mittel, Qualifikationen und andere fallspezifische Dokumente
- alle weiteren Dokumente, die zur Beweisführung für Ihren Einwanderungsantrag dienen
- falls zutreffend: Belege zu begleitenden Familienangehörigen (Ehepartner und unverheiratete Kinder unter 21 Jahren)

Tipp: *Die medizinischen Untersuchungsergebnisse (I-693,* Report of Immigration Medical Examination and Vaccination Record*) müssen nicht gleichzeitig mit dem I-485-Antrag eingereicht werden. Eine Nachreichung während des Verfahrens ist möglich. Nähere Informationen zur medizinischen Untersuchung finden Sie in Kapitel 14.1.)*

Die Anweisungen zur dokumentarischen Beweisführung und zum Ausfüllen des Formulars I-485 und finden Sie auf der *USCIS*-Webseite unter *www.uscis.gov/sites/default/files/document/forms/i-485instr.pdf*. Außerdem gibt die US-Einwanderungsbehörde unter *www.uscis.gov/i-485* aktuelle Tipps zum zeitlichen Ablauf, um unnötige Wartezeiten zu verhindern.

Sofern Ihr I-485-Verfahren auf Basis einer *family-based immigrant petition* (I-130) beruht, muss im Zuge dessen auch der eidesstattliche Bürgschaftsnachweis Ihres *sponsors* beigefügt werden. Dieser umfasst das Formular I-864, *Affidavit of Support* sowie Einkommens- oder Vermögensnachweise des *sponsors* bzw. *joint sponsors* (z.B. Steuerformulare, Gehaltsabrechnungen, Kontoauszüge oder Immobilienbewertungen). Nähere Informationen hierzu finden Sie auch in Kapitel 14.1.

Zusätzlich können je nach persönlicher Situation weitere Unterlagen erforderlich sein. Es ist wichtig, dass alle notwendigen Dokumente vollständig und korrekt eingereicht werden, um Verzögerungen oder Ablehnungen zu vermeiden.

Praktisch: *Für bestimmte Antragsteller ist es möglich, zusammen mit dem I-485-Statusanpassungsverfahren einen Antrag auf Allgemeine Arbeitserlaubnis (I-765,* Employment Authorization Document*) zu stellen. Darüber hinaus benötigen bestimmte Personen für mögliche Auslandsreisen während des Prozesses eine so genannte* Advance Parole*, welche mit dem Antragsformular I-131 auch parallel beantragt werden kann.*

Sobald die *USCIS* Ihren Antrag geprüft hat, erhalten Sie eine Einladung zur Abgabe Ihrer Fingerabdrücke, der Anfertigung eines Fotos und Ihrer Unterschrift *(= biometrics appointment)* in einem der zuständigen *Application Support Center* und im Anschluss Ihre Einladung zu einem (meist) obligatorischen Interviewtermin.

Das Interview und die Ausstellung der GreenCard

In der Regel müssen alle Personen, die sich im Statusanpassungsverfahren befinden, an einem persönlichen Interview bei einem *USCIS office* teilnehmen. Die US-Einwanderungsbehörde wird Ihnen hierzu als letzten Schritt eine Einladung zukommen lassen. Ob Sie persönlich vorsprechen müssen, ist abhängig von der Einwanderungskategorie, Ihren persönlichen Umständen, der Einschätzung des Beamten sowie der jeweiligen Gesetzeslage. Beim Termin selbst müssen Sie alle Dokumente, welche Sie bereits bei der *USCIS* eingereicht haben, nochmals im Original vorlegen.

Während des Interviews werden Ihnen unter Eid Fragen zu Ihrem Antrag gestellt. Diese unterscheiden sich natürlich, je nachdem, für welche Kategorie Sie sich bewerben. So zielen die Fragen der Beamten bei einem GreenCard-Verfahren über eine Heirat vor allem auf die Echtheit Ihrer Ehe ab. Bei arbeitsplatzbasierten Einwanderungsvisa geht es im Schwerpunkt um das Arbeitsplatzangebot, Ihre Rolle als Investor oder Ihre Qualifikationen. Auch Ihre Vermögensverhältnisse können hinterfragt werden. Im Grunde dient das Interview jedoch nur dazu, Ihre im Antrag gemachten Angaben zu bestätigen, mögliche Widersprüche zu erkennen oder Ausschlussgründe zur Erteilung einer GreenCard festzustellen.

Haben Sie das Interview erfolgreich hinter sich gebracht, müssen Sie noch etwas Geduld mitbringen. Sie erfahren erst einige Zeit später, ob Ihrem Antrag auf Statusanpassung auf *legal permanent residency* tatsächlich final stattgegeben wurde (im Durchschnitt dauert dies ca. 90 Tage). Sie erhalten dann ein Genehmigungsschreiben der *USCIS* (I-797 *Approval Notice*) und einige Zeit später Ihre physische GreenCard per Post. Herzlichen Glückwunsch,

Sie sind nun offiziell ein *legal permanent resident* und können ohne Einschränkung in den USA leben und arbeiten!

Achtung: *Die Bearbeitungszeiten von Statusanpassungsverfahren sind derzeit sehr lang. Zum Zeitpunkt der Veröffentlichung dieses Buches betrug die durchschnittliche Bearbeitungsdauer (ab Einreichung bis zur finalen Ausstellung der GreenCard) rund ein Jahr. Längere Laufzeiten sind aber – je nach Kategorie – keine Ausnahme. Daraus resultiert insbesondere für GreenCard-Lotterie-Gewinner, die sich bereits in den USA aufhalten, ein Risiko: Sie müssen Ihr Einwanderungsvisum, zwingend bis zum 30. September des Folgejahres nach der Ziehung erhalten haben, denn ansonsten verfällt der Anspruch auf die GreenCard. Lotterie-Antragsteller sollten deshalb das (im Zweifelsfall schnellere) konsularische Verfahren (Kapitel 14.1) in Erwägung ziehen.*

14.3 GreenCard-Gültigkeit, Rechte und Pflichten

Die Erteilung der *permanent residency* ist in nahezu allen Fällen unbefristet. Sie müssen allerdings in diesem Zusammenhang zwei Aspekte unterscheiden:

1. der Ihnen erteilte Einwanderungsstatus als *permanent resident* (Dieser ist lebenslang gültig.)
2. Ihre physische GreenCard, die Sie als Einwanderer ausweist (Diese muss alle zehn Jahre verlängert werden.)

Der Einwandererstatus wird nur in zwei Fällen befristet (also auf Probe) erteilt, nämlich für ausländische Ehepartner im Rahmen der Familienzusammenführung (siehe Kapitel 12.4) und für EB-5-Investoren (siehe Kapitel 11.6). In beiden Fällen erteilen die US-Behörden zunächst eine *conditional permanent residency* auf zwei Jahre. Kann nach Ablauf dieser Zeit nachgewiesen werden, dass weiterhin eine Ehe besteht bzw. der Investor seinen Auflagen nachgekommen ist, erhalten auch diese Personen den unbefristeten Einwanderungsstatus und werden zu *lawful permanent residents*. Da die *Permanent Resident Card* der Nachweis Ihrer dauerhaften Aufenthalts- und Arbeitserlaubnis für die USA ist, den Sie auf Anfrage vorlegen müssen, ist die grüne Karte stets auf dem neuesten Stand zu halten. Nach Ablauf können Sie sie ohne größeren Aufwand mittels des Antragsformulars I-90, *Application to Replace Permanent Resident Card* verlängern oder bei Verlust neu ausstellen lassen.

GreenCard verlängern oder ersetzen:
Ablauf, Antragsprozess und die häufigsten Fragen

Eine GreenCard gewährt Ihnen eine unbefristete Aufenthalts- und Arbeitsgenehmigung in den USA. Sie haben damit die Freiheit, sich überall in den USA unbegrenzt niederzulassen, dort zu arbeiten, sich selbstständig zu machen, zu studieren oder öffentliche Schulen zu besuchen. Sie können auch bestimmte Sozialversicherungsleistungen und *Medicare* beziehen, sofern Sie sich dafür qualifizieren. Ihr Status als *permanent resident* gleicht somit nahezu dem eines US-Staatsbürgers, mit einigen wenigen Einschränkungen. Mit den vielfältigen Rechten gehen aber auch einige Pflichten einher.

Die US-Behörden gehen davon aus, dass Sie nach Erhalt Ihrer GreenCard Ihren Lebensmittelpunkt zeitnah in die Vereinigten Staaten verlegen, bzw. dort aufrechterhalten – andernfalls würde für Sie nämlich ein Nichteinwanderungsvisum ausreichen. Deshalb müssen Ihre Rechte als GreenCard-Inhaber, obwohl sie ein Leben lang gültig sind, sorgfältig »gepflegt« werden. Ihr Daueraufenthalt in den USA steht immer dann auf wackeligen Füßen, wenn Sie sich nicht an die Verhaltensregeln für GreenCard-Inhaber in den USA halten. Dazu gehören z. B.:

- Sie sollten sich nicht zu lange am Stück außerhalb der USA aufhalten. Ab sechs Monaten müssen Sie bereits mit bohrenden Fragen bei der Wiedereinreise rechnen, und bei Aufenthalten über einem Jahr verlieren Sie Ihren Einwanderungsstatus.
- Sie müssen stets einen Nachweis über Ihren Einwandererstatus (also Ihre GreenCard) mit sich führen.
- Sie sollten Ihre Wohnadresse in den USA gegenüber der US-Einwanderungsbehörde immer aktuell halten und nach einem Umzug innerhalb von 10 Tagen online, telefonisch oder schriftlich mitteilen: *www.uscis.gov/addresschange*.
- Sie müssen in den USA eine Steuererklärung abgeben.
- Sie müssen sich beim *selective service* (US-Militär) registrieren, sofern Sie männlich und zwischen 18 und 26 Jahre alt sind: *www.sss.gov*.
- Sie müssen alle Bundes-, Landes- und Kommunalgesetze befolgen.

Die häufigsten Bedenken von Einwanderern in den USA haben mit längeren Abwesenheiten, z. B. wegen Reisen in das Heimatland, zu tun. Ihre GreenCard bleibt zunächst gültig, solange Sie nicht ein ganzes Jahr wegbleiben (also keine 365 Tage durchgehend im Ausland sind). Die Wahrscheinlichkeit von unangenehmen Nachfragen beim Grenzübertritt steigt jedoch, wenn Sie sich regelmäßig länger außerhalb der USA aufhalten und diese Abwesenheiten über sechs Monate dauern. Sie sollten stets gut darauf vorbereitet sein, einem Beamten Ihre Situation plausibel zu erklären. Führen Sie bei längeren Aufenthaltszeiten außerhalb der USA also Unterlagen mit sich, die Ihre berechtigten Gründe für das Reiseverhalten sowie Ihre konkrete Einwanderungsintention belegen können. Dies könnten z. B. folgende Dokumente sein:

- Kontoauszüge aus den USA (amerikanisches Bankkonto)
- eine amerikanische Steuererklärung
- ein Nachweis Ihres Wohnsitzes in den USA
- eine Kopie Ihres US-Arbeitsvertrages
- Ihre Gas-, Wasser- oder Stromrechnungen aus den USA
- Ihr US-Führerschein
- Ihre *Social Security card*
- Clubmitgliedschaften in den USA, z. B. Golfclub, Tennisclub
- Dokumente, die den »Abbau« Ihrer Bindungen ans Heimatland belegen können (z. B. Kündigungsschreiben oder Verkaufsanzeigen)

Diese Dokumentation kann für Personen, die gerade erst eine GreenCard erhalten haben und deren Auswanderung sich noch etwas verzögert, besonders wichtig sein.

Nach einem durchgängig außerhalb der USA verbrachten Jahr ist Ihre GreenCard nicht mehr für die Einreise gültig, sofern Sie sich nicht vorher um eine *reentry permit* (Wiedereinreiseerlaubnis) oder nachträglich um ein *Returning Resident visa* (SB-1) bemüht haben.

Reentry permit

Die *reentry permit,* steht GreenCard-Inhabern zur Verfügung, die für längere Zeit außerhalb der USA leben wollen, z. B., weil sie im Ausland einer beruflichen Tätigkeit nachgehen, studieren, oder für kranke Familienmitglieder sorgen müssen. Es muss also ein nachvollziehbarer, dringender Grund vorliegen. Mit dem rechtzeitigen Antrag auf eine *reentry permit* demonstrieren Sie, dass Sie nicht vorhaben, Ihren Status als *permanent resident* aufzugeben.

Um die Wiedereinreisegenehmigung zu erhalten, müssen Sie mindestens vier Wochen vor der Ausreise das Formular I-131, *Application for Travel Document* online absenden, also während Sie sich physisch noch in den USA befinden. Es empfiehlt sich eine Antragstellung per vorausbezahltem Expressmailer (zusätzliche Portokosten: ca. 85 $), sodass die notwendige biometrische Datenerfassung innerhalb von maximal 15 Tagen nach Eingang des Antrags persönlich beim örtlichen *USCIS office* vorgenommen werden kann. Die Einladung zur Datenerfassung erfolgt postalisch an Ihre US-Adresse. Sie sollten daher eine Adresse angeben, an der Sie sich tatsächlich gerade aufhalten.

Wird der Antrag genehmigt, stellt die Behörde ein *travel document* aus, welches bis zu zwei Jahre Gültigkeit besitzt (je nach beantragtem Zeitraum). Sie können sich dann für diesen Zeitraum außerhalb der USA aufhalten, ohne Gefahr zu laufen, Ihren Einwandererstatus zu verlieren. Natürlich dürfen Sie während dieser Zeit auch die USA besuchen. Theoretisch ist auch eine Verlängerung möglich, diese muss aber außerordentlich gut begründet werden. Die exakten Anweisungen zum Ausfüllen des Formulars und der dokumentarischen Beweisführung finden Sie unter: *www.uscis.gov/i-131.*

Returning Resident visa (SB-1)

Ein deutlich schwierigerer Weg, um nach einer einjährigen Abwesenheit wieder als Einwanderer in die USA einreisen zu können, ist das *Returning Resident visa.* Sie können es über das Formblatt DS-117, *Application to Determine Returning Resident Status* beim zuständigen US-Konsulat außerhalb der USA einreichen. Rein rechtlich gesehen handelt es sich dabei um einen neuerlichen Einwanderungsantrag. Sie haben es deshalb mit einem umfangreichen und komplizierten Prozess mit ausführlicher Beweisführung zu tun. Hierbei müssen Sie überzeugend nachweisen, dass Ihre längere Abwesenheit außerhalb der USA unvorhergesehen war und außerhalb Ihrer Kontrolle lag. Doch selbst, wenn Sie alle erforderlichen Nachweise erbringen, gibt es keine Garantie, dass man Ihnen die GreenCard erneut erteilt. Die Entscheidung liegt allein im Ermessen des Konsularbeamten. Wenn Ihr SB-1-Visum nicht genehmigt wird, hätten Sie nur die Option, einen neuen Einwanderungsantrag von vorn zu beginnen und den gesamten Prozess nochmals zu durchlaufen.

Wann muss ich auswandern?

In der Regel gibt es in den ersten Jahren nach Erhalt der GreenCard selten Probleme bei der Einreise in die USA und Sie haben ausreichend Zeit, sich in Ruhe Ihrer Wünsche bewusst zu werden und Ihren weiteren Weg zu planen. Wir kennen sogar GreenCard-Gewinner, die seit mehr als 10 Jahren zwischen Deutschland und den USA pendeln. Eine pauschale Aussage, nach welcher Zeit Sie spätestens dauerhaft in die USA ziehen sollten, kann es daher leider nicht geben. Sollte der Grenzbeamte Sie nach längerer Abwesenheit einer intensiveren Befragung unterziehen, so bleiben Sie ruhig. In den allermeisten Fällen werden Sie mit guten Argumenten (und Unterlagen) die Zweifel zerstreuen können.

Schwieriger wird es, wenn Sie bereits seit längerer Zeit immer nur kurz eingereist sind. Dann steht es im Ermessen des Beamten, Ihnen eine Verwarnung auszusprechen. Dazu wird Ihnen ein Vermerk in den Pass gestempelt, der zunächst harmlos aussieht. Hierbei wird eingetragen, wie viele Monate Sie sich außerhalb der USA aufgehalten haben. Sie dürfen nach einer solchen Verwarnung immer noch einreisen, sollten aber in Zukunft entweder regelmäßig kommen, tatsächlich bald umsiedeln oder eine *reentry permit* beantragen.

Tipp: *Bei regelmäßiger, bestimmungsgemäßer Einreise dürfen die US-Grenzschutzbeamten Ihnen die GreenCard nicht einfach abnehmen. Bei wiederholten längeren Abwesenheiten von knapp weniger als 365 Tagen mag man zwar versuchen, Ihnen ein Formular zur Unterschrift vorzulegen, mit welchem Sie den GreenCard-Status aufgeben. Dieses sollten Sie aber nicht – bzw. nie ohne vorherige Konsultation mit einem Anwalt – unterschreiben. Sollte man Ihnen dennoch die GreenCard entziehen, haben Sie das Recht auf Einreise und die Anhörung vor einem* »immigration judge« *innerhalb weniger Tage, der diese Entscheidung wieder revidieren kann.*

14.4 Beantragung der US-Staatsbürgerschaft

Millionen von Menschen sind mit ihrer GreenCard glücklich und lassen diese alle zehn Jahre verlängern. Für viele Einwanderer ist jedoch der Erhalt der US-Staatsbürgerschaft *(»naturalization«)* das ultimative Ziel. Mit der Beantragung des US-Passes sparen sie sich nicht nur den dekadischen GreenCard-Behördengang, sondern demonstrieren auch ihr Bekenntnis zu den Vereinigten Staaten und können mitbestimmen, wie das Land regiert wird. Die folgenden Rechte und Vorteile sind mit der US-Staatsbürgerschaft verknüpft:

- das Wahlrecht in übergeordneten Wahlen (z. B. Präsidentschaftswahlen)
- Zugang zu Beschäftigungsmöglichkeiten in allen US-Regierungsstellen und Militärdiensten
- der Erhalt eines US-Reisepasses
- das Recht, sich unbegrenzt lange außerhalb der USA aufzuhalten, ohne den Aufenthaltsstatus zu riskieren
- keine Gefahr von Ausweisungen bei bestimmten strafrechtlichen Verurteilungen
- schnellerer Familiennachzug für Angehörige (siehe Kapitel 12)

Voraussetzungen für die US-Staatsbürgerschaft

Personen, die eine Einbürgerung anstreben, müssen für einen bestimmten Zeitraum im Besitz eines legalen Einwanderungsstatus bzw. einer GreenCard gewesen sein, für einen bestimmten Zeitraum physisch in den USA gelebt haben und über einen »guten moralischen Charakter« *(good moral character)* verfügen, also die Gesetze der USA respektieren und nicht gegen sie verstoßen.

Um den Antrag stellen zu dürfen, müssen Sie in der Regel seit mindestens fünf Jahren im Besitz der *lawful permanent residency* (also einer GreenCard) sein. Bei einer Ehe mit einem US-Staatsbürger sind es nur drei Jahre. Während dieses Zeitraums müssen Sie die erforderliche »*physical and continuous presence*« nachweisen (es sei denn, Sie sind Ehepartner eines US-Soldaten, der im Ausland stationiert ist). Diese Regelung beinhaltet, dass Sie mindestens 30 Monate innerhalb der letzten fünf Jahre (oder 18 Monate innerhalb von drei Jahren, wenn Sie mit einem US-Bürger verheiratet sind) als GreenCard-Inhaber physisch in den USA präsent gewesen sein müssen. Im Einbürgerungsverfahren ist auch ein Wohnsitz in den Vereinigten Staaten nachzuweisen. Eine weitere Voraussetzung ist die Bereitschaft, den Treueeid *(Oath of Allegiance)* abzulegen. Sie müssen zudem über ausreichende Englischkenntnisse verfügen, mindestens 18 Jahre alt sein und gut über die amerikanische Geschichte und die US-Regierung informiert sein.

Antragsverfahren

Planen Sie einen Zeitraum von 6–18 Monaten für das gesamte Antragsverfahren ein. Um den Prozess der Einbürgerung zu starten, stellen Sie den Antrag N-400, *Application for Naturalization* bei der *USCIS* unter der Webadresse *www.uscis.gov/n-400* und durchlaufen die folgenden Schritte:

1. Erstellen des Onlinekontos unter *myaccount.uscis.gov*
2. Ausfüllen des Formulars N-400 und Zahlung der notwendigen Antragsgebühr
3. Warten auf Benachrichtigung durch die *USCIS*
4. falls erforderlich: »*Biometrics*«-Termin zur Abgabe von Fingerabdrücken, Unterschrift und Fotos
5. Interview mit Sprach- und Staatsbürgerschaftstest *(civics test)*, falls erforderlich

Um sich in Ruhe auf alle Fragen des *civics test* vorzubereiten, können Sie das Onlineangebot der *USCIS* nutzen: *www.uscis.gov/citizenship/learn-about-citizenship/the-naturalization-interview-and-test*.

Nachdem Sie Ihre Tests erfolgreich absolviert haben, erhalten Sie das Formular N-445, *Notice of Naturalization Oath Ceremony*, also Ihre Benachrichtigung für die Teilnahme an der formellen Eideszeremonie. Je nachdem, wo Sie leben, kann diese in einem kleinen Raum am Tag Ihres Einbürgerungstests oder auch Monate später in einem großen Bundesgebäude stattfinden. Unabhängig davon, wo Ihre Einbürgerungszeremonie stattfindet: Sie ist ein feierlicher Anlass und sozusagen der Höhepunkt Ihrer »Karriere« als Einwanderer in den USA! Erscheinen Sie etwa eine Stunde vor Ihrem Termin, damit die *USCIS*-Beamten noch genügend Zeit haben, Ihre Berechtigung zu überprüfen und bringen Sie alle geforderten Unterlagen mit.

Als Teil der Einbürgerungszeremonie legen Sie den Treueeid ab, der seit mehr als 200 Jahren zur amerikanischen Staatsbürgerschaft führt. Mit diesem erklären Sie sich bereit, die US-Verfassung zu respektieren, keiner ausländischen Regierung zu dienen und die Gesetze der Vereinigten Staaten gegen alle Feinde zu unterstützen und zu verteidigen.

Der Text lautet wie folgt:

»I hereby declare, on oath, that I absolutely and entirely renounce and abjure all allegiance and fidelity to any foreign prince, potentate, state or sovereignty, of whom or which I have theretofore been a subject or citizen; that I will support and defend the Constitution and laws of the United States of America against all enemies, foreign and domestic; that I will bear true faith and allegiance to the same; that I will bear arms on behalf of the United States when required by the law; that I will perform work of national importance under civilian direction when required by the law; and that I take this obligation freely without any mental reservation or purpose of evasion; so help me God.«

Nachdem Sie den Eid abgelegt haben, werden Sie als US-Staatsbürger begrüßt und erhalten Ihre Einbürgerungsurkunde. Überprüfen Sie noch einmal alle Angaben auf dem Dokument, unterschreiben Sie es und dann … feiern Sie Ihre Einbürgerung in angemessener Weise!

Und wenn Sie am nächsten Tag aufstehen, ändern Sie am besten direkt Ihre Sozialversicherungsdaten und registrieren Sie Ihren Wahlschein. Sie sind jetzt ein echter Amerikaner!

Übrigens: *Personen im Seniorenalter, die schon lange in den USA leben sowie Menschen mit Behinderungen müssen nicht alle Anforderungen erfüllen und können oft auch ohne Interview und Staatsbürgerkundetest eingebürgert werden.*

Doppelte Staatsbürgerschaft

Die USA gestatten eine doppelte Staatsbürgerschaft. Das heißt, dass von Ihnen als Auswanderer nicht erwartet wird, dass Sie mit der US-Einbürgerung Ihre bisherige Staatsangehörigkeit ablegen. Die Frage ist allerdings, ob das Land, in dem Sie bis dato Ihre Staatsbürgerschaft hatten, dem auch zustimmt. Klären Sie dies in jedem Fall, bevor Sie das Einbürgerungsverfahren einleiten. Ansonsten laufen Sie Gefahr, dass Ihnen Ihre bisherige Staatsangehörigkeit entzogen wird.

News

Im Jahr 2023 hat die deutsche Bundesregierung einen Gesetzentwurf auf den Weg gebracht, welcher die Aufrechterhaltung der deutschen Staatsbürgerschaft im Falle einer (weiteren) Einbürgerung wesentlich erleichtern wird. Bisher mussten deutsche Staatsangehörige vor dem amerikanischen Einbürgerungsverfahren zunächst eine aufwendige und langwierige Beibehaltungsgenehmigung beantragen, um nicht den Verlust der deutschen Staatsbürgerschaft zu riskieren. Das neue Gesetz sollte im Sommer 2024 in Kraft treten.

Tipp: *Sobald Sie über die doppelte Staatsangehörigkeit verfügen (z.B. deutsch/amerikanisch), müssen Sie bei Reisen in die USA stets Ihren amerikanischen Reisepass vorzeigen. Beantragen Sie also zeitnah einen US-Pass, um ungehindert reisen zu können.*

TEIL IV: ALLGEMEINE TIPPS

15 Schwierigkeiten mit US-Behörden vermeiden

Das US-Einwanderungsrecht kennt eine Vielzahl von Gründen, jemandem die Einreise zu verweigern bzw. ein Visum oder eine GreenCard nicht zu erteilen. Bevor eine Aufenthaltsgenehmigung gewährt werden kann, liegt es an Ihnen, zu beweisen, dass für Ihre Person keine »Ausschlussgründe« vorliegen.

Zu den häufigsten Gründen für eine Ablehnung zählen:

- eine unterstellte Einwanderungsintention bei Beantragung eines Nichteinwanderungsvisums, bzw. -status
- die Beantragung der falschen Visumkategorie bzw. fehlende Qualifikation einer Person für das entsprechende Visum bzw. einwanderungsrechtliche Verfahren
- das Vorliegen so genannter *inadmissability grounds* (also genereller Ausschlussgründe, die sich auf die Person des Antragstellers beziehen (siehe Kapitel 15.1)

Bei letztgenannten Ausschlussgründen steht der Schutz der amerikanischen Bevölkerung im Fokus. Die USA sind bemüht, bestimmte (»unerwünschte«) Personen von ihrem Territorium fernzuhalten. Die zuständige US-Behörde wird jedoch in der Regel Ihren Antrag auf ein Visum bzw. ein einwanderungsrechtliches Verfahren befürworten, wenn Ihre Unterlagen in Ordnung sind und Sie die individuellen Zugangsvoraussetzungen erfüllen. Deshalb empfiehlt es sich, Visa- oder Einwanderungsanträge immer gemeinsam mit einem Experten zu stellen, der die rechtlichen und bürokratischen Fallstricke gut kennt. Dies kann ein spezialisierter Rechtsanwalt für Einwanderungsrecht oder auch ein staatlich anerkannter Auswandererberater nach §1 AuswSG sein, wie Sie ihn in den Beraterteams von The American Dream finden.

15.1 Ausschlussgründe für die Visumerteilung oder Einreise

Eine unerwünschte Person wird im US-Einwanderungsrecht als *inadmissible* bezeichnet. Die Gründe für eine solche »Unzulässigkeit« können vielfältig sein und z. B. kriminelle Vergehen, Verstöße gegen Einwanderungsgesetze, Gesundheitsrisiken oder andere Sicherheitsbedenken einschließen. Personen, die als *inadmissible* eingestuft werden, können entweder kein Visum erhalten, an der Grenze die Einreise in die USA verweigert bekommen oder unter bestimmten Umständen sogar nachträglich aus den USA ausgewiesen werden bzw. ihren aufenthaltsrechtlichen Status verlieren. Eine vollständige Liste der *inadmissibility grounds* findet sich im *Immigration and Nationality Act (INA)*. Wir erklären Ihnen in diesem Kapitel nur die wichtigsten dieser Ausschlussgründe.

Gesundheitliche Gründe oder Drogenmissbrauch

Personen, die an einer übertragbaren Krankheit leiden, die eine Gefahr für die Sicherheit der US-Bevölkerung darstellt, können als untauglich für den Erhalt eines Visums bzw. die Einreise in die USA eingestuft werden. Die US-Regierung legt hierbei fest, welche Krankheiten zum Ausschluss führen können. Dazu gehören z. B. Gonorrhoe, Syphilis oder offene Tuberkulose. In diesem Zusammenhang gilt auch: Wenn Sie sich auf eine GreenCard bewerben und nicht die erforderlichen Impfungen gegen vermeidbare Krankheiten nachweisen können, wird Ihnen kein Einwanderungsvisum erteilt. Für Nichteinwanderungsvisa zählt diese Regelung nicht.

Auch Personen, die an einer schweren geistigen Erkrankung leiden, die mit einem schädlichen Verhalten einhergeht, das das Eigentum, die Sicherheit und das Wohlergehen der amerikanischen Bevölkerung gefährden würde, können hiervon betroffen sein. Die in Frage kommenden Krankheiten sind aber sehr eng gefasst (z. B. eine schwere Psychose). Zusätzlich wird auch der Verdacht oder Nachweis einer Drogenabhängigkeit oder des Drogenmissbrauchs als Ausschlussgrund betrachtet. Welche Substanzen relevant sind, regelt der *Controlled Substances Act*. Aktuell zählen hierzu beispielsweise Heroin, LSD, Kokain, Fentanyl oder auch Marihuana (auch wenn in einigen US-Bundesstaaten wie z. B. Kalifornien der Konsum und Besitz von Marihuana in kleinen Mengen straffrei ist). Ausschlaggebend ist hier das US-Bundesrecht.

Strafrechtliche Gründe

Wer eine schwerwiegende Straftat begangen hat, ist grundsätzlich nicht berechtigt, ein US-Visum zu erhalten. Der betreffende Rechtsterminus im US-Einwanderungsrecht lautet »*crime of moral turpitude*«, also etwa »moralisch verwerfliche Straftat«. Straftaten dieser Art schließen schwere Brandstiftung, Erpressung, schwere Körperverletzung und Mord ein, und auch bestimmte Wirtschaftsverbrechen (wie zum Beispiel vorsätzliche Steuervergehen) gehören dazu.

Zu den *criminal-related inadmissability grounds* zählt auch jeder Verstoß gegen ein ausländisches oder inländisches Betäubungsmittelgesetz. Wenn ein US-Beamter Grund zur Annahme oder Kenntnis darüber hat, dass eine Person in den Handel mit illegalen Drogen verwickelt war oder ist, wird die Einreise in die USA verwehrt werden.

Auch Personen, die in den letzten zehn Jahren vor Antragstellung der Prostitution nachgegangen sind oder in die USA einreisen wollen, um dort der Prostitution nachzugehen, können abgewiesen werden. Gleiches gilt für Personen, die in Menschenhandel oder Geldwäsche verwickelt sind oder in den USA anderen illegalen geschäftlichen Aktivitäten nachgehen möchten.

Eine Person, die wegen zwei oder mehr Straftaten verurteilt wurde, ist »unzulässig«, wenn sie zu einer Gesamtfreiheitsstrafe von fünf Jahren oder mehr verurteilt wurde (die Strafen werden zusammengerechnet). Dies gilt unabhängig davon, ob die Straftaten »moralisch verwerflich« *(moral turpitude)* waren oder ob die mehrfachen Verurteilungen auf einem einzigen Verfahren oder einem einzigen Fehlverhalten beruhen.

Weitere nationale Sicherheitsrisiken

Personen, von denen die US-Behörden vermuten, dass sie in die USA einreisen wollen, um Spionage (einschließlich Wirtschaftsspionage) oder Sabotage zu betreiben, können von den Beamten abgewiesen werden. Auch wer im Verdacht steht, in terroristische Aktivitäten verwickelt zu sein, erhält kein Visum bzw. keine Einreisegenehmigung. Ein besonderes Augenmerk richten die US-Grenzschutzbeamten auch auf Mitglieder totalitärer (z.B. kommunistischer) Parteien. Dies wird jedoch in der Regel erst bei Einwanderungs- oder Einbürgerungsanträgen zum Problem.

Armutsrisiko

Wenn die US-Behörden glauben, dass Sie nicht über ausreichende finanzielle Mittel verfügen, um Ihren Aufenthalt in den USA zu finanzieren, werden Sie wahrscheinlich nicht über die Grenze gelassen bzw. erhalten kein Visum. Eine Person ist also dann unzulässig, wenn sie für das amerikanische System zu einer (finanziellen) Belastung werden könnte *(»likely to become a public charge«)*. Kommt ein Beamter nach Prüfung aller Rahmenbedingungen (beantragte Visumkategorie, Alter, Vermögen, Familienstand, Ausbildung, berufliche Laufbahn) zu dem Schluss, dass Sie voraussichtlich überwiegend von staatlichen Leistungen abhängig sein werden, würden Sie für einen US-Aufenthalt als unzulässig eingestuft werden. Bei Einwanderungsanträgen (z.B. für eine GreenCard zur Familienzusammenführung) ist die Lösung dieses Problems ein *sponsor*, der Sie in den USA finanziell absichert.

Betrug oder falsche Angaben

Personen, die ihr Visum durch arglistige Täuschung oder vorsätzliche Falschangaben erhalten oder hierdurch eine Einreise erwirkt haben, werden als »unzulässig« eingestuft.

Verstöße gegen das US-Einwanderungsgesetz

Wer bereits einmal aus den USA abgeschoben wurde oder zu einer Abschiebeanhörung nicht erschienen ist, dem wird ein Visum bzw. die Einreise verweigert. Auch Personen, die sich für einen bestimmten Zeitraum illegal in den USA aufgehalten haben oder illegal eingereist sind, werden als »unzulässig« eingestuft.

Ausnahmen von der *inadmissibility*

Die US-Behörden sind sich darüber bewusst, dass die Verweigerung eines Visums bzw. der Einreise in die USA nicht nur für den Betroffenen selbst, sondern z.B. auch für seine amerikanischen Familienangehörigen zu einer besonderen Härte führen kann. Das Einwanderungsgesetz sieht daher für bestimmte Fälle eine Ausnahmeregelung *(waiver of inadmissibility)* vor. Hiermit kann Ihnen auf Antrag ein Visum bzw. eine Einreise genehmigt werden, obwohl ein Ausschlussgrund für Sie vorliegt. Es gibt jedoch nicht für alle Ausschlussgründe diese Möglichkeit. Außerdem spielt es eine Rolle, ob Sie sich für ein Nichteinwanderungs- oder ein Einwanderungsvisum (GreenCard) bewerben.

Zwei Beispiele für mögliche Ausnahmefälle:

- Ein Bankräuber kann belegen, dass seine Strafe bereits 30 Jahre zurückliegt und es sich um eine Art »Jugendsünde« gehandelt hat. Er kann darüber hinaus darstellen, dass es sich um einen einmaligen Vorfall handelte, er seine Strafe verbüßt hat und seither nicht mehr mit dem Gesetz in Konflikt gekommen ist.
- Eine Haustiersitterin hat vor über zehn Jahren kurzzeitig illegal mit einem Besuchervisum in den USA gearbeitet. Sie wurde bei einer Überprüfung festgenommen und aus den USA ausgewiesen. Seitdem lebt und arbeitet sie in Deutschland und hat dort auch ihren amerikanischen Mann kennengelernt. Dieser hat für sie einen Antrag auf eine GreenCard gestellt. Die Verweigerung des Einwanderungsvisums würde für sie sowie für ihren Ehemann eine extreme Härte darstellen.

Ein *waiver*-Antrag wird immer unter der Berücksichtigung der folgenden Fragen erörtert:

- Welches Risiko geht von der Person für die US-Gesellschaft aus, wenn man sie einreisen bzw. in den USA verweilen lässt?
- Wie schwer war der Verstoß und wie lange liegt dieser zurück?
- Weshalb möchte die Person in die USA einreisen?
- Handelt es sich um ein Nichteinwanderungs- oder Einwanderungsvisum?

Je nach vorliegendem Ausschlussgrund können viele weitere Aspekte eine Rolle spielen. Die Beamten entscheiden nach eigenem Ermessen und unter Berücksichtigung der Gesamtumstände.

Wie Sie einen *waiver*-Antrag stellen müssen, hängt davon ab, bei welcher US-Behörde Sie sich für ein Visum bzw. einen anderen einwanderungsrechtlichen Vorgang bewerben. Befinden Sie sich in einem Verfahren, welches über die US-Einwanderungsbehörde *USCIS* abgewickelt wird (also z. B. im Statusanpassungsverfahren), müssen Sie im Zuge dieses Prozesses ein zusätzliches Formular (I-601, *Application for Waiver of Grounds of Inadmissibility*) ausfüllen, welches Sie entweder zusammen mit Ihrem Hauptantrag oder gesondert bei der US-Behörde einreichen. Dem Antrag muss ein Schreiben beigefügt werden, das darlegt, warum Sie glauben, dass Ihnen ein *waiver* ausgestellt werden sollte. Darüber hinaus sollten so viele Belege wie möglich präsentiert werden, die den Antrag unterstützen.

Wenn Sie den *waiver*-Antrag im Rahmen eines konsularischen Verfahrens stellen, wird Sie das jeweilige US-Konsulat darüber informieren, welche Unterlagen im Detail benötigt werden. Sind Sie beispielsweise wegen schwerer Körperverletzung vorbestraft und möchten ein Besuchervisum beantragen, so würden Sie alle Gerichtsunterlagen, ein aktuelles Führungszeugnis sowie unter Umständen weitere unterstützende Unterlagen vorlegen müssen. Ein offizielles Antragsformular gibt es hier nicht. Gegebenenfalls wird der US-Beamte eine Stellungnahme *(Advisory Opinion)* des *U.S. Department of State* einholen und auf dieser Grundlage eine Entscheidung treffen.

Tipp: *Die* waiver-*Thematik ist komplex und wir empfehlen dringend, sich im Vorfeld von einem Experten über Ihre Optionen und Erfolgsaussichten beraten zu lassen. Machen Sie sich außerdem klar, dass das Verfahren einige Monate dauern kann.*

15.2 Einreisesperren bei illegalem Aufenthalt in den USA

Das US-Einwanderungsrecht hält strikte Sanktionen für Personen bereit, die sich illegal in den USA aufhalten. In diesem Zusammenhang spricht der Gesetzgeber von *»unlawful presence«* und unterscheidet zwei Arten des illegalen Aufenthalts:

- die illegale Einreise ohne offizielle Genehmigung (z. B. Umgehung der Einreisekontrolle bzw. Einreise oder Visumerhalt mit gefälschten Dokumenten oder durch Angabe falscher Tatsachen)
- der Aufenthalt in den USA über den genehmigten Aufenthaltszeitraum hinaus (*»overstay«*)

Der häufigste Grund, weshalb Personen ihre Aufenthaltsdauer überschreiten, liegt darin, dass sie den Unterschied zwischen »Visum« und »Status« (siehe Kapitel 10) nicht kennen. Ihr Visum oder Ihre ESTA-Genehmigung können für mehrere Jahre gültig sein. Das Ablaufdatum ist jedoch nicht ausschlaggebend für Ihren genehmigten Aufenthalt in den USA. Dieser wird auf dem elektronischen Einreiseformular I-94 ausgewiesen, welches bei jeder Einreise für Sie erstellt oder im Zuge von einwanderungsrechtlichen Antragsprozessen von der *USCIS*-Behörde erteilt wird. Sie können Ihren Status unter *i94.cbp.dhs.gov* oder in Ihren *USCIS*-Unterlagen (z. B. auf der I-797 *Approval Notice*) nachsehen. Prüfen Sie immer genau, für wie lange Ihr Aufenthaltsstatus erteilt wurde.

Auch wenn Sie sich nur einen Tag zu lange in den USA aufgehalten haben, wird Ihr US-Visum bzw. Ihre ESTA-Genehmigung automatisch für ungültig erklärt und widerrufen. Hiermit wäre z. B. eine zukünftige Teilnahme am *Visa Waiver Program* ausgeschlossen. Mit welchen weiteren Konsequenzen Sie bei einem *overstay* zu rechnen haben, richtet sich hauptsächlich nach der Dauer der Überschreitung:

- **Illegaler Aufenthalt von weniger als 180 Tagen:** Sie können einen (erneuten) Antrag auf ein Nichteinwanderungs- oder Einwanderungsvisum stellen. Besonders bei Anträgen auf eine *nonimmigrant*-Kategorie kann es nach einem *overstay* jedoch schwierig werden, denn Sie stehen unter Verdacht, Ihr Vergehen wiederholen zu wollen.
- **Illegaler Aufenthalt von mehr als 180, aber weniger als 365 Tagen:** Sind Sie vor einem offiziellen Abschiebungsverfahren selbstständig ausgereist, unterliegen Sie lediglich einer dreijährigen Einreisesperre. Sie dürfen in diesem Zeitraum kein Visum erhalten und nicht in die USA reisen.
- **Illegaler Aufenthalt von über 365 Tagen:** Sind Sie vor einem offiziellen Abschiebungsverfahren selbstständig ausgereist, wird eine 10-jährige Einreisesperre gegen Sie verhängt.

Wenn Sie sich länger als ein Jahr (insgesamt, nicht unbedingt ununterbrochen) illegal in den USA aufhalten, abgeschoben werden und dann versuchen, erneut illegal in die Vereinigten Staaten einzureisen, wird Ihnen die Einreise dauerhaft (möglicherweise auf Lebenszeit) verweigert.

Die Einreisesperren bzw. Fristen von drei und zehn Jahren gelten nicht für Personen, die sich vor Vollendung ihres 18. Lebensjahres illegal in den USA aufgehalten haben, Asylsuchende, die im guten Glauben einen Antrag bei der *USCIS* eingereicht haben und schutzbedürftige Personen (z. B. Opfer von häuslicher Gewalt).

In seltenen Ausnahmefällen können Personen, die von einer Einreisesperre betroffen sind, einen Antrag auf Ausnahmegenehmigung *(waiver)* stellen. Dies ist erfolgversprechend, wenn der Antragsteller nachweisen kann, dass sein Ehepartner oder seine Eltern, die US-Staatsbürger sind oder sich rechtmäßig in den USA aufhalten, eine extreme Härte *(extreme hardship)* erleiden würden, wenn man Ihren Antrag nicht genehmigen würde. Solche Verfahren sind jedoch sehr komplex, und es ist bekannt, dass *extreme hardship* schwer nachzuweisen ist. Es müssen z. B. schwerwiegende finanzielle, emotionale oder gesundheitliche Folgen für das entsprechende Familienmitglied nachgewiesen werden. In manchen Fällen können auch Personen, die für eine GreenCard in Frage kommen, diese Sanktionen vermeiden, indem sie ein Statusanpassungsverfahren über die *USCIS* (siehe Kapitel 14.2) durchlaufen. Hier ist jedoch rechtlicher Beistand von einem US-Einwanderungsanwalt geboten.

15.3 Tipps zum Verhalten an der Grenze

Die *U.S. Customs and Border Protection (CBP)* ist die größte Strafverfolgungsbehörde der USA und sorgt für die Sicherung der Landesgrenzen im internationalen Reiseverkehr. An mehr als 300 Einreisestellen* haben die Beamten der *CBP* die Aufgabe, ankommende ausländische Besucher auf dem Luft-, See- und Landweg zu kontrollieren.

Für die allermeisten Personen verläuft die Einreise kurz und schmerzlos. Aufgrund der immer schärferen Sicherheitsvorkehrungen sollten Sie sich jedoch bei jedem Besuch auf möglicherweise langwierige Interviews und ggf. auch Handgepäckkontrollen einrichten, welche die Beamten ohne jede weitere Begründung durchführen können. Natürlich spielt es hierbei eine wesentliche Rolle, mit welchem Visum Sie in die USA einreisen. So sind beispielsweise GreenCard-Inhaber wesentlich seltener von intensiveren Befragungen betroffen als beispielsweise Personen, die mit einem Nichteinwanderungsvisum oder im Rahmen des *Visa Waiver Program* einreisen möchten.

Es geht bei Ihrem Erscheinen vor dem Grenzbeamten vor allem darum, eine Einreiseverweigerung zu verhindern. Diese kann aus unterschiedlichen Gründen verhängt werden, die Sie in Kapitel 15.1 nachlesen können. Nicht alle Gründe sind jedoch so leicht zu prognostizieren, denn abgesehen von (inter-)nationalen Sicherheitsdatenbanken, den internen Systemen der US-Behörden, vorgelegten Dokumenten und Ihren Aussagen verlassen sich die Beamten bei ihrer Entscheidung an der Grenze auch auf ihr Bauchgefühl. Es gibt eine Reihe von Vorsichtsmaßnahmen, mit denen Sie die Wahrscheinlichkeit einer unberechtigten Einreiseverweigerung so gering wie möglich halten können:

* Quelle: *www.cbp.gov*

- Bereiten Sie sich gut auf Ihr Gespräch mit den US-Grenzbeamten vor, sagen Sie die Wahrheit und antworten Sie kurz und präzise. Beantworten Sie keine Fragen, die nicht gestellt worden sind.
- Erscheinen Sie ausgeschlafen und nüchtern an der Grenze (keine Drogen, kein Alkohol!).
- Falls Sie nicht gut Englisch sprechen, weisen Sie die Beamten zu Beginn des Gesprächs darauf hin.
- Halten Sie Ihre Papiere inkl. Reisepass und Visum und ggf. weitere notwendige Einreisedokumente (z. B. I-20 oder I-797) zum Vorzeigen bereit.
- Folgen Sie den Aufforderungen der Grenzbeamten und bleiben Sie gelassen, auch bei unangenehmen Fragen.
- Befolgen Sie die Einfuhrbestimmungen (siehe Kapitel 2.2).
- Führen Sie (außer als GreenCard-Inhaber) Dokumente mit, die eine Bindung an Ihr Heimatland beweisen können (z. B. Miet- oder Arbeitsvertrag) und Ihre Vorhaben innerhalb der USA dokumentieren (z. B. Hotel- und Mietwagenbuchungen). Reisen Sie geschäftlich, dann sollten Sie ein Bestätigungsschreiben Ihres Arbeitgebers mit sich führen. Diese Unterlagen sind individuell und sollten nur nach Aufforderung vorgezeigt werden.
- Transportieren Sie keine Zeugnisse, Diplome, Referenzschreiben, Lebensläufe, Korrespondenz mit Arbeitsvermittlern oder sonstige arbeitsrelevante Unterlagen im Handgepäck, wenn Sie kein US-Arbeitsvisum besitzen.
- Führen Sie Medikamente nur mit Rezept, Originalverpackung und schriftlicher Erläuterung Ihres Arztes mit.
- Bereinigen Sie Ihre öffentlichen Social-Media-Profile und mitgeführte Geräte von möglicherweise »verdächtigen« oder missverständlichen Inhalten.

Typische Fragen von US-Grenzschutzbeamten

Bei den Fragen der Grenzschutzbeamten geht es unter anderem darum, eine Einwanderungsabsicht von Reisenden auszuschließen, die kein Einwanderungsvisum (GreenCard) besitzen. Typische Fragen im Einreiseinterview sind:

- *»Why are you visiting the USA?«* (Warum besuchen Sie die USA?)
- *»How long are you staying?«* (Wie lange werden Sie bleiben?)
- *»Where will you be staying?«* (Wo werden Sie übernachten?)
- *»What's your first address in the States?«* (Wie lautet die Adresse Ihrer ersten Übernachtung?)
- *»Who are you visiting?«* (Wen besuchen Sie?)

Die Beamten berücksichtigen dabei immer die Visumkategorie, mit der Sie einreisen. Das heißt, sie werden mit gezielten Fragen ergründen, ob Ihr geplanter Aufenthaltszweck mit dem jeweiligen Visumtyp zulässig ist. Bei Einreisen als Tourist oder Geschäftsreisender antworten Sie auf die Frage zum Zweck Ihrer Reise mit *»pleasure«* bzw. *»business«*. Vermeiden Sie vorsichtshalber die Kombination aus beidem, obwohl dies je nach Visumkategorie (z. B. B-1/B-2 oder *Visa Waiver Program*) durchaus zulässig wäre. Bei der Einreise als Student oder Austauschbesucher antworten Sie mit *»study«* bzw. *»trainee«*. Bei Nichteinwanderungsvisa mit Arbeitserlaubnis antworten Sie mit *»work«* oder *»temporary work«*. Als Reisender mit einem Einwanderungsvisum (GreenCard) antworten Sie mit *»immigrant«* bzw. *»lawful permanent resident«*, soweit der Beamte das nicht schon aus Ihren Dokumenten erkennen konnte. Bei der Frage nach Ihrer Aufenthaltsdauer müssen Sie natürlich Ihre jeweilige Visumkategorie berücksichtigen. Bei einem Besuchervisum (B-1/B-2) sollten Sie möglichst nur wenige Wochen als Dauer angeben, maximal aber 180 Tage.

Manche USA-Besucher werden bei der Einreise nach Familienangehörigen innerhalb der Vereinigten Staaten gefragt. Dies kann eine Fangfrage sein, aber ein Verschweigen von nahen Verwandten oder Ehepartnern in den USA ist keine Lösung. Halten Sie stattdessen plausible Erklärungen und Beweise dafür bereit, dass Sie sich streng an den Zweck Ihres Visums halten werden. Auch Ihre bisherige Einreisefrequenz und die jeweiligen Aufenthaltszeiträume sowie Ihre persönlichen Lebensumstände werden berücksichtigt.

US-Einreise verweigert: Was nun?

Wenn der US-Grenzschutzbeamte der Meinung ist, dass Sie sich nicht für die Einreise in die USA qualifizieren, wird er im Regelfall zunächst einen zweiten Beamten um eine zusätzliche Kontrolle *(secondary inspection)* bitten. In diesem »Verhör« werden Ihnen nochmals (protokolliert) detaillierte Fragen zu Ihrer Einreiseintention und Ihrem persönlichen Hintergrund gestellt. Die Beamten können in diesem Zusammenhang Ihr (Hand-)Gepäck durchsuchen und haben bei berechtigtem Verdacht auch die Option, Ihre elektronischen Geräte einzusehen (also z. B. Ihr Handy oder Ihren Laptop zu durchsuchen). Überprüfende Anrufe bei Ihren US-Kontakten sind zur Bestätigung Ihrer Angaben ebenfalls möglich, genau wie die Abnahme von DNA-Proben. Kommt auch der zweite Beamte zu dem Entschluss, dass bei Ihnen einer der Ausschlussgründe (siehe Kapitel 15.1) zutrifft, müssen Sie leider (auf eigene Kosten) die Heimreise antreten. Ob noch weitere Auflagen mit der Einreiseverweigerung verbunden sind (z. B. Einreisesperren oder ein Widerruf des Visums bzw. der ESTA-Genehmigung), entscheidet der Beamte.

Im Regelfall erhalten Sie ein schriftliches Verhörprotokoll mit dem spezifischen Ablehnungsgrund ausgehändigt. Es muss im Nachgang erörtert werden, welche Optionen Ihnen bleiben, um doch noch Ihre Reise in die USA antreten zu können. Entscheidend ist immer eine genaue Klärung, weshalb Ihnen die Einreise verweigert wurde. War der Grund beispielsweise, dass Sie kein geeignetes US-Arbeitsvisum für eine geplante Arbeitsaufnahme vorweisen konnten, käme nur die nachträgliche Beantragung eines solchen (Arbeits-)Visums in Frage. Fühlen Sie sich ungerechtfertigt zurückgewiesen, bzw. haben Sie immer wieder (unverschuldet) mit intensiveren Rückfragen an der Grenze zu kämpfen, können Sie sich auch an das *U.S. Department of Homeland Security (DHS)* wenden und über das Onlineformular des *Traveler Redress Inquiry Program (TRIP)* um Informationen und Unterstützung bitten. Die exakten Ausfüllhinweise und Tipps rund um die Nutzung des *TRIP*-Programms finden Sie unter: *www.dhs.gov/dhs-trip*.

Der Großteil der USA-Reisenden ist nicht von diesen negativen Erfahrungswerten betroffen. Trotzdem soll Sie dieses Kapitel dafür sensibilisieren, die Grenzsituation ernst zu nehmen und sich gut darauf vorzubereiten.

16 Weitere Informationsquellen

16.1 US-Behörden und Vertretungen

U.S. Department of State (DOS): *www.travel.state.gov*
Das US-Außenministerium ist für die Außenpolitik zuständig. Angeschlossen sind (für die Erteilung von US-Nichteinwanderungs- und Einwanderungsvisa) die **US-Botschaften und Konsulate**:

- *de.usembassy.gov* für Deutschland
- *at.usembassy.gov* für Österreich
- *ch.usembassy.gov* für die Schweiz und Liechtenstein
- *www.usembassy.gov* weltweit

Als zentrale Koordinierungsstellen im Rahmen von Einwanderungsverfahren (GreenCard) fungieren das *Kentucky Consular Center (KCC)* sowie das *National Visa Center (NVC).*

U.S. Department of Homeland Security (DHS): *www.dhs.gov*
Die US-Heimatschutzbehörde vereint insgesamt 21 Bundesbehörden, die im Schwerpunkt der Sicherheit des Landes dienen, darunter auch die US-Einwanderungsbehörde *(USCIS)* sowie die Grenzschutzbehörde *U.S. Customs and Border Protection (CBP).*

U.S. Citizenship and Immigration Services (USCIS): *www.uscis.gov*
Die *USCIS* ist als zentrale Einwanderungs- und Ausländerbehörde für die Anwendung und Einhaltung des US-Einwanderungsrechts zuständig. Unter anderem kümmert sie sich um die Bearbeitung von Arbeitsgenehmigungsverfahren und Statuswechsel, -verlängerungen oder -anpassungen innerhalb der USA sowie viele Einwanderungs- und Einbürgerungsprozesse.

U.S. Department of Justice (DOJ): *www.justice.gov*
Das Justizministerium der Vereinigten Staaten ist zuständig für Strafverfolgung und die Durchsetzung der US-Gesetze. Auch Berufungen gegen Einwanderungsentscheidungen *(Executive Office for Immigration Review)* können hier eingelegt werden.

U.S. Department of Labor (DOL): *www.dol.gov*
Das US-Arbeitsministerium ist zuständig für die Förderung des Arbeitsschutzes und der Arbeitsrechte in den USA. Auch für die Ausstellung der *labor certification* für arbeitsplatzbasierte GreenCards bzw. bestimmte Nichteinwanderungsarbeitsvisa trägt es die Verantwortung.

U.S. Immigration and Customs Enforcement (ICE): *www.ice.gov*
Die *ICE*-Behörde dient dem Schutz der USA durch strafrechtliche Ermittlungen und die Durchsetzung der US-Einwanderungsgesetze. Sie ist die wichtigste Strafverfolgungsbehörde des *DHS*, die den Prozess der legalen Einwanderung sowie den Handel und Reiseverkehr schützt.

Social Security Administration (SSA): *www.ssa.gov*
Die *SSA* dient der Verwaltung des Sozialversicherungssystems der USA und ist zuständig für die Ausgabe von Sozialversicherungsnummern *(Social Security numbers* bzw. *SSN)* sowie Renten-, Invaliditäts- und Hinterbliebenenleistungen.

U.S. Customs and Border Protection (CBP): *www.cbp.gov*
Die Zoll- und Grenzschutzbehörde *CBP* ist zuständig für die Überwachung und den Schutz der US-Grenzen sowie die Kontrolle von Waren und Personen.

Amerika-Häuser
Stiftung Bayerisches Amerikahaus in München: *www.amerikahaus.de*
Deutsch-Amerikanisches Zentrum in Stuttgart: *www.daz.org*
Amerika-Haus e.V. in Köln: *www.amerikahaus-nrw.de*

16.2 Weitere Organisationen

Anerkennung von Abschlüssen
Credential evaluation services für die Anerkennung deutscher Studien- und Ausbildungsgrade in den USA:

- Josef Silny & Associates, Inc. (*www.jsilny.org*)
- National Association of Credential Evaluation Services (*www.naces.org/members*)
- Association of International Credential Evaluators (*aice-eval.org/endorsed-members*)

Austausch-, Ausbildungs- und Arbeitsprogramme

BridgeUSA: *j1visa.state.gov*
Informationsseite des *U.S. Department of State* zu den J-1-Visa Austauschprogrammen

DAAD – Deutscher Akademischer Austauschdienst: *www.daad.de*
Förderung der internationalen akademischen Zusammenarbeit, insbesondere durch Stipendien für Studierende und Forscher

CC CollegeCouncil: *www.college-council.de*
Beratung und Unterstützung bei der Organisation von Studien- und Praktikumsaufenthalten im Ausland, insbesondere in den USA und Kanada

***Partnership International*:** *www.partnership.de*
Spezialisiert auf die Vermittlung von *high school*-Aufenthalten, Praktika und *work & travel*-Programmen, z.B. das **The American Dream Stipendium**, bei dem jedes Jahr drei Plätze für ein *high school*-Jahr in den USA im Gesamtwert von 15.000 € an engagierte Schülerinnen und Schüler vergeben werden

EducationUSA: *educationusa.state.gov*
Teil des globalen Netzwerks des US-Außenministeriums, Informationen und Beratung für Personen, die in den USA studieren möchten

Deutsches Komitee der AIESEC e.V.: *www.aiesec.de*
Internationale Plattform für junge Menschen zur Entwicklung ihrer Führungsqualitäten durch internationale Praktika und Freiwilligenarbeit

Deutsche Gesellschaft für Internationale Zusammenarbeit (GIZ) GmbH: *www.giz.de*
Engagement in der internationalen Zusammenarbeit für nachhaltige Entwicklung inkl. Praktika und Arbeitsmöglichkeiten

Ayusa-Intrax GmbH: *www.intrax.de*
Schüleraustausch, Praktika, *work & travel* sowie *au-pair*-Programme in verschiedenen Ländern

TravelWorks: *www.travelworks.de*
Auslandsaufenthalte wie *work & travel*, Freiwilligenarbeit, Praktika und Schüleraustauschprogramme – nicht nur in den USA

InterExchange, Inc.: *www.interexchange.org*
Amerikanische J-1-Organisation, die Programme für kulturellen Austausch wie *au-pair*, Praktika, Sommerjobs und Freiwilligenarbeit anbietet

EF Education: *www.ef.de*
Bildungsprogramme wie Sprachreisen, akademische Programme, Austauschprogramme und Sprachkurse

iSt Internationale Sprach- und Studienreisen: *www.sprachreisen.de*
Spezialisiert auf Sprachreisen und Bildungsprogramme im Ausland, einschließlich Schüleraustausch und Sprachkurse

Experiment e.V.: *www.experiment-ev.de*
Non-profit-Organisation, die interkulturellen Dialog durch Schüleraustausch, Gastfamilienprogramme und Freiwilligenarbeit fördert

AIFS – American Institute for Foreign Study: *www.aifs.de*
Internationale Bildungsprogramme wie *au-pair*, *work & travel*, *Camp America*, Studium im Ausland und Freiwilligenarbeit

GLS Sprachenzentrum: *www.gls-sprachenzentrum.de*
Sprachkurse im In- und Ausland, Schüleraustauschprogramme sowie Sprachreisen für Erwachsene und Jugendliche

career mosaic: *careermosaic.org*
Karriereentwicklung und Arbeitsmöglichkeiten im In- und Ausland mit Schwerpunkt auf internationalen Karrieremöglichkeiten und Bildungsressourcen

Amity Institute: *www.amity.org*
Vom US-Außenministerium ernannter *sponsor* des *BridgeUSA* Programms für kulturelle Verständigung durch Lehraustausch

German American Partnership Program (GAPP): *www.kmk-pad.org*
Vom Pädagogischen Austauschdienst (PAD) der Kultusministerkonferenz finanzierte Abteilung für die Förderung des Austauschs zwischen Schulen in Deutschland und den USA

Study in the States: *studyinthestates.dhs.gov*
Informationsseite des US-Heimatschutzministeriums für Studierende (F-1- sowie M-1-Programmteilnehmer)

Business

American Chamber of Commerce: *www.amcham.de*
Förderung der globalen Beziehungen auf Basis der deutsch-amerikanischen Partnerschaft, unter anderem durch Netzwerke in Wirtschaft, Politik und den Vertretungen weltweit

German Chambers of Commerce Abroad: *www.ahk.de*
Deutsch-amerikanische Handelskammern in Atlanta, Chicago und New York (mit Zweigstellen in Philadelphia und San Francisco) mit einem flächendeckenden Netz an Informationen und Dienstleistungen

Global Competence Forum Acadas: *www.gcforum.com*
Einblicke in Kompetenzen und internationale Kooperationen, die für Fachleute und Organisationen in einem globalisierten Umfeld von Bedeutung sind

Kooperation international: *www.kooperation-international.de*
Umfassende Informationen und Ressourcen für Akteure in Wissenschaft, Forschung und Bildung, die internationale Partnerschaften und Projekte entwickeln und fördern möchten

Germany Trade & Invest: *www.gtai.de*
Wirtschaftsförderungsagentur der Bundesrepublik Deutschland als Wegbereiter für Ihr Auslandsgeschäft

International Trade Administration: *www.trade.gov*
US-Behörde, die sich auf die Förderung des internationalen Handels und die Unterstützung amerikanischer Unternehmen beim Export ihrer Waren und Dienstleistungen konzentriert

Transatlantic Business & Investment Council: *www.tbic-fdi.com*
Führender Vertreter der nordamerikanischen Wirtschaftsförderungs-organisationen in Europa zur Förderung des transatlantischen Handels und transatlantischer Investitionen

Auswandererberatung

Beratung für Auswanderer dürfen ausschließlich Stellen bzw. Personen anbieten, die die Zulassung nach dem Auswandererschutzgesetz (AuswSG vom 12.03.2013) besitzen. Das Bundesverwaltungsamt in Köln regelt die Zulassung. Auch die The American Dream-Firmengruppe beschäftigt staatlich zugelassene Auswandererberater:

US GreenCard Service GmbH: *www.americandream.de*
US Visa Service GmbH: *www.usvisaservice.de*

Übersicht der privaten Auskunfts- und Beratungsstellen für Auswanderer auf der Webseite des Bundesverwaltungsamts

Beratungsstellen in Deutschland:
www.bva.bund.de/DE/Das-BVA/Aufgaben/A/Auswanderer_Auslandstaetige/_documents/Beratungsstellen_Inland_Inhalte.html

Beratungsstellen außerhalb Deutschlands:
www.bva.bund.de/DE/Das-BVA/Aufgaben/A/Auswanderer_Auslandstaetige/_documents/Beratungsstellen_Ausland_Inhalte.html

Studien, Zahlen und Fakten rund um die USA

Center for Immigration Studies: www.cis.org
International Center for Migration, Ethnicity and Citizenship (ICMEC): www.newschool.edu/icmec
The Urban Institute: *www.urban.org*
Statistiken des *U.S. Department of Homeland Security: www.dhs.gov/immigration-statistics*

Allgemeine Informationen über die USA

Personen, Orte und Firmen finden: *www.anywho.com*
Tipps für USA-Besucher und Auswanderer: *www.info-usa.de*
Adressen und *background reports: www.whitepages.com*
Hotel-Guide für die USA: *hotelguide.net/destinations_north_america.html*
Der offizielle National Park Service: *www.nps.gov*
Rezepte aus den USA: *www.usa-kulinarisch.de*

16.3 Quellenverzeichnis

Animal and Plant Health Inspection Service, U.S. Department of Agriculture, »Bringing a Pet into the U.S. From Another Country (Import)«, www.aphis.usda.gov/pet-travel/another-country-to-us-import

American College Test, www.act.org

American Federation of Musicians, »Need a Visa?«, www.afm.org/what-we-are-doing/travel-resources/need-a-visa

BP, »Statistical Review of World Energy«, www.bp.com/content/dam/bp/business-sites/en/global/corporate/pdfs/energy-economics/statistical-review/bp-stats-review-2021-full-report.pdf

Brennan Keegan, »Contemporary Native American and Indigenous Religions: State of the field«, https://compass.onlinelibrary.wiley.com/doi/full/10.1111/rec3.12448

Bundeszentrale für politische Bildung, »Deindustrialisierung und High-Tech in den USA«, *www.bpb.de/themen/nordamerika/usa/340178/deindustrialisierung-und-high-tech-in-den-usa*

BridgeUSA, »Designated Sponsor Organizations By Program«, https://j1visa.state.gov/participants/how-to-apply/sponsor-search

Centers for Disease Control and Prevention, »What Your Dog Needs to Enter the United States«, www.cdc.gov/importation/bringing-an-animal-into-the-united-states/dog-origin.html

Centers for Disease Control and Prevention, »Births and Natality«, www.cdc.gov/nchs/fastats/births.htm

CGI Federal, »Visa Fees«, www.ustraveldocs.com/de/de-niv-visafeeinfo.asp

Deutscher Akademischer Austauschdienst, »Studieren und leben in den Vereinigten Staaten von Amerika«, *https://www.daad.de/de/laenderinformationen/amerika/vereinigte-staaten-von-amerika/studieren-und-leben-in-den-vereinigten-staaten-von-amerika*

Educational Testing Service, »The TOEFL® tests prepare students for university study, immigration and more«, www.ets.org/toefl.html

Forbes, »10 Most Affordable Cities To Buy A Home In 2024«, www.forbes.com/advisor/mortgages/real-estate/most-affordable-cities-to-buy-a-home

Forbes, »What Is Credit Card Autopay And How Does It Work?«, www.forbes.com/advisor/credit-cards/what-is-credit-card-autopay-and-how-does-it-work

Graduate Management Admission Test, www.gmat-test.de

House of Representatives, »Illegal Immigration Reform And Immigrant Responsibility Act of 1996«, www.congress.gov/104/crpt/hrpt828/CRPT-104hrpt828.pdf

International English Language Testing System, »IELTS Academic«, https://ielts.org/take-a-test/test-types/ielts-academic-test

Kiplinger, »The 15 Most Expensive Housing Markets in the US: Cities with the Highest Average Home Prices«, www.kiplinger.com/real-estate/603612/15-us-cities-with-the-highest-average-home-prices

Library of Congress, »Constitution Annotated, Analysis and Interpretation of the U.S. Constitution«, https://constitution.congress.gov/browse/amendment-1

National Center for Education Statistics, »Fast Facts«, https://nces.ed.gov/fastfacts

National Center for Education Statistics, »Digest of Education Statistics«, https://nces.ed.gov/programs/digest

National Geographic Society, »Native Americans and Freedom of Religion«, https://education.nationalgeographic.org/resource/native-americans-and-freedom-religion

National Home Education Research Institute, »Research Facts on Homeschooling«, https://www.nheri.org/research-facts-on-homeschooling

Office of Homeland Security Statistics, »Yearbook of Immigration Statistics«, www.dhs.gov/ohss/topics/immigration/yearbook

QS Quacquarelli Symonds Limited 1994, »QS World University Rankings® 2024«, www.topuniversities.com/qs-world-university-rankings

Pew Research Center, »America's Changing Religious Landscape«, www.pewresearch.org/religion/2015/05/12/chapter-4-the-shifting-religious-identity-of-demographic-groups

Pew Research Center, »U.S. Muslims concerned about their place in society, but continue to believe in the American dream«, www.pewresearch.org/religion/2017/07/26/demographic-portrait-of-muslim-americans

Public Religion Research Institute, »2022 PRRI Census of American Religion: Religious Affiliation Updates and Trends«, www.prri.org/spotlight/prri-2022-american-values-atlas-religious-affiliation-updates-and-trends

Statista, »Die 20 größten Exportländer weltweit im Jahr 2022«, *https://de.statista.com/statistik/daten/studie/37013/umfrage/ranking-der-top-20-exportlaender-weltweit*

Statista, »USA: Anteile der Wirtschaftssektoren[1] am Bruttoinlandsprodukt (BIP) von 2011 bis 2021«, *https://de.statista.com/statistik/daten/studie/165838/umfrage/anteile-der-wirtschaftssektoren-am-bruttoinlandsprodukt-der-usa*

Statista: »USA: Arbeitslosenquote von 1981 bis 2022 und Prognosen bis 2028«, *https://de.statista.com/statistik/daten/studie/17332/umfrage/arbeitslosenquote-in-den-usa*

Statista, »USA: Bruttoinlandsprodukt (BIP) in jeweiligen Preisen von 1980 bis 2022 und Prognosen bis 2028«, *https://de.statista.com/statistik/daten/studie/14418/umfrage/bruttoinlandsprodukt-in-den-usa*

Statista, »Größte Börsen der Welt nach dem Handelsvolumen mit Aktien im Jahr 2022«, *https://de.statista.com/statistik/daten/studie/166143/umfrage/groesste-boersenbetreiber-der-welt-nach-handelsvolumen*

Statista, »USA: Export von Gütern von 2012 bis 2022«, *https://de.statista.com/statistik/daten/studie/15719/umfrage/export-von-guetern-aus-den-usa*

Statista, »USA: Staatsverschuldung von 2001 bis 2022 und Prognosen bis 2028«, *https://de.statista.com/statistik/daten/studie/1975/umfrage/staatsverschuldung-der-usa*

Statista, »USA: Zugehörigkeit zu den Ethnien nach Selbstzuschreibung in den Jahren 2019 bis 2022«, *https://de.statista.com/statistik/daten/studie/166858/umfrage/ethnien-in-den-usa*

Statistisches Bundesamt, »Basistabelle Vereinigte Staaten«, *www.destatis.de/DE/Themen/Laender-Regionen/Internationales/Staat/Amerika/US.html*

Statistisches Bundesamt, »Welthandel 2022: Deutschland drittstärkste Handelsnation«, *www.destatis.de/DE/Themen/Laender-Regionen/Internationales/Thema/aussenhandel/welthandel.html*

Studierendenwerk Hamburg, »BAföG für das Ausland/die USA«, *www.stwhh.de/studienfinanzierung/bafoeg-fuer-das-ausland/die-usa*

Svenja Gelowicz, »Warum Deutsche wegziehen: Zwei Auswanderungsberater berichten«, *www.wiwo.de/erfolg/trends/deutsche-auswanderer-warum-deutsche-wegziehen-zwei-auswanderungsberater-berichten/29015920.html*

United States Environmental Protection Agency, »Vehicle and Fuel Emissions Testing«, www.epa.gov/vehicle-and-fuel-emissions-testing

United States Postal Service, »Standing Delivery Order«, https://about.usps.com/forms/ps3801.pdf

United States Senate, »Constitution of the United States«, www.senate.gov/about/origins-foundations/senate-and-constitution/constitution.htm

U.S. Census, »Language Spoken at Home«, www.census.gov/acs/www/about/why-we-ask-each-question/language

U.S. Census, »Native North American Languages Spoken at Home in the United States and Puerto Rico: 2006–2010«, www2.census.gov/library/publications/2011/acs/acsbr10-10.pdf

U.S. Census, »Population«, www.census.gov/topics/population.html

U.S. Census, »QuickFacts«, www.census.gov/quickfacts

U.S. Census, »School Enrollment in the United States: 2021«, www.census.gov/content/dam/Census/library/publications/2023/acs/acs-55.pdf

U.S. Census, »Selected Characteristics of the native and foreign-born populations«, https://data.census.gov/table/ACSST1Y2021.S0501

U.S. Census, »State Population Totals and Components of Change: 2020-2023«, www.census.gov/data/tables/time-series/demo/popest/2020s-state-total.html

U.S. Citizenship and Immigration Services, »All Forms«, www.uscis.gov/forms/all-forms

U.S. Citizenship and Immigration Services, »Check Case Processing Times«, https://egov.uscis.gov/processing-times

U.S. Citizenship and Immigration Services, »Family«, www.uscis.gov/family

U.S. Citizenship and Immigration Services, »Forms Available to File Online«, www.uscis.gov/file-online/forms-available-to-file-online

U.S. Citizenship and Immigration Services, »Green Card Processes and Procedures«, www.uscis.gov/green-card/green-card-processes-and-procedures

U.S. Citizenship and Immigration Services, »How do I financially sponsor someone who wants to immigrate?«, www.uscis.gov/sites/default/files/document/guides/F3en.pdf

U.S. Citizenship and Immigration Services, »Learn About Citizenship«, www.uscis.gov/citizenship/learn-about-citizenship

U.S. Citizenship and Immigration Services, »Policy Manual«, www.uscis.gov/policy-manual

U.S. Citizenship and Immigration Services, »Working in the United States«, www.uscis.gov/working-in-the-united-states

U.S. Customs and Border Protection, »Basic Importing and Exporting«, www.cbp.gov/trade/basic-import-export

U.S. Customs and Border Protection, »BP Enforcement Statistics«, www.cbp.gov/newsroom/stats/cbp-enforcement-statistics

U.S. Customs and Border Protection, »Eligibility for Global Entry«, www.cbp.gov/travel/trusted-traveler-programs/global-entry/eligibility

U.S. Customs and Border Protection, »Official Site for Travelers Visiting the United States«, https://i94.cbp.dhs.gov/I94

U.S. Department of Agriculture, »Animals«, www.usda.gov/topics/animals

U.S. Department of Homeland Security, »U.S. Visa Waiver Program«, www.dhs.gov/visa-waiver-program

U.S. Department of Homeland Security, »Study in the States«, https://studyinthestates.dhs.gov

U.S. Department of Homeland Security, »Yearbook of Immigration Statistics«, www.dhs.gov/yearbook-immigration-statistics

U.S. Department of Labor, »Labor Condition Application« (LCA) Speciality Occupations with the H-1B, H-1B1 and E-3 Programs«, https://flag.dol.gov/programs/LCA

U.S. Department of Labor, »State Minimum Wage Laws«, www.dol.gov/agencies/whd/minimum-wage/state

U.S. Department of State, »Important Update on Waivers of the Interview Requirement for Certain Nonimmigrant Visa Applicants«, https://travel.state.gov/content/travel/en/News/visas-news/important-update-on-waivers-of-the-interview-requirement-for-certaing-nonimmigrant-visa-applicants.html

U.S. Department of State, »U.S. Visas«, https://travel.state.gov/content/travel/en/us-visas.html

U.S. Department of State, »Education USA«, https://educationusa.state.gov

U.S. Department of Transpotration, »Automobiles«, www.transportation.gov/automobiles

U.S. District Court for the Southern District of New York, »Stokes v. United States, Immigration & Nat. Serv., 393 F. Supp. 24 (S.D.N.Y. 1975)«, law.justia.com/cases/federal/district-courts/FSupp/393/24/1452596/

U.S. Embassy in Sweden, »Information on U.S. Customs«, https://se.usembassy.gov/information-on-u-s-customs

U.S. Fish & Wildlife Service, »Find Permits«, www.fws.gov/service/permits

U.S. Immigration and Customs Enforcement, »I-901 Fee«, www.fmjfee.com

Danksagung

Ein besonderer Dank gilt allen Mitarbeitern des The American Dream-Teams, die tatkräftig an der Umsetzung dieser sechsten Ausgabe unseres Buches mitgewirkt haben. Vor allem danken wir **Kirstin Messerschmidt** für ein engagiertes Projektmanagement und unzählige Stunden der Arbeit im Manuskript. Ohne ihre tatkräftige Mithilfe wäre eine so umfangreiche Überarbeitung des Buches zur vorliegenden Auflage nicht möglich gewesen. Gleichermaßen möchten wir **Sonja Pucher**, Head of Visa Service, danken, die viel Zeit opferte, um alle wichtigen rechtlichen und organisatorischen Aspekte im Bereich Einwanderungs- und Nichteinwanderungsvisa auf den neuesten Stand zu bringen und verständlich darzustellen. Ebenfalls gebührt **Anne-Luise Gerlach**, Visa Consultant, Anerkennung für ihre Fachbeiträge zu Praktika, Forschungsaufenthalten und Austauschprogrammen.

Wir danken außerdem **Bianka Schönbrunn** für die Überarbeitung zahlreicher Kapitel zur Aus- und Weiterbildung in den USA, dem politischen System und der Wirtschaft, dem Immobilienmarkt, dem Zahlungsverkehr und Umzugsvorbereitungen sowie für das abschließende Lektorat des Gesamtmanuskripts. **Destiny Weigt** gebührt unser Dank für die Revision der Kapitel zum Schulsystem, den Einfuhrbestimmungen und Bewerbungstipps. Bei **Mirjam Koch** bedanken wir uns für die Neugestaltung des Kapitels »Sprache«. Für moralische Unterstützung im Team sorgten auch **André Wolf** und **Karolina Schadly**.

Folgenden externen Autoren und Experten gilt unser Dank für die umfassende Prüfung und/oder Überarbeitung der nachstehenden Kapitel: **Marlis Tiessen** für »Soziale Absicherung in der Übergangsphase« und »Soziales System«, **Ines Voigt** für das Kapitel »Steuerwesen«, **Sascha Menesi** für »Rekrutierung und Führung von Mitarbeitern in den USA« und **Heiko Gruenwald** für »Unternehmensgründung in den USA« und »US-amerikanische Unternehmensformen«.

Letztendlich läge das Buch im derzeitigen Format auch nicht vor ohne Grafikgestaltung und Satz von **Daniel Förster** und manch guten Vorschlag von Seiten des Verlags, namentlich sei hier Herr **Michael Wurster** erwähnt.

Die erste Auflage des Buches entstand unter Mitwirkung von Liam Schwartz, Georg Mehnert und Iris Apostel, die damit einen wichtigen Grundstein zu dieser Auflage gelegt haben. Im Laufe der Jahre entstanden weitere Auflagen in Zusammenarbeit mit Reinhold Räkers, GATC GmbH, Kai Blum, freischaffender Autor, Matthias Beier, TBIC, sowie den aktuellen und ehemaligen The American Dream-Mitarbeitern Katarina Wuscher, Eva-Maria Noack, Tanja Schimming, Jessica Meier, Ulrike Schulze, Nadja Hofmann, Najalla Roth, Julia Podszun, Katharina Zander, Catherine Petriccione und Denise Bey.

Abschließend möchten wir uns auch bei allen Lesern der früheren Ausgaben bedanken, deren konstruktive Kritik in dieses Buch eingeflossen ist. Gern nehmen wir auch weiterhin Anregungen und Tipps zu dem vorliegenden Werk unter *www.americandream.de/kontakt* entgegen.